高等职业教育公共基础课系列教材

大学美育

第 2 版

主　编　张文光　杨　芳
副主编　陶斯明
参　编　杨　燕　范　静

机械工业出版社

本书为落实中共中央办公厅、国务院办公厅《关于全面加强和改进新时代学校美育工作的意见》而编写，内容涉及自然、社会、艺术、科技等审美的各个方面，在对比东西方审美心理文化差异的基础上，既突出了中国传统美学的审美特征，又突出了审美实践的方法指导，使读者既知其然，又知其所以然。

全书共11章，包括美育与素质教育、美感与美育、审美文化形态与美育、形式美与美育、自然美与美育、社会美与美育、造型艺术与美育、表演艺术与美育、语言艺术与美育、综合艺术与美育、科技美与美育。

本书语言规范优美，贴近当下读者的审美需求，有助于提升当代大学生的气质和形象，优化专业素养，提升就业创业竞争力。通过学习本书，大学生将使自己得到全面和谐的发展，成为"生活的艺术家""工作的艺术家"，成为高素质的知识型、技术型、审美型的新型劳动者。

本书适合作为高等职业教育本科、专科的美育教材，也适合作为提高读者审美能力和艺术修养的自学读物。

本书配备电子课件，凡使用本书作为教材的教师均可登录机械工业出版社教育服务网www. cmpedu. com 下载，咨询电话：010 – 88379375。

图书在版编目（CIP）数据

大学美育/张文光，杨芳主编. —2 版. —北京：
机械工业出版社，2023.10
高等职业教育公共基础课系列教材
ISBN 978 – 7 – 111 – 73873 – 2

Ⅰ.①大… Ⅱ.①张… ②杨… Ⅲ.①美育-高等职
业教育-教材 Ⅳ.①G40 – 014

中国国家版本馆 CIP 数据核字（2023）第 174548 号

机械工业出版社（北京市百万庄大街 22 号 邮政编码 100037）
策划编辑：杨晓昱　　　　　责任编辑：杨晓昱　刘益汛
责任校对：梁　园　王　延　封面设计：马精明
责任印制：常天培
固安县铭成印刷有限公司印刷
2023 年 11 月第 2 版第 1 次印刷
184mm×260mm · 16.5 印张 · 366 千字
标准书号：ISBN 978 – 7 – 111 – 73873 – 2
定价：52.80 元

电话服务　　　　　　　　　网络服务
客服电话：010 – 88361066　　机 工 官 网：www. cmpbook. com
　　　　　010 – 88379833　　机 工 官 博：weibo. com/cmp1952
　　　　　010 – 68326294　　金 书 网：www. golden-book. com
封底无防伪标均为盗版　　机工教育服务网：www. cmpedu. com

前　言

懂得美和追求美的人能在宇宙苍穹中，在小溪沼泽中，在人际交往中，在音乐、电影、小说、书法、绘画等一切艺术中，发现美，并不由自主地兴奋、喜悦。一次美的发现就是一次生命质量的提升。审美经验潜移默化地改变着一个人的精神气质，也激励我们为创造美的世界而贡献一分力量，纵然这种力量是很微小的，却让我们感知生命的意义。美的力量不可估量，虽说美不是万能的，但没有美却是万万不能的。爱美、追求美是人生至关重要的内容。正如马克思所说："社会的进步就是人类对美的追求的结晶。"

中国美育思想古已有之。从周代开始就将礼乐教化提到重要地位，此后儒释道各家均对人文化成的美育有过各自思考与贡献。党的十八大以来，以习近平同志为核心的党中央高度重视学校美育工作，作出一系列重大决策部署。党和国家已将美育视为学生全面发展的重要内容、培根铸魂的重要工作和立德树人根本任务落实的重要途径。美是纯洁道德、丰富精神的重要源泉。美育不仅能提升人的审美素养，还能潜移默化地影响人的情感、趣味、气质、胸襟，激励人的精神，温润人的心灵。将美育纳入人才培养全过程，应遵循美育特点，弘扬中华美育精神，以美育人、以美化人、以美培元，培养德智体美劳全面发展的社会主义建设者和接班人。

我们曾于2009年全国机械职业教育公共课教学指导委员会语文学科组年会上提出《大学美育》的编写方案，经来自全国10个省、市、自治区的20名高职院校的专家研讨，确定了本教材第1版的编写提纲和要求，2012年正式出版。在多年的美育教学工作中，我们不断认识到，当今的社会要求人才具有美的形象、美的口才、美的礼节、美的姿态风度、美的学识修养，学习、生活和工作需要美的工作气氛、美的活动环境、美的人际关系、美的产品形态、美的组织形象。加强审美教育是全面贯彻党的教育方针，促进素质教育的需要；是优化学生素质结构，促进其健康成长的需要；是优化学生专业素养，使其能用审美的眼光看待和从事专业工作的需要；是提升学生的气质和形象，提高就业创业竞争力的需要；是为学生课外及校外的审美实践提供理论支持和示范指导的需要。青年学生主动地、自觉地在审美活动中提升自己的审美素质和综合素质，以审美的眼光从事现实事业，就能使自己得到全面和谐的发展，成为"生活的艺术家""工作的艺术家"，成为高素质的知识型、技术型、审美型的新型劳动者。

本次修订依然围绕美育的基本任务进行，特别强调针对学生审美的误区进行正确引导，增加了大量体现中国文化特色和时代特征的素材，设计了一些学生能够完成的审美欣赏和创造美的活动。本书特色如下：

1. 内容贴近学生实际。本书在编写中舍去了美学上所侧重的美的本质等纯理论内容的探讨，只精选了美感、形式美等与美育直接相关的内容，并强化了自然美、社会美与科技美的美育功能，使学生认识到美不只存在于艺术中，还存在于社会生活的各个领域和方面，以此做到让学生知美、乐美、创美，让学生感受到美就在生活中，美就在我们身边。

2. 强调审美文化形态对美育的作用。本书在编写中吸收了美育教学与研究的新成果，结合社会现实来理解不同文化形态对人们审美的影响，并针对学生的审美误区进行正确引导。

3. 审美体验的活动性。美育是一门实践性非常强的素质修养课，每章最后都设计了一些学生能够完成的欣赏和创造美的活动，以此来加深他们对美的认识与体验。

4. 语言的易懂性。本书在语言上明白晓畅，通俗易懂，加之所配插图，显得生动活泼。

5. 多媒体辅助性。为方便教学需要，本书配备了完整的多媒体课件，使任课教师不必再花大量时间去搜寻相关的图片、影音等资料。

本书由张文光、杨芳任主编，陶斯明任副主编。张文光编写前言、第一章、第二章，杨芳编写第五章、第六章，陶斯明编写第三章、第七章、第八章，杨燕编写第九章、第十一章，范静编写第四章、第十章。本书由张文光统稿。

本书在编写中，除参考、选取了列举于书后的"参考文献"和排于选文后的书籍、报纸、杂志、教材、网络文献中的有关资料外，还参考了其他著述、书报刊物和网络上的文章的相关内容，由于篇幅所限，未能逐一注明，在此向已注明和未注明的作者一并表示诚挚的谢意。

我们虽竭尽努力，但受编者水平限制，错误和疏漏之处在所难免，恳请专家、同行及广大读者批评指正。欢迎大家与我们联系（13383198503@189.cn）。

编　者

目　录

第一章
美育与素质教育

> 学习目标
>
> 1. 把握美育的性质，理解美育与素质教育的关系。
> 2. 认识大学美育的意义和内容，把握大学美育实施的途径和原则。

第一节　美育的性质和意义

一、美育的性质

美育，又称美感教育，它以生动、直观的形象为手段，以动之以情、理在情中为特征，通过寓教于乐、潜移默化的形式，旨在培养和提高人们感受美、鉴赏美、表现美和创造美的能力，树立和发展人们正确的审美观念、健康的审美情趣和高尚的审美情操，最终促进学生的全面发展和健康成长。

美育是从审美的角度掌握世界的教育，即以审美的眼光去发现、认识、理解、评价世界，同时按照美的规律去美化自身、完善人格，进而改造世界。

对美育的理解，一般有狭义和广义两种。狭义的美育通常是指艺术教育，即通过鉴赏艺术作品对人产生潜移默化的感染、熏陶作用，提高人的审美能力。广义的美育不仅包括艺术美，也包括自然美、社会美、科技美等，是一个几乎包容了各种教育因素的独具魅力的"教育世界"，兼容美的教育、情感教育、人格教育、艺术教育、自由思维教育、形象思维教育、感化教育、快乐教育。它诉诸整体功能，直接培养人的整体素质，是对人心灵的塑造，精神的升华。因此，美育是一种更高层次的人文素质教育，即精神层次上的素质教育。总而言之，美育是人的全面发展的教育。

二、美育与素质教育

素质教育就是全面培育和最大限度地发挥人的潜在能力的教育。在物质文明高速发展和高度发达的现代社会，美育对于培养全面和谐发展的现代人至关重要。在我国的学校教育工作中，美育有着其他教育所不可取代的地位和作用。

新时期的人才观告诉我们，真正的人才不仅专业技术过硬，基础理论扎实，而且必须有丰富的人文社科知识、宽阔的胸襟和高尚的情操，必须具备人文精神。

现代社会，社会分工越来越细，科学技术教育与人文教育分离，对人的全面发展构成了越来越大的威胁，像达·芬奇、帕斯卡尔、黑格尔、马克思、徐霞客、钱学森等那样既精通自然科学又具有渊博的人文素养的学者已经越来越少。从某种意义上说，如果只懂得专业知识而没有健全的精神构建，最多也只能成为冷冰冰的专家。美育是解决这一矛盾的有效手段。许多科学家以他们亲身的经历印证了这一点。爱因斯坦说过："光用专业知识教育人是不够的。要使学生对价值有所理解并且产生强烈的感情，这是最基本的。他必须获得对美和道德上的鲜明的辨别力。否则，他连同他的专业知识就像一只受过良好训练的狗，而不是一个和谐发展的人。"[一]

美育就是全面发展的教育，只有全面发展的教育才是真正的素质教育。

三、美育与德、智、体、劳诸"育"的关系

教育的重要意义就在于培养造就"自由和谐全面发展的人"。一个完全的人，从结构上说可以分为外在与内在两大部分。外在方面是指身体的形态结构；内在方面是指心理的文化结构，包括智力结构、伦理道德结构和审美心理结构。在心理学上相对应的是知（认识）、意（意志）、情（情绪），在教育上相对应的是智育、德育、美育和劳动教育。德、智、体、美、劳是一个统一的整体，通过开展美育可以以美促善，以美传真，以美启智，以美健体，以美愉心。

（一）美育与德育

美育与德育的关系是美与善的结合，"美和道德是亲姐妹"（别林斯基语），二者是相互影响、相互贯通的。著名美育心理学家刘兆吉先生指出："中国汉字'美'与'善'都带有相同的'羊'头桂冠，相同的文字信息，深深地打着中国人美善相同的审美观念的烙印。"[二]美中有善，美育是通过其美之中所蕴含的善的因素来达到提高学生道德素质的，所以高尔基在更深刻的意义上揭示道："美是未来的伦理学。"但是在一定意义上说，美又是善的升华。一个人越懂得美就越有道德，正如席勒所讲的："道德的人只能从审美的人发展而来，不能由自然状态中产生。"[三]

就性质来说，德育是规范性教育（行为规范），在规范性教育中使人获得自觉的道德意识；美育是熏陶、感发，使人在物我同一的体验中超越"自我"的有限性，从而在精神上进到自由境界。这种自由境界通过德育是不能达到的。德育主要作用于人的意识的、理

○ 《爱因斯坦文集》商务印书馆，1979 年版，第 310 页。

○ 刘兆吉，《文艺心理与美育心理》，西南师范大学出版社，1987 年版，第 49 页。

○ 席勒，《美育书简》，徐恒醇，译，中国文联出版公司，1984 年版，第 118 页。

性的层面，而美育主要作用于人的感性的、情感的层面，包括无意识的层面，就是我们常说的"潜移默化"，它影响人的情感、趣味、气质、性格、胸襟等。对于人的精神这种更深的层面，德育的作用是有限的。

就社会功用来说，德育主要着眼于调整和规范社会中人与人的关系，它要建立和维护社会伦理、社会秩序、社会规范，避免在社会中出现人与人关系的失序、失范、失礼；美育主要着眼于保持人（人体）本身的精神的平衡、和谐与自由。美育使人通过审美活动而获得一种精神的自由，避免感性与理性的分裂。美育使人的情感具有文明的内容，使人的理性与感性沟通并协调发展，从而塑造健全的人格。在现代社会中，物质的、技术的、功利的追求占据了统治的地位，竞争日趋激烈，精神压力不断增大，这很容易使人的内心生活失去平衡，产生各种心理障碍和精神疾病。要缓解这种状况，除了德育之外，更多地要靠美育。美育也涉及人与人的关系，但美育是通过维护每个人的精神的和谐，来维护人际关系的和谐。换句话说，只有使每一个人与自我的关系和谐了，那么每一个人才能与他人、与社会、与自然和谐起来。

（二）美育与智育

美育与智育的关系是美与真的结合。真就是客观世界发展的必然规律，美中蕴含着真。

大学生智能的形成及智力开发主要依赖于智力教育，但大学美育在一定程度上能促进大学生的智力发展及智能形成。人们在进行审美体验、获得精神享受的同时，可以获得各种自然科学与社会科学知识；通过审美情感的激发，促进左右脑的协调发展，调动左右脑的互补作用。爱因斯坦在科学研究中遇到困难时，常常拉一段小提琴或弹奏一段钢琴，往往在演奏的过程中产生灵感，音乐与幻想促进了相对论的诞生。他说："真正的科学和真正的音乐要求同样的思维过程——形象、直觉、和谐、整体"，"想象力比知识更重要，因为知识是有限的，而想象力概括着世界上的一切……想象力是科学研究的实在因素。"[一]很多著名科学家，尤其是科学巨匠们的生活都离不开音乐、诗歌、绘画等艺术。歌德既是一位大诗人、大文学家，又是一位杰出的数学家、物理学家和工程师。达·芬奇集物理学家、数学家、工程师、画家于一身。从毕达哥拉斯到开普勒，再到发现天王星的威廉·赫歇尔等人都精通音乐，并且能把人世音乐与天体音乐有机地联系起来。我国荣获"国家杰出贡献科学家"称号的钱学森说他的创造发明一半要归功于他的妻子，因为他的许多创造性灵感是在欣赏妻子弹奏曲子的时候产生的。他说："艺术所包含的诗情画意和对于人生的深刻理解，使得我丰富了对世界的认识，学会了艺术的发散思维方法。或者说，因为我受到这些艺术方面的熏陶，所以我才能够避免死心眼，避免机械唯物论，想问题能够更宽一点，活一点。"[二]事实上，很多重要的科学理论首先不是通过逻辑推理，而是通过大胆的想象创造出来的。

[一]　《爱因斯坦文集》，第 1 卷，第 284 页。

[二]　《新华文摘》，1992 年第 1 期，第 161 页。

此外，审美教育符合人的心理需要，可激发人的学习兴趣和内驱力，增强其学习主动性和积极性。在学习过程中，勤奋、刻苦当然还是基础，但仅靠勤奋、刻苦已远远不够了。中国古人的那句"书山有路勤为径，学海无涯苦作舟"应当改为"书山有路巧为径（科学地学习，最优化地学习，高质量、高效率地学习），学海无涯乐作舟（愉快地学习，自由地学习，创造性地学习，在主体得以和谐发展并充满幸福和喜悦感中学习）"。正如名家们所言："读书是'灵魂的壮游'；读书是至乐的事。"（林语堂语）"奇妙的学习不仅能使不愉快的事变得较少不愉快，而且也能使愉快的事变得更愉快。"（罗素语）"读书给人以乐趣，给人以光彩，给人以才干。"（培根语）

（三） 美育与体育

美育与体育的关系是美与健的结合。美育以心灵的健康为目标，体育以身体的健康为目标。体育运动能培养和锻炼人强壮的骨骼、发达的肌肉、红润的皮肤、健美的体型，有助于形成正确的姿态、敏捷的动作、饱满的精神和优美的风度，充分展示富有朝气和生命活力的身体美。

由于体育运动具有竞争性、对抗性，因此有利于培养人们精神上追求优胜、追求祖国荣誉的理想美，礼貌、团结、协作、诚实、公正、正义、友谊、自我牺牲的道德美，英勇顽强、不畏艰难、胜不骄、败不馁的意志美和体验爱国主义、国际主义的情感美。

审美教育活动所形成的愉悦的精神状态可直接影响人的身体健康状态。据有关的医学及心理学研究，人的心理情绪的不稳定，如急躁、紧张、烦恼、忧郁等，都可能引发疾病。特别是在高度紧张、激怒等情况下，均可能导致肌体失调，引起临床休克，甚至死亡。有关临床资料证明，相当一部分癌症患者患癌均与长期心情沉闷、忧郁有关。日本学者春山茂雄指出："人在生气发怒的时候，会感觉到精神的紧张兴奋，于是大脑分泌出一种叫作去甲肾上腺素的物质……这种物质具有剧毒。""当然，大脑分泌的这种荷尔蒙极其微量，但如果经常生气动怒，这种剧毒的荷尔蒙会导致疾病的产生，加速衰老甚至早逝。可以说，不论什么病都和去甲肾上腺素有关。"反之，人在心情愉快的时候则分泌出一种对人体健康有益的被称为"β–内啡肽"的荷尔蒙。他特别建议道："不论遇到多么不愉快的事情，只要采取积极的、向前看的态度，脑内就分泌出对身体有益的荷尔蒙。不论自己所处的环境多么优越，只要心情怨怒憎恨、忧愁苦闷，脑内就分泌出对身体有害的物质。凡事都能运用利导思维，采取乐观开朗的态度，就能保持健康的体魄和年轻的精神。"[一]如果大学生能经常参与审美活动，就可以长时期领略到审美愉悦，形成良好的心理状态，从而促进自身体魄的健康。

（四） 美育与劳动教育

2020年3月，中共中央 国务院发布了《关于全面加强新时代大中小学劳动教育的

一 《中外书摘》编辑部，《跳出常规的思维》，上海人民出版社，2000年版，第511页。

意见》，指出"劳动教育是中国特色社会主义教育制度的重要内容，直接决定社会主义建设者和接班人的劳动精神面貌、劳动价值取向和劳动技能水平。"通过劳动教育，使学生树立正确的劳动观念，正确理解劳动是人类发展和社会进步的根本力量，认识劳动创造人、创造价值、创造财富、创造美好生活的道理，尊重劳动，尊重普通劳动者，牢固树立劳动最光荣、劳动最崇高、劳动最伟大、劳动最美丽的观念。通过劳动教育，使学生具备满足生存发展需要的基本劳动能力，正确使用常见劳动工具，增强体力、智力和创造力，具备完成一定劳动任务所需要的设计、操作能力及团队合作能力。通过劳动教育，培养学生积极的劳动精神，领会"幸福是奋斗出来的"内涵与意义，继承中华民族勤俭节约、敬业奉献的优良传统，弘扬开拓创新、砥砺奋进的时代精神。通过劳动教育，使学生养成良好的劳动习惯和品质，能够自觉自愿、认真负责、安全规范、坚持不懈地参与劳动，形成诚实守信、吃苦耐劳的品质，珍惜劳动成果，养成良好的消费习惯，杜绝浪费。

关于美育对劳动教育的促进作用，苏联教育家们有着较深入的研究。他们认为："整个共产主义教育最重要的任务之一是变劳动为第一生活需要，使人养成把劳动作为体力与智力游戏来享受的情趣。这一点的重要前提是，养成对劳动的审美态度。1921 年，《统一劳动学校纲领》的引言中曾提出这样一种思想：'不能只培养劳动的意志，而不培养创造的意志、创造的愉快。'这种提法绝不是偶然的。依据社会生产及参加社会生产者自身的发展（即向提高自由劳动的文化和广博化的方向发展、向使自由劳动具有创造性质的方向发展），审美教育的目的在于培养了人们对劳动的审美愉快感，从而对劳动教育做出了自己的贡献。"⊖

审美教育本身就包括内涵十分丰富的各种劳动——技能美学。例如，广泛应用于工业领域的技术美学，在教育领域内新兴的教育（艺术）美学，萌生于医学土壤中的医学美学等，它们可以直接交给学生开启劳动中创造与审美的金钥匙。谁能够把美和他所从事的专业工作紧密联系在一起，并且有所创造，谁就一定会成为出色的专业工作者。

总之，从个体发展角度看，将德、智、体、美、劳"五育"融合，"智"长才干，"德"定方向，"美"塑心灵，"体"健身躯，"劳"助梦想，共同促进人的全面发展。

四、美育的意义

自古以来，审美素质都被看作是能够改变生活品位的一种极为高尚的精神品质。中国古人讲的"兴于诗，立于礼，成于乐""游于艺""腹有诗书气自华"和"知书达理"，都是强调审美修养对个人成长的重要作用。鲁迅说："顾犹有不可忽者，为当防社会入于偏，日趋而之一极，精神渐失，则破灭亦随之。盖使举世惟知识之崇，人生必大归于枯寂，如是既久，则美上之感情漓，明敏之思想失，所谓科学，亦同趣于无有矣。故人群所当希冀要求者，不惟牛顿已也，亦希诗人如莎士比亚；不惟波义耳，亦希画师如拉斐尔；既有康德，亦必有乐人如贝多芬；既有达尔文，亦必有文人如卡莱尔。凡此者，皆所以致

⊖　М. Ф. 奥夫襄尼克夫，《大学美学教程》，汤侠声译，北京大学出版社，1989 年版，第 508 页。

人性于全，不使之偏倚，因以见今日之文明者也。"⊖鲁迅强调，人类社会需要审美活动，需要有莎士比亚、拉斐尔、贝多芬，这是为了"致人性于全，不使之偏倚"。他认为，如果没有审美活动，人类社会陷入片面性，人的精神需求得不到满足，人就不是完全意义上的人，"人生必大归于枯寂"，人活得就没有意思了。俄罗斯著名教育家苏霍姆林斯基说："一个喜爱普希金和海涅、谢甫琴柯和列霞·乌克兰卡的人，一个愿意优美地讲述周围美好事物的人，一个把推敲字眼的要求视同观察美好事物的要求的人……这样的人不可能成为粗暴无礼和恬不知耻的人。"⊜反之，如果缺乏这种美的熏陶和训练，就会如英国人洛克说的："在缺乏教养的人身上，勇敢就会成为粗暴，学识就会成为迂腐，机智就会成为逗趣，质朴就会成为粗鲁，温厚就会成为谄媚。"⊜

在物质供应日益丰沛、精神问题愈显突出的现代社会，审美能力将发挥越来越重要甚至是不可替代的作用。木心先生说过，没有审美力是绝症，知识也救不了。美育是感受，是口味和眼光，是同等经济条件下活得更有趣、更自信、更舒适、更幸福的生活方式。审美能力、创美能力是一种独特的竞争力。

美育的最高标志是对人心灵的陶冶和净化，生成崇高的道德人格。有道德人格的人，必然是一个有信仰、有追求、有远见、有博大胸怀的人，这样的人又必然是一个有牺牲精神、有奉献精神的大义凛然的人，他会成为一个有浩然正气的仁人志士，一个见义勇为的人，一个能够为国家民族和人民的利益而献身的人，成为一个民族英雄，一位人民功臣，一个道德模范，一个最美的人。他们是国家民族的脊梁，是人们做人的榜样，而这样的人所打造的人生必定是伟大的人生，光辉的人生，可歌可泣的人生。这样的人生就是美育所渴望的最美好的人生及其所显现的人生之美。

美育最直接最具体的作用就是陶冶人的情感。陶冶情感的目的在于净化情感、优化情感、生成崇高博大的情怀，从而使人的情感成为高尚纯洁的情感，而不再是庸俗污秽的情感，不再是向下的保守的消极情感。这种情感出自崇高博大的情怀，出自仁者爱人的仁爱情怀，出自伟大的爱国情怀。情感是人的心理结构中最活跃最有能量的要素，是人的一切行为行动的发动者和推动者。因此，有仁爱情感的人就必定会更爱人，爱生命，爱人生，会更珍惜人生，保护人生，救助人生，提升人生的自觉、自信、自强和自尊。这样的人对待别人时也会有爱和尊重，因此不会去伤害别人，摧残别人，见到有人跌倒会主动前去搀扶，见到有人溺水会勇敢投身相救，更会珍惜和爱护自己的生命。这样的人不会有仇恨、恐惧、悲痛、狂怒与狂躁，也就会拥有宝贵的平静、祥和和安乐，从而享有一个大善大福大寿的美满人生。

美育旨在生成一种超越精神。美育的精神化育体现在使人的精神从各种物质欲望和各

⊖ 鲁迅，《科学史教篇》，《鲁迅全集》（第一卷），人民文学出版社，2005 年版，第 35 页。

⊜ 蔡汀 王义高 祖晶，《苏霍姆林斯基选集》（5 卷本）第 3 卷，教育科学出版社，2001 年版，第 302 页。

⊜ 贺年，《世界经典名言警句金榜》，内蒙古人民出版社，2003 年版，第 208 页。

种功利追求的束缚中解放出来，获得宝贵的精神自由，这样才能上升到有信仰、有追求和超越功利的崇高精神境界，并且拥有超越兽性的人性精神和有文化懂文明的精神品质。拥有这样精神的人就会在他的生活中少一些急功近利的浮躁和狂热，多一些超越功利的淡泊与宁静；少一些贪欲物质财富的煎熬与焦躁，多一些精神文化上的满足与快乐。这样的人所打造的人生就不会是用金钱财富和权利美色打造的没有精神和文化的"物化"人生，而是拥有精神财富和文化财富的"文化"人生。这才是真正的文明人生，美好人生，这就是美育用超越精神打造的人生精神。

美育对人的化育体现在使人成为一个用真善美塑造的、内美外美集于一身的完美人。这样的人既有以大仁大义的崇高道德人格和精神境界所体现的内在美，又有因高度文明所体现的高雅气质和风度的外在美。就像中国传统文化中所推崇的"君子"，既有崇高的君子人格和君子精神，又有高雅的君子气度和君子风范，成为做人的楷模。这样的人在为人和做事上必常怀仁爱之心，必有真诚坦荡的胸怀，而无见利忘义的小人之心，无欺骗害人的小人之举。在共事交友上只有出于真正友谊的"淡水之交"，而无各怀鬼胎的"酒肉之交"，更不会有拼酒、酗酒、醉酒的丑态百出，甚至失德、失言、失手的不良后果。这样的人所打造的人生必定是君子人生，是远离低俗的高雅人生，是消除丑陋的立美人生，为后人所崇敬。

美育对人的化育包括给予审美自由，激活想象力，生成发现力和创造力。只有审美自由，才能张开想象的翅膀，而只有想象与推理相结合，形象思维与逻辑思维相结合，才能产生发现力，而发现力又是发明创新创造的前提。没有发现就没有创造，有创造力的人才能在他从事的事业中有新的发现和新的创造成果，包括科学领域、技术领域、艺术领域和各种文化领域的创造成果，包括能够推动人类文明进步和社会发展的有世界影响并载入史册的经典成果。拥有这些成果的人，也才会成为这一领域的专家、大家和巨人。

美育对人化育的同时也将美和艺术带给人，使之成为生活的一部分、人生的一部分。美和艺术给人带来审美兴趣和艺术兴趣，带来美感愉悦之情和艺术愉悦之情，而兴趣和愉悦都是一个文明有为之人所不可或缺的。因为兴趣会导致全身心的投入、执着的追求和忘我的工作，愉悦则是人的快乐感和幸福感的源头。

党的十八大以来，以习近平同志为核心的党中央高度重视学校美育工作，做出一系列重大决策部署。2014年，教育部《关于推进学校艺术教育发展的若干意见》首次对学生审美能力培养的层次进行明确，并严格将其看作是"落实立德树人根本任务"的重要途径。2015年，国务院办公厅印发《关于全面加强和改进学校美育工作的意见》，指出："美育是审美教育，也是情操教育和心灵教育，不仅能提升人的审美素养，还能潜移默化地影响人的情感、趣味、气质、胸襟，激励人的精神，温润人的心灵。"并对各学段、各环节的美育工作做了具体规定。2018年9月10日，习近平总书记在全国教育大会上明确指出"要全面加强和改进学校美育，坚持以美育人、以文化人，提高学生审美和人文素养"。2019年，教育部《关于切实加强新时代高等学校美育工作的意见》强调，"美是纯洁道德、丰富精神的重要源泉。学校美育是培根铸魂的工作，提高学生的审美和人文素养，全面加强和改进美育是高等教育当前和今后一个时期的重要任务。""引领学生树立正确的审美观念、陶冶高尚的道德情操、塑造美好心灵，切实改变高校美育的薄弱现状，遵循美育特点，弘扬中华美育精神，以美育人、以美化人、以美培元，培养德智体美劳全面发展的社会主义建设者和接班人"。2020年，中共中央办公厅、国务院办公厅印发《关于全面加强和改进新时代学校美育工作的意见》，提出"高等教育阶段将公共艺术课程与艺术实践纳入学校人才培养方案，实行学分制管理，学生修满公共艺术课程2个学分方能毕业。"

美育是学生全面发展的重要内容，是立德树人根本任务落实的重要途径。没有美育的教育不是一种现代的完整的教育，没有接受过审美熏陶的人不可能成为现代的高素质的全面发展的人。这既是专家、学者的共识，又是时代与现实的呼唤，人类的呼唤！

第二节　大学美育的基本任务

美育的基本任务在于培养完美的人性，使感性的人成为理性的人，以能正确处理人与自然、人与人、人与社会之间的关系，在追求真善美的和谐统一中更加深刻地理解人生的真谛。相对于幼儿、中小学美育而言，大学美育有其特殊性："在高等教育中，在人生追求知识、自我完善的这一高层次上，美，不应当只是一些具体的可感形象，多彩的、令人愉悦的事物，而应当是人和人生追求的一种最高境界的代名词。因此，这个阶段的美育，也不应仅仅是某种领域的美的欣赏教育，而应当是关于人及人生一切领域的活动过程及活动结果的审美欣赏及审美价值观。人生理想的教育，即人和人生最高境界的教育，是把美的目光朝向自我，再朝向社会，引导大学生用美的规律来塑造自我和追求人格完美的教育。"⊖具体而言，大学美育的基本任务包括以下几个方面。

一、树立正确的审美观

审美观即从审美的角度对世界和人生的看法，它是世界观、人生观的重要组成部分，其核心是审美标准和审美理想。审美标准的形成，受到审美偏爱的影响，但更重要的是和主体的文化艺术修养以及主体的审美活动的经验有关，也和主体在艺术史、艺术鉴赏、文化背景等多方面的知识有关。随着个体审美偏爱和审美标准的形成，个体的审美理想也逐渐形成。审美理想是个体在审美活动中的追求和期待，它不仅影响着审美标准和审美偏爱，更主要的是它指导和激励主体在审美活动中奔向人性的完善。审美观制约着一个人的审美行为，决定着一个人的审美指向，成为一个人的审美格调（品味），体现在一个人的言谈举止、衣食住行等各个方面。例如，在对人生的意义上，一种看法是视能为人民大众辛勤劳动创造财富做出贡献为最大的快乐和美的人生；另一种看法则是只讲索取和享受，

⊖　赵伶俐，《人生价值的弘扬——当代美育新论》，四川教育出版社，1991年版，第12页。

不择手段追求金钱和地位，视满足个人吃喝玩乐为最大的快乐和美的人生。在处理人与人之间关系的问题上，一种看法是人的生存离不开集体，只有彼此尊重、互相帮助、团结友爱，才能促进社会的进步，所以要以建立亲密无间的友谊为美；另一种看法则是"人都是自私的，没有真情"，只有你争我夺，伤害别人，才能使自己获得利益，所以就以虚情假意、用恶语伤人、以权势压人为美。在商品的审美价值上，一种看法是商品的优劣不在于是哪个国家生产的，应以货真价实、实用、质量高为美；另一种看法则是只要不是本国生产的就好。再如对"人之美"，有的人只重外表，甚至以打扮的洋、奇、特、怪为美。荀子在《非相》篇中写道："形相虽恶而心术善，无害为君子也。形相虽善而心术恶，无害为小人也。"

人的审美观不是天生的，也不是一成不变的，而是建立在一定社会实践基础之上，并随实践的发展而发展。美育的任务是培养受教育者健康、高雅、纯正的趣味，使其远离病态、低俗、恶劣的趣味，归根到底，是引导他们走向审美的人生，使他们的人生境界得到升华。

二、提高审美能力

审美能力包括对美敏锐的感知力、丰富的想象力和透彻的鉴赏力。

罗丹说："美是到处都有的。对于我们的眼睛，不是缺少美，而是缺少发现。"审美感知力是人们审美、创美活动的前提和基础。欣赏音乐要有善于感受旋律的耳朵，欣赏绘画要有善于感受线条、色彩的眼睛，欣赏小说要有善于借助语言进行艺术想象的头脑。如果审美者缺少对各种美好事物的形、声、色等的敏锐而准确的感知能力，他就不可能将丰富多彩的美的因素极其迅速地输入大脑中，也就不可能获得丰富多彩的审美感受。罗丹说："所谓大师，就是这样的人，他们用自己的眼睛看别人看过的东西，在别人司空见惯的东西上能够发现出美来。"[一]有的人只能从好听、好看上去感受对象，只能欣赏一些大众化、普及化的东西，不能够欣赏比较大型的、复杂的、蕴涵着深度社会历史内容的东西，一是因缺少审美实践而使得审美感受能力显得不太敏锐，二是因缺少必要的文化素养而不太熟悉审美欣赏的基本要领，影响了欣赏、品味文化的机会。

想象在审美活动中有着十分重要的作用，其最大特点在于新形象的创造。如欣赏绘画《踏花归来马蹄香》，欣赏者就要思考：为什么行进中的马蹄周围飞舞着许多蝴蝶？进而想到马蹄上一定有花的香气，马刚刚从一片美丽而芬芳的花丛中走过来。再如欣赏中国戏曲，许多场景常常用艺术夸张的形式表现出来：舞台上表现骑马、坐轿时以无作有，以假作真，"六七步五湖四海，四五人千军万马"。任何艺术的欣赏和创作都离不开想象，但是，想象的基础是生活，只有对生活充满了热爱的人才能更多地发现生活中美好的事物。因此，一方面要观察和体验社会生活和大自然的美，存储足够多的记忆表象；另一方面也要有多方面的知识积累，为想象力的升华铺开理性之路；同时还应开展多姿多彩的艺术美

　　㊀　罗丹，《罗丹艺术论》，傅雷译．天津社会科学院出版社，2009 年版，第 5 页。

的鉴赏，通过鉴赏艺术美，广开想象之门。

审美鉴赏力是指审美主体对审美对象的鉴别和欣赏能力。如中国画和西洋画在审美情趣、造型手段、构图方法和画面内容上就有着截然不同的审美特征。了解这两种不同流派绘画的不同风格和不同特点，才能正确地分析、判断其美丑，对中、西绘画才不会妄加褒贬。审美鉴赏力的表现一是对事物和艺术美丑的辨析能力，二是对审美对象的领悟和评价能力。在复杂的现实生活中，美丑相杂，良莠并存，"丑就在美的旁边，畸形靠近着优美，粗俗藏在崇高的背后，善恶并存，黑暗与光明相共"[一]。因此，如果缺乏对美丑的鉴别分析能力，就无法理解和欣赏美，当然也得不到更多的审美享受，更不可能做出正确的评价。对美的事物不仅要感受其外在形式，更要领略其内在意蕴，林黛玉听《牡丹亭》不是停留在悦耳的音乐声里，也不是满足于优美的唱词，而是从中感悟人生，历经世态，所以才有如痴如醉的审美享受。审美鉴赏能力来自长期的生活实践、丰富的审美实践和深厚的知识积累。生活实践为审美鉴赏提供基本的社会知识，有的事物的美，没有一定的生活经验是不能体验到的，正如"少年不知愁滋味，为赋新诗强说愁"，只有经过了一定的人生阅历，才能"识尽愁滋味"，此时"欲说还休"的人生况味又岂是一个愁字了得！同样，丰富的审美实践是提高审美鉴赏力的必要条件，"操千曲而后晓声，观千剑而后识器，故圆照之象，务先博观"。知识的积累既可开阔视野，又为鉴赏打下深厚的文化基础。

三、 培养创造美的能力

一个美的欣赏者不一定能成为美的创造者，但是一个美的创造者一定能成为美的欣赏者。创造美的能力是指人们按照美的规律创造美的事物和美化自身的能力。有的人认为，美的创造很神秘或高不可攀，其实不然。美育的任务并非使人人都成为艺术家，也不可能把大家都培养成艺术家。美的领域是多方面的，除了艺术以外，还可以表现在服饰打扮、环境美化、产品造型、社会交往、文化活动等方面。在日常生活中，在人与人之间的各种交往中，都存在如何按照美的规律来表现美、创造美的问题。只要一个人有美的自觉意识，能主动地把美带到自己的工作中、生活中去，带到自己的服饰打扮和言行举止中去，想方设法来美化自己的产品，美化自己的生活环境和自己的仪表、仪态，就是一种美的表现、美的创造，也是一个人的审美创造能力的具体展示。

对美的表现和创造要遵循美的规律，要充满激情和善于想象。别林斯基说："没有感情，就没有诗人，也就没有诗歌。"[二]曹雪芹耗尽心血写就的一部《红楼梦》，真是"满纸荒唐言，一把辛酸泪。都云作者痴，谁解其中味？"美的表现和创造需要全身心地投入，那些仅仅靠模仿或为表演而表演的做法算不上美的表现和创造。

综上所述，树立正确的审美观念是美育的前提，培养敏锐的美的感受能力是美育的基

○ 雨果，《〈克伦威尔〉序言》见《西方文论选》，下卷，第 183 页。
○ 别林斯基，《别林斯基论文学》，新文化出版社，1958 年版。

础，提高美的鉴别和欣赏能力是美育的发展，培养和提高表现美、创造美的能力是美育的拓展，而陶冶高尚的人格情操，提升精神境界，完善人格塑造，艺术地对待生活，实现个体与社会、人类与自然的和谐发展，才是美育的最终目的和最高境界。

第三节　大学美育的原则和途径

一、大学美育的原则

（一）以活动为中心

以活动为中心是大学美育的基本原则。皮亚杰从心理学的角度提出了一个著名的观点，即"思想是内化了的行动"。美育活动的基础是个体的审美体验，美育能否收到实效，首先就取决于个体能否通过接受教育获得并积累相应的经验，这就需要引导学生积极、主动地投入到审美活动中去，通过各种各样的实践活动提高审美能力，丰富审美情趣，确立正确的审美观念，成为一个具有审美个性的个体。

（二）传授与激发相结合

在具体的活动中传授必要的表现方法，帮助学生掌握一定的技巧、手段，具备相应的知识，接受一定的训练，使学生能顺利、深入地进入审美状态，并学会用有一定秩序的形式来表现和创造，这不仅是审美表现的必要条件，也是美育的基本目的之一。更为重要的是，落实美育的根本点在于激发学生的审美动机和审美表现的热情，使之形成一种渴望全身心投入活动的积极的、开放的情绪状态，唤起学生的审美期待和审美冲动。因此，教师要特别注意以情激情，以情传情，以情动人，精心选择最富有情感性特征的审美对象作为活动手段。费尔巴哈说："如果你对于音乐没有欣赏力，没有感情，那么你听到最美的音乐，也只是像听到耳边吹过的风，或者脚下流过的水一样。那么，当音调抓住了你的时候，是什么东西抓住了你呢？你在音调里面听到了什么呢？难道听到的不是你自己内心的声音吗？因此感情只能向感情说话，因此感情只能为感情所了解，也就是为自己所了解——因为感情的对象本身只能是感情。"[⊖]

（三）尊重个性

审美是一种自觉的创造性活动，不同的个体在审美趣味、偏爱、表现诸方面会有各自的个性化色彩，美育只有依从个体的个性差异和不同心理发展水平才能真正落到实处。一是尊重每一个体的审美个性；二是因材施教，富于针对性和具体的指导性；三是绝不强求学生接受统一的审美标准；四是重视生理心理差异，按需施教。

⊖　费尔巴哈，《十八世纪末—十九世纪初德国哲学》，商务印书馆，1975 年版，第 551 页。

（四） 注重交流

交流体现了美育的过程本质。美育中的交流首先是师生情感的交流。教师以情感开发情感，激发学生的审美动机和创造表现欲望，尊重学生的审美需求和趣味，这是美育活动能够开展的前提。其次是学生之间的交流。重视学生之间的交流，有助于创设开放、自由、畅通的心理交流场所，学生更容易全身心地投入审美欣赏、表现和创造。再次是审美主体向审美对象的情感流动。通过审美对象达成的与创作者之间的沟通与理解，是美育尤其是艺术教育非常重要的效应。同时，大学生尝试进行艺术创作，同样是敞开自己的心灵，通过作品与外界寻求交流的重要方式。

（五） 整体性效应

整体性体现了美育的全面发展要求，美育的整体性原则首先要求将受教育者引入一个丰富多样、广泛全面的审美活动场，有美也有丑，有悲也有喜，有崇高也有卑下，甚至有正价值也有负价值，有古今也有中外，使受教育者在复杂的对象中，在开放性的比较中提高敏感力和鉴赏力，从而荡涤心胸、开阔视野，获得全面发展。其次，美育的整体性原则要求教育手段、教育途径的全面化、整体化。开展美育不能只依赖于学校，只依赖于课堂，还要依靠艺术家、文化工作者、劳动人民，更要依靠受教育者自己，要组织学生参加社会活动和生产劳动，组织学生欣赏大自然，美化校园，美化周围环境，美化自己的衣着仪表和行为举止等，要尽量突破局限性，避免单一性，防止封闭性，从总体上开展审美教育。

（六） 时代性、高尚性和民族性协调统一

大学美育必须跟上时代的发展，既要更新教育手段，更要不断丰富审美的内涵。特别是改革开放以来，市场经济的发展导致社会文化发生了巨大变化，大众文化的兴起为不同层次的人提供了丰富多彩的娱乐产品，改变了单调的传统艺术生活方式，活泼、新鲜、通俗、生活化的娱乐方式活跃和丰富了人们的娱乐生活。但是大众文化"舒适化"和"世俗化"的特点也造成了社会审美文化和学校的正统价值取向发生了一定程度的分离，因此大学美育必须考虑大众文化的影响，注意吸收大众文化中活泼、新鲜、生活化的元素，更多地满足当代大学生的需求，以使大学美育符合时代发展的要求。

当然，在使大学美育符合时代发展要求的同时，仍然要坚持高尚性原则。一些大众文化为了满足大众的猎奇心理，将暴力、犯罪等均被加以游戏化的渲染，在一味追求享乐的同时淡化了人们的道德意识。大学生追求新奇，但是鉴别力还不够，容易受到大众文化消极因素的影响。要使大学生真正得到充分和健康的发展，必须在美育中坚持高尚性的审美标准，加强审美导向，培养大学生高尚、健康的审美趣味，使他们不仅得到精神享受，而且从中悟出真善美，陶冶自己的情操和升华理想，领略到人生的情趣和美好。

大学美育还要提倡民族性审美标准。中华民族的审美意识讲究感性和理性、现实性和

思想性、再现性和表现性的和谐统一。如中国传统文化的天人合一观和自然价值观就对人类的可持续发展，对培养人们热爱自然，亲近自然，与自然和谐交融、共生共荣的健康人格具有重要意义。中国的传统艺术如音乐、雕塑、建筑、绘画、诗词、戏曲、书法等自成体系，别具风格，以一种东方特有的轻灵淡雅的风格对世界审美文化做出了独特的贡献。因此，大学美育必须要注重把中华民族的优良传统放在第一位，帮助学生感受中华民族的审美精神，使他们在审美心理培育中养成"爱我中华"的美好情操。

二、 大学美育的途径

（一） 开设美育基础课程，为学生终身审美铺路、引航

美育重在"育"，而"育"的过程是需要基础理论指导的。通过美育基础课程的开设，传授美育基础知识，掌握审美实践的技能，为学生开展美育活动提供知识指导，以便在日常学习生活中亲身体验客观世界和人的自身美，对真善美和假恶丑进行比较鉴别，予以正确评价。

（二） 组织多样美育活动，为学生感受美、表现美创造条件

美育强调实践性，组织开展丰富多彩的美育活动是实施美育的重要途径。如大学生艺术节、经典诵读比赛、合唱比赛、校园歌手比赛、摄影比赛、书法比赛、绘画比赛、舞蹈比赛等美育活动，既能丰富和活跃校园文化生活，让学生在丰富多彩的活动中张扬个性，在良好的艺术氛围中享受美的熏陶，使生活、学习变得五彩缤纷，又使其组织能力、适应能力、交际能力和意志品质得到发展；还可以充分利用社会实践等多种形式，组织学生到自然之中、社会之中，感受、欣赏大自然的美，领略、认识美好的事物，丰富学生的精神世界。

（三） 开展学科美育渗透，使学生耳濡目染，潜移默化

学科的美育渗透可以通过教师的形象美、才智美、心灵美，教材的内容美、形式美，学科的艺术美、知识美得以实现。教师的一举一动、一言一行所展现出的审美素养对学生的美育实施起着十分重要的作用。宽阔的胸襟、高远的追求、平和的心态、高尚的情操、富有的精神都是教师的审美素养，教师对学生的影响和美育大多来自这种美的精神和人格。特别是职业院校的教学很多是通过现场实习或技能实训开展的，教师要使训练活动中的各个方面都是美的，如整洁的实训环境、摆放整齐的实训工具、规范化的实训组织、合理流畅的实训环节等。只要有美的技能训练内容和形式，学生就会在整个技能训练过程中始终处于美的享受之中，所接受的审美教育无疑也将高于空洞的说教。当技能训练成为一种美的形式的时候，就必然会成为学生乐于接受的活动。当学生的技能水平逐渐提高并趋于完全熟练的时候，技能训练更是一种令人陶醉的活动。在这样的境界中，学生必然会接受美的熏陶，激发起创造美的愿望。

（四） 美化校园环境，实施全方位以美育人

古人云："入庄严殿堂而敛声，至幽雅圣境而屏息。"环境美有很强的教育性、暗示性和诱导性，校园环境对学生的成长有着潜移默化的影响，和谐美好的校园环境是一种无声的浸入学生心灵的美育。优美和谐的校园环境不只是校园的自然环境，还包括人文环境，和谐的师生关系、服务社会的校风、诲人不倦的教风、创新进取的学风等都会潜移默化地影响大学生的审美修养，促使他们形成良好的品质和高尚的人格。要让社会主义核心价值观、中华优秀传统文化基因通过校园文化环境浸润学生心田，引导学生发现自然之美、生活之美、心灵之美。

（五） 开发民间美育资源，创建美育资源共享平台与美育实训基地

这些开放的美育平台可以将抽象的内容形象化、复杂的过程简单化、隐形的内容显形化、枯燥的内容生动化，它突破时空的限制，将书本上无法展示的自然美景、艺术精品、大千世界通过音像、观摩等手段从不同角度、不同侧面进行多方位的展示，直观、形象、生动地呈现在学生面前，让他们畅游于美的天地。美育专题网站还可针对职业院校学生的特点，在网络上开展各种美育活动，如举办平面设计大赛、多媒体软件制作大赛、网页设计大赛等，从而提升网络文化的格调和学生的审美趣味，提高学生对科技美的认识，丰富学生的课余生活，使网络成为学生趋善爱美、交流思想、发展个性、开拓创新的园地。

活动与思考

请完成"当代大学生审美素质状况调查问卷"，并对自己及所在班级或院系学生的审美素质状况做出分析。

当代大学生审美素质状况调查问卷

一、基本情况栏

性别：男□　女□

年级：大一□　大二□　大三□　大四□

专业：文科□　理科□　工科□　艺术□　师范□　其他□

二、调查情况栏

1. 你对自身审美素质发展的要求（或目标）：

　　A. 不明确，无主动要求。　　B. 有一定的认识。　　C. 较清醒。

2. 你知道审美素质有哪几方面的内容吗？

　　A. 知道。　　　　　　　　B. 不知道。　　　　　　C. 有一定的了解。

3. 你认为自己所在学校对学生的审美素质的宣传和培养力度到位吗？

　　A. 到位。　　　　　　　　B. 一般。　　　　　　　C. 几乎没有。

4. 你认为自己的审美素质怎样？

  A. 很好。   B. 一般。   C. 较差。

5. 你现在对提高自身审美素质有计划吗？

  A. 有长远计划。   B. 有短期计划。   C. 无计划。

6. 你对艺术作品、奇珍异宝等展览会或古玩鉴赏感兴趣吗？

  A. 强烈。   B. 一般。   C. 几乎没有。

7. 你周末的主要消遣方式是以下哪一种？

  A. 阅读文学作品。   B. 欣赏音乐。

  C. 观看电影。   D. 其他。

8. 你喜欢音乐的原因是：

  A. 陶冶情操。   B. 随大溜。

  C. 可以缓解压力，宣泄情感，排除烦恼。

9. 你喜欢哪种类型的音乐？

  A. 经典老歌。   B. 倾诉衷肠的通俗歌曲。

  C. 高雅音乐。

10. 你喜欢文学作品的原因是：

  A. 消遣。   B. 了解认识社会，思考人生。

  C. 从中找回"自我"。

11. 你的大学老师（班主任、辅导员、专业教师）平时注重对你们的审美素质培养吗？

  A. 经常。   B. 偶尔。   C. 几乎没有涉及。

12. 你主动去听过学校或其他兄弟院校（院系）举办的有关审美方面的讲座吗？

  A. 尽量抽时间去听。   B. 偶尔去听。   C. 几乎没有听过。

13. 你对自己所在宿舍的环境的要求是：

  A. 环境清爽、人际关系和谐。B. 大体上过得去就行。C. 无所谓。

14. 你所在的宿舍在学校评比中是否被评为优秀？

  A. 经常。   B. 偶尔。   C. 几乎没有。

15. 你认为好的导演要拍一部好的电影应从以下哪几方面下功夫满足观众的需求？

  A. 背景音乐的选择。   B. 场面的选择和拍摄的质量。

  C. 故事情节的处理。   D. 主要角色演员形象的选择。

16. 当市场炒作一部大片且该片未公映时，你将选择：

  A. 先到音像店买碟片看。 B. 一公映就去看。

  C. 公映后听其他同学的反映和评价后再决定。

17. 在校期间，你曾加入过诸如插花、环保、摄影、漫画、演讲、茶艺等协会吗？

  A. 已加入。   B. 正在申请加入。

  C. 正在思考是否加入。 D. 未打算。

18. 你希望你的发型、服装样式、自我形象：

    A. 随大溜。   B. 有新意，与众不同，追求另类。

    C. 追赶时髦。   D. 无所谓。

19. 你今后在选择配偶时，会首先注重对方的：

    A. 外表形象。   B. 内在涵养。

    C. 家庭背景。   D. 经济条件。

20. 当你购买一套服装时，你会从以下哪些方面考虑是否适合自己？

    A. 自己的体型与服装的样式。   B. 自己的身份与服装的价格。

    C. 服装的颜色搭配。

21. 你认为现代社会恋爱中的男女应持的态度是：

    A. 追求传统的含蓄与古朴。   B. 热衷罗曼蒂克。

    C. 新新人类的"快餐"主义。

22. 周日，兄弟院校（院系）举行一场古典严肃的艺术作品展，但你手中又有一本刚借的你比较喜爱的通俗文学作品，你如何选择？

    A. 看展览。   B. 看文学作品。

23. 你认为以下哪种途径对提高你的审美素质影响最大？

    A. 家庭。   B. 学校。   C. 社会。

24. 你所在的学校或兄弟院系举办过有关审美方面的讲座吗？

    A. 一学期有 3 次以上。   B. 一学期有 1~3 次。   C. 几乎没有。

25. 你有在学校内创立一个新社团（协会）的打算或计划吗？

    A. 正在向学校申报。   B. 正在策划。   C. 从未想过。

26. 你是"追星族"或是"发烧友"吗？

    A. 是。   B. 不是。   C. 有发展的趋势。

27. 在平时生活中，你能区分正确与错误、高尚与庸俗、先进与落后、健康与病态的审美观吗？

    A. 完全能。   B. 大体上能。   C. 基本能。

28. 你所结交的朋友中，哪类朋友居多？

    A. 志同道合型（事业型）。   B. 义气型（哥们型）。   C. 吃喝玩乐型。

29. 你在大学期间到图书馆借阅过有关审美方面的刊物或书籍吗？

    A. 经常。   B. 偶尔。   C. 几乎没有。

30. 进校以来，你大致阅读了几本有关审美方面的书籍？

    A. 3 本以上。   B. 1~3 本。   C. 未阅读。

31. 你能从你身边一些普通的事和物中发现其美的一面吗？

    A. 经常会。   B. 偶尔会。   C. 从未发现过。

32. 你的书架上有美学方面的书籍、刊物、报纸吗？

    A. 3 本（份）以上。   B. 1~3 本（份）。   C. 没有。

33. 假如你有一套住房，在进行装修时，你首先考虑的是：

    A. 美观。   B. 实用。   C. 经济。

34. 你经常会从审美的角度对你的宿舍进行设计和布局吗？

    A. 至少一学期一次。   B. 一年一次。

    C. 大学期间从未改变过。

35. 你会把自己的审美追求同以下哪些情况联系起来？

    A. 摆脱苦闷。   B. 生活和谐充实。

    C. 追求刺激。   D. 理想。

    E. 吃喝玩乐。   F. 事业。

36. 当你听到或看到一些有价值的美学观点、美学理论时，你的反应如何？

    A. 用心记下来。   B. 有兴趣加以探究。   C. 并不是很在意。

第二章
美感与美育

学习目标

1. 正确认识并掌握美感的特征。
2. 认识美感不同心理要素的特征，体会其在审美中的作用。
3. 了解审美体验的过程，提升自身审美体验的层次。

■■ 第一节　美感的特征 ■■

美感，又称审美感受，是审美主体对审美对象具体的感受、体验、理解、评价以及所获得的精神愉悦，是审美活动中的一种独特的心理活动，具有愉悦性、无功利性、直觉性、超越性、创造性等特性。

一、美感的愉悦性

美感的愉悦性是指在审美过程中，审美主体所获得的精神上的享受和情感上的满足，它包括心理的喜悦、同情、信服、惊叹、爱慕、共鸣，乃至物我两忘。孔子闻《韶乐》"三月不知肉味"，清朝刘鹗的小说《老残游记》描绘听众听王小玉演唱后的感受，"五脏六腑里，像熨斗熨过，无一处不优贴，三万六千个毛孔，像吃了人参果，无一个毛孔不畅快"，这就是极度的美感带给人的享受。

美感的愉悦性能开阔人的襟怀，冲淡愁情。杜甫《后游》诗中写道："寺忆曾游处，桥怜再渡时。江山如有待，花柳更无私。野润烟光薄，沙暄日色迟。客愁全为减，舍此复何之？"审美引起的美感愉悦，使游客的忧愁逐渐耗散、减少。我国近代诗人高旭登上石钟山观音阁，远眺庐山，欣赏美景，"登临顿觉襟怀阔，消尽人间万斛忧"（《登石钟山观音阁》），美感的愉悦性使他胸襟开阔、愁情消尽。苏辙登豁然亭，遥望城南城北的景致，心中大快，顿觉豁然开朗："南看城市北看山，每到令人意豁然。碧瓦千家新过雨，青松万壑正生烟。"（《豁然亭》）。唐代诗人方泽的《武昌阻风》中写道："江上春风留客舟，无穷归思满东流。与君尽日闲临水，贪看飞花忘却愁。"观水看花引起的愉悦，使人忘却愁情。

美感的愉悦性还能调整人的情绪，减轻病痛。白居易曾经深有体会地说，欣赏音乐使他心情舒畅，消除了病痛："本性好丝桐，尘机闻即空。一声来耳里，万事离心中。情畅堪销疾，恬和好养蒙。尤宜听三乐，安慰白头翁。"（《好听琴》）杜甫说："眼前无俗物，多病也身轻。"陆游云："九陌莺花娱病眼。""治疾不用药，听雨体自轻。""体中颇觉不能佳，急就梅花一散怀。"曾巩在《疏山》中写道："一见云山病眼清。"

美感的愉悦性是一种精神性的享受，不同于生理快感。朱光潜先生曾经用"清宫大月饼"这个通俗例子形容快感与美感的区别：看见清宫大月饼色、香、味俱全，口水直流，食欲大增，这是快感，不是美感；看见清宫大月饼上面美丽的图案，仔细欣赏起来，意境深远，不断称赞图案画得好，并根据图案各自发挥联想、想象，这时所获得的审美享受，就是美感。由此可见，生理快感与感官刺激联系在一起，是一种单纯的感觉经验，完全是感性的，而美感则渗透着理性，是感性和理性的统一。生理快感追求的是舒服，是欲望的满足，有强烈的功利性；美感却是一种精神上的超越，按照康德的说法，美感是"唯一的独特的一种不计较利害的自由的快感"。生理快感是短暂的，引起生理快感的活动一旦停止，生理快感也就随之消失；而美感所具有的快感更具持久性，不会随着审美的结束而结束，甚至可以凭借记忆重温美感体验。

美感中伴随有生理快感，而生理快感也会强化美感；生理快感是美感的起点，但美感最终是对生理快感的超越。法国库申说："美的特点并非刺激欲望或把它点燃起来，而是使它纯洁化、高尚化。"如果让感官性的东西过多地充斥于人类的日常的审美活动中，就容易产生审美疲劳，以致产生无聊、空虚、浮躁之感，这就离我们所要追求的自由、丰富、自足、愉悦的理想的生活境界相去甚远了。因此，在审美的过程中，我们不要仅仅满足于感官上的娱乐。

二、美感的无功利性

美感的无功利性是由于在审美活动中，审美对象不是外在的实体化的存在，而是审美意象。审美意象不是客观存在的景，也不是外物在主体头脑中产生的表象，而是情和景的结合，主观和客观的统一。古人云："一切境界，无不为诗人所设，世无诗人，即无此种境界。"自然景物要成为审美对象，必须要有人的意识去"发现"它，去"唤醒"它，去"照亮"它，这样才能使它由一个个实物变为意象，成为一个完整的有意蕴的感性世界。审美对象超越了对象的实在性，当然也就超越了利害的考虑。人们审美的目的是满足人的精神性需求，要真正进入审美活动，首先必须在心态和意识上调整好自己，抛弃功利的眼光，把现实生活中的物质利益得失暂时置之脑后，静下心来欣赏这个赏心悦目的世界。如果功利心不放下，就与美无缘。所以古人在弹琴作诗时十分讲究焚香沐浴，静居燕坐，明窗净几，一炷炉香，万虑消沉，静候那一缕清音……

美感的无功利性不仅表现为审美过程排除功利、超越名利，还表现在美感的分享上。"邻翁走相报，隔窗呼我起；数日不见山，今朝翠如洗。"（刘因《村居杂诗》）讲的是元代一位老翁早晨起来看到雨后初晴，山色青翠如洗，非常漂亮，忍不住要把自己的审美感受传达给别人，于是隔窗叫醒诗人刘因，让诗人同他一起分享喜悦的心情。唐穆宗长庆三年（823 年）初春，细雨洒落在长安城，万物复苏，小草悄悄地从地下冒出来。诗人韩愈呼吸着初春的气息，眺望空地上浮起的浅浅绿意，一时兴起，二首绝句从心底涌动，急忙用纸笔录下："莫道官忙身老大，即无年少逐春心。凭君先到江头看，柳色如今深未深？""天街小雨润如酥，草色遥看近却无。最是一年春好处，绝胜烟柳满皇都。"（《早春呈水部张十八员外二首》）与老朋友张籍分享他寻春的喜悦。

审美欣赏的无功利性不是绝对的，鲁迅曾说："享乐着美的时候，虽然几乎并不想到功利，但可由科学的分析而被发现。所以美的享乐的特殊性，即在那直接性，然而美的愉乐的根底里，倘不伏着功用，那事物也就不见得美了。"[一]可见在美感愉悦中仍然潜伏着一定的社会功利性，正像人们喜欢听音乐、观舞蹈、赏绘画、练书法、读小说、看电影，人们喜欢自然风光的美、社会生活的美、城市环境的美，高尚有益的审美活动有利于净化、滋润人的心灵，引人走向更为理想的人生境界，有利于整体社会的和谐安定，有利于物质文明和精神文明的建设，有利于人类的健康长远发展。

三、美感的直觉性

美感的直觉性是指审美不依赖抽象概念，是刹那间不假思索的感受，它关注的是事物的感性形式的存在，在对客体外观的感性观照的即刻，迅速地领悟到某种内在的意蕴。

美感的直觉性是由美的形象性所决定的。形象的直观美直接作用于人的五官，因契合五官的生理需要而立刻产生愉快的感觉。皎洁的明月、绚丽的朝霞、烂漫的山花、苍劲的古松，人们一见便会感到愉快。内涵美虽然在于形式以外的真善意蕴，途经理智思考的中介，但由于对象中凝聚的内涵美源于审美主体后天历史、文化等的长期积淀，对这种内涵美的反应也并不是表现为逻辑的思考、判断，而是近乎"一触即觉"的本能性的条件反射，审美判断也呈现出不假思索的刹那间的感兴。"流光容易把人抛，红了樱桃，绿了芭蕉""鸡声茅店月，人迹板桥霜"，这是刹那间的感兴，但里边显然渗透着历史，渗透着文化，渗透着难以言说的人生感。观赏西方的绘画，听西方的交响乐，中国人感受到的意蕴和西方人会有很大的不同，这也是历史、文化、知识在起作用。

四、美感的超越性

美感是体验，在物我同一的体验中超越主客二分，从而超越"自我"的有限性。中国古代艺术家都在审美活动中追求一种万物一体、天人合一的境界，也就是把个体生命投入宇宙的大生命（道、气、太和）之中，从而超越个体生命存在的有限性和暂时性。唐代美学家张彦远的"凝神遐想，妙悟自然，物我两忘，离形去智"可以看作是对美感的超越性的很好的描绘。

[一] 《鲁迅全集》第 4 卷，人民文学出版社，1981 年版，第 263 页。

生命是有限的、暂时的存在，但是人在精神上有一种趋向无限、趋向永恒的要求。所以超越是人的本性。美感的这种超越性，是审美愉悦的重要根源。《淮南子·泰族训》有这样一段话："凡人之所以生者，衣与食也。今囚之冥室之中，虽养之以刍豢，衣之以绮绣，不能乐也：以目之无见，耳之无闻。穿隙穴，见雨零，则快然而叹之，况开户发牖，从冥冥见炤炤乎！从冥冥见炤炤，犹尚肆然而喜，又况出室坐堂，见日月之光乎！见日月光，旷然而乐，又况登泰山，履石封，以望八荒，视天者若盖，江河若带，又况万物在其间者乎？其为乐岂不大哉！"人的个体生命靠衣与食维持，但是如果把人囚禁在冥室之中，那么吃得再好，穿得再好，也得不到"乐"（审美愉悦）。因为人的精神被束缚住了，人不能超越自己个体生命的有限的存在。一旦开户发牖，从冥冥见炤炤，就开始了这种精神的超越。继之以出室坐堂，见日月光，再继之以登泰山，履石封，以望八荒，人的精神越是趋向于无限和永恒，人所获得的审美愉悦也就越深越大。美感的这种超越性，使人获得一种精神上的自由感和解放感。

五、美感的创造性

美不是天生自在的，美离不开观赏者，而任何观赏都带有创造性。唐代思想家柳宗元说："夫美不自美，因人而彰。兰亭也，不遭右军，则清湍修竹，芜没于空山矣。"自然景物要成为审美对象，要成为"美"，必须要有人的审美活动，使它从实在物变成"意象"（一个完整的、有意蕴的感性世界）。这个意象世界是"情"与"景"的契合，是不可重复的，具有唯一性和一次性。

像山、水、花、鸟这些人们在审美活动中常常遇到的审美对象，从表面看对任何人都是一样的，是一成不变的，其实这些对象在不同人面前往往显示为不同的景象，具有不同的意蕴。比如陶潜在"悠然见南山"时，杜甫在"造化钟神秀，阴阳割昏晓"时，李白在"相看两不厌，惟有敬亭山"时，辛弃疾在"我见青山多妩媚，料青山见我应如是"时，姜夔在"数峰清苦，商略黄昏雨"时，都见到山的美。在表面上意象（景）虽都是山，在实际上却因所贯注的情趣不同，各是一种境界。可以说，每人所见到的世界都是他自己所创造的。物的意蕴深浅与人的审美情趣深浅成正比例，深人所见于物者亦深，浅人所见于物者亦浅。诗人与常人的分别就在此。同是一个世界，对于诗人常呈现新鲜有趣的境界，对于常人则永远是那么一个平凡乏味的混乱体。

人们欣赏艺术作品，这种情况也很明显。同样是读陶渊明的诗，同样是读《红楼梦》，同样是看凡·高的画，同样是听贝多芬的交响乐，不同文化教养的人，不同格调和趣味的人，以及在欣赏作品时心境不同的人，他们从作品中体验到的美也是不一样的。

审美意象是在情感和想象的互相渗透中孕育而成的，审美意象是"情""景"的融合，情感与想象的融合。这就是美感的创造性。

审美的创造与科学的创造有一点重要的不同。科学的创造所得到的东西（规律、定理）带有普遍性，是可以重复的。而审美创造所得到的东西（意象世界）是唯一的，是不能重复的。王羲之说："群籁虽参差，适我无非新。"美感的对象永远是新鲜的、第一次出现的。但正是人们创造的这个意象世界照亮了生活世界的本来面貌。《红楼梦》里，香菱谈她对王维诗的体会说："我看他《塞上》一首，那一联云：'大漠孤烟直，长河落日圆。'想来烟如何直？日自然是圆的：这'直'字似无理，'圆'字似太俗。合上书一想，倒像是见了这景的。若说再找两个字换这两个，竟再找不出两个字来。再还有'日落江湖白，潮来天地青'：这'白''青'两个字也似无理。想来，必得这两个字才形容得尽，念在嘴里倒像有几千斤重的一个橄榄。还有'渡头余落日，墟里上孤烟'：这'余'字和'上'字，难为他怎么想来！我们那年上京来，那日下晚便湾住船，岸上又没有人，只有几棵树，远远的几家人家作晚饭，那个烟竟是碧青，连云直上。谁知我昨日晚上读了这两句，倒像我又到了那个地方去了。"香菱这番话说明两点：第一，在美感活动中生成的意象世界是独特的创造，是第一次出现的；第二，这个意象世界照亮了一个有情趣的生活世界。

六、美感的社会性

审美活动不是生物性的活动，而是社会文化活动，所以美感具有社会性。任何审美主体都是社会的、历史的存在，因而他的审美意识（审美趣味、审美理想）必然受到时代、民族、阶级、社会经济政治制度、文化传统、风俗习惯等因素的影响。同时，任何审美活动都是在一定的社会历史环境中进行的，因而必然受到物质生产力的水平、社会经济政治状况、社会文化氛围等因素的影响。因而在不同的历史时代，在不同的民族，在不同的阶级，美感既有普遍性、共同性，又有特殊性、差异性。

（一） 美感的共同性

不同时代、不同民族、不同阶级由于历史条件、社会生活、心理习俗的相似，在审美欣赏中形成共同或相似的审美倾向、审美趣味和价值观念，由此导致在审美的对象、内容和形式等方面大体相似。

美感的共同性存在的最终根源首先在于人类存在的某些共同本性，在于人类对美的共同向往。就像孟子所说："口之于味也，有同嗜焉；耳之于声也，有同听焉；目之于色也，有同美焉。"[一]美味的东西人人都爱吃，悦耳的声音人人都爱听，美丽的色彩人人都爱看。无产阶级的导师列宁非常喜欢贝多芬的《热情奏鸣曲》，而无产阶级的死敌——德国"铁血首相"俾斯麦也非常喜欢这支曲子，一支曲子能使两个对立阶级的代表人物都获得美感，说明在现实生活和艺术鉴赏中，不同阶级确实存在着共同美感。

人类对美的共同追求是人类自觉、自由本质的特殊延伸，是人类实现对自身情感世界终极关怀的最佳途径。这种人类的共性虽不能说永恒不变，但它确实具有极其顽强的生命力，它随着人类世世代代的繁衍而长久延续下去，往往能超越时代、民族、阶级的局限。正因此，许多美的事物、美的艺术可以千秋万代永远被古今中外各类人士所欣赏、珍爱，

[一] 《孟子·告子上》，《四书章句集注》，中华书局，1982 年版，第 330 页。

如我国的"敦煌学"已被世界各国许多专家所研究，我国的园林艺术受到世界各国人民的赞赏，我国的京剧也受到许多外国友人的热烈欢迎。

美感共同性的形成，除了同一时代、同一民族在人性上的某些相同外，根本上是由审美对象本身质的规定性所决定的。例如，同在杭州西湖游览的游客，不论他们来自哪个国家、哪个民族，也不论他们的个性爱好有多大差别，西湖秀丽的美景引发出来的优美感却是大致相同的，不可能产生像登临华山险境时那样的惊奇感。在艺术欣赏中，这种质的规定性更为明确具体。尽管我们说一千个人会有一千个哈姆雷特，但毕竟还是哈姆雷特，不可能变成罗密欧或李尔王。不同主体欣赏拉斐尔的名画《西斯廷圣母》（图2-1），具体的审美体验可能千差万别，但在对其优美、圣洁审美基调的把握上则显示出了大体接近的趋向。人们欣赏贝多芬的《第九交响曲》，其感情波动和灵魂震撼的细节方面肯定各不相同，不过都会被作品以坚强意志战胜苦难、实现欢乐的崇高而神圣的审美基调所征服。

图2-1　《西斯廷圣母》

人类生存不可或缺的服装虽然因民族、地域、国家而有别，但在服装设计的主题上却有着惊人的相似，如男装推崇阳刚、庄重，而女装则表现得温柔、优美。工作服要求严肃性，休闲服讲究随意舒适，参加宴会的礼服则要求优雅高贵。不论哪个国家，在工作、休闲、宴会等场合都有相似的服装规则。

（二）美感的差异性

美感差异性缘于时代特征、民族传统、社会经济地位、生活经验、文化教养、理想趣味、性格气质的不同，因而不同的审美主体面对同一个审美对象时，其审美感受和审美领悟必然存在一定的差别。所谓"情人眼里出西施"就是典型的明证。

1. 美感的时代差异性

今天，人人都认为花卉是美的，但是原始狩猎社会的人，他们生活在花卉很茂盛的地区，却宁愿用动物的骨头、牙齿作为自己身上的装饰，而从不用花卉作为装饰。格罗塞在《艺术的起源》一书中举了大量的例子，并且说："从动物装潢变迁到植物装潢，实在是文化史上一种重要进步的象征——就是从狩猎变迁到农耕的象征。"[一]这说明，我们今天的人与原始狩猎社会的人存在着美感的差异。

今天，我们一般都认为一个人长得太胖是不美的，所以很多人都在想办法减肥，市场上也出现了形形色色的减肥药。但是在我国唐代和欧洲的文艺复兴时代，人们认为丰腴

一　格罗塞：《艺术的起源》，商务印书馆，1984年版，第116页。

的、富态的女人才是美的。所谓"燕瘦环肥"就是汉唐两个时代对女性美的不同评判标准，而鲁本斯的美惠三女神也是当时人观念中美的典范。再如外国绘画中，欧洲中世纪时，神权高于一切，当时的绘画圣母像头部都有灵光，面部呆板、无表情，以显示神的威严和至高无上。到了文艺复兴时代，神权动摇了，人的审美认识也改变了，画家画的圣母像头部不再有灵光，而是体型优美、衣装简朴，表情也显得和蔼可亲了。

古代人的服装，特别是上层贵族的服装，往往十分繁缛和拘束。越到现代，服装越是趋于简洁、明快、随便。时髦、求新已成为现代审美的重要特征。

2. 美感的民族差异性

不同民族由于不同的地域环境、生活条件和文化传统，形成了不同的心理、习惯、趣味，往往有不同的审美观。比如，欧洲人以白肤、高鼻、金发、碧眼为美；非洲人以扁鼻、黑肤、卷发、厚唇为美；南太平洋汤加群岛上的居民则以肥胖为美，巴拉圭土人以拔尽毛发为美，而巴托克人则以敲掉门牙为美。

以花为例，中国人喜欢牡丹，英国人喜欢玫瑰，美国人喜欢山杞，法国人喜欢百合花，日本人喜欢樱花。中国古建筑是大屋顶、高台基的形式，古希腊建筑形式则是围柱式。中国绘画重写意、讲笔情墨趣，西洋绘画重写实、讲光影色彩。在传统舞蹈中，东方舞蹈以"手舞"为主，西方"舞蹈"以"足蹈"见长。

不同民族审美差异性最显著的例子是对待裸体的认识。古希腊的人体雕塑和绘画大都是裸体或半裸体，就连希腊的神也都是赤裸着身体。这是因为古希腊长期处于战争状态，为了培养强壮的种族以战胜敌人，当时的青年男女一律要接受军事集训，在集训中他们裸体进行角逐、拳击、赛跑、投掷等。公元前776年第一次奥林匹克运动会上，青年男女个个赤身裸体进行比赛，以显示强健的形体，运动会后还为竞赛优胜者立下裸体雕像，以示尊敬和崇拜。直到第十四届奥林匹克运动会上，希腊的运动员全都赤裸出场。除此之外，古希腊人在一些祭祀仪式、娱乐活动和招待会中也要炫耀自己的裸体美。他们欣赏的人体不是那种苍白的秀美，而是一种自然、健康、充满了力度的美。古希腊人崇尚的裸体健康美是圣洁无邪的，所以它的裸体艺术作品也是圣洁的。而几乎与古希腊文明同步的中国秦代，从出土的秦兵马俑陶塑可以看出，兵马俑都是身披盔甲、威武雄壮的形象，这就是不同民族的审美差异。

3. 美感的阶层差异性

处在不同阶层的人们，由于经济地位、政治地位、生活方式、文化观念等的不同，其审美情趣和审美理想也不同。俄国美学家车尔尼雪夫斯基曾说："青年农民或农家少女都有非常鲜嫩红润的面色，以普通人民的理解，这是美的第一个条件。丰衣足食而又辛勤劳动，因此农家少女体格强壮，长得很结实，这也是乡下美人的必要条件。在乡下人看来，'弱不禁风'的上流社会美人是断然'不漂亮的'，其至给他不愉快的印象，因他一向认为'消瘦'不是疾病就是'苦命'的结果。但是劳动不会让人发胖，假如一个农家少女长得很胖，这就是一种疾病……上流社会的美人就完全不同了：她的历代祖先都是不靠双手劳动而生活过来的；由于无所事事的生活，血液很少流到四肢去；手足的筋肉一代弱似一代，骨骼也越来越小；而其必然的结果是纤细的手足——社会的上层阶级觉得唯一值得过的生活，即没有体力劳动的生活的标志；假如上流社会的妇女大手大脚，这不是她长得不好就是她并非出自名门望族的标志。"⊖不同阶层的人们同看一部《红楼梦》，就会产生不同的审美观点。正像鲁迅所说："单是命意，就因读者的眼光而有种种，经学家看见《易》，道学家看见淫，才子看见缠绵，革命家看见排满，流言家看见宫闱秘事……"⊜鲁迅还说："贾府里的焦大是不会爱上林妹妹的。"贝多芬的第七交响曲第二乐章是一曲含蓄的悲歌，近似于送葬进行曲，但从音乐测试中发现不同的听众对此有多种不同理解，有人感到深沉的忧郁，有人认为属于伤感的田园曲，而有人则误以为是一首诙谐曲。⊜

美感差异性的存在，表明审美欣赏是排斥单一化的，是充满个性魅力的；审美共同性的存在，则表明审美欣赏并非可以绝对随意而为。美感的差异性与共同性共存互补，体现了审美的辩证法。

第二节　美感的心理要素

美感是一种极其复杂的心理活动过程，主要包括感知、想象、情感、理解等基本要素。

一、审美感知

感知是感觉和知觉的总称，是美感的门户和先导。感觉是对事物各种个别属性（如色彩、声音、形状、硬度等）的感受，处于见树不见林、"瞎子摸象"的阶段，而知觉是对局部感觉的综合，处于整体心理映射的更高阶段。美的事物都是完整的统一体，人们只有把对它的各种感觉整合为一，才能把握它的美。

如果我们没有到过桂林和阳朔，我们就无法真切理解韩愈对桂林山水的形象描绘："江作清罗带，山如碧玉簪"，也无法具体想象桂林山水"山清、水秀、洞奇、石美"的景观特色，同样无法涌起"桂林山水甲天下，阳朔山水甲桂林"的赞叹之情。叶燮《原诗·外篇》云："天地之生是山水也，其幽远奇险，天地亦不能一一自剖其妙，自有此人之耳目手足一历之，而山水之妙始泄。"自然审美如此，艺术审美亦是如此。

一个具有良好审美感知的人，应该做到在本性或禀赋方面的"易于感受"、态度方面的"乐于感受"和能力方面的"善于感受"三个方面。

"易于感受"即容易为世界所打动，敞开所有的感官，随时准备迎接扑面而来的一切。感官的敞开基于心的敞开。心闭上，世界就闭上。能够敞开感官的人，是一个有"爱"、有"情"的人。从最初的层面讲，审美就是感官的敞开，审美的世界因而是有情的，也因

⊖　车尔尼雪夫斯基，《生活与美学》，人民文学出版社，1959 年版，第 7 页。

⊜　《鲁迅全集》第 7 卷，人民文学出版社，1981 年版，第 419 页。

⊜　张前，《音乐欣赏心理分析》，人民音乐出版社，1987 年版，第 39 页。

而是形象的。

"乐于感受"即喜欢与世界打交道。"易于感受"是世界到了你面前，你容易去感受；"乐于感受"则是你不等世界来到你面前，你就找机会主动去到它的面前。审美不是世界发现人，而是人去发现世界。

"善于感受"世界，即进入世界，拥有属于自己的世界，就像月亮之于李太白，琵琶之于白居易，西湖之于苏东坡。邵雍《善赏花吟》写道："人不善赏花，只爱花之貌。人或善赏花，只爱花之妙。花貌在颜色，颜色人可效。花妙在精神，精神人莫造。"花的开放是花自己的事情，更是人的审美能力。没有审美能力的人，只能看见花在开；有审美能力的人，则能看见花竟然如此美丽地在开。有审美能力的人，才可能成为美和艺术的"知音"。

在审美活动中，人的五官感觉可以互相挪移，彼此打通，由一种感觉常常引起另一种或另几种感觉，这就是我们说的通感现象。如"声音甜美"是听觉引起了味觉，"促织声尖尖似针"（贾岛《客思》）是听觉引起了触觉，"日色冷青松"（王维《过香积寺》）是视觉引起了触觉，"哀响馥若兰"（陆机《拟西北有高楼》）是听觉引起了嗅觉，"红杏枝头春意闹"（宋祁《玉楼春·春景》）是在视觉里获得了听觉的感受。艺术家在创作中往往以通感的方式去感受色彩斑斓的物质世界，创造丰富奇异的意象。作曲家运用音符和旋律传达视觉画面，画家用线条和色彩演奏出音乐，舞蹈家通过优美的形体传递心灵歌声，诗人则通过通感创造优美的意境。通感可以使人突破单一感觉的局限，得到更丰富的美感享受，在审美活动中具有不可忽视的作用。

在审美活动中，人们对外在同一事物的知觉是不尽相同的，通常从自己的处境和感情出发，通过知觉来选择适合自己心境情感的那一面，这就是知觉的选择作用。例如，清人施补华《岘佣说诗》提到："同一咏蝉，虞世南'居高声自远，端不借秋风'，是清华人语；骆宾王'露重飞难进，风多响易沉'，是患难人语；李商隐'本以高难饱，徒劳恨费声'，是牢骚人语，比兴不同如此。"同样是选择蝉来抒情，但是内涵不同意味不同，原因就在于不同的人选择了不同的知觉角度。又如绘画时的构图与造型，人的知觉往往有左重右轻的特点，所以在艺术创作尤其是绘画和雕塑创作时，应该要考虑构图的均衡问题。一般左边要"重"一点才会协调，如果右边"重"了，整个画面就会有倾斜失重的感觉。在拉斐尔的《西斯廷圣母》中，他便是巧妙地将使徒置于左侧，使之占据一个相对较大的位置，其目的就是为了避免产生失衡的视觉效果。

二、审美想象

审美想象是一种自由地把握知觉表象和创造感性形式的能力，它能突破有限感知的时空局限，自由地驰骋在无限的精神空间，正如陆机在《文赋》所说："观古今于须臾，抚四海于一瞬。"审美虽然是在一个具体的审美情境中发生的，但是在审美想象中，一切界限都消失了，一切都具有可能性，现实生活的经验、逻辑思维的规律、时空的限制、生物与非生物的区别、物质世界与精神世界的对立都不存在了，幻觉、梦境、神话、传奇、现实、理想在这里都融为一体，使想象获得了无限的自由性、创造性和超越性，有着广阔的驰骋天地。白发三千丈，雪花大如席，黄河之水天上来，孙悟空一个跟头翻十万八千里，千年古树化作老人把媒作，这种"思接千载""视通万里"的"神思"甚至达到了虚构的非现实领域，"在虚拟现实中你可以张开双臂拥抱银河，在人类的血液中游泳，或走访仙境中的爱丽丝。"⊖审美想象创造出的在现实中不可能存在的怪异、虚幻的意象，开辟了审美的无限可能性。

想象包括初级形式的联想和高级形式的再造想象和创造想象。

从此物想到彼物，由实景推及虚景就是联想。联想又分为接近联想、相似联想、对比联想和关系联想。接近联想是感知表象的接近所引起的联想，如"闻香识女人""桃花潭水深千尺，不及汪伦送我情"；相似联想是感知表象之间的类似引起的联想，如看到初升的太阳就想到青少年，人面桃花相映红，"记得绿罗裙，处处怜芳草"；对比联想是相反的感知表象之间的对比引起的联想，如"朱门酒肉臭，路有冻死骨""艳若桃李，冷若冰霜"；关系联想是因两种事物之间存在着某种内在的关系而产生的联想，如"一叶落知天下秋"，齐白石的《蛙声十里出山泉》（见图 2－2）。

图2－2 《蛙声十里出山泉》

再造想象是把头脑中已感知的形象经过重新组织再造出新的形象。从唢呐独奏曲《百鸟朝凤》中，我们可以想象在春光明媚的茂密树林里，鸟儿们聚集在一起，布谷鸟在报春，山喳喳在对话，小燕子在争吵，蝉虫出来劝架……这些音乐形象展示出大自然的美好与勃勃生机，欣赏者只有通过再造性想象，把音乐的音响转化为生活的形象，才会产生不同的情感体验。古希腊雕塑《阿芙罗蒂德》⊖（俗称《断臂的维纳斯》）其残缺的双臂更给欣赏者提供了想象和再创造的广阔空间，从而使欣赏者获得更多的美的享受。

创造想象是在情感的驱动下，对感知表象进行创造性地改造和变形，从而产生出新的形象。

1）黏合。黏合是表象最简单的组合形式，它把现实生活中缺少因果关系的部分、属性、品质拼合在一起，从而创造出一个从未有过的新意象。如中国的龙，埃及金字塔前的狮身人面像，外国童话中的美人鱼形象等。

2）夸张。如"沉鱼落雁之容，闭月羞花之貌"。李贺在《李凭箜篌引》中运用神话、

⊖　尼葛洛庞蒂，《数字化生存》，海南出版社，1996 年版，第 143 页。

⊖　阿芙罗蒂德是希腊神话中爱与美的女神，在罗马神话中称维纳斯，她掌管着人类的爱情、婚姻、生育和一切动植物的繁殖、生长。1820 年在米洛斯岛山洞中发现了这尊大理石雕塑，雕像身高 2.04 米，现藏于巴黎卢浮宫。

传说等有关音乐的典故描写李凭音乐的艺术效果，创造出一个神奇瑰丽的音乐形象世界。诗中不管神、仙、鸟兽、花草、云雨，天上飞的，水里游的，都具有人的情感，都被音乐陶醉得或颓，或啼，或愁，或叫，或泣，或笑，或跳，或舞。诗人展开想象的翅膀，进行审美的自由创造，把人们引入了审美境界。

3）变形。变形是将原表象的某些部分的数量加以改变，位置加以移动，创造出现实中不可能有的怪异表象，如九头鸟、千手千眼佛、夜叉等。

4）浓缩。浓缩是将许多具有共同本质特性的表象加以综合、集中、提炼，予以典型化，创造一个具有深刻含义的意象。如鲁迅笔下的阿 Q 和狂人，卡夫卡《变形记》中的主人公格里高利，海明威《老人与海》中的主人公桑提亚哥。

5）抽象。抽象是将表象的某些部分、特性抽取出来，加以简化、形式化，如图案、纹样、装饰等。

实现创造想象的手段还有许多，如小说中的荒诞与意识流、戏剧中的奇特与梦幻、诗歌中的陌生与朦胧、绘画中的扭曲与律动、音乐中的快速与不和谐音、电影中的夸张与反常等，大多数都采用无意识非理性的想象，其表象之间的联系是非逻辑性的，使人在审美欣赏中扑朔迷离，荒诞有味。

想象是美感的"翅膀"和载体，没有想象就没有创作，没有想象也就没有艺术欣赏，想象越丰富，越能使人们感受到丰富而深刻的思想意义和社会内容。

三、审美情感

审美活动带有浓厚的情感，常以触景生情、移情于物、普遍同情三种方式呈现于审美实践中。

触景生情就是感物而动，情因景生。如"春秋代序，阴阳惨舒，物色之动，心亦摇焉"是主体为目前景象所感动，"伤心桥下春波绿，曾是惊鸿照影来"是目前景象引发个人的记忆及想象，"斜阳影里说英雄"是现实处境引起对历史的想象，使过去和现在交织在一起。

移情于物是主体把自我感觉、情感和生命移植到客体上，并在客体上感受体验到自我感觉、情感和生命，即"审美的欣赏并非对于一个对象的欣赏，而是对于自我的欣赏"。[一]具体说来，审美移情有四种类型：一是感觉移情，即主体赋予对象以自己的生命，如人在高兴时觉得花欢鸟唱，在悲哀时觉得月淡云愁；二是经验移情，即主体把对象拟人化，把自己的感受经验投射在对象上，如寂寞是一种难以言传的感受，一旦投射在黄昏风雨中暗放的寒梅上，寒梅就成为寂寞苦寒的影子；三是气氛移情，即主体将自己的一种整体气氛的感受渗透在客观景象中，从而铺展情感流动的空间，如"娉婷少妇未关愁，清夜琵琶上小楼。裂帛一声江月白，碧云飞起四山秋"（石沆《夜听琵琶》）；四是表现移情，即主体把自己的价值理想寄托于客观事物，如沧海横流方显英雄本色，岁寒知松柏后凋。

〔一〕 立普斯，《论移情作用》，《西方美学家论美和美感》，商务印书馆，1980 年版，第 273 页。

普遍同情是说在审美中将自己的情感与他人普遍交流与共享，同他人共鸣，如巴金的体验："我在写《家》的时候，我仿佛在跟一些人一同受苦，一同在魔爪下面挣扎。我陪着那些可爱的年轻生命欢笑，也陪着他们哀哭……"⊖

在审美活动中，情感是美感的动力和本质，它贯穿于审美活动的始终，使整个审美心理过程都带有浓厚的情感色彩。"登山则情满于山，观海则意溢于海"，感知激活了情感，情感移入了感知，情感和感知互相渗透。"天山万笏耸琼瑶，导我西行伴寂寥。我与山灵相对笑，满头晴雪共难消。"这是林则徐在被贬遣送新疆时写的《塞外杂咏》，作者把天山和白雪拟人化，因为天山山顶的晴雪和诗人自己的满头白发一样难以消除，情感推动了想象，想象又使内在的情感获得一种新的表现和抒发，情感和想象在互相渗透。《红楼梦》中关于黛玉听《牡丹亭》的描写既有理智上的思索，又有情感上的体验。"原来是姹紫嫣红开遍，似这般，都付与断井颓垣，良辰美景奈何天，赏心乐事谁家院。只为你如花美眷，似水流年……你在幽闺自怜……"。黛玉"不觉心动神摇……""越发如醉如痴，站立不住，便一蹲身坐在一块山子石上，细嚼'如花美眷，似水流年'几个字的滋味。"说明情感与理智达到了水乳般的交融，引起了强烈的情感活动。

四、审美理解

理解是美感的导向和规范，美的事物不仅具有生动、具体的感性形式，而且还隐藏着深刻的含义，体现着人的本质，如果不积极地发挥理解的作用，就不能把握美的对象的内在本质，领会它的意义。

一要理解审美与实用之分，艺术和生活之别。例如欣赏莎士比亚的《奥赛罗》，当看到奥赛罗扼住苔丝蒂梦娜的脖子时，一个白人士兵居然开枪打伤了饰演奥赛罗的演员的胳膊，这就是因为那个士兵把艺术世界之"虚"与现实世界之"实"等同起来，从审美状态还原到实用状态。只有清楚地意识到二者之间的区别，才能在热情中保持冷静，从容而自由地进行审美欣赏和情感体验。

二要理解审美对象的内容。毛泽东在《实践论》中曾经指出："感觉到了的东西，我们不能立刻理解它，只有理解了的东西才更深刻地感觉它。"⊜如唐代朱庆馀的《闺意献张水部》："洞房昨夜停红烛，待晓堂前拜舅姑。妆罢低声问夫婿，画眉深浅入时无？"诗刻意描写了一位新婚少妇拜见公婆前的疑虑心态，如果只欣赏到这些，则是肤浅的；如果了解到诗的内容是写试期临近之际诗人担心自己的作品不太符合主考大人的口味，故以出嫁女子作比，征求张籍的意见，委婉含蓄，这种审美感受就不一样了。毛泽东诗词中"斑竹一枝千滴泪"，如果不知娥皇女英哭舜帝的故事，就会感到莫名其妙，甚至会认为竹与泪风马牛不相及。因而，欣赏艺术作品就要知道故事的梗概、人物之间的关系，只有理解审

⊖　巴金，《巴金论创作》，上海文艺出版社，1983 年版，第 21 页。

⊜　《毛泽东选集》（一卷本），人民出版社，1968 年版，第 263 页。

美对象的题材、情节、典故、时代背景、象征意义等内容，才能得到充分的审美享受。

三要理解审美对象的形式。美存在的各个领域和每一个艺术种类都有其不同的美学特征，都有其独特的表现手段、技法、技巧、程式等形式。例如摄影艺术，如果懂得摄影中的构图、光线和影调等艺术手法，懂得画面布局的章法，懂得色彩摄影中色彩的对比、调和、基调等，那么不但能鉴赏摄影作品，而且可以进行摄影艺术美的创造。再如欣赏京剧艺术，就要认识戏曲行当的程式性、脸谱的程式性以及动作、唱腔的程式性，还要认识道具和动作的虚拟性（如一桌二椅可以当桌椅，也可以当山、楼、门、床；舞台上转几个圆场就是走了千里之路；四个龙套代表了千军万马等）。如果不认识这些特有的形式，就会看不懂，更谈不上获得审美感受和进行审美评价。

四要理解审美对象的象征与暗示。如在西方艺术中，百合花象征着纯洁，玫瑰花象征着爱情，如果对这些象征意义不了解，常常会给欣赏带来困难。许多艺术常常有"言外之意""弦外之音"，"言有尽而意无穷"，如徐悲鸿的《风雨鸡鸣》（见图2-3）创作于抗日战争期间，画面上一只站在石头上的雄鸡正引颈长鸣。画家借雄鸡来抒发他胸中的爱国激情，寄期望于民族觉醒、奋起救亡的信念和深情，从而激发人们奋起自强的勇气。读《阿Q正传》，疑心到"像是自己"，同时感到"又像是写一切人"。看《红楼梦》，林黛玉临死的时候说："宝玉，宝玉，你好……"便不作声了，到底你好什么？里面包含的意义太多了，很难用言语讲出来。由于审美所指向的不是既定概念，而是活跃的自由联想，在这里各种感性具体的联想、感知、意象、情感都被唤起和活动起来，使人百感交集，浮想联翩，所以它包含的内容比概念要广阔具体、丰富多样，需要人们去咀嚼、品味。

图2-3 《风雨鸡鸣》

总之，审美心理的各要素相互依赖，彼此渗透，最后形成一种动态的审美心理结构。

第三节　审美体验

审美体验其实是审美情感的深化、个性化。所谓体验有两层含义：一是"以身体之"，亲身经历，强调其外部的实践性；二是"以心验之"，着重内在的心理感受。真正的美，只有你来到它的面前并调动全部身心去感受才会懂。"曾经沧海难为水""黄山归来不看岳"，正因为有了亲身体验，才使人视野开阔，审美标准、审美能力大大提高。

一、审美体验与日常体验

日常体验就是人们在日常生活中获得的生命体验。"人有悲欢离合，月有阴晴圆缺"，生活中的得失、成败、生死、离合都会引发人的喜怒哀乐，这些具有显著功利性的日常体验为审美体验准备了丰厚的基础，只要对生命体验采取一种超然的态度，只要以无功利的姿态静观生活经历，日常体验就会转化为审美体验。审美体验是日常体验的升华，是个体对理想的生命形象的瞬间直觉。如晋代诗人嵇康的名句"目送飞鸿，手挥五弦，俯仰自得，游心太玄"。飞鸿掠过天际，时间仅是短暂的一瞬，一转眼就无影无踪，而审美体验就发生在这一瞬间，这一瞬间十分不寻常，人的精神超越了有限，指向了无限，生命活动在刹那接通了永恒。于是嵇康以身"体"之，以心"会"之，以神"遇"之，手上弹奏着五弦琴，在俯仰之间，精神自由自在，飞翔到遥远的地方。飞鸿这一理想的生命形象实际上正体现了人的价值，映射了人的理想，象征着人的自由，嵇康的潇洒与从容离开了飞鸿形象就无法指认，魏晋人的自由精神离开了"俯仰自得"的生活姿态就不可把握。

二、审美体验的过程

审美体验是流动着的美感，是一种层层推进、环环相扣、渐渐深化的体验过程。

（一）虚静，审美体验的准备

所谓"虚"，就是去除私心杂念，进入纯净的心理状态；所谓"静"，就是聚精会神，非常专注地观照着审美对象。只有除去私心杂念，心境才能保持专注，精神才会纯净澄明，这是审美体验的必备心理。同时，虚静还是一种开拓精神空间的感受力量和超越力量。"虚"不是一无所有，而是清空了功利意欲，使精神更加具有含纳能力，这就是"虚而万景入"；"静"也不是静止，而是在宁静中蕴涵着无限的生机。

（二）感物，审美体验的感知层面

感知层面的"感物"是审美体验的初级阶段。从对象方面说，感知所及的是事物的形、色、声、味、态的个别性，所把握的是事物的外部形象；从主体方面说，人在感知中所得到的愉快也是感官的兴奋，特别是耳目的愉悦，快感仍然是局部的，感觉所唤起的形象是模糊的。因此，"感物"仅仅是审美体验的开始，是最普遍的悦耳悦目阶段。诚如英国美学家夏夫兹博里所言："我们一睁开眼睛去看一个形象或一张开耳朵去听声音，我们马上见出美，认出秀雅与和谐。我们一看到一些行动，觉察到一些情感，我们内在的眼睛也就马上辨出美好的，形状完善的和可欣羡的。"[一]这里所谓"内在的眼睛"相当于我们常说的"直觉"或"第六感觉"。例如，初到桂林的游客，当其环顾四野，近观远眺，看到自然景象与田园风光的那种符合形式美规律的和谐组合，看到适宜人的视觉生理感受的、以绿色为主调的自然色彩，呼吸着清新空气，嗅到空中弥漫的花香，听到林间百鸟的啼啭，以及回转流动的水声或壮族姑娘的歌声，会不自觉地陶醉其中，在愉快心情中进入"悦耳悦目"的审美境界，获得初级的审美享受。

[一] 北京大学哲学系教研室，《西方美学家论美与美感》，商务印书馆，1980年版，第95页。

（三） 会心，审美体验的心意层面

"会心"就是以心会之，即对于所感觉到的东西心有所感，意有所动。这种心意层面上的审美体验就是我们常说的"悦心悦意"阶段。"会心"标志着审美体验在心意层面上展开，是主体心灵对事物生命的深刻把握，它基本超越了心的愉悦，净化为相对自然的精神愉悦体验。例如，观齐白石的画，你感受到的不只是草木鱼虾的可爱形态，还包括一种悠然自得、活鲜洒脱的情思意趣；听壮族青年对歌（尽管不知其具体描述的内容），你体会到的不只是音色和旋律的形式美，还有一种充满青春美的心声和甜蜜淳朴的爱情信息。在欣赏自然景观的过程中，悦心悦意的审美体验表现得尤为突出。置身于大自然，周围的诗情画意令人豁然开朗、喜不自胜，或赞美宇宙之神奇，或忘却人间之忧愁，或清静慕远而"悠然见南山"，或飘飘若仙而"欲乘风归去"……我们游九寨沟或张家界，那充满鸟语花香的清凉幽静的自然生态环境常常唤起一种"清新放浪的春天般生活的快慰和喜悦"，使人在心醉神迷中生出无限遐思或者超然脱俗的情怀。这对于长期处于快节奏、竞争激烈、嘈杂生活重压下的人们来说，无疑是情感和精神上的一种朦胧的慰藉和补偿，是人之本性的一种觉醒或自然的复归。陈毅元帅于1952年入莫干山探视病友，喜其风物之美，作《莫干山纪游词》，其中有"莫干好，最好游人多。飞瀑剑池涤俗虑，塔山远景足高歌。结伴舞婆娑"。⊖这几行诗最能表现他当时那种悦心悦意的审美情怀。

如果悦耳悦目的审美体验是以感知或直觉为主要特征，那么悦心悦意的审美体验则以想象或理解为主要特征。前者通常处于直觉感受状态，大多限于审美对象的形象结构，后者则处于自由的想象与理解状态，观赏者"精骛八极，心游万仞"，超乎具体的形象之外，把握其中的深广意味。在悦心悦意的审美体验中，由于想象与理解等心理活动加强，其美感享受与悦耳悦目初级审美阶段的感性快适相比，具有相对的持续性和稳定性，不容易随着时间的推移而淡忘，那种心悦意满的欣喜感将会在你的脑海里留下相当深刻而牢固的印象，甚至伴随你度过漫长的一生。

（四） 畅神，审美体验的神志层面

"畅"指通达、舒展和生长，"神"指主体的精神意志，"畅神"就是因主体精神意志的通畅和提升而获得的那种对自由的体验，即"悦志悦神"。这种审美体验之所以高级而深刻，是因为它体现了观赏者大彻大悟的情怀，体现了从"小我"进入"大我"，从瞬间求得永恒，从有限达到无限的自我超越意识或精神境界，也体现了审美主体与审美客体（即自然的、社会的和艺术的对象）的高度和谐统一。这时，我们会感到自己和自然及整个宇宙合而为一，客观的审美对象具有了主观的生命情调，一片自然风景就是一个心灵的境界，心与物、人与天之间相契合，生命在其中感到无比通畅，自由自在。在这种"高峰体验"的时刻，人们的表达和交流变得像诗人一般，在这一瞬间，人的精神意志被提升到

⊖ 《陈毅诗词选集》，人民文学出版社，1977年版，第149页。

了"尽善尽美"的高度，即使有人生的痛苦，也不再感到是人生的缺憾。人类一旦意识到痛苦磨炼意志，痛苦孕育着人格的坚强和伟岸，痛苦使人生变得丰盈而富有内涵时，便能从痛苦中感受到无限的欢乐，而这种以苦为乐的情怀体现的是一种令人敬畏的悲壮的崇高感。

只要人们的身心能同自然融为一体，便能从中获得美感，增添人生的情趣。正如作家礼平在中篇小说《晚霞消失的时候》描述的那样："童年时好奇心的满足，少年时荣誉心的树立，青年时爱情的热烈，壮年时奋斗的激情，中年时成功的喜悦，老年时受到晚辈敬重的尊严，以及暮年时回顾全部人生毫无悔恨与羞愧的那种安详而满意的心情。"这些不同阶段的人生内容，都是我们在美学畅想时所能体验到的意境。

从"虚静"到"畅神"是审美体验的一般过程，审美体验的快乐，说到底是体验自由的快乐。

三、美感的培养与美育

美的感受能力是直接把握世界和人自身的美的敏锐能力，这种能力对于美育是基础性的。其一，敏锐的美感能力是审美素养的核心。有敏锐的感受，才有强烈的情感，才有丰富的想象，才能在整体上把握事物的深层本质。其二，敏锐的美感能力是一种人生洞察力。席勒说，感受能力本身就唤起了人生洞察力的改善，可见美感能力就是人的一种生存能力。其三，敏锐的美感能力是启示真理的精神力量。日本哲学家汤川秀树就指出："美感似乎在抽象的符号中给物理学家以指导"[一]，美感具有启示真理的功能是不容否定的。

活动与思考

1. 举例说明情感在审美活动中的地位和作用。

2. 回顾自己有过强烈审美体验的审美对象，并与同学们分享自己这份独特的审美体验。

3. 打开"中国国家博物馆"官方网站和官方微信，利用"云端国博"数据资源体验中国文化之美。

〇 ［日］汤川秀树，《创造力与直觉》，周林东译，复旦大学出版社，1987年版，第82页。

第三章
审美文化形态与美育

学习目标

1. 了解审美文化的形态，认识其在美育中的意义。
2. 了解中西文化中美学范畴的差异，认识其不同的美育价值。
3. 认识中华优秀传统文化、现代文化和外来文化的内涵，感受其不同的美育功能。
4. 认识高雅文化、大众文化和民间文化的内涵，感受其不同的美育功能。

第一节　审美文化概述

一、什么是文化

习近平总书记在党的十九大报告中指出，"文化是一个国家、一个民族的灵魂。文化兴国运兴，文化强民族强"。党的二十大报告指出，"推进文化自信自强，铸就社会主义文化新辉煌"。文化对于国家的兴旺、民族的发展具有重大作用。

1982 年，世界文化大会在《总报告》与《宣言》中指出："文化是体现出一个社会或一个社会群体特点的那些精神的、物质的、理智的和感情的特征的完整复合体。文化不仅包括生活方式、基本人权、价值体系、传统和信仰"；"文化赋予我们自我反思的能力，文化赋予我们判断力和道义感，从而使我们成为有特别人性的理性的生物。我们正是通过文化表现自己、认识自己、承认自己的不完善、怀疑自己的成就、不倦地追求新的意义和创造出成果，由此超越自身的局限性"；"文化可以被理解为每一个人和每一个共同体独一无二的特征，以及思考和组织生活的方式。文化是每一个社会成员虽然没有专门学习但都知晓的知识领域和价值观念。"由此可见，文化的含义十分广泛，它不仅和人类的精神活动相关，还和物质活动相关，人类社会所创造的一切成果和人类生活的各个方面，都可以纳入文化的范畴。如埃及的金字塔，中国的故宫、长城等，既是物质的，又是精神的，它们可以说是各自社会文化的"象征"，是"典型"的文化。

文化可分为这样三个层次来理解：深度价值层，中间个性层，表象物质行为层。

文化的深度价值层是文化中最核心的部分，是文化的基石，不同文化对世界和自然有着不同的理解和看法，形成不同的好、坏、美、丑的标准，进而影响人的思维方式和行为规范。中国文化从天人合一的"生命模式"出发，把宇宙理解为统一的生命大家庭，把人确定为生命的自觉者，以生命与生命的情意交往对待万物，以无思无虑的生命体验认识世界，最后以向宇宙大生命的回归与升华作为价值追求的终极目标。西方文化则从天人二元对立的"技术模式"出发，经过精神与物质、人类与自然、理性与感性、"此岸"与"彼岸"等一系列的二元对立，走向了自然生命的反面，追求技术统治和物质享受是西方现代文明的本质和精髓。文化的中间个性层是文化中最独特与富有魅力的部分，世界各国、各民族的文化永远没有一模一样的，就如同自然界中没有两片完全相同的树叶一样。文化无高低贵贱，但由其差异性与多样性构成了文化生态环境即文化的中间个性层。文化的表象物质行为层是我们能够一目了然的，如衣着服饰，机械电子产品的外形与功能，建筑物的形体构成，语言，礼仪等。

二、什么是审美文化

审美文化是整体文化的一部分，是一种比较特殊的文化形态。一方面它相对独立和稳定，侧重于有关审美的内容；另一方面它又分布在各种文化内部和人们的日常生活中，成为泛化了的审美形态。随着时代的变化，审美趋向于生活化、实用化、社会化和商业化，它不再是超然于人们生活之外的、高高在上的神圣领域，而是已经渗透在我们的日常生活和精神生活之中，变成了人们生活的一个组成部分，塑造着我们的身体与灵魂。美无处不在，审美文化也是处处可见的。

三、审美文化的形态

审美文化在社会生活中是千姿百态的。第一，文化模式的差异导致了美呈现形态上的差异，如优美与壮美（崇高）、悲剧与喜剧、荒诞与严肃等显示的是西方文化的特色，中和、白贲、意境、气韵等显示的是中国传统文化的特色。第二，审美文化又经历历史的变化和发展，各个历史时期都有其独特的审美文化形态。如围绕手工劳作的生产方式建立起来的古典审美文化和围绕大机器生产的现代工业文明建立起来的现代审美文化。同时，审美文化又存在着民族演变的情况，这样就有了外来民族的审美文化（简称外来文化）。第三，社会内的不同群体的生活方式各有自己的特点，其审美文化也相应具有不同的特性。如以现代传媒为主要信息传播手段的现代大众社会的主要成员，其审美文化可以称之为大众文化；而保持着人与人亲身交流方式的民间社会的主要成员，其审美文化可以称之为民间文化；政治、经济方面处于支配地位的人们，往往在文化方面接受了较为完备的教育，形成了对于审美文化的独特追求和理解，钟情于符合自己生活方式的艺术品位，这就有了高雅文化。

四、审美文化形态在美育中的意义

（一）不同的文化形态具有不同的美学价值

古典文化作为一种保留到今天的经典传统文化，它帮助人们理解自身生存的意义，并且找到一种文化上的认同。在中国文化中，屈原、杜甫式的忧患意识，陶潜、李白式的自由猖放，梅兰竹菊里的审美风度，青松白云间的高洁品性……一个中国人只有具备了传统文化中这些基本的精神和道德素质，才会感到他是一个"典型"的中华民族的美的个体。现代文化要求我们用一种与传统的审美眼光截然不同的理解方式。因为现代作品的意义往往是多元的而不是一元或一元主导的，作品的意义和感情并非是对生活的直接反映和模仿，而是被文本之外各种复杂的现实和社会境况所决定的，作品的各种形式因素，诸如语言、色块、韵调等也不再像传统文化那样和谐地服从于整体意义，而是具有相对独特的文化韵味。所以现代文化的美育功能主要体现在培养学生具备理解多种艺术作品的能力，并且着重培养学生的审美感悟能力和分析能力。外来文化带有其他民族文化的新鲜因素，其中某些有意义的成分有时是本土文化不具备的，充分利用其积极因素开展美育教育，有助于形成进步、民主、健康的审美观念，有助于提高学生欣赏和鉴别各个民族多样化审美形态的能力。

（二）各种审美文化形态之间相互交融，能形成复杂多元的美育境况

高雅文化、大众文化和民间文化等文化形态并不是对立的，而是交织杂融在一起的。当前中国的文化格局是以大众文化为主流，以高雅文化为核心，以民间文化为辅助。同时，高雅文化既具有独立的美学旨趣和美育功能，又常常借助于大众文化的形式存在，如许多经典名著被改编成电影电视剧，传统高雅文化艺术如舞蹈、音乐等总是借助于大众文化媒介传播；大众文化中意义复杂、深沉的作品（如金庸的小说）又包含了高雅文化的因素，成为既喜闻乐见又典雅庄重的作品；民间文化则常常和大众文化交融在一起，成为新形态的民间文化艺术形式，如流行音乐中的新民歌、校园民谣，电视节目中的娱乐化新闻等，都是民间文化和大众文化相互包容的状况。

第二节　中西文化中的美学范畴

所谓美学范畴，就是概括地表述美的呈现形态的基本概念。西方文化和中国传统文化中的几个基本概念体现了西方美学和中国美学的特色。

一、西方文化中的美学范畴

（一）优美与壮美

1. 优美

优美是与壮美相对而言的现实世界中一种静态的、内柔外秀的美，在中国常称作阴柔之美。

"优美"一词源于希腊三位哈丽特女神的名字，是世界上一切美好事物的代表，也是光明和欢乐的象征。广义的优美泛指一切和谐的美的对象，而狭义的优美则是从专指"动作、姿态的轻盈、美妙"。从优美的外在表现形式而言，形态上它精巧、娇小、光润；色调上它柔媚、秀丽、素淡；态势上它平静宁和、悠然娴雅。因此，在审美活动中，主体始终处在轻松、舒适、亲切、愉快、惬意、柔顺的心理状态中，情绪波动始终保持和谐、平缓，整体上给人一种悠然自得、适情顺性、轻松柔和的愉悦之感。例如，和谐、宁静的古典音乐和古典诗词具有一种灵魂抚慰的作用，古典艺术那种田园般的情调为寻求"精神家园"的现代灵魂提供了一个诗意的"寓所"，使远离自然的当代人从这种最自然的审美形态中获得春风般的吹拂，细雨般的滋润。

优美的表现形态有以下几个方面：

1）婉曲美。婉曲美最具代表意义的表现形式便是曲线，它那随性的、自由的、舒缓的流泻正好可以充分地表现人类自由自在、飘然若仙的感觉和神韵。随风起舞的柳枝、纷纷扬扬的雪花、婀娜多姿的少女……这些富于审美旋律的形象使人感到轻盈舒展，生机益然。

2）妩媚美。妩媚美以色彩艳丽、容貌娇艳、姿态轻盈灵巧为特色，偏重于活泼、热烈、大胆，以略带夸张的姿态和色彩将事物的真诚、姣好直接袒露于世，让人有心旷神怡、赏心悦目之感。妩媚多用于女性，但有时也可指自然景色，如艳丽的桃花就是妩媚的。

3）典雅美。典雅美一般就陈设、气派、风度等而言，是一种含而不露、宁静端庄、韵味无穷的优美，给人的美感是凝重含蓄、华贵而秀雅，如淡白的玉兰、凝寒的秋菊。典雅在西方是指 17 世纪法国的宫廷趣味：举止高雅，仪态讲究，口语文雅，绝不说粗话，当不得不涉及不雅的事情，也一定不直说，而是用一些文雅的隐喻。

4）幽静美。幽静美是一种宁静淡泊、幽深恬静的美。幽静美包括两层含义：一是审美对象在空间上表现出的那种高阔、幽远、深邃给主体造成一种空灵而柔和的美感；二是审美对象在时间上表现出的那种相对停滞、凝固的状态给主体以静谧、肃穆、宁和的美感。因此，幽静美对平衡主体的生理和心理状态，净化主体的心灵世界有着独到的作用。首先，宁静肃穆的氛围使主体处于一种稳定、平和的心理状态，有利于主体在一种闲适的心理氛围里内察自省，自我调整，并由此将烦躁、忧郁、焦急等与眼前审美对象氛围不相协调的心理情绪排遣出去，从而达到主体生理、心理与自然景观的平衡，并引起深层次的心灵净化。其次，幽远、高阔使主体处于一种空灵、深远的心理状态，其心理空间也随之拓展，且其想象区域也随之扩大，引发出主体无限遐想，有利于主体将原有相对狭窄的心理空间不能包纳的一些情绪所造成的心理紧张、烦闷转化为一种与眼前对象相协调的空灵而轻柔的审美情感，从而求得心灵的平衡与净化。

在现实生活中，各种优美的形态并不是以绝对孤立、单一、静止的形式存在的，它们是以各自的特征为主体，交叉、融会、渗透了其他因素，组合成丰富多彩的优美形态来装点世界。

2. 壮美

壮美即雄壮之美，阳刚之美，是一种以力量和气势取胜的激动人心的动态美。

从形式上看，壮美与崇高有一定的联系，特别是在空间形体巨大的事物上，既可以说其壮美，又可以说其崇高。但二者之间又是有区别的，空间形体巨大的事物如果与人的关系是同一的即为壮美，如果它与人是敌对的就是崇高。从审美感受上说，壮美感是人对雄伟事物的欣赏，是从快感到更大的快感；崇高感却是人因战胜了一个恐怖的对立体而产生的快感，是由痛感转化为快感。从人类的实践力量发展来看，崇高客体有可能向壮美客体转化。

从形态上说，壮美的对象是粗粝、庞大、凹凸不平、有棱有角的；从色彩上看，壮美色彩鲜艳而炽烈，浓墨重彩，斑斓夺目，璀璨壮丽；从动势上看，壮美偏于动态，表现为一种剧烈的、不可遏制的态势；从境界上看，壮美阔大宏伟，大开大阖，包举宇内，席卷八荒；从气韵上看，壮美奔放雄壮，荡气回肠，豪情四溢，情味昂扬。从审美感受上说，壮美给人带来激烈、震荡的紧张感，尊崇、敬佩的崇敬感，振奋、拼搏的奋发感，让人获得一种震撼心灵、憧憬未来、追求理想、奋发向上的精神力量。

在崇高美形态中，人不仅超越了对象，也超越了自身。崇高美不仅表现为一种崇高的理想，更具体化为一种崇高美的行为，是伟大心灵与壮烈行动、自然沧桑与社会动荡、现实挫折与理想追求的独特结合。崇高美既包含着形式上的粗犷有力，也包含了审美主体的道德完善，同时隐含着情感浪潮的汹涌澎湃，从而成为人的一种生存和发展的方式与人生的理想境界。正如我国当代美学家蒋孔阳先生所说："美向着高处走、不断地将人的本质力量提高和升华，以至超出了一般的感受和理解，在对象中形成了一种不可企及的伟大和神圣的境界，这时就产生了崇高。"⊖

壮美的表现形态有如下三个领域。

1）自然领域的壮美。自然领域的壮美作为美的一种具体表现形态，实质上是人类理性精神的胜利，是人性与人的尊严在自然事物面前所得到的实现与确认，人类借客体的巨大力量间接显示着人的伟大和征服自然的无穷潜力。奔腾的长江、咆哮的黄河成为中华民族的母亲河，汹涌的波涛、直泻而下的瀑布、狂风暴雨、雷电交加、无际的大海、高耸的山峰等成为人类的审美对象，都体现着人类征服和改造自然的力量。

2）社会领域的壮美。社会生活中的壮美主要表现在两个方面：一是人类在改造社会中展示的历史进步性和人格力量；二是为了人类的进步事业，为了推动科学发展，为了造福于全社会，人类所进行的艰苦卓绝的努力与斗争。两者都体现着人对自身高尚品格、美好心灵、献身精神和巨大才智的肯定与赞美。事实上，任何胜利都不是轻而易举、一帆风顺的，都需要经过艰难曲折的斗争，都需要付出巨大的代价，特别是那些为了人类的进步和解放，那种奋起反抗、英勇斗争、不怕牺牲的精神更显得伟大和崇高。

⊖ 蒋孔阳，《说"丑"》，《文学评论》，1990 年第 6 期。

3）艺术领域的壮美。艺术领域中的壮美是对现实生活中壮美事物的概括、提炼和能动反映，它通过豪放、雄浑、粗犷、磅礴、悲壮等动人心魄的艺术风格表现出来，比现实生活中的壮美更典型集中、鲜明生动。如巨幅国画《江山如此多娇》、歌曲《义勇军进行曲》、民族舞蹈《金山战鼓》等都给人以壮美的感受。一般来说，在艺术作品中，崇高美往往取决于艺术形象所反映的现实事物的深度和广度，当人物的昂扬激情和悲愤不平之音表现得越激烈，接受者的心灵越能感受到艺术形象的崇高美。

崇高美的价值在于使个体心灵在痛苦的体验中受到激发，超越生活的常态，去追求更高尚、更有意义的生活目标，而与一切低级、庸俗的趣味告别。正如康德所说：崇高美使人们脱俗，"因它提高了我们的精神力量超过平常的尺度"[一]。对崇高美怀有兴趣的心灵，必然不满足眼前的感官享乐和既得的安逸，必然对于眼前的浮夸、空虚、造作、浅薄、卑下的东西持蔑视的态度，人们由此而变得心胸开朗，性格趋于坚定，气质趋向豪迈，临危不惧，临难不苟，养成不达目的不罢休的良好心态，从而对宇宙万物持有至高至善的生命关怀，在壮美的追求中创造人生的辉煌。

（二）　悲剧与喜剧

1. 悲剧

美学的悲剧又称悲剧性，它与日常生活中的悲惨事件及戏剧中的"悲剧"不同，是指现实生活或艺术中那些肯定性的社会力量在具有必然性的社会矛盾激烈冲突中遭到不应有的、但又不可避免的毁灭或失败，从而激起人们怜悯、同情、悲痛、奋发的一种审美特性，也即恩格斯所认为的悲剧是"历史的必然要求和这个要求的实际上不可能实现之间的悲剧性冲突"[二]。因此，悲剧的结局虽然是"悲"，却让人在悲痛之余产生一种崇高感，由此激发起人们追求真理的力量。鲁迅认为"悲剧将人生的有价值的东西毁灭给人看。"[三]所谓"人生有价值的东西"就是指符合历史的必然要求和美好的品质，并暗示悲剧的效果必然会激起人们对有价值的东西的同情、崇敬。恩格斯指出了悲剧的客观历史根源，鲁迅指出了悲剧的必然历史结局，二者相辅相成，共同说明了悲剧的本质。

抗争、行动、毁灭是悲剧的三要素。悲剧的主调是抗争，抗争内含了双方的力量对比和道德属性。悲剧主人公面对强大的敌对力量，不因自己的弱小而怯怕，也不因可能的悲剧结局而退缩，表现出正义、善良、弱小面对邪恶、不义、强大时的大无畏勇气。凭借这勇气，《俄狄浦斯王》中的俄狄浦斯敢于反抗命运，《安提戈尼》中的安提戈尼敢于反抗国君，《人民公敌》中的斯克托曼医生面对众多的恶势力傲然宣布"最孤独的人才是世界上最有力量的人"。行动是抗争的具体化，俄狄浦斯为摆脱杀父娶母的命运，不顾神谕一

[一]　[德] 康德，《判断力批判》上卷，商务印书馆，1964 年版，第 101 页。

[二]　恩格斯，《致拉萨尔的信》（1859），《马克思恩格斯选集》第 4 卷，人民出版社，1972 年版，第 346 页。

[三]　《鲁迅全集》，第 1 卷，人民文学出版社，1981 年版，第 192 页。

次又一次逃避，结果次次难逃；在严厉的追查"凶手"中，不听预言一层层追下去，直到追出了自己的"罪恶"，最后自刺双眼，离国自逐。毁灭是行动的结果，悲剧冲突的结果往往是双方的失败和毁灭。莎士比亚的《哈姆雷特》、拉辛的《安德罗玛克》、奥尼尔的《悲悼三部曲》同样是尸体加尸体落幕。悲剧主人公斗争、失败、毁灭的同时，就是给敌对力量以摧毁，或是一同毁灭，或是其邪恶、不义被完全暴露出来。悲剧的结局突出了悲剧主人公的崇高性，显出了对邪恶、不义的巨大冲击力。

悲剧的表现形态有如下三种情况。

1）英雄悲剧。英雄悲剧即新事物、新生力量的悲剧。英雄悲剧一般出现在阶级斗争、民族矛盾极其尖锐复杂的时期，悲剧冲突的内容充满了政治色彩，即使在与自然灾难的斗争中也包含了政治或伦理内容。英雄悲剧的主人公多是自觉地为真理、为正义而斗争不息的志士仁人，他们的事业正义、品德高尚、性格刚烈、意志坚定，他们的命运与人民群众息息相关，他们明知会牺牲，为捍卫真理、实现理想，受苦受难也万死不辞，毫不犹疑，勇往直前。因此英雄悲剧具有巨大的心灵震撼力、崇高的心灵净化作用和深刻的道德感染力，其所激起的美感不是悲痛中的消沉，而是震惊中的自豪，壮烈中的自信、乐观。英雄悲剧在对丑恶事物的憎恨中，在对实现理想过程中的艰难曲折、牺牲受苦的观照中激发了巨大的精神力量和崇高的美感。

2）无辜者悲剧。无辜者悲剧即善良的普通人（非英雄）的悲剧，是做人的起码要求都无法被满足的悲剧，是直接关系到大多数人的生存与发展的基本人生问题的悲剧，是实现以人为本、关注弱势群体、发人深省的悲剧。这种悲剧冲突的内容充满了人性的色彩，表现为普通群众对生存、发展、做人的正当要求，这种要求却由于社会不公或恶势力强大被剥夺，造成不幸和苦难。如《窦娥冤》中的窦娥被陷害而无辜丧生，《祝福》中的祥林嫂在惨无人道的政权、族权、夫权、神权奴役下被歧视，精神上受摧残，《芙蓉镇》中的男主人公这个小人物因在历次政治运动中受到人性扭曲而仍渴望"运动"，不断敲锣呼唤"运动"，都是善良的无辜者的悲剧。这类悲剧的主人公往往是处于社会底层的平民百姓，是不能主宰自己命运的小人物，他们没有什么豪情壮志、惊人壮举，甚至循规蹈矩、安分守己，只是为争取自己应有的、起码的生存权利而挣扎，但由于社会原因，由于自己势单力薄而遭摧残、蹂躏，因此容易引起普遍共鸣，让人对丑恶的根源，对种种不合理的东西感到震惊，激起反思，悲剧感由同情、悲痛升华为悲愤、深思，从而激发起除旧布新、改革创新的巨大力量。

3）非正义者悲剧。非正义者悲剧即旧事物、旧制度的悲剧，是虽非正义却仍有存在的合理性而不能合理存在的悲剧。对此，马克思曾论述道："当旧制度本身还相信而且也应当相信自己的合理性的时候，它的历史是悲剧性的。当旧制度作为现存的世界制度同新生的世界进行斗争的时候，旧制度犯的就不是个人的谬误，而是世界性的历史谬误。因而旧制度的灭亡也是悲剧性的。"[注]例如，姚雪垠的历史小说《李自成》中的崇祯皇帝，既是

㊀ 《马克思恩格斯全集》第 38 卷，人民出版社，1960 年版，第 310 页。

旧制度的代表，又是非正义的象征，但当时中国的封建制度仍有历史存在的合理性，所以他虽励精图治但难免覆灭的命运和先杀妻儿后自杀的结局，这是悲剧性的。这种悲剧的主人公虽非善良百姓，更非英雄人物，但是从一定程度上他们仍有正面形象，值得同情，从而发人深省，在灵魂深处产生震撼，引起反思。

悲剧虽然展示的是人生中有价值的东西的毁灭以及人类美好理想的幻灭，但是我们看到的却是人类不可摧毁的人格、信念、意志、勇气和灵魂，我们从悲剧人物身上感受到的绝不只是痛苦和不幸，更多的是他们身上所折射出来的道德精神和人格力量。另外，悲剧人物身上有着强烈的觉醒意识、抗争意识和超越意识，这种觉醒是对人的境况命运、义务权益、终极关怀和历史必然的觉醒，这种抗争是对命运不屈的抗争，这种超越不仅是对个体苦难环境、平庸状态和有限存在等方面的超越，更是企求人类整体的超越。在这个意义上讲，悲剧感必然转向崇高感，在心灵震撼中升华我们的精神境界，将人导向自我完善。

2. 喜剧

美学上的喜剧又称喜剧性，它既不同于戏剧类型中狭义的喜剧，也与日常生活中一般引人发笑的偶然事件有区别。喜剧是以严肃的题旨为灵魂，以荒唐的表现为手段，引人发笑，从而鞭挞丑、征服丑的一种美学范畴。它"不像悲剧那样给人带来悲剧性的激昂慷慨，它给人们的是轻松愉快的嬉笑和幽默，尖锐深刻的嘲弄、揭露和讽刺。如果悲剧是通过丑对美的暂时压倒而揭示美的理想，那么，喜剧则是美对丑的否定、揭露。如果前者着重在对美的间接肯定，那么后者则着重在对丑的直接否定"[一]。喜剧以"丑"为基础，以"笑"为标志，以"喜"为内核，通过内容与形式、动机与效果之间的倒错、悖理、异常的形式去展开矛盾冲突，让人们在笑声中鞭挞假、恶、丑，给人一种轻松、愉悦的感觉，发现、理解的顿悟感，俏皮、风趣的幽默感。

喜剧的表现形态有如下两种。

1）否定性喜剧。否定性喜剧是指其表现内容引起人们轻蔑、厌恶、嘲笑、惭愧甚至悲哀、辛酸等否定性情感的喜剧，其主要表现形式是讽刺喜剧。讽刺喜剧把丑的内容用美的形式或外表来表现，如赵树理的小说《小二黑结婚》中人老珠黄却偏要扮个老来俏的三仙姑，鲁迅小说中明明是失败者却处处装成胜利者的阿 Q，它所引发的是人们的讥笑、嘲笑等否定性的笑。

2）肯定性喜剧。肯定性喜剧是美的内容采用了丑的形式或外表，借助"丑中见美"的特点来制造喜剧气氛，得到喜剧性审美效果的喜剧。这种喜剧的主人公往往是正面人物，正确的思想行为往往表现在悖理、谬误的形式中。如豫剧《七品芝麻官》中的唐知县，他外貌较丑，动作迂拙，谈吐较粗，但骨子里却饱含着不畏强权、敢于为民请命的豪壮之情。

〇 王朝闻，《美学概论》，人民出版社，1981 年版，第 61 页。

（三）荒诞

荒诞是 20 世纪中叶在西方盛行的审美形态，是西方现代社会与现代文化的产物。荒诞的本义是不合情理与不和谐，它的形式是怪诞、变形，它的内容是荒谬不真。荒诞展现的是与人敌对的东西，是人与自然、社会的最深的矛盾，反映的是现代西方人在尴尬困境中的生存状态与基本情绪。

荒诞审美情感的产生其实是与现代工业社会中理性的现代文明对人性的扭曲联系在一起的。在现代西方社会，科技的进步最大限度地显示了理性的强大生命力，但是理性和科学并不能解决人类生存所面临的所有问题。劳动异化的加剧、拜金主义的流行使人沦为机器，人与社会、人与自然、人与自身的分裂速度加快，使人产生了对理性的普遍怀疑。人们感到人类生活的前景变得比以往更加暗淡和虚无，并不可避免地产生了悲观绝望的情绪，于是在人们的心目中，存在本身变得毫无理由，世界是荒诞的，人的存在也是荒诞的，生命失去了理由，活动失去了根据，死亡是一种永恒的威胁。因此，荒诞是对人生无意义的虚无感和无助感的一种审美感悟。

就审美形态的形成看，荒诞源于西方荒诞派戏剧的现代艺术流派，它没有戏剧应有的情节和完整的人物形象，甚至对白也是语无伦次，晦涩难懂。法国剧作家贝克特在 1952 年创作的《等待戈多》就是荒诞派戏剧的代表作。由戏剧开始，荒诞开始在西方的现当代艺术中风行，小说、绘画、音乐、电影等各种艺术样式都表现出与传统艺术的迥然不同，把人生的无意义和不可捉摸的命运作为基本的表达主题，展现了人生存的非理性的一面。在达利那里，美丽的维纳斯被安上了抽屉；在杜尚那里，小便器走进了神圣的艺术殿堂。在《等待戈多》中，两个流浪汉在黄昏的荒郊路旁一棵光秃秃的树下等待总是等不来的戈多。在加缪的小说《局外人》中，主人公莫索尔只是一个永远游离于有意义的生命之外的局外人，他对一切都觉得无所谓，作伪证、结婚、打架、杀人，都无所谓，都淡然处之。在卡夫卡的《变形记》中，人变成了甲虫，变成了甲虫的人深刻地体验到了作为非人的甲虫的孤独。可以说，现代人成为"非人"的荒诞处境在西方现代派艺术中得到了深刻而全面的表现。

荒诞具有如下审美特征。

1. 魔鬼靡非斯特[○]式的反叛与捣乱

这种魔鬼式的反叛与捣乱表现在内容意蕴上就是嘲弄"神圣"，亵渎"经典"。他们

○ 靡非斯特是《圣经》中大天使卢佛斯的本名，歌德《浮士德》中的一个重要人物，他公然和上帝叫板，自己到地底下另起炉灶，专收那些上帝不要的精英，还时不时到人间捣乱。他不相信历史，不相信未来，不相信有什么崇高的事物，对一切都抱着轻蔑嘲讽的态度。但他对现实中一些不合理的东西却能够清醒地看到事物的本质，而且具有尖锐的批判精神。正如他自己所说：他是"作恶造善的力之一体"。

嘲笑古典理性与信仰所创造的优雅文化和所追求的崇高精神不过是同动物一样的"原欲"，骨子里装的是虚伪。于是，他们给蒙娜丽莎画上胡子，让拾穗的农妇拾垃圾。于是，在波德莱尔的诗中，神圣的天堂等同于黑暗的地狱；在萨特笔下，崇高的上帝就是万恶的魔鬼，世界成了地牢，他人是我的地狱；在《尤里西斯》书中，古希腊忠贞的碧娜蔓堕落成了现代荡妇毛莱；在《变形记》中，古罗马的凯撒堕落成了可怜的甲壳虫萨姆沙；在《等待戈多》中，希伯来虔诚的圣徒圣彼得和圣保罗堕落成了两个浑浑噩噩的流浪汉；在《秃头歌女》中，以身殉情的罗密欧与朱丽叶堕落成为互不相识的老夫老妻。而这种魔鬼式的反叛与捣乱表现在形式手法上就是平面化、平淡化。他们取消了西方绘画创造的三度空间，取消了时空深度，而将远与近、过去和现在、此地与彼处夷平在一个面上。如毕加索的《格尔尼卡》（见图 3-1）用淡化时空的支离破碎的形象来抗击法西斯暴行。在《等待戈多》中，自始至终就是两个流浪汉在等待戈多的过程中说些无聊的话，做些猥琐的动作，情节、结构、冲突、性格都平淡化、平面化，唯一的目的就是等待戈多。

图 3-1　《格尔尼卡》

2. 象征性的达意方式

荒诞艺术品往往取材于最平凡甚至极琐碎的日常生活事件，人物也大都是普通的人，但是作者通过隐喻、反讽等手法赋予这些平凡事件以极不寻常的意义，赋予这些人物以人类某种品格或处境的抽象的性质，表达一种哲学思想。艺术家感兴趣的并不是形象本身，而是隐藏在形象之中的意义，他们所表现的也不只是个人的苦闷、孤独、失落、惆怅等，而是上升到了哲学峰巅俯视人类社会，企图成为人类某种情况、观念的代言人。尽管荒诞艺术展现的是人类非理性、不合逻辑的荒诞图景，但在这幅非理性人生图景的背后却表现出创造主体对生活清醒的理性认识。如《等待戈多》的两个流浪汉隐喻着人类绝望的处境，人变成甲虫和犀牛隐喻着人的异化，椅子排挤人隐喻着物对人的压迫等。

3. 荒诞具有极度不和谐的形式

荒诞情绪表现在音乐中是刺耳的噪声，表现在绘画中是怪异的形象，表现在戏剧中是奇怪的情节或反情节，表现在文学中是碎片化的杂乱语言……唯有这些不和谐的形式才能表现那种没有理由的生命，没有根据的行为，以及生命、行为借以展开的荒谬世界。

4. 荒诞引起的感受极其复杂

荒诞杂糅着崇高、丑陋、滑稽、悲剧、喜剧、怪异等许多因素，它所唤起的是五味俱全、难以言传的感受，痛感、爱感、滑稽感、喜剧感、悲剧感等尽在其中，但其中心的感受是那种无意义感。

5. 表现荒诞是为了征服荒诞

荒诞派艺术家在对荒诞本身的理性认识基础之上以超现实、怪诞的表现手法描绘一个深层次的、象征性的荒诞世界，着意表现人存在的荒诞性和人的荒诞感，实际上是对失去了的生命意义的追求，是对被扭曲了的人性的抚慰。正如仅有悲剧是不够的，重要的是超越悲剧，仅有荒诞也是不够的，重要的是征服荒诞。

荒诞作为人对生活的空虚与无意义的一种审美把握，深刻地揭示了无意义人生的多余性、虚无性，从反面证明了丑作为人生沉沦的不可容忍性，警策人们从熟视无睹的人生荒诞中反思人生意义，从而实现真正的人生价值。在卓别林主演的《摩登时代》中，那个在工厂高速传送带上成年累月拧螺丝帽的工人变成了活机器。下班后，头昏脑涨，手里仍然拿着扳头，做着机械的动作。这一荒诞的动作典型地表现了人性被资本、机器、病态社会所扭曲和异化，无形中引起人们的普遍关注与深刻反思，并促使人们从噩梦中警醒过来，质询人生的真正意义，探求生活的真正道路。由于荒诞往往背离传统的艺术表现手法，采用暗喻、寓言等象征形式，充满了更多的主观表现性、变异性，因而能给接受者以更大的想象与思考空间，引导人们在反复品味中从浅层走向深层，从有限走向无限，从荒诞的直观前景去探索其严肃的背景意蕴。

二、 中国文化中的美学范畴

（一） 中和

"中"最基本的意思是对立的两个因素或两个极端的中间，但并非正中间，而是一个"合适"的位置。"中"美以儒家中庸思想为哲学基础，突出表现为在处理对举的矛盾范畴如情与理、形与神、虚与实、情与景等时要把握适当的限度，以保持事物的平衡。因此"中"美十分重视和强调"不即不离""若即若离"的审美原则，正如现代美学家朱光潜所说："创造和欣赏的成功与否，就看能否把'距离的矛盾'安排妥当，'距离'太远了，结果是不可了解；'距离'太近了，结果又不免让实用的动机压倒美感，'不即不离'是艺术的一个最好的理想。"[一]

"和"是"中"的衍生、发展，是两个或两个以上对立的、有差异的因素以"合适"的比例的融合，是求同存异、平等共生、相互渗透、融会贯通，于包容中显丰富。例如龙，头似驼、角似鹿、眼似兔、耳似牛、项似蛇、腹似蜃、鳞似鲤、爪似鹰、掌似虎，可

㊀　朱光潜，《文艺心理学》，见《朱光潜美学文集》第一卷，上海文艺出版社，1982 年版，第 25 页。

以说是这些动物形象"和"的结果。在古代艺术家的心目中,"和"是宇宙万物的一种正常的状态、本真的状态和具有生命力的状态,因此也是一种最美的状态。

古人讲"中也者,天下之大本也。和也者,天下之达道也。致中和,天地位焉,万物育焉。"[一]即"中"是天下万物存在的根本,"和"是万物实现各自理想归宿的要津,若能达到"中和",天地会各就其位,万物繁衍生长。中和美就是既要"中",又要"和",其最根本的特点就是适中与和谐。它追求的是人人相和、天人合一、社会大同,在艺术中的典型表述就是"乐而不淫,哀而不伤",对于人来说要"发乎情,止乎礼",使人成为彬彬有礼、温柔敦厚的君子。屈原的《离骚》抒发了自己怀才不遇、忠而被谤的满腔悲愤,但最后还是抑制住强烈的情感,将悲愤转化为"上下求索"的动力。

中和美是中国传统艺术所共同遵循的创作方法与审美准则。传统建筑中的中和美如孔庙,其所展现出的强烈中轴对称的严整平面布局向人们宣示着一种传统伦理秩序的和合之美。"四合院"建筑通过居于中轴的正房、中庭及前后左右加以围合的倒座、后房、东西厢等构成了一个内向的庭院空间布局,分别与处于长幼、尊卑地位的人加以对应,实现了仁、礼统一的和合之美。在传统戏剧中,中和美体现在大团圆的结局上,以求得心灵的慰藉与平和。

(二)白贲

"贲"是指五色在一起显现出华丽,它是斑纹华彩、绚烂之美;"白"则是无色。白贲就是绚烂至极复归于平淡,有色达到无色。白贲美就是质地本身放光的美,是本色美。绚烂至极后的平淡是中国古典美学中的一个极高的境界。我国古代的山水花卉画最后都发展到水墨画,这既有利于表现艺术家的情思,也使艺术品显得更有韵味,被认为是艺术的最高境界。

汉朝艺术中,弯弓射鸟的画像砖、长袖善舞的陶俑、超越飞燕的骏马青铜器以及壁画等,没有细节的描绘,没有繁杂的修饰,没有人物个性的表达,没有主观感情的抒发,而是突出了高度夸张的形体姿态、手舞足蹈的大幅度动作和异常简洁的整体形象。这就是一种不事细节修饰的粗线条的轮廓图景,也正是在这种轮廓形象的飞扬游动中表现出力量、运动以及由之而形成的汉代艺术的磅礴气势之美,这也正是"白贲"之美。像"一望二三里,烟村四五家,亭台六七座,八九十枝花"这样的诗,所体现的也是白贲的境界。

中国人喜欢佩"玉",玉的美即"绚烂之极归于平淡"的美。可以说,一切艺术、人格的美都趋向于玉的美,内部有光彩但含蓄、内敛,极绚烂,而又终归于平淡。在古代,常将美人、佳人比为玉人,成语有"玉成其事""玉汝于成"等。

"出水芙蓉"的美正是一种白贲的美。"芙蓉出水"透出天然之美而不事雕饰之功,如《诗经·卫风》中的《硕人》描写庄姜之美:"手如柔荑,肤如凝脂,领如蝤蛴,齿如瓠犀,螓首蛾眉;巧笑倩兮,美目盼兮。"透出美人之美源于"质素美""本色美"。

[一] 《中庸》,第一章。

总之，白贲不是不要雕饰，而是"处饰之终，饰终返素，不劳文饰，而任其质素"，其实质就是"返璞归真"的朴素美、平淡美、本色美，是一种"至味寄淡泊""豪华落尽见真纯"的境界。

（三）意境

最早将意境的概念运用于艺术领域的是唐朝诗人王昌龄："诗有三境，一曰物境，二曰情境，三曰意境"。[一]他将"境"与"意"合为一体来解释情与境、物与我的浑然一体。

"意"是指人在审美与创造美时的感受、情志、意趣；"境"是指客观的自然和社会生活。

意境首先是指意与境的交融，借用晚唐张璪在《历代名画记》的话是"外师造化，中得心源"。造化和心源的凝合，造化与心源的合一形成一个有生命的结晶体，这个结晶体是完全独立于眼前的现实世界的审美世界、艺术世界。意是境中之意，境是意中之境，也正如瑞士思想家阿米尔说："一片自然风景是一个心灵的境界。"[二]也如我国古人石涛所说："山川使予代山川而言也。"[三]这种主客体统一的最高境界是"物我两忘"。如徐志摩诗《沙扬娜拉》之《赠日本女郎》，诗一开始以一个构思精巧的比喻描摹了少女的娇羞之态，"低头的温柔"与"水莲花不胜凉风的娇羞"两个并列的意象妥帖地重叠在一起，是人，还是花？或许是花，也可能是人，我们已分辨不清了，已达到物我两忘的意境了，但感到一股朦胧的美感透彻肺腑，像吸进了水仙花的香气一样。接下来，是阳关三叠式的互道珍重，情透纸背，浓得化不开。"蜜甜的忧愁"当是全诗的诗眼，使用矛盾修辞法不仅拉大了情感之间的张力，而且使其更趋于饱满。"沙扬娜拉"是对日语"再见"一词的翻译，这一翻译十分美丽，既仿佛杨柳依依地挥手作别，又好像在呼唤那女郎温柔的名字。悠悠离愁，千种风情，尽在不言之中。

意境其次是指情景交融。景中全是情，情具象而为景，在情景交融中，情与景相互升华，美化的情感投射到客观景象，使景象带上了主体的情感，景象使本来难以言说的情感获得了外在的形象，最后形成了意境。由于多种情与多种景的交融，使得意境变得更为宽广与深厚。如马致远的小令《天净沙》，情景交融使得全篇成为一片哀愁寂寞、怅惘无边的意境。审美主体心中情思起伏、波澜变化、仪态万千，不能靠一言一语或个别物象所能说出，而只有大自然的全幅生动的山川草木、云烟明灭才足以象征我们的胸襟意象。所以山水成为抒情的媒介，中国的画和诗都爱以山水境界做表现和咏怀的中心。王夫之说："情景名为二，而实不可离。"（《姜斋诗话》）"景中生情，情中含景，故曰，景者情之景，情者景之情也。"（《唐诗评选》）王国维在《人间词话》中也说："昔人论诗词，有景语、情语之别，不知一切景语，皆情语也。"情与景不仅互相渗透，而且互相生发，你中有我，

[一] ［唐］王昌龄：《诗格》。

[二] 转引自宗白华《美学散步》，上海人民出版社，1981年版，第59页。

[三] 石涛，《画语录·山川章第八》。

我中有你，充满着生机，充满着活力，这是真正审美意义上的"天人合一"。

意境再次表现为时空的转换，即把此时此地的情、境与彼时彼地的情、境融合在同一个意境里。如苏轼的"人有悲欢离合，月有阴晴圆缺，此事古难全。但愿人长久，千里共婵娟"。意境以有限的物象伸展为无限的物象，从而超越了具体、有限的物象，进入了无限的时空与大我，获得对人生哲理的一种深切感悟。

意境最后表现为有无相生，即有中生无、无中生有。超旷空灵，才能如镜中花，水中月，羚羊挂角，无迹可寻，所谓"超以象外"。中国书画艺术中的"布白"尤能反映这种有无相生的意境，画家面对白纸（"无"），不以底色（"有"）去填补，而直接在这一片"无"上挥毫运墨，抟虚成实，表现出"有"；同时，在"有"中又表现为"无"的空灵境界，进而表现出物的生命节奏。

（四）气韵

在中国古代，气被认为是生命的本原，是天地万物产生和变化的根基，它流转于宇宙之间，凝聚可成万物，万物散后复归于气。韵为气的表现，是气的一种运动状态，是万物生命运动的无穷情趣与生机，是气最高的审美境界。明代陆时雍说："有韵则生，无韵则死。有韵则雅，无韵则俗。有韵则响，无韵则沉。有韵则远，无韵则局。物色在于点染，意态在于转折，情事在于犹夷，风致在于绰约，语气在于吞吐，体势在于游行，此则韵之所由生矣。"[一]

南北朝时期的谢赫在《古画品录》中首先把气韵作为绘画理论的基本范畴而提出"气韵生动"一说。"气韵生动"的基本要求是艺术家不能拘泥于环境、事件、形状、姿态等的描绘，而要进一步表达出审美对象的生命活力，表现出艺术家的精神气质及其生命化之气的自然流动，从而给欣赏者造成形有尽而意无穷的审美空间，达到神似与形似的统一，自然与艺术的统一，主体与客体的审美统一。例如，绘画不以形似为目的，而要能让人感悟到寓于画中的大化生机与天地之大美。

"气韵"的"气"代表人的生命力，这种生命力自行显现，展现出生命的情调，即"韵"。气韵即万物生命运动的生机与韵律。在艺术创作中，气韵重视和突出艺术家的自我精神，艺术家将自身的"气"融入作品，让创作跟随想象和情感自由地游走，所以个人的精神气质就是审美价值所在。自身没有气度风韵的艺术家，其作品难以达到"气韵生动"。

中国古代美学认为艺术的本质在"言为心声，书为心画"，而其根源就在于人对世界的"感应"，即南朝钟嵘在《诗品·序》中所说："气之动物，物之感人，故摇荡性情，形诸舞咏。"气韵的实质是使艺术形象含有超越形象之外的含义，对形象背后的意义不是通过分析来理解，而是通过直觉式的感受来品味的，品味后获得的美感又赋予作品以魅力。如此反复，便觉气韵无穷。

一 《诗境总论》。

第三节　中华优秀传统文化、现代文化及外来文化与美育

一、中华优秀传统文化与美育

中华优秀传统文化是指建立在古代社会的生活方式基础上并保留至今的审美文化遗产，是被历史经典化了的审美产品。中华优秀传统文化是中华民族的根与魂。习近平总书记将其作为治国理政的重要思想文化资源，是最深厚的国家文化软实力，是中国特色社会主义根植的沃土，是我们坚定文化自信的力量源泉。中华优秀传统文化具有如下的审美特征。

（一）空灵

所谓空灵，指的是对空幻灵动的艺术存在形态的追求，强调以虚为本。

中国文化中的世界观和宇宙观非常重"虚"而轻"实"，是"以无为本，从无到有"〇，中国的审美文化也就以空幻灵动的境界为最高境界，其审美文化产品尤其注重所谓的"无笔墨处"。宗白华先生说："西洋传统的油画没画底，不留空白，画面上动荡的光和气氛仍是物理的目睹的实质，而中国画上画家用心所在，正在无笔墨处。无笔墨处却是缥缈天倪，化工的境界。"〇这也就是中国书画中"持虚为实""计白当黑"的空灵之美。在这里，"空""虚""无"不是现代人眼中具有否定性色彩的词汇，而是指向充满生机、蕴涵无限的意义空间。小小一方笔墨尚要留取一方空间，似乎在说：宇宙再大，仍有无限；世界再小，仍有余裕。

从审美传达的角度来看，空灵意味着在艺术地表现世界时总是采用一种"以虚写实""虚中求实"的手段，造就一种亦真亦假、如真似幻的效果。齐白石先生画虾从来没有一笔是画水的，然而却没有人因此觉得画里面的虾是失去了水的"死虾"，也没有人觉得画家没有画完，应该补画一下。李白用"云想衣裳花想容，春风拂槛露华浓"（《清平调词》）写杨贵妃的美丽，用的全是虚笔，显得空灵巧妙，意味深远。德国著名的戏剧家布莱希特在俄罗斯观看了梅兰芳的《贵妃醉酒》之后异常感慨和惊讶，因为梅兰芳在表演的时候手中并没有花朵，而只是做出手指拈花的姿态，可是布莱希特却分明感到可以闻到幽幽的花香。这和西方的戏剧不同，布莱希特为了表演的需要，曾打造过一艘船，并费尽了力气将它搬到了舞台上。

（二）流转有韵

所谓流转有韵，指的是中国优秀传统文化的一种整体性特征，整体中的各个部分之间

〇　张法，《中西美学与文化精神》，北京大学出版社，1994 年版，第 19 页。

〇　宗白华，《美学与意境》，人民出版社，1987 年版，第 222～223 页。

以气贯之，相互流动和转化，体现出一种回环往复的音韵之美和令人感动的意蕴。这种意蕴就像中国文化所欣赏的温玉之美：它是一个美的整体，但是没有可以看清的结构关系，只有流转不已的线条和色泽；它似乎简单枯燥，没有内容，但是又温润和谐，通体流畅，让人一眼无法看透，里面好似蕴涵了无尽的宇宙天地之气。温玉之美的浑然一体，恰好象征了中华优秀传统文化的理想境界。《易经》中说："无往不复，天地际也。"中华优秀传统文化塑造的世界就是一个俯仰自得的、可以"游"的世界："春江潮水连海平，海上明月共潮生。滟滟随波千万里，何处春江无月明？江流宛转绕芳甸，月照花林皆似霰。空里流霜不觉飞，汀上白沙看不见。"在这里，现代人上下左右的空间意识与前后来去的时间意识似乎都失去了意义，流连俯仰，无往不复，似乎写的是空间，又包含了时间的感叹。春江春水，天月江月，诗意流转，自然混成。又如中国古代的书法艺术强调笔气淋漓，点画之间情意流动，若断若连，似有似无，如同一首流畅委婉的歌曲。事实上，书法线条的婉转流连，文人画中一山一水的起伏呼应，诗歌里面词句的错落有致，建筑之中的回廊曲阁……中国传统审美文化的韵调全在于这种气息连连、通体流畅的美的形式之中。

（三）蕴藉

所谓蕴藉，指的是具体的形象蕴涵着深层的意义，有限的景象蕴涵着无限的意味，从而留给读者一个无穷想象的审美空间。这不仅意味着作品的意蕴留存、局限在作品的形象、词句之中，而且还延伸到作品之外，达到一种所谓"韵味无穷"的境界。例如，李白的《黄鹤楼送孟浩然之广陵》，就诗歌的画面而言，我们能够看到的是一点孤帆渐渐在江面上消失，长江的水不断地流向远方，然而诗歌的意味并不止于此。这首诗明是写景，实际是在写情，写那个惆怅地站在江边不舍得离开的人。我们可以感受得到，这个站在江边发愣的人的心情一定是空空落落、栖栖惶惶的，可是诗歌里面却没有一个字写到这个人的情态。这就是不著一字，尽得风流，在诗歌的字里行间还蕴涵着言外之意，韵外之旨。

中华优秀传统文化以空灵为本，在效果上就不讲求明晰、写实，而是意义朦胧、情感蕴藉、表现含蓄。简言之，中华优秀传统文化是在朦胧中达成一种透彻的审美效果，在不确定性中求得确定性。

中华优秀传统文化作为一种保留到今天的经典文化，它凝聚着中华民族千百年来精神文化的精髓，是进行审美创造的重要文化资源和文化规范。

二、现代文化与美育

现代文化是与传统文化相对而言的，是指建立在现代社会的生活方式基础上的审美文化，其审美特征表现在如下几个方面。

（一）实存为本，蕴涵局部空灵

传统文化注重空灵境界的建构，而现代文化则更多地面对一个实体的世界。一方面，现代科技的发展提高了人们认识实体世界的能力，西方以实体为本的审美文化深刻地影响着我们，人们日益倾向于关注世界中物理的、化学的和心理的呈现特征，反映到审美上就有了以实体为重的文化倾向；另一方面，中国独特的传统文化依旧具有巨大的魅力，空灵的美妙境界在中国的现代文化产品中还是可以找到的。因此，中国现代文化的独特之处就在于它整体地对实存的追求和局部地对空灵的保留。

从内容角度讲，现代文化的审美形象日益具体、明晰，实实在在的"典型"而不再是空灵的意境占据了审美文化的主流。徐悲鸿的静物油画、人体素描，鲁迅写实白描的故乡图景、农民生态等都已经成为现代文化的典范。即使是所谓新感觉派的小说、印象派的绘画等，虽然不是以客体的世界作为描绘的对象，但是仍旧把人的心理世界作为实体来进行反映。就主题而言，现代文化更加关注现实的人生、实际的生活、存在的问题等，玄妙虚静的诗意不再是关注的焦点。从形式角度讲，审美文化的表达形式和传达媒介发生了巨大变化，增强了这种以实体为本的趋势。如照相技术的出现可以使得一个"形象"不经由过多的人工修饰就异常逼真地呈现在人们的面前，摄影机更是可以完全按照人类活动的真实情景来进行记录，而且，现代媒介如银幕、相片等也不可能再计白当黑来表达那种指向无限的空灵境界了。总之，从形象的塑造到故事的讲述，从表现媒介的变迁到细节处理的技巧，现代文化日益减少了虚空的意味，更注重对实体世界的如实反映和描绘。

但是，中国文化的特色依旧保留在现代审美文化之中，如汪曾祺的小说《受戒》，结尾的时候写到小英子和小明子一起回家，刚刚受了戒的小明子向小英子讲述了自己受戒的过程以及将来做方丈的可能。小英子听了久久不语，忽然跑到船尾——

趴在小明子的耳朵旁边，小声地说："我给你当老婆，你要不要？"明子眼睛鼓得大大的。"你说话呀！"明子说："嗯。""什么叫'嗯'呀！要不要，要不要？"明子大声地说："要！""你喊什么！"明子小小声说："要——！""快点划！"英子跳到中舱，两只桨飞快地划起来，划进了芦花荡。芦花才吐新穗。紫灰色的芦穗，发着银光，软软的，滑溜溜的，像一串丝线。有的地方结了蒲棒，通红的，像一枝一枝小蜡烛。青浮萍，紫浮萍。长脚蚊子，水蜘蛛。野菱角开着四瓣的小白花。惊起一只青桩（一种水鸟），擦着芦穗，扑鲁鲁飞远了。

两个小孩的约定显然是对"戒"的一次违背。他们的契约在世俗面前能否有效？他们的爱情宣言是否可以永远保留着纯真？作家忽然不再按照人们的这些"世俗关心"来写了，而是笔锋一转，写一片芦花水塘，一瓣瓣的花朵，一只高飞的青桩鸟。由写事忽然写景，由写实忽然写虚，那信笔写出的自然景致似乎蕴藏了一往情深的话语、无限留恋的意味。这种古代"兴"的传统，余音袅袅，蕴意不断，空灵的韵调是非常突出的。

（二）注重形式的具体刻画，力求毕形传神

传神是中华优秀传统文化艺术表现的重要原则，但是现代文化讲求传神却更加重视形似而传神。这种注重具体刻画，力求从具体的刻画中揭示出本质的特征也就是毕形传神。如朱自清的散文《背影》中写"父亲"在艰辛的生活中流露出的对儿子的关爱之情，全

文没有写到一个"爱"字，但我们却能感受得到那种溢于言表的深情厚谊，而这种传神效果的取得，完全是依赖于作者细致、详尽的形象描绘。

（三）以明晰为本，现出蕴藉韵味

相对而言，中华优秀传统文化重在"表现"，现代文化则重在"再现"。特别是科技的进步给中国文化带来了新的表现媒介（如摄影摄像、电影电视等），使得现代文化的"再现"向"仿真"式的再现发展，审美形象呈现出视觉化倾向。视觉化的形象消除了人和艺术之间的距离，和看绘画展览相比，看电视已经不是在"看""思想"或者是"看""教育"，而是在"看"形象，在以"看"的方式进行一种日常活动。这种以满足视觉需求为目的的形象造就了一种"视觉的现实"。审美形象和实际生活的距离拉近了，显得更加意味明确。

现代文化的明晰性效果并不排斥含蓄蕴藉的传统韵味，这也是中国审美文化的独特之处，这在 20 世纪 80 年代的朦胧诗当中体现得比较明显。舒婷在《赠》诗中写道："我为你举手加额，为你窗扉上闪熠的午夜灯光，为你在书柜前弯身的形象，当你向我袒露你的觉醒，说春洪重又漫过了你的河岸，你没有问问，走过你的窗下时，每夜我怎么想，如果你是树，我就是土壤，想这样提醒你，然而我不敢。"在这里，诗人诉说自己的情怀，但又欲说未说，欲诉未诉。整首诗歌表面上是在写"我"的倾诉，实质上是在写一个女孩的心思；表面上是在写"我"的迟疑和爱慕，实质上却是在写一种对美好理想的信念和执着："我"想做的是提醒和安慰（是对你的理想信念的支持），"我"不做的是诉说（是对你的无限眷恋）。由"实"到"虚"，"实"中含"虚"，给人的感受韵味深长。这种独有的蕴藉甚至在中国现代一些优秀的大众文化产品中也能感受到。

现代文化产品的意义是复杂的、多元的，需要用现代眼光并结合具体的历史境遇来加以阐释和领会，在多种意义的勾连之中深刻感受世界多样化的存在。

三、外来文化与美育

外来文化是相对于中国文化而言的，是指那些来自其他民族的具有一定影响、相对独立的审美文化。纯粹意义上的许多外来文化产品，如西方古典音乐、外国小说名著、古希腊的雕塑等，都已经在中国成为家喻户晓的经典文化样式，是外来文化的代表，往往已经成为本民族经典的审美文本。以下是外来文化的审美特征。

（一）奇异

奇异指的是外国文化进入中国文化视野之后所必然呈现的一种迥异于本土文化的色彩。这种奇异的表现，一是文化意义上的对比。像在中国流传极广的英国诗人雪莱的《西风颂》，热情地赞颂了伟大的破坏力，赞颂了荡涤一切的毁灭力，透露着一种激烈反叛的精神，而这种勇于行动的"撒旦精神"恰是中国文化所匮乏的。再如托尔斯泰的小说《复活》所宣扬的悲悯的基督情怀及"原罪"的思想也是中国文化所没有的。二是价值观念上的补充。鲁迅在《摩罗诗力说》中就非常推崇雪莱式的"诗力"，认为中国的哲学家喜欢的是怀古，将古人的社会当成一种社会发展的理想，恰好和人类进化的思想背道而驰。所以要"今且置古事不道，别求新声于异邦"，提倡"不为顺世和乐之音，动吭一呼，闻者兴起，争天拒俗"的战斗精神，希望用这种外来文化所蕴含的"诗力"来振兴国魂。事实上，在五四文化运动时期，正是大量带有民主、自由精神的外来文化起到了开启民智、开创新风的作用。

（二）征实

图 3-2 《静物》

外来文化尤其是西方文化具有一种追问本体、以实体为本的传统，和中国艺术由一个有限的、实体的世界指向无限的、空灵的世界截然不同，西方艺术是沿着一个实体的世界展开，虚空变成了被排斥在外的、未知的世界。在中国建筑里，无论是四面围抱的园林，还是曲角飞檐的厅堂，都指向一个生机无限的宇宙；而古希腊肃穆庄严的神殿将自身从虚空之中"分离""区别"出来，中世纪的哥特式教堂以一种渐趋于无的线条指向一个虚无缥缈、神秘莫测的宇宙。这种征实的特征在具体的作品中体现得更为明显，如法国画家塞尚的《静物》（见图 3-2）画中，红、黄两种鲜艳颜色的石榴散布在果盘和白布上面，从黑暗的角落里向外散落，整个画面的空间被色彩和物体充满，没有一点虚空。而中国明代文人徐渭在《榴实图》（见图 3-3）里也画了一幅石榴，长长的卷幅，两个细细的石榴枝却是从一半处画起，所谓石榴也只有孤零零的一个，几片历历可数的叶子伸向四周。可以说，整幅画主要表现的是虚空。

（三）逼真

逼真体现为外来文化对形式的确定性追求。形式在西方文化中具有根本性的意义，近代以来出现的各种各样的文学流派，如荒诞派、意象派、新感觉派等，每一种流派都首先在形式上做出别具一格的探索，向世人呈现不同的形式风采。中国的绘画讲究"写意"而不追求形似，因此苏轼说："论画以形似，见与儿童邻。"（《书鄢陵王主簿所画折枝》）而西方评价一幅画的好坏必须要看它是否"逼真"，是否合乎自然。

外来文化中某些有意义的成分有时是本土文化所不具备的，充分利用这些积极因素来开展美育有助于形成进步、民主、健康的审美观念。

图 3-3 《榴实图》

第四节　高雅文化、大众文化及民间文化与美育

一、高雅文化与美育

"高"和"雅"都是相对而言的，这里的高雅文化是指由文化或教育程度较高的少数知识分子或文化人创造的并蕴涵他们的文化旨趣的经典性和代表性的审美文化。

从创作者的角度来讲，创作高雅文化的是那些高级的"知识精英"，包括作家、诗人、画家、音乐家等专业性的知识分子，他们大多不仅接受过良好的教育，而且对于文化和艺术有着高深的造诣，他们在广泛吸收人民所创造的智慧的基础上或进行独创，如曹雪芹的《红楼梦》，或融会和改造长期流传的作品，如罗贯中的《三国演义》，其作品都凝聚了这些精英的智慧和对人类命运的关注之情，成为文化成就的重要标志。从文化产品的艺术品位来讲，高雅文化意味着一种经典性、高品位的文化，它包含了较多的思想价值和艺术价值，代表着一个社会文化艺术发展的水平，其主要目的已不完全是"娱人""娱己"，而重在"育人""育己"，以高于一般受众的姿态立于社会之中。

高雅文化立足于一定的理性的知识背景，通过相应的艺术形式表达精英知识分子对现实和历史的认识和体验，因此高雅文化的基本审美特征是"理性沉思型"的，具体表现在如下四个方面。

（一）批判性意蕴

作为理性沉思型的文化形态，高雅文化总是保持着对现实、社会和人生的强烈关注，在高雅文化产品的背后，总可以感受到一种深刻丰厚的精神内蕴，领悟出复杂而又极具魅力的思想。例如，贝多芬的"第九交响曲"用动荡不安的节奏、激烈撞击的旋律和充满热情的基调表达着自己对于命运的思索、怀疑和执着的抗争姿态；托尔斯泰的《战争与和平》描绘了俄罗斯历史上一场波澜壮阔的战争，以一个伟大思想家的情怀思考了自己祖国的命运，歌颂那种不屈不挠的斗争和纯真的爱情；杜甫的《茅屋为秋风所破歌》里那种忧国忧民的情思化为对社会命运和人类命运的深挚关怀；毕加索的《格尔尼卡》用变形的形体、鲜明的色块将世界分割成难以理解的碎片，强烈的视觉冲击蕴涵的是画家对法西斯杀戮暴行的极大愤慨和对和平的无尽向往……即使是抒写个人悲欢的作品也总是要让读者感受到其中蕴藏着对于人生的深刻体验和思考，如苏东坡的《定风波·莫听穿林打叶声》一词写自己在沙湖道中遇雨时的感受，在这种由阴雨而晴朗的天气转变过程中，诗人深刻体会了人生迭变之中蕴藏的哲理意蕴。面对风雨，"谁怕？一蓑烟雨任平生"，他的这种豁达和乐观的人生态度也就成为一种具有启发性和普遍意义的人生态度。又如鲁迅在《一件小事》中对那个挟一己之私的"自我"进行严厉解剖，对灵魂进行严峻审视，从而引导人们不断提升自我的精神品位，达到超越"小我"走向"大我"的境界。借助于对现实和自我的批判，高雅文化呈现出一种特定的对待现实和人生的态度与价值评判的标准，正是

这种人生态度和价值取向构成了高雅文化审美的底蕴，塑造了高雅文化的内在审美品性。

（二） 个性化追求

罗丹曾经说过，有"性格"的艺术作品才算得上是美的。民间文化繁盛于集体流传的过程，大众文化创生自众多专业人员的协同制作，而高雅文化却是个人创作过程中特立独行的产物，它着力书写知识分子的个性化追求，体现创造者的主体性。这些知识分子从自己的个性化角度去关注社会问题，以独特的个性化心灵去体验生活，以独特的个性化表达方式解释他们所"发现"的生活真相，因此他们的作品也就展露出别样的风采，成为呈现其个人生命价值的对象。如宋代马远的《山径春行图》（见图3-4）就充分体现了高雅文化中文人画的特点。文人画以水墨方式表现山水花鸟，当中寄托

图3-4 《山径春行图》

着个人感性和趣味，对意境和气韵的追求成为文人画的独特审美趣味。这些文人画的特点和审美特征与宫廷画的富丽、民间画的艳俗形成强烈的对比，呈现出中国古代高雅文化的独特魅力。

（三） 艺术形式的"审美性"追求

民间文化的艺术形式常常是朴实的、合乎一定的程式化标准的；大众文化的艺术形式必须合乎流行性、大众化的要求，必须起到"抓人"的效果；而高雅文化则总是以"审美性"作为其艺术形式的最高追求，作品的形式不但要符合一般形式美的规律，而且还要求这种形式不断创新。例如，徐志摩的"绝唱"《再别康桥》，它那整饬的节奏、优美的韵律和华美优雅的词句常常令我们忘记了关心诗歌的意义和诗人想要表达的感受，在不知不觉间就被征服了。倘若将徐志摩诗《沙扬娜拉》之《赠日本女郎》中的"最是那一低头的温柔，像一朵水莲花不胜凉风的娇羞"改成"是那一低头的温柔，最像一朵水莲花不胜凉风的娇羞"，虽然只是在形式上作一个字位置的改变，意思没有任何变化，而且更加符合汉语语法的要求了，但诗歌的韵味却散失殆尽。这就说明，一个艺术家的成就常常不是表现在他说了什么，而是表现在他是怎么说的。徐志摩的诗讲究韵律和节奏便形成了白话诗歌与古典诗歌相融合的文体之美；归有光用日常记事语言来书写深沉复杂的生命体验，于是独创了"抒情记事文体"；当代作家汪曾祺受归有光的影响，用散文化的语言和行文来叙述人生的悲欢离合，使其"散文化的小说"具备了富有魅力的韵调。

（四） 接受群体的高雅化和审美效果的启示性

高雅文化面向的往往不是普通的接受群体，历史上的高雅文化主要是一种贵族式文化，在贵族的沙龙、宴会、宫廷里面散播。就是在今天，高雅文化的传播也主要是通过正式的出版印刷、博物馆中展览、音乐厅中演出等形式完成的。事实上，接受群体的高雅化

也决定着高雅文化的审美品性。理性沉思型的高雅文化注重的是用审美的形式达到启发人、教育人、与人以知、晓人以理的效应，这和民间文化的自娱自乐、大众文化的感性愉悦不同，高雅文化是寓教于乐，以乐达真，讲求一种通过审美愉悦激发起接受者对人生和社会的审慎思考和深刻认识的效果。在这里，关键是那种富有启示性的效果，而不是纯粹娱乐性的效果，甚至为了达到理性沉思的效果，可以适当牺牲娱乐性。如王蒙的小说《蹰躇的季节》中的一段。主人公钱文回到久违的家，见到了心爱的妻子，就有了下面的对话：妻子说起昨夜自己做了一个梦，梦见自己成了月亮——"'你是月亮，我呢?'钱文问。'你，你是天空上跑着的一匹小马，一匹小马变成了许多小毛毛虫，你在月亮上乱爬，月亮打了一个喷嚏，你就从天上掉下来了……''胡说!'他们哈哈大笑。原来，他们也是可以哈哈大笑的。"在这里，"他们哈哈大笑"一句别具意味：一方面这是一种一般的叙事性语言，表现了主人公的高兴心情；同时它又是一种"红色叙事"语言：胜利的或者运筹帷幄的领袖和将军们"哈哈大笑"，充满了无产阶级的革命豪情。这里，作者对两个人的"沾沾自喜"进行了调侃与戏谑，达到了一种幽默诙谐的娱乐效果，然而这种娱乐效果背后又沉淀着一种无尽的悲凉意味，激发着读者对中国知识分子的命运进行追问。同时，这种含悲凉于诙谐之中的复杂审美效果也会格外耐人寻味，令人陷入深深的思考之中。

二、 大众文化与美育

大众文化是指运用大众媒介（机械媒介、电子媒介和数字媒介）传播的、注重满足普通市民的日常感性愉悦需要的、以盈利为目的的文化形态。

如果高雅文化的基本审美特征是"理性沉思型"的，那么大众文化就是一种"感性愉悦型"的审美文化。它不以提供对世界的理性反思为目的，而主要倾向于创造娱乐大众的文化形式，达到"捕获"大量受众、获取商业利润的目的，因此，感性层面上的快乐成为大众文化的运作核心。在这一基本特征的前提下，大众文化展现了自己独特的审美风采，其审美特征表现为以下几个方面。

（一） 信息量大和受众广

伴随大数据、云计算、人工智能、5G 传输的到来，互联网成为大众传播的主要途径之一，电脑、智能手机、平板电脑成为人们日常生活必不可少的工具。信息化爆炸与快节奏生活催生了以碎片化为特征的微博、微信、短视频等新媒体，微信、抖音、快手、今日头条等新媒体手机 App 成为人们获取新闻、了解信息的主要途径。移动互联网用户的增长、智能手机的发展、移动互联网与宽带的普及、短视频拍摄与编辑等硬件和技术的提升，是短视频发展的外部动因，社交化视听场景，碎片化、分众化、订制化的精准推送，是其内部发展的逻辑。外因与内因联动成就了这种热度极高的新媒体形式。

（二） 形式的流行性和模式化

一种大众文化起初总是善于吸收高雅文化和民间文化等的某些特点创出新模式，随即迅速地通过批量化生产而流行开来，从而变得模式化，并引来众多模仿之作。1994 年大地公司推出了《校园民谣》第一辑，《同桌的你》等 10 首歌曲采用了民谣式的吟唱形式，无论是词作还是曲风明显有别于其他流行歌曲。而接下来就是"校园民谣"大泛滥，使得大地公司在《校园民谣 I》中不得不声明："真诚是不能复制的"。流行是大众文化的必然特征，但流行的结果就是模式化，而模式化则距"老化"或"僵化"不远了，这就使得大众文化的故事、情感、意蕴和场景等审美因素具有了类型化倾向。在电影和电视剧中，好人与坏人、情人与情敌、由顺境转逆境或相反等故事都是按大致固定的类型"打造"的，从而有武打、言情、警匪、伦理、体育等众多类型片、类型剧，甚至流行音乐也往往都是按明星的类型化特点"量身定做"的。这与高雅文化注重"典型"或"个性"是不同的，大众文化具有的是"千篇一律的个性"。

（三）　趣味的日常性

与欣赏高雅文化带有更多的个体精神不同，公众对于街头广告、电视剧、流行音乐、时装、畅销书等大众文化的接受是在日常生活中进行的，往往与日常生活过程交织在一起，以满足其日常生活趣味。大众文化的趣味日常性固然可以使艺术打破神圣感或神秘感而与公众亲近，但又容易使艺术变得低俗、庸俗或媚俗。

（四）　效果的愉悦性

大众文化作品无论其结局是悲是喜，总是追求广义上的愉悦效果，使公众的消费、休闲或娱乐渴望获得轻松的满足感。

（五）　商业性机制的制约作用

大众文化的市场化原则使其总是千方百计地使用一切可以用来吸引大众的审美因素，无论是有关民族命运的神圣感，还是个人生命历程中的庄严和崇高，只要它们对大众有一定的吸引力，就有可能成为大众文化的素材。某影片为了博得观众的青睐，赚取商业利润，选取并展现了人类历史上的大灾难，但没有怀着敬畏之情去表现和思考这场灾难本身。刘东评价这部影片说："作为一项辉煌的技术成就，它具有足以使人闻之动容的视听效果，而如此逼真、完美、奢侈地复制了一次人类的毁灭，这才是一种在观众那里屡试不爽的'好莱坞传统'：制作的成本越高，就越容易引起好奇；技术的含量越高，就越容易取悦感官；拍摄的难度越高，就越容易营造画面；甚至毁灭的场景越大，就越容易受到喝彩。"[一]

总之，作为一种感性愉悦型的文化形态，大众文化总是要追求大信息量和数量众多的受众，以流行性的形式获取市场，以日常性和愉悦性切进人们的生活，最终达到其获取利润的商业目的。对于大众文化产品，我们要提高辨析能力，发掘其中的积极因素，充分利

一　刘东，《可怕的泰坦尼克号》，载《读书》，1998（8），第 55 页。

用其喜闻乐见的审美形式来感染人、激发人，以达到良好的美育效果。

三、民间文化与美育

民间文化是由社会底层的劳动人民自发创造、自己享用的文化，是古往今来就存在于民间传统中的"自娱自乐型"的民众通俗文化。从文化背景上看，民间文化以传统农业社会生活为历史背景，保留了相当多的传统农业社会的信息，而"这种两千年前粗略地形成了的生活模式，直到现在，还大部分地在民间传承着……它仍然保存着昔日的形影，它的主调没有根本的变动"。[○]如许多民间文化中都还遗留着原始的民风、民俗。

民间文化的审美特征表现在如下方面。

（一）自发性

民间文化作品大都任性而作、随处可作。家喻户晓的民间传说、众口传唱的民谣山歌、奔放热情的劳动号子、俯拾即是的笑话谚语，还有街头巷尾的杂耍、家家墙上的年画、飞梭织就的锦绣、姑娘送情的荷包……这些民间审美文化作品大都出于浑然天成，是民众在生产、生活实践过程中自发本能地创作出来的结果。它们大多是无名无姓的人们在劳动生活过程中制作出来的，因此，它不像高雅文化那样要在艺术作品中表达深刻的道理，启蒙接受者的思想，而时常是在自我娱乐、自我消遣的轻松前提下随口道来、拈手而成；它也不像大众文化那样按照市场化原则，经过专业制作人员集体的精心筹划，最终形成模式化的、流行性的审美产品，而是民间生活的自然结晶，率性而作、随兴而改，不必顾虑人们是否接受、作品内容是否成熟、是否有吸引力等。自发性是民间文化鲜明的总体特性。

（二）传承性

民间文化是通过一代代的传承而逐渐发展、流传下来的，因此，作为结晶和成果的民间文化产品就体现这种传承的特点，即言传身教，口口相传。像《杨家将》《说岳全传》《隋唐演义》《三国演义》《水浒传》等评书，都是在民众中流传了很久，然后不断整理和改编，逐渐成为今天刘兰芳、单田芳口中的样子。这使得民间文化作品往往保留着大量的传统情趣和气息，往往以相对固定的形式而流传。再如京戏，小到一句唱词，大到整个曲目，常常是师傅教徒弟、徒弟再教徒弟，如此言传身教下来的。也正因此，民间文化作品大都是朗朗上口、便于传唱的，汉代民歌《陌上桑》语句回环，节奏鲜明，口头吟咏的色彩是非常明显的。

（三）通俗化和程式化

与自发性和传承性相应的，是民间文化通俗化和程式化的特点。一方面，民间文化的

○　钟敬文，《民俗文化学：梗概与兴起》，中华书局，1996 年版，第 176 页。

通俗化不像大众文化那样往往经过精心打造，它总是贴近民众的生活，采用与自身生活实践紧密关联的语言和素材，因而朴实简明、活泼可喜、喜闻乐见是民间文化的形式特点。刘三姐的歌曲、杨柳青的年画、侯宝林的相声、袁阔成的评书，民间文化作品都是人见人懂，既没有高深的道理，也不背离日常生活理解的能力。另一方面，民间文化往往采用较为程式化的审美形式来进行表演和传播，因而为广大民众所喜闻乐见。说评书的人讲究一个回目一个回目地讲，每一次开篇往往要接着上一回设置的悬念开始，又在新设置的悬念处结束，诸如"各位看官""且听下回分解"等话语形式更是常见。还有像民歌里面的"起兴"、笑话中对"傻女婿"的嘲弄、民间故事中那些"九十九条河、九十九座山"等，都是程式化的民间文化的表现形式。

（四） 实用性和娱乐性

民间文化是广大民间群众的精神食粮，其功能是实用和娱乐。恩格斯指出："民间故事书的使命是使一个农民做完艰苦的日间劳动，在晚上拖着疲乏的身子回来的时候，得到快乐、振奋和慰藉，使他忘却自己的劳累，把他的硗瘠的田地变成馥郁的花园。"⊖过年时辟邪的年画门神，祈福的剪纸、灯笼，婚庆时候请的大戏，空闲时节听的评书瞎话等都是与人们的劳动、嫁娶、生死、集会、休憩等生活活动休戚相关的。因为许多民间文化作品就是人们实际生活的一部分，所以这种娱乐里常常又包含着实用。有的歌谣中记录着人们日常生活过程中得来的经验教训或人生的朴素哲理，为了记忆而编写的《汤头歌》《野菜歌》等更是在娱乐中包含实用价值。再比如过去昆明街头的孩子们唱的《求雨歌》："小小儿童哭哀哀，撒下秧苗不得栽。巴望老天下大雨，乌云暴雨一起来。"显然，儿童歌谣是自娱的，但是在特殊的时候它也可以是实用的，是真实的祈雨仪式里歌谣的一个部分。

活泼可喜的民间文化是一个民族生活方式的集中体现，通过领略民间文化的审美风貌，可以以一种真切的方式对本民族的文化智慧有所体验。

活动与思考

1. 结合自身情况谈谈不同的审美文化形态对你的影响。
2. 结合实例谈谈中华优秀传统文化在生活及艺术中的体现。
3. 结合本章所学的内容，分析你所在学校的审美文化氛围，并提出自己的看法。

⊖ ［德］恩格斯，《德国的民间故事书》，《马克思恩格斯论艺术》，人民文学出版社，1966 年版，第 401 页。

第四章
形式美与美育

> **学习目标**
>
> 1. 理解形式美的内涵，把握形式美的构成要素。
> 2. 掌握形式美在不同文化背景、不同艺术形态中的不同表现形式。
> 3. 培养运用形式美的规律进行美的欣赏、美的创造的能力。

第一节　形式美的形成和发展

一、美的形式与形式美

美的形式是美的对象感性的、具体的外观，它依附于美的内容，不是独立的审美对象。

形式美是指构成事物的物质材料的自然属性（如色彩、形状、线条、声音等）及其组合规律（如节奏与韵律等）所呈现出来的审美特性，它是从美的形式中经过进一步抽象而提取出来的，是形式本身所包含的美，与事物美的内容脱离了直接关系。因此，形式美可以不依赖具体内容，它表现一种抽象的意义，内涵宽泛，界限模糊，是独立存在的审美对象，具有独立的审美价值。

形式美与美的形式的关系是抽象与具体、一般与特殊的关系，形式美是从具体的美的形式中总结出来的美的规律，形式美渗透在具体的美的形式中并获得体现。

（一）美的形式的特点

1. 美的形式对物质因素的依存性

美的形式是感性的、具体的，由一定的物质因素构成，如果离开这些物质因素，美的内容就无从体现，无法感知。如黄山的美离不开它奇形怪状的石头、千姿百态的松树、朦胧缭绕的云海。雕塑美以石膏、石头、竹、木等材料构成形式，绘画美由色彩、纸、帛等构成形式。任何形态的美都要借助一定的物质因素，并以此作为内容的承担者形成一定的感性形象，才能表现出来。

2. 美的形式和美的内容的辩证统一性

一方面，美的形式是由美的内容决定的，美的形式从属于美的内容；另一方面，美的形式对美的内容发挥着能动的反作用。当美的形式适合美的内容时，就能充分揭示美的内容，增强美的感染性，反之就会妨碍内容的表现，削弱美的感染力。王安石作诗《泊船瓜洲》时，"春风又绿江南岸"一句的"绿"字，改了"到""入""过"等十几个字，最后才定为形容词"绿"作为动词来用，找到了诗意的最恰当的表现形式，使全诗增色不少。正如杜甫所云"语不惊人死不休"，历代卓越的艺术家在锤炼作品内容的时候，一定会在形式的追求上下功夫。

3. 美的形式的宜人性

构成美的形式的因素必须易于并且乐于被人们所感知，与人的心理、生理条件相契合，使人感到舒适、愉悦。例如，喝茶时如果茶壶造型不美观，装饰难看，耳大嘴小，就会给人一种不愉快的感觉；如果茶具造型好看，只看不喝，也能给人带来舒适和愉悦的心情。

（二） 形式美的特点

1. 装饰性

形式美不仅仅是一种独立的审美对象，还经常依附于其他事物之上起到装点、修饰、美化的作用。器物装饰最早出现在新石器时代，原始人的装饰品开始是有功能性的。例如，吸引异性、恫吓敌人等。装饰的功能性内容淡化消失才开始凸现形式美的需要，满足人的审美需求。由于人对工具的喜爱，独立的器物装饰最早出现在工具上，如吴江梅堰出土的新石器时代的石钺（见图4-1），两侧

图4-1　石钺

的直线被改变成为上翘的翼状，前刃部平缓的弧线改变成大弯度的对称抛物线，使石钺的造型更加美观。

2. 抽象性

形式美经历了从美的形式逐渐脱离美的内容而独立的发展过程。例如，中国最早的汉字起初完全是象形的、写实的，如日、月、山、水等，随着发展，汉字的形式逐渐演变成抽象形式，从图案化走向写意化、规范化。由写字而产生的中国的书法艺术被称为线条的艺术，其实就是形状不一的线条，却寄托了一定的象征意义。看到书法作品中的"日、月"已经很难和具体的太阳、月亮的形象联系起来了，但仍然使人感受到美。

3. 象征性

形式美的象征性是指遵循美的规律组合起来的形式美因素经常被用来表达艺术家内心特定的情绪情感，表征不同文化背景下的特殊含义而成为一种符号标志。形式美的因素在

不同的文化环境中具有特定的意味。圆形被中国人认为是圆润、和谐、圆满、团圆的意义，被古希腊人认为是最美的图形，欧洲人则认为圆意味着饱满、永恒、无始无终，循环不止。又如色彩，绿色在中西方文化中都象征和平、生机，但是黄色在中西文化语境中就有不同的象征意义。黄色在古罗马时期被当作高贵的颜色；日本把黄色作为思念和期待的象征；在欧美国家黄色被视为不受欢迎的最下等色；中国封建社会自宋朝后，明黄色是皇帝专用的颜色。

二、形式美产生与发展的根源

（一）社会根源

无论是色彩、线条、声音，还是对称、平衡、比例、匀称、多样、统一，当它们只是单纯的自然属性而没有和人类社会发生任何关联的时候，是无所谓美丑的，当它们在人类的社会实践中同人类有了关系，成为人类社会的一部分，渗透了社会内容之后，对于人类才有价值和意义。

从产生的过程看，形式美是由美的事物的外形演化而来的，人类是在实用的基础上发现和利用形式美的。被称作北京人后裔的山西许家窑人生活在旧石器时代，在其遗址中发现了大约 1500 枚石球，据研究者推断，这些石球属于狩猎用的武器。为什么投掷武器用球形，人们在长期实践中发现，圆形的物体在投掷时比其他形状更易于准确击中目标，石球体现出他们的创造、智慧和力量，原始人类因此也就感受到了愉悦。这样，人类对事物具体的美的形式经过长期的多次重复、模仿、抽象和概括，使原有的具体内容逐渐演变成某种宽泛的意味，进而成为一种规范的形式美。

（二）时代因素

形式美是随着时代的变迁而产生、发展的，各个时代具有充满特色的形式美。原始社会半坡人在长期狩猎过程中，认识到弓箭速度快、射程远、威力强，用它能获取更多的猎物，因而认为弓箭是美的。还有彩陶纹饰、兽牙兽骨串起来的装饰物都有很高的审美价值。奴隶社会的兽面纹鼎、青铜饕餮纹样等虽然十分粗野，但是在狰狞可怖中洋溢出原始人类的审美。从仰韶文化时期的仰韶村、半坡村这些原始人类的穴居到龙山文化时期面积小、套间式的半穴居，再到河姆渡文化的榫卯构造、干阑式建筑，直到新石器文化神庙与祭坛的出现，都体现出了时代的特征。古希腊帕特农神庙（见图 4-2）代表了西方奴隶社会建筑形式美的范本，梵蒂冈的圣彼得大教堂（见图 4-3）体现了古典主义建筑风格，表现出意大利文艺复兴时期建筑的审美尺度。而今天，现代的抽象几何形式能把几何图形、色块组合成一种协调、大方的形式美，例如，悉尼歌剧院（见图 4-4）的设计，形象单纯，图案简单，既像竖立着的贝壳，又像两艘巨型白色帆船飘扬在蔚蓝色的海面上，体现出形式美的现代风格。随着人类社会历史的不断进步，社会实践领域的不断扩大，人类创造力量的不断发展，形式美的创造尺度也更加丰富多样。

图4-2　帕特农神庙　　　　图4-3　圣彼得大教堂　　　　图4-4　悉尼歌剧院

（三）民族因素

形式美的产生和发展在一定程度上受到不同民族的居住环境、生活习惯、文化传统等因素的制约和影响，形式美的民族性体现在不同民族对不同色彩、不同装饰的喜好上。不同的民族由于受到不同气候环境、生活习惯的影响，形成了各具特色的建筑。如傣族当地属亚热带，气候炎热，因此该民族建筑为防潮湿防暑的高脚楼（见图4-5）；蒙古族是游牧民族，生活居所不定，所以他们的特色建筑就是适合随处安定的蒙古包。此外，形式美的民族性还表现在对不同形式美的审美趣味上。

图4-5　傣族高脚楼

三、形式美产生的过程

形式美是由事物的外在形式经过长期的社会实践和历史发展过程逐步形成的。形式美的产生和人类的实践密切相连，也取决于形式美本身的符号化、抽象化和独立化的过程。

（一）符号化

形式美的起源应当追溯到原始社会，此时形式美尚未独立出来，但是已经隐藏在人类早期的社会实践活动中了。旧石器时代，北京人的石器还未成形，山顶洞人的石器已经很均匀、规整，他们已经磨制出光滑、刻纹的骨器和砾石、石珠等装饰品，这种原始物态化活动正是人类社会意识形态的起源，远古图腾活动就是它的成熟形态，龙飞凤舞等图腾、歌舞就是山顶洞人制造工具的延续发展和进一步的符号化。这样就在图形符号形式里积淀了原始人类如醉如痴的情感和心理等社会意识，也就是在自然感性中注入了人的理性，在自然形式里积淀了社会价值和内容，这正是包括形式感在内的审美意识和艺术创作的萌芽。

（二）抽象化

形式美起初是和事物的自然形式紧密结合在一起的，在人类社会实践中，事物具体的形式被抽象化，成为一种具有社会意义的符号。如新石器时代仰韶彩陶和马家窑彩陶纹样中出现的各种动物的形象（形态各异的鱼、奔跑跳跃的狗、爬行的蜥蜴、各种各样的鸟），在今天看来，这些动物纹饰只是为了美观而装饰的抽象几何纹路，在当年却是有着严肃的图腾含义。正如严文明所述："彩陶纹饰是一定的人们共同体的标志，它在绝大多数场合下是作为氏族图腾或其他崇拜的标志而存在的。"[一]所以图腾形象被逐渐简洁化、抽象化后（见图4-6），不再是现实世界中的一个事物，而成为原始人精神活动的一个抽象符号。

（三）独立化

当形式被抽象出来成为象征人类精神活动的符号时，它就与原来所承载的具体内容分离，而成为具有独立审美价值的对象。从彩陶纹饰多样的动物形象演变到抽象化的几何图形再到线条的发展过程中，人类把自然、社会中的节奏韵律、对称平衡、多样统一、交叉反复等形式规律、自觉、集中地表现在陶器纹饰上，最终凝结积淀在似乎僵化了的陶器抽象纹饰符号上，使得这种线条的形式中具有了丰富的社会历史内容和深刻含义。随着时间的推移，彩陶纹饰的形、线逐渐失去某种具体意味的形式而成为规范化

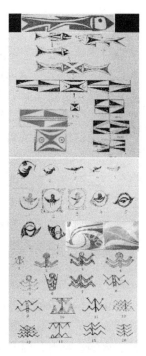

图4-6　彩陶纹样抽象化

的一般形式美。再如一些装饰性的绘图、花边、建筑物上的飞檐斗拱、龙凤花鸟的装饰图案、白玉栏杆和红墙黄瓦等，经过长期实践中的历史积淀，反复的模拟、复制，它们原来所包含的社会观念逐渐淡化，成为一种不一定受内容制约而可供人独立鉴赏的特殊审美对象。

第二节　形式美的构成

一、形式美的构成因素

（一）色彩

色彩作为一种最普遍的审美形式存在于我们日常生活衣、食、住、行、用的各个方面，我们生存的世界因为有了色彩才会如此绚丽多姿。人类在长期的社会生活中凭借色彩去认识和改造世界，传达信息并赋予色彩一定的象征意义和情感韵味，使之成为具有丰富内涵的审美对象。色彩美因其丰富性和直观性而成为人们最易感受又无须其他条件限制的一种美，浪漫主义绘画大师德拉克洛瓦说："我们的目的就是利用色彩来创造美。"[二]色彩的基本特征主要有：

〇　严文明，《甘肃彩陶的源流》，《文物》，1978年10月。

〇　德拉克洛瓦，《德拉克洛瓦论美术与美术家》，上海人民出版社，2008年版，第135页。

1. 特定的表情意味

美国色彩心理学家阿恩海姆说过："色彩能有力地表达情感。"[一]闻一多先生曾在《色彩》一诗中对色彩做过这样的描述："生命是张没价值的白纸，自从绿给了我发展，红给了我热情，黄教我以忠义，蓝教我以高洁，粉红赐我以希望，灰白赠我以悲哀；再完成这帧彩图，黑还要加我以死。从此以后，我便溺爱于我的生命，因为我爱他的色彩。"色彩以其不同的视觉效果刺激人的感官和心理，从而影响人的情感或情绪，如红色象征热烈喜庆，黄色象征明朗愉快，蓝色象征悲伤冷漠，灰色象征消极孤寂，紫色象征高贵自傲，橙色象征兴奋快乐等。色彩还具有超越视觉的感受，如色彩有冷暖、轻重之分，红、橙、黄是暖色调，给人以活泼、兴奋、愉快的感受，绿、蓝、黑是冷色调，给人以抑郁、安静的感觉，白和黄给人以轻盈感，而灰和黑给人以沉重感。正因为色彩具有强烈的表情性，所以它能够迅速激发人的情感，影响人的情绪。

2. 丰富的象征意义

长期社会生活中形成的特定历史和文化积淀使得色彩和某些固定的内容形成较为稳定的联系，从而具有一定的象征意义，成为表达某种意念的符号。例如，红色使人联想到朝日、火焰、鲜血，因而成为光明、温暖、生命的象征；绿色则使人联想到广袤的田野、欣欣向荣的植物，因而是和平、青春、繁荣的象征。在我国古代，色彩被用来象征方位，东蓝、南红、西白、北黑、中央黄色，是象征某种"礼制"观念的五方正色。在艺术领域，色彩的象征性也得到广泛应用。在经典芭蕾舞剧《天鹅湖》中的黑天鹅代表邪恶、欺诈和仇恨，白天鹅则代表善良、纯洁和美好。色彩在京剧脸谱中刻画人物性格更具有特定的象征意义：红脸表示忠义，白脸表示奸诈阴险，黑脸表示刚正，黄脸表示勇猛残暴，蓝脸表示刚强，绿脸表示草莽英雄本色，金脸银脸表示神怪。

3. 复杂的审美内涵

不同文化之间的色彩象征意义都是在社会的发展、历史的沉淀中约定俗成的，虽然是一种永久性的文化现象，但是在不同民族语言中往往有着不同的特点。红色是我国文化中的基本崇尚色，象征着吉祥、喜庆，如大红灯笼；象征革命和进步，如"红色政权"；象征顺利、成功，如"走红""分红"等；象征美丽、漂亮，如"红装"。西方文化中的红色则是一个贬义相当强的词，是"火""血"的联想，象征着残暴、流血。在中国文化中，白色象征死亡、凶兆，西方人认为白色高雅纯洁，是西方文化中的崇尚色。所以我们在欣赏色彩美时，必须充分考虑社会、历史、文化等因素的影响，从色彩审美意味的复杂性中去丰富审美体验。

（二）形体

形体（以线条为基础）是物体存在的空间形式和外观形态，其基本特征主要有：

㊀　阿恩海姆,《艺术与视知觉》,中国社会科学出版社,1993 年版,第 78 页。

1. 构成的层次性

形体是由点、线、面、体等构成的，点、线、面、体是形式美造型的基本因素，而线在构成物体形式美的诸要素中又占有特殊地位，形体的轮廓就是由线来表示的，二维物体的面又是由一维的边线围绕而成的，面的移动、堆积、旋转就构成了三维的体。

2. 线条的重要性

线条美是一切造型美的基础，在形式美占有突出地位的造型艺术（如建筑、绘画、雕塑等）中，线条往往是运用得最普遍、最基本的造型符号，利用线条来造型和抒情更是我国绘画、书法艺术的独特传统。王羲之说："转深点画之间皆有意。"即通过线条的运动流转可以表达出书法家的情志。中国画用线可以追溯到仰韶时期的彩绘画、晚周帛画、楚器漆画和汉唐壁画。仰韶文化的彩陶纹样是中国最早用线的作品，鲜明、生动、挺拔的线条描绘了漩涡纹、弦纹以及人的面形、虫鱼、鸟兽等形象，体现了原始艺术质朴、稚拙的美。特别是中国唐宋以后的人物画重服饰纹褶的描绘，往往以飘洒、流动的线条（如"吴带当风""曹衣出水"）来突出人物的精神气韵。再如意大利画家波提切利的《春》，画面布满着层层叠叠的线组织，线组织的疏密谱出了其特有的节奏感。

3. 审美意味的丰富性

线条有三种基本形态：直线、曲线、折线，每种线条都有特定的情感表现特性和象征意味。直线（如铁塔、石碑、摩天大楼）表示力量、刚强、稳定；曲线（如舞蹈、波纹、吹皱的一池春水）表示优雅、柔和、流动；折线表示转折、突然；而会聚的线条则能表现深度和空间。圆形意味着柔和、完满、封闭；方形显刚劲；正三角形有安定平稳感；倒三角形具有倾危、动荡和不安之感。高而窄的形体（如华山）有挺拔感和险峻感，宽而平的形体（如李大钊雕像，见图4-7）有展宽感和平衡感。在建筑艺术中，风格的变化就是以线为中

图4-7 李大钊雕像

心。希腊式建筑多用直线，罗马式建筑多用弧线，哥特式建筑多用相交成尖角的斜线。在寺院的壁画中，直线主要运用在佛塔、建筑和佛祖的宝座带有棱角的部分，给人一种安稳的心理感受。

（三）声音

声音是指现实世界中发出的一切音响，它能直接诉诸人的听觉而引起人们迅捷、即时、强烈的生理和心理反应。和谐的乐音不仅使人感到悦耳动听，而且有助于身体健康，可以美化生活环境，提高劳动效率。嘈杂的噪声会造成人们心理上的烦躁不安，还会影响人的健康，是一种环境污染。作为形式美的因素，声音主要是指乐音，和音乐的关系最为

密切，其高低、强弱、快慢都可能显示某种情感意味，唤起人们情感上的反应，人们常常由不同的乐音而引起情感上的昂扬、低沉、喜悦、哀伤，其情感色彩比其他形式符号都更为强烈。如高音兴奋激昂，低音凝重深沉，强音震撼有力，弱音轻柔温和，急促的声音显得急骤紧张，缓慢的声音显得舒缓平和，纯正的声音令人心情舒畅，正如《礼记·乐记》所云"凡音之起，由人心生也。人心之动，物使之然也。感于物而动，故形于声。""是故其哀心感者，其声噍以杀；其乐心感者，其声啴以缓；其喜心感者，声发以散；其怒心感者，其声粗以厉；其敬心感者，其声直以廉；其爱心感者，其声和以柔。六者，非性也，感于物而后动。"由于人心感之于物，因此产生了喜怒哀乐之情，发出的声音也有杀、缓、散、历之别。这是我国古代哲学对音乐的唯物主义的解释。

色彩、形体、声音这些形式因素的特征一般人都能感受得到，但画家对色彩更敏感，书法家对线条更敏感，雕塑家对形体更敏感，音乐家对声音更敏感。

二、形式美的构成规律

在长期的审美活动中，色彩、形体、声音这些因素被人们不断地概括、提炼、组合而形成了更能引起人们审美愉悦的法则，这就是形式美的构成规律，它与形式美的构成因素共同成为形式美的审美对象。

（一）整齐一律

整齐一律是指各种自然因素按相同的方式组合而形成量的关系的重复一致，即同一色彩、同一形体、同一声音整齐重复出现而无明显差异和对立，构成最简单的一种形式美，它能给人以强烈的秩序感。城市中整齐的楼群、林荫大道旁绵延的绿树、集体舞蹈中一致的动作以及各种装饰性的、连续的花边图案都让人感到规整和秩序。合唱中一致的声调、齐奏中相同的节拍使人感受到整体的节奏感。当整齐一律体现在规模宏大的对象上时，会表现出一种气势，如平原上一望无际的麦田、国庆阅兵时整齐划一的步伐和方阵。

整齐一律有时会因缺少变化而显得单调，所以人们在运用整齐一律时也运用错杂的重复，如国庆阅兵的整齐行列和步伐因队形和服装色彩的变化而显出了丰富。

（二）对称平衡

对称是指构成形式的各要素以一条线为中轴在上下、前后、左右的相同、均等状态或者以点为中心同形同量相对应的结构形式，有静态对称（左右、上下、前后对称）和动态对称（放射对称）。对称是最常见的构成形式，具有形式上的平衡感。植物的叶子、叶脉和花瓣是对称的，大多数动物，如鹰、鱼、大象、蝴蝶等则是呈左右对称的，人体就是以鼻尖、肚脐眼的连线为对称轴的对称形体，眼、耳、鼻、手、脚等都是对称生长的。古希腊美学家盖伦曾指出："身体美确实在于各部分之间的比例对称。"[一]动植物的对称源于自

㊀　北京大学哲学系美学教研室编，《西方美学家论美和美感》，商务印书馆，1980 年版，第 14 页。

然的进化，地球上的万物都受到万有引力的影响，对称的物体两边相等，在地球引力的作用下能保持平衡。普列汉诺夫说："欣赏对称的能力也是自然赋予的。"[一]人类在长期的社会生活中逐渐认识到对称是一种美的形式，它具有平衡稳定的特点，并将对称作为尺度去衡量应用到人类的各种发明创造上。从闹钟造型设计到屋架的搭建，从双耳锅的发明到飞机试飞成功，都反映了对称在使用中能保持平衡、提高效率的优势。各国的建筑各有千秋，但都不约而同地选择了对称的外观设计，法国的凡尔赛宫，希腊的宙斯神殿、雅典娜神庙，印度的泰姬陵、埃及的狮身人面像、金字塔等轴对称特征十分明显，北京故宫和孔庙这样宏大的建筑群也是典型的对称结构，不只是总体对称，其中某一个独立的建筑物（如故宫太和殿、中和殿等）的形式也是对称的。建筑采用对称的形式，不仅仅带来一种稳定感，还给人一种庄严肃穆的审美感受。

平衡指对应的双方同量不必同形，即对应的上下、前后、左右在形式上不必完全等同，但在量上是大体相当的。平衡是对称的一种变体，属于静中有动的对称，呈现出稳定中又有变化的、自由的状态。故宫建筑群，不仅对称，而且均衡。整体布局有变化，呈现出流动感。从景山上眺望故宫，整个建筑群高低错落，大小纵横，起伏的屋顶仿佛一片金黄色的麦浪，容易引起人们美的感受。平衡规律在艺术创造活动中被广泛地应用，园林盆景的设计、雕塑的造型、绘画的布局、舞蹈的动作等都非常讲究平衡，达·芬奇的《最后的晚餐》、米开朗琪罗的《垂死的奴隶》、拉斐尔《西斯廷圣母》等都是平衡美的代表作。

（三）比例匀称

比例是指事物形式因素的局部与整体、局部与局部之间的数量关系，匀称是一个事物各个部分比例恰当的状态。宇宙中的万事万物都存在一定的比例关系，只要比例关系合乎常规，物体的形象就具有和谐、严整的形式美；一旦比例严重失调，就会造成形式上的畸形，它在形式上就是丑的。古代绘画理论中有"丈山尺树，寸马分人"之说，画人物有"立七、坐五、盘三半"之说，画人的脸又有"五配三匀"说，如果违反了正常的比例关系，就会出现形象的不真实。恰当的比例就如宋玉称赞美女那样，"增之一分则太长，减之一分则太短"，所谓魔鬼的身材、天使的容貌就是比例匀称的一种形象化的说明。

在所有匀称的比例中，"黄金分割"的比例被人们认为是最美的比例。所谓"黄金分割"，并不是指怎样分割黄金，而是一个比喻的说法，是说这个分割的比例像黄金一样珍贵美丽，它由古希腊的毕达哥拉斯最早提出，由美学家柏拉图命名，最后于1854年得到德国数学家蔡辛的几何证明。黄金分割的比例值为1:0.618，粗略地说，也就是2:3，3:5，5:8。黄金分割率具有普遍性，是一种最常见的比例关系，不仅为建筑、雕塑、绘画、工艺等造型艺术广泛采用，而且为日常生活中的物品如书报、杂志、邮票、相片等的设计所采用。在日常生活中，巧妙运用"黄金分割"艺术，不仅可以衬托人的形体美，而且会使我们的生活更美好。例如，三七分的头发比中分的更能衬托脸型，腰带的蝴蝶结系在衣服

[一]　普列汉诺夫，《普列汉诺夫美学论文集》，曹葆华译，人民出版社，1983年版，第426页。

正中间就没有偏左或偏右美观，拍照时把主要景物放在接近于画面的黄金分割点处，画面会显得更加和谐生动，舞台上的主持人站在黄金分割点处比站在正中间更合适。

黄金分割虽然是一种匀称的比例关系，但也不能把它绝对化，生搬硬套到一切事物的造型中去，要根据实际情况灵活应用，例如，影剧院的大门、工厂的窗户往往是根据其实用性而不采用黄金分割。

（四）节奏韵律

节奏是事物在运动过程中呈现的相同因素有规律的、重复的连续形式。宇宙中的一切无不按照一定的节奏进行运动，显示着无穷无尽的节奏美。日出日落、春去秋来、日夜兴替是时间变化的节奏，潮涨潮落、山川起伏、斗转星移是空间变化的节奏，人的呼吸、心跳、生老病死是人体的生理节奏，人的饮食起居和劳动生活也都充满动静、张弛等节奏，节奏是形式美的普遍法则。

节奏在音乐、舞蹈、诗歌、绘画、建筑等艺术中表现得最为鲜明、强烈。在音乐中，由音响运动的轻重缓急所产生的节奏成为音乐形式美的主要因素。舞蹈是一种最富于节奏感的艺术，舞蹈的节奏通过人的形体动作的力度变化表现出来。在中国律诗中，四声平仄有规律地出现形成抑扬顿挫的节奏。绘画中的节奏感表现在形象排列组织的动势上，如古代绘画《清明上河图》在形象排列上由静到动、由疏到密，便形成了一种非常明显的节奏感。建筑群的高低错落、疏密聚散产生类似于音乐中强弱缓急的节奏感，因此有"建筑是流动的音乐"之说。建筑学家梁思成说："差不多所有的建筑物，无论在水平方向上或垂直方向上，都有它的节奏和韵律。"[一] "一柱一窗地排下去，就像柱、窗、柱、窗的2/4的拍子。若是一柱二窗的排列法就有点像柱窗窗、柱窗窗、柱窗窗的圆舞曲。若是一柱三窗排列就是柱窗窗窗、柱窗窗窗的4/4的拍子。"[二]

图4-8 《星月夜》

韵律是节奏律动产生的一种情调和意味，换言之，节奏是韵律的基础，韵律是节奏的深化，节奏是有规律的简单重复，韵律是有变化的重复，正是这种变化使韵律成为一种富有感情色彩的节奏。韵律在诗词中表现为音响抑扬顿挫的和谐流动所传达出的诗的情感韵味，在绘画中就是气韵生动，如凡·高的《星月夜》（见图4-8），弯曲的长线和破碎的短线交相运用，充满生命力的短促线条有规律地运行，或呈旋涡状，或呈流纹状，或缓缓运动，或激烈奔放，似一曲节奏明快、旋律优美又略带伤感的乐曲，加之画面色彩强烈，洋溢着生动的节奏与韵律。在音乐中，韵律表现为节奏的变化律动形成的旋律中所传达出的情调。在群体性建筑中，韵律也得到了最鲜明的体现，紫禁城就以

[一] 汪流等编，《艺术特征论》，文化艺术出版社，1984年版，第164页。

[二] 《梁思成文集》（四），中国建筑工业出版社，1986年版，第258页。

前三殿和后三宫的多姿多彩的变化重复表达出特定的情调，显示出最美的韵律。

（五）多样统一

"多样"是指事物整体的各个部分在形式上存在相互区别的种种差异性，"统一"是指事物的各部分在形式上也存在某些一致性。多样统一最完美的表现形式是和谐一致，它使人感到既丰富又单纯，既活泼又有秩序。整个宇宙就是一个和谐的整体，多样统一体现了自然界和社会生活中对立统一的规律，也是一切艺术形式美的基本规律。

多样统一的基本形态是对比与调和。对比是各种对立因素之间的统一，调和是各种非对立因素之间相联系的统一。对比是在差异中倾向于"异"，把美的事物中有明显差异的因素相互组合在一起，互相映衬，更加突出各自的特征，令人感到鲜明醒目、活跃振奋。例如，色彩上红与绿的对比——"接天莲叶无穷碧，映日荷花别样红。"黑与白的对比——"黑云翻墨未遮山，白雨跳珠乱入船。"在绘画、建筑中同样体现着比例尺度的大小高低关系、形体样式的方圆曲直关系、色彩质感的冷暖粗细关系等，在对比中见统一。有画家用白纸为底色画白鸡，由于巧妙地运用黑白对比，使人产生一种错觉，仿佛白鸡比白纸还要白。布达拉宫（见图4-9）建在山上，采用非对称自由聚合布局方式，形体上错落有致，构成丰富多变的对比，但各部分又是有机组合，有强烈的整体统一感。布达拉宫的色彩由红白两色形成鲜明对比，佛殿的中央主体红宫最高最大，东西白宫簇拥在红宫左右起烘托作用。红宫上端有一条白带与白宫呼应，各个不同体量的建筑上端都有一条深棕色装饰带，把全体箍束在一起，在变化中求统一，加强了布达拉宫

图4-9 布达拉宫

的整体感。对比在艺术中应用得更多，因为它可以把审美对象的性质和特点鲜明、突出地表现出来，获得生动、强烈的艺术效果。

调和是在差异中趋向于"同"，是把几种非对立的因素合并连接，形成不太显著的变化。色彩中的红与橙、橙与黄、黄与绿、绿与蓝等都是相似色，同一色中又有深浅、浓淡的变化。相似或相近的色彩互相搭配，能在变化中保持大体一致，给人一种融合、宁静、协调的美感。例如，北京天坛公园的祈年殿，南京的中山陵都是深蓝色的琉璃瓦顶，与蔚蓝色的天空和周围苍翠的绿树配合在一起，色彩显得十分协调。音乐中的和声是运用和弦多声部将声音融合成最美妙的乐声，突出主旋律。在我国江南精巧别致、饶有情趣的小型私家园林中，茂林修竹参差呼应，花草假山相依相傍，山径水廊起伏曲折，构成一种"曲径通幽"的优美和谐意境。

在多样统一的基本形态中，不论是对比还是调和，都是在统一中有变化，在变化中求统一。明代袁宏道论插花时强调在参差中求整齐，"插花不可太繁，亦不可太瘦，多不过两种三种，高低疏密，如画苑布置方妙。夫花之所谓整齐者，正以参差不伦，意态天

然。"又说诗文的整齐也如是。"如子瞻之文，随意断续，青莲之诗，不拘对偶，此真整齐也。"可见在事物形式美的创造活动中集中体现了多样统一的实质，即多样统一的和谐美。

综上所述，形式美的构成因素和规律共同构成了重要的审美对象——形式美，认识和了解形式美是为了推动美的创造和美的欣赏。作为和谐美的形式因素和规律，正是人类对和谐宇宙同一性的反映与升华。

■■■ 第三节　形式美与美育 ■■■

一、形式美在美育中的意义

形式美是人类对美的欣赏和创造的起点，只有通过形式美才能创造出和感受到审美对象，然后审美对象才能对人发挥审美教育的功能。因此，形式美在美育中占有十分重要的地位，是美育的主要形态之一。

（一）培养审美形式感

培养审美形式感就是要培养接受者"有音乐感的耳朵"和"能感受形式美的眼睛"，这是审美创造和鉴赏以及进行审美教育的前提。如果没有形式美教育，人们就会对身边千姿百态的形式美视而不见、听而不闻。而当我们具有了一双"能感受形式美的眼睛"后，在欣赏自然美和艺术美时就不只是做出"好看"与否和"像"与"不像"的最简单通俗的评价，而会对具体形象有一种审美感知，通过形式美分析而达到对审美对象意蕴的深层体验、领悟和评价。例如，欣赏清初画家朱耷（八大山人）的作品，从形式美的角度来看，他的构图多为圆形，画石则奇特险峻，重心不稳；画树则缺枝少叶，残败凋零；画荷则荷干扭曲，荷叶破碎。而且物象周围常常有大片留白，空荡荡的无依无靠。这些形式正是朱耷作为明朝宗室在国破家亡之后其孤愤、冷寂、痛楚、沉郁的思想感情的表现，也是他桀骜不驯性格的象征。因此，人们对艺术品的接受总是从形式入手，而对形式优劣高下的评判要依靠审美主体的形式感，主体具备了审美形式感，才会提高审美鉴赏力，既能欣赏古典艺术、通俗艺术，也能欣赏现代派艺术、高雅艺术，大大拓宽艺术审美的领域。

（二）运用形式美规律创造美

形式美与人的生活联系最为密切，无论是群体活动设计、劳动工具的制作、衣食住行等生活必需品的制造，还是生活环境的美化，无处不涉及形式美，无处不创造并应用着形式美。形式美育的作用就在于引导人们去认识形式美，在生活中去寻找并发现形式美，促

㊀　于民，《中国美学史资料选编》，复旦大学出版社，2008 年版，第 173 页。

㊁　于民，《中国美学史资料选编》，复旦大学出版社，2008 年版，第 158 页。

进人们更多地运用形式美的规律去创造美的生活，提高生活质量。

（三）　拓展审美的文化视野

任何一种美都离不开它所生长的文化土壤，它只能表现在具体文化中，成为具体文化中的美。因此，美在不同的文化环境中具有不同的形态，如西方的教堂区别于印度的佛塔。这种不同不仅仅是形式上的不同，更是思想境界上的不同，各种文化有自己对宇宙和人生的观念，这种观念形成了它们独特的美的理想和形象，也决定了它们对形式美的独特选择和运用。形式美育正是在这一角度上可以帮助人们通过对不同文化环境中艺术形式美的感受去挖掘其文化意蕴，拓展文化视野。

建筑艺术是人类文化的显著成就之一，而形式美既是建筑的造型符号，又是建筑的象征符号。对不同民族、不同时代建筑的形式美的欣赏，最主要的是感受其意境，而只有将其置于所处的文化情境中，才会发现那些朦胧的情感原来都是那个时代文化内涵的真切反映。以宗教建筑为例，不同国家、不同时代、不同民族所建造的庙宇、教堂具有不同的风格，体现了不同的文化内涵。例如，古希腊神庙，建筑材质大多以石材为主，质感生硬、冷峻，理性色彩浓，符合西方人理性、客观、求实的观念，特别是柱式排列构成秩序和谐、理性高贵的意象。科隆大教堂（见图 4-10）是中世纪神学主导欧洲时产生的哥特式建筑，鸟瞰房顶为"十"字形，房顶尖而且高，有许多像竹笋一样瘦长型的装饰物，象征着摆脱了束缚，奔向天国。

图 4-10　科隆大教堂

二、形式美育的方式

（一）　在自然、社会中领略千姿百态的形式美

自然美是以自然物的形体、色彩、声音呈现出美的直观形式，因此自然美是以形式美为主的美。在自然美中，有蓝天白云、青山绿水、柳绿桃红等绚丽的色彩美；有瀑落深潭、惊涛拍岸、"蝉噪林愈静，鸟鸣山更幽"等动听的声音美；有云雾缥缈、海市蜃楼等多姿的形态美，这些丰富生动的自然美是形式美教育的理想课堂。

在社会生活中，可以从人们进行美的活动和创造的美的产品中领略到形式美。无论是国庆大典的阅兵仪式，体育盛会的团体操表演，还是劳动生活的紧张节奏和休闲娱乐的轻歌曼舞，人所进行的美的活动中都包含着从整齐一律到多样统一等形式美的规律。人所创造的美的产品，从线条流畅的汽车，到款式新颖的服装服饰、玲珑剔透的工艺品，无不展示着形式美的巨大魅力，让人领略和分享自身所创造的形式美，并从中受到形式美的教育。

（二） 在艺术鉴赏中强化感受形式美的能力

艺术的形式美是一种特殊的审美对象，它源于现实美，又高于现实美，是更高层次的形式美教育，艺术鉴赏是强化接受者形式美感受力的最佳途径。歌德曾说："鉴赏力不是靠观赏中等作品，而是要靠观赏最好作品才能培养成的。"⊖艺术品有高低之分、雅俗之别，在欣赏时就有一个选择的问题，应尽量选择那些艺术特色鲜明、个性强烈、有独创精神的作品，选择那些经得起历史检验的古今中外名作精品。这些艺术精品是艺术家自觉运用形式美的规律创造出来的，凝聚着艺术家的审美理想和独创意念。在这些艺术品中，形式美不仅是作品形式外观的造型符号，也是表现艺术家内心世界的情感符号和作品内在意蕴的象征符号。形式美教育通过引导接受者欣赏艺术精品，可以培养和增强他们对形式美的感受力。

（三） 在实践训练中提高创造形式美的能力

形式美育最重要的目的是培养接受者形式美的创造力，使他们能够自觉地运用形式美的规律去进行美的创造。在对形式美感受、领略、体验的基础上，学习仿效人类在长期实践中总结出的形式美经验和技巧，亲身参与实践训练活动，如编织、剪纸、写生、图案设计、网页设计、视听练习、环境布置等，经过反复练习逐步掌握形式美的技能技巧和基本规律，并自觉地运用到社会美和艺术美的创造中。

活动与思考

1. 请举例说明形式美的规律在社会生活及艺术活动中的运用。

2. 请列举生活中符合对称、均衡法则的事物。

3. 请依据形式美的构成因素与规律，为班级或校园设计一个宣传园地，并尽量体现出形式美的特点。

4. 按照形式美的规律重新布置教室或集体宿舍，使它既美观又符合其特点。

⊖ ［德］爱克曼，《歌德谈话录》，朱光潜译，人民文学出版社，1978年版，第32页。

第五章
自然美与美育

> 学习目标
>
> 1. 理解自然美的特性，体会自然美陶冶人性的独特功能。
> 2. 通过对风景园林美的欣赏，提升对大自然的热爱，感受人与自然和谐相处的乐趣。
> 3. 认识生态环境与人类的关系，提升保护生态环境的强烈意识。

第一节　自然美陶冶人性的独特功能

大自然是人类的摇篮，热爱自然是人类的天性。陶渊明酷爱自然，发出了"少无适俗韵，性本爱丘山"的真言。许多人风尘仆仆、不远万里地去观赏海上的日出，"飞流直下三千尺，疑是银河落九天"的庐山瀑布，以奇松、怪石、云海、温泉"四绝"闻名中外的黄山，山水甲天下的桂林。许多人航行在长江上欣赏三峡神奇的美景，或登上岳阳楼眺望浩浩荡荡的洞庭湖，攀爬石钟山，视深潭，聆听"微风鼓浪，水石相搏，声如洪钟"，循王安石之雅迹游褒禅山，探"人之甚寒，问其深，则其好游者不能穷也"之后洞，又是何等令人心旷神怡。即使是一些常见的自然景象，也每每使人驻足，不知不觉性情融于其中，或"吹面不寒杨柳风"，或"沾衣欲湿杏花雨"。有时月明星稀，匆匆赶路，路旁的稻田里蛙声如潮，此起彼伏，古树挺拔，山村掩映其中，流水脉脉，小桥通途，竟是那般富有诗情画意，引发人的审美遐思。大自然为我们提供了丰富的美景，令我们享受不尽。欣赏自然美可以启迪人对自然环境的爱意，达到天、地、人、物、我之间高度和谐的人生境界。

一、自然美的产生和发展

客观存在的自然界本无美丑，其能够成为审美对象是人类社会实践的结果。人们对自然美的鉴赏也有一个演变和发展的过程，这个过程大致可分为致用、比德、畅神三个阶段。

第一阶段，致用阶段，自然作为人类异己的符号，作为顶礼膜拜的对象。马克思、恩格斯说："自然界起初是作为一种完全异己的、有无限威力的和不可制服的力量与人们对立的，人们同它的关系完全像动物同它的关系一样，人们就像牲畜一样服从它的权力。"[⊖]原始人对这种和人类对立的异己力量是不会感到亲切的，更谈不到美。人们对动物、植物的认识大多从实际需要来考虑，有用的，就好就美，无用的，就不好就不美，还不能把劳动对象单独分离出来作为审美对象。例如，以狩猎为主的部落，最好的审美对象是动物，即使住在鲜花盛开的地方，但因为植物和他们的生活没有直接的联系，所以他们不用鲜花装饰自己，而是以兽皮、兽骨、兽牙、兽毛、羽毛等作为装饰物，以显示自己的智慧和力量。在那时的壁画中，画的也都是动物和狩猎图案而没有植物。进入农耕社会后，植物才成了审美对象。这一时期的人们基本上是以"致用"来衡量自然事物的美与丑，所以该时期叫致用阶段。随着人类社会实践的发展，人在改造、征服自然中，自然事物才越来越多地成为可亲的对象。

第二阶段，比德阶段，自然作为人类对话的伙伴而向人类显示出共生、和谐和亲密的价值。商周以后，随着生产力的发展和劳动成果的增加，人们不再以生产实践的对象和成果来划分自然事物的美与不美了，而是把美的自然物同人们的精神生活、道德观念联系起来，用自然事物来类比人的德行，自然美与审美开始脱离了物质的实用、功利的内涵而进入了一个更高一级的、具有深刻精神意蕴的比德阶段。例如，中国古人喜欢以水喻人，将水的清澈、柔美、灵动与人的品德联系在一起，象征着纯洁、包容、博大与智慧。中国文字中的"山"是象形文字，如同描绘了自然界中山的巍然挺拔，连绵幽深，坚毅稳固，寄托了人类对山的精神崇拜。人们读山，品山，写山，赏山，追求山的品德。孔子说"智者乐水，仁者乐山"，所强调的就是人的精神气质与自然山水精神上的感应和共鸣。再如，中国人爱玉，认为玉有五德：仁、义、智、勇、洁；玉是美好、纯洁、高雅的象征，是君子人格与美德的象征。《诗经》中大量使用比、兴的手法，借日出、雨雪、杨柳、晨露、长江、汉江等自然事物来歌颂人与事。古希腊文化中也有一种特殊的自然观念，"以诗意的眼光去看待自然""不仅想象自然中有无数的神灵，而且想象着无数的神灵在自然栖居之所，各有自己的情人和恋人"。[⊜]自然事物成为一种暗示和指引，使人认识到生活的理想和生命的价值。"比德"观点的出现，标志着人类对自然美的欣赏有了一个飞跃，但"致用"观点并没有消除，仍延续下来。

第三阶段，畅神阶段，自然作为人类的自由的生命活力的符号而成为独立的审美对象。到了魏晋南北朝时期，自然开始成为普遍的审美对象，"中国伟大的山水画意境，已具于晋人对自然美的发现中了！"[⊜]魏晋时期，游山玩水成为社会上普遍的风尚。人们体验自然的生命律动，同时又在自然世界之中直观着自身自由的生命活动及其活力。西晋嵇康

㊀ 《马克思恩格斯选集》第 1 卷，人民出版社，1972 年版，第 35 页。

㊁ 李咏吟，《原初智慧形态：希腊神学的两大话语系统及其历史转换》，上海人民出版社，1999年版，第 159 页。

㊂ 《宗白华全集》第 2 卷，安徽教育出版社，1994 年版，第 269 页。

说："游山泽，观鱼鸟，心甚乐之。"[一]南北朝时期的山水画家宗炳也说过：自然山水为人所好，不过是因为它能"畅神而已"。他一生游历名山大川，当年老不能行走时，便终日沉醉在山水画中，"卧以游之"。人们完全免除了功利目的，而把自然事物当作自由对话和沟通的对象，从中清除内心的私欲和杂念，保持虚静的心境，发现自由的生命活力，获得一种精神畅快。

二、自然美的特性

（一）自然性

自然美贵在自然性，是说自然美是天然的本色之美，出于自然造化之工，是任何人为艺术所无法代替的。自然美的自然性有两层含义，一是指自然美对自然的依赖性，二是指自然美是真正意义上的第一自然的美。

自然美不同于自然，但自然美对自然有着直接的依赖关系，自然界中各种事物独特的美，均以自然事物的自然属性或其色、形、声规律组合所形成的感性形式特征为物质基础和必要条件。名山各有风姿，所谓泰山天下雄，华山天下险，黄山天下奇，峨眉天下秀，青城天下幽……佳境各有妙处，所谓上有天堂，下有苏杭；桂林山水甲天下，阳朔山水甲桂林……其独特的美均与该风景区独特的自然特征相关。月亮之美区别于太阳之美，也是基于它的自然属性和感性形式特点，如皎洁清澄的月光、如盘似弓的月形、夜升昼落的运动规律、周而复始的圆缺法则等。离开了这些自然属性和宜人的感性形式特点，就无从谈起自然美。正如桑塔耶纳所说的："假如雅典娜的神殿帕特农不是大理石筑成的，王冠不是黄金制造，星星没有火光，它们将是平淡无奇的东西。"[二]

所谓第一自然，是指现实的物质世界，它主要是相对于第二自然的艺术而言的，这是自然美最根本的审美特征。自然美就是大地、天空、植物、动物以及云雾雨雪等物质的形态自然地符合人的理想的样子，或者经过加工改造成符合人的理想的样子并因此而令人赏心悦目。如被誉为"失落的明珠"的张家界，那些几乎是原始形态的山川，不自觉地符合人们所追求的理想的样子，而那些被人按照审美要求绿化的山岭，郁郁葱葱，同样让人赏心悦目。由于自然是由现实世界的物质构成的，因而使得自然美成了一种具有色声味的美。美国作家惠特曼曾细致入微地描绘了对这种色声味俱全的自然美的美妙感受：

"早晨大雪，至晚未停。我在雪花纷飞中，踯躅于树林里和道路上，约莫有两个钟头。微风拂过松树发出音乐般的低鸣，清晰奇妙，犹如瀑布，时而静止，时而奔流。此时视觉、听觉、嗅觉，一切的感觉，都得到了微妙的满足。每一片雪花都飘飘地降在常青树、冬青树、桂树的上面，静静地躺着，所有的枝叶都穿着一件臃肿的白外套，在边缘上还缀

　　[一]　夏明钊，《嵇康集译注》，黑龙江人民出版社，1987 年版，第 275 页。

　　[二]　乔治·桑塔耶纳，《美感》，中国社会科学出版社，1982 年版，第 52 页。

着绿宝石——这是那茂盛的、挺直的、有着红铜色的松树——还有那一阵阵轻微的树枝和雪水混合的香味。"

这种审美感受所带来的整个灵魂的陶醉和生命的震颤是一般艺术美所难以达到的。其他审美对象就不具备这一审美特征，如画中的花再美，也是有色无香，再美的画也不可能表现出真实的声音，电影电视的常规是有色彩声音而没有香味。

从哲学认识论来看，社会美相对于艺术美来说虽然也是第一性的美，也是艺术美的基础和源泉，但相对于自然美而言，它与艺术美一样都是人的社会实践的直接产物，都是人的直接创造，因此自然美更是真正意义上的第一自然美。

今天，自然美的自然性越来越得到重视，自然并不是因为它被人控制、征服、改造、利用而被人赏识，而是因为它的野性、原始性、陌生性、多样性而备受青睐。在杜夫海纳看来，那些人性化的自然表现出来的只是一种秀丽，只有未经人化的自然才能表现崇高。秀丽只是一种打了折扣的崇高，是崇高的一种被缩小了的表现。只有当我们不按照"自然人化"的思路，不将自然同人工产品类同起来看待，才会发现自然的真身，才能领略自然美的真谛。○

（二）多面性

多面性是说自然事物受多种因素的制约而使自然美的形态具有多角度、多层次、多侧面、多变化的特性。

1. 自然事物本身的属性和感性形式特点是多方面的

年年有明月而岁岁月不同，一年有四季而四季月有别，一月有朔、望、晦、新、满、残月之别，即使是同一夜的月也有升落明暗变化。月亮自身的自然属性千姿百态，而且月与其他自然物或者自然现象又可以组合出无限的状态。云中驰月不同于澄空悬月，春山夜月不同于平湖秋月，水中映月不同于密林透月……正因如此，月亮之美才绚丽多彩、变幻多姿，焕发着神奇的魅力。对于自然物本身的自然属性和感性形式特点的多面性，苏轼有两首诗作了绝妙的描绘："水光潋滟晴方好，山色空蒙雨亦奇。欲把西湖比西子，淡妆浓抹总相宜。""横看成岭侧成峰，远近高低各不同。不识庐山真面目，只缘身在此山中。"黄山"耕云峰"上有块奇石，从正面看，它酷似在云海中耕作的"犁头"；从皮蓬一带望去，却又似一双鞋子（"双鞋"）；而在玉屏楼右侧仰眺，它又活像一只欲跳来跳去的松鼠，好像要跃过天都峰（"松鼠跳天都"）。

2. 自然事物多方面的属性和特征与人及社会生活的联系是多方面的

自然美大多同人的实践活动相关，同一自然景物在不同境况、不同条件下其美的层面、美的程度、美的风貌、美的表现往往各不相同。每当人们在花前月下娱乐、恋爱、散

○ 彭锋，《美学的意蕴》，中国人民大学出版社，2000年版，第158~159页。

步、抒情……月亮总是人们忠实的伴侣，久而久之，月亮就作为人们精神活动的对象与人类社会生活发生了隐晦曲折的功利关系。例如，《诗经·日月》以日月自然规律的千古不变喻爱情的始终不渝，月亮于是成为恒常守一的爱情品德的写照。苏轼《水调歌头》云："人有悲欢离合，月有阴晴圆缺，此事古难全。但愿人长久，千里共婵娟。"人们在长期的社会实践中发现了月亮的阴晴圆缺与人的悲欢离合具有形式上的某种共同性，于是运用月亮的自然变化来寄寓和表现人的自身命运的规律性变化，从而使月亮阴晴圆缺的自然规律成为人类社会中人的悲欢离合的象征。李白《把酒问月》云："青天有月来几时，我今停杯一问之。人攀明月不可得，月行却与人相随……今人不识古时月，今月曾经照古人。古人今人若流水，共看明月皆如此。"正因为月亮是人的生活环境的重要部分，天涯海角与共，古往今来相同，既与人类社会许多美好生活内容珠联璧合，又是千古沧桑的历史见证，所以人们才以月夜为美，才会对月骋怀，抒发相思、怀古、恋乡等情愫。反之，没有月亮的夜晚一般被认为是不美的，"月黑杀人夜，风高放火天"即言此意。

自然并非都是美的，旱情水灾地震绝无美感可言，自然美至少要对人无害。有的自然物内容美而形式丑，如蛤蟆；有的自然物形式美而内容丑，如毒草。自然事物的这种美丑二重性是自然美多面性与人及社会生活联系的多面性的重要表现。蛇是大多数人见了害怕的，人们以"美女蛇""心如蛇蝎"来形容其可怕程度，但"水蛇腰"是那么美，《金蛇狂舞》乐曲又是那么动听动人，国际卫生标志也以蛇为图案，蛇又成为审美对象。森林里的老虎十分可怕，人们用"笑面虎"形容坏人，但关在笼子里的老虎，画上的老虎，"虎将""生龙活虎""虎背熊腰"又成了审美对象。人们认为桃花很美，常用来形容美女艳丽的面容，像"人面不知何处去，桃花依旧笑春风"。但桃花有易开易落的特点，于是有人把它和一些女子的轻薄、水性杨花联系在一起，如"癫狂柳絮随风舞，轻薄桃花逐水流""东风吹树无休日，自是桃花太轻薄"。

3. 自然事物具有多变性

大自然在不停息地运动变化着，在不同时空条件下，它们的自然风貌大相径庭，因此形成自然美的多变性，产生出姿态万千、奇幻无穷的自然美。

范仲淹的《岳阳楼记》描写了不同时间在岳阳楼上观看洞庭湖而湖光山色大相径庭的情形。淫雨霏霏之日，"阴风怒号，浊浪排空；日星隐耀，山岳潜形；商旅不行，樯倾楫摧；薄暮冥冥，虎啸猿啼"，景色何等壮观。而到春和景明之时，则"波澜不惊，上下天光，一碧万顷；沙鸥翔集，锦鳞游泳，岸芷汀兰，郁郁青青"，风光又是多么旖旎。欧阳修的《醉翁亭记》则生动地描绘了滁中山水朝暮四时的不同："若夫日出而林霏开，云归而岩穴暝，晦明变化者，山间之朝暮也。野芳发而幽香，佳木秀而繁阴，风霜高洁，水落而石出者，山间之四时也。朝而往，暮而归，四时之景不同，而乐亦无穷也。"景因时变，情由景生，不同之景带来无穷之乐。巫山云雨，飘忽迷离，早晨是绚丽的云彩，而黄昏化作潇潇细雨，瞬息之间又去留无迹。宋代画家郭熙说："真山水之云气，四时不同：春融怡，夏蓊郁，秋疏薄，冬暗淡。……真山水之烟岚，四时不同：春山淡冶而如笑，夏山苍翠而如滴，秋山明净而如妆，冬山惨淡而如睡。"⊖ 又如"春风如酒，夏风如茗，秋风如烟，冬风如姜芥"。⊜ 同一对象选择不同时间对其进行观照就能产生不同的审美感受。

自然美的多面性并不限于时间，实际上，一地之意态也变幻无穷，真可谓瞬息万变："山，近看如此，远数里看又如此，远十数里看又如此，每远每异，所谓山形步步移也。山，正面如此，侧面又如此，背面又如此，每看每异，所谓山形面面看也。如此，是一山而兼数十百山之形状，可得不悉乎？山，春夏看如此，秋冬看又如此，所谓四时之景不同也。山，朝看如此，暮看又如此，阴晴看又如此，所谓朝暮之变态不同也。如此，是一山而兼数十百山之意态，可得不究乎？"⊜

当然，自然美也是侧重稳定性的，而且正因为这种稳定性几乎是一种永恒的存在，才获得审美价值。如高山大海，长江大河，日月星辰，太空宇宙……虽然世事沧桑，时代更改，却依然容颜依旧，青春常驻。正因为如此，人们才能面对这些永恒之物抒发相思、怀古、恋乡等种种情愫，弹奏出一曲曲感人的生命乐章。

（三）形式性

一切美都要求内容与形式的统一，但这种统一程度在不同形态的美的事物中却不尽相同。一般地说，艺术美要求内容与形式的高度统一，社会美偏重于内容，而自然美则偏重于形式。自然事物虽然也能在一定程度上反映、暗示人类社会生活的内容，但是这种反映、暗示带有很大的不确定性，唯其如此，自然美的内容往往被人们忽视，而其形式具体清晰、鲜明生动。

我们欣赏自然美时，往往是为自然物的形式所吸引，从而较多地把注意力集中在形式方面的色彩、声音、线条、形状、质料以及形式结构上的均衡、对称、和谐、多样统一等特点，集中在形式风格上的雄伟、秀丽、险峻、奇特、幽深等种种特色。云南元阳的哈尼梯田具有强烈的形式感，恰似世外桃源。车尔尼雪夫斯基在谈到自然美的形式在审美中的作用时，曾对水的形式美特征作了细致的描绘："水，由于它的形状而显出美。辽阔的、一平如镜的、宁静的水在我们心里产生宏伟的形象。奔腾的瀑布，它的气势是令人震惊的，它的奇怪突出的形象也是令人神往的。水，还由于它的透明，它的淡青色的光辉而令人迷恋；水把周围的一切如画地反映出来，把这一切屈曲地摇曳着，我们看到水是第一流写生画家。水由于它晶莹透明而显得美；浪花之所以美，是因为它顺着波涛飞跑疾驱，是因为它反映着太阳光，当波浪迸散的时候，浪花就像尘雾一般飞溅开去。"⊗ 在这里，人们深切感受到的是自然物及水的各种自然形式所表现的美，却几乎看不到各种自然物及水所

⊖ 郭熙，《林泉高致·山川训》，《中国美学资料选编》（下册），中华书局，1981 年版，第 13 页。

⊜ 林语堂，《生活的艺术》，陕西师范大学出版社，2005 年版，第 313 页。

⊜ 郭熙，《林泉高致·山川训》，《中国美学资料选编》（下册），中华书局，1981 年版，第 14 页。

⊗ ［俄］车尔尼雪夫斯基，《论崇高与滑稽》，《车尔尼雪夫斯基论文学》中卷，辛未艾译，上海译文出版社，1979 年版，第 103 页。

体现的社会内容。

正是因为自然美偏重于形式这一特性，使得人们在判断自然事物美不美时常常只注意其形式而不在乎其内容，即使自然物的形式与内容对人来说是处于相互矛盾的情况下，人们大多也以自然形式的美丑来判定自然物的审美价值。例如，蝴蝶虽是农作物的一种害虫，但它那五彩斑斓的双翅和翩翩飞舞的优美姿态却令人赏心悦目；癞蛤蟆能捕食害虫，保护农作物，但却因其丑陋的外形而惹人生厌。这就足以说明，自然物的形式美在对自然的审美关系中处于何等地位了。

（四） 象征性

自然美侧重形式并不等于只重形式。由于自然物与人及社会生活有着广泛的联系，人们在欣赏自然美时常常由自然物的形体、色彩、音响等感性形式特点直观联想到人的某种精神、品格、个性、情感、理想及生活的方方面面，这就使得自然美又具有象征性。

生活中常常有这种现象：自然的某些属性（色彩、形状、生命力、对环境的适应性等）和社会生活中某些现象、人生的某种经历、情感的某些模式在形式上有类似之处，它能够"契合人的某些心境""引起灵魂的同情共鸣"[一]，把人带入象征的天地之中，使之体验、感受、领悟到某种生活的韵味，直观美好的情感、品格、理想、愿望，从而获得美的享受。例如，《诗经》有20多篇写到了植物；屈原的《离骚》则更广泛地用植物来寄托自己的美好愿望；李白有1/4的诗用月亮来表达自己的追求和理想；孔子眼中的松柏，苏轼笔下的江流，毛泽东心中的梅花，茅盾赞美的白杨，鲁迅称赞的枣树……至于竹子，历来的高人雅士无不把它视为美的典范，用它来寄托情志：竹子虚心亮节与人的谦虚高尚的品格对应；竹子岁寒不凋又与人的不畏摧残的坚强意志相吻合。苏东坡写出了"宁可食无肉，不可居无竹，无肉令人瘦，无竹令人俗"的名句，晋代的嵇康、阮籍等甚至经常在竹林里写诗，被后人称为"竹林七贤"。

在自然物中，无论是山岭河流和花木鸟兽，还是云雾雨雪和日月星辰，都普遍存在着可以象征人的某种品格或生活的东西。如黄河波涛滚滚、一往无前的气势就像中华民族勇猛、顽强的性格，历来被人们热爱、歌颂，视为崇高的美，《黄河大合唱》就是这种审美情感的艺术表现，在中国人民的心目中，黄河便成了中华民族的象征。至于鹰击长空、虎啸岗峦、骏马驰骋、雄鸡报晓，更是被广泛地歌颂，成为人们某种品格、精神的象征。在现当代著名画家的笔下，这些自然界动物所代表的精神意象被刻画得栩栩如生，如李苦禅笔下的鹰，张大千笔下的虎，徐悲鸿笔下的马，陈大羽笔下的鸡。

三、 自然美陶冶人性的独特功能

（一） 愉悦身心，丰富生活

科学研究表明：世界上长寿人口最多的地方都有美丽的自然环境，如苏联的高加索、

[一] ［德］黑格尔，《美学》第3卷（上），商务印书馆，1979年版，第262～263页。

南美洲的安第斯山区和保加利亚南部地区等。我国广西壮族自治区巴马县年平均温度20.5℃，山清水秀，风光怡人，此地人口不满 3 万，90 岁以上的寿星却有 250 多人。

一般说来，人的神经系统在优美的自然景色中能处于一种柔和平衡的状态，从而使人产生轻松愉快的心境。陈毅元帅游山水甲天下的桂林后写道："佳景最留人，景亦待人勘。愧我诗笔弱，难状百二三。愿做桂林人，不愿做神仙。"（《游桂林》）。即使面对自然界中那些使人惊心动魄的审美对象，人们也会产生强烈、深刻的精神愉悦。如登泰山到达极顶，那种胸襟为之一阔的极度愉悦是难以言表的。特别是人处逆境时，大自然则成为人们排遣忧思、消除烦恼的世外桃源。恩格斯 20 岁时遭到初恋失败的打击，极为郁闷和痛苦，于是他外出漫游欧洲，回来后在一篇题为《风景》的散文中写道："……阳光从千千万万舞动着的小明镜中反射到你的眼里，那里，海水的碧绿同天空明镜般的蔚蓝以及阳光的金黄色交融成一片奇妙的色彩；——那时候，你的一切无谓的烦恼，对俗世的敌人和他们的阴谋诡计的一切回忆都会消失，并且你会融合在自由的无限精神的自豪意识之中。"[一]紧张劳动之后或者失意郁悒之时，扑进大自然的怀抱，让大海的辽阔去敞开你的胸襟，让高山的雄奇去振奋你的精神，让蓝天白云勾起你无限的遐想，让深邃的星空唤起你温馨的回忆，让火红的朝霞引发你美好的思想，你顿时会觉得耳目一新，神清气爽，个人的荣辱、毁誉和得失，紧张工作的疲乏懈怠，顷刻烟消云散。我国南北朝的王微甚至把欣赏自然美看得比听音乐还愉快："望秋云，神飞扬，临春风，思浩荡。虽有金石之乐，硅璋之琛。岂能仿佛之哉！"[二]现如今，世界各国蓬勃发展的旅游业正是看重了自然美丰富人们精神生活的这一价值。

（二）陶冶性情，提高境界

我们在日常生活中往往有这样一种印象：北方人与南方人、山区人与水乡人的性格、气质有一定的差异，有的粗犷，有的细腻，有的憨厚，有的机灵。这就是因为特定的自然环境对于陶冶人的性格、气质、意志等方面有着不可忽视的作用，自然美的清静、质朴的本色可以使人洗心涤虑，返璞归真，摆脱尘世社会名利枷锁的羁绊，练就一种淡泊、真淳、随缘自适的人生修养；自然美雄浑崇高的景象又可以激发人奋发进取的勇气，树立高尚远大的抱负；而大自然蕴含着的无穷深奥的人生哲理足以启人心智，发人深省，它是人类最好的启蒙老师。正如俄国教育家乌申斯基所说的：自然，美丽的城郊，馥郁的山谷，凸凹起伏的原野，蔷薇色的春天和金黄色的秋天，难道不是我们的教师吗？……我深信美丽的风景，在青年气质的发展上所具有的那种巨大的教育影响，对于教师的影响来说，是很难和它竞争的。[三]人们在欣赏自然美时会于不知不觉间受到浸染，使人的心灵得到净化和

［一］ ［德］恩格斯，《风景》，《马克思恩格斯论艺术》第四册，中国社会科学出版社，1985 年版，第 333 页。

［二］ 沈子丞，《历代论画名著汇编》，文物出版社，1982 年版，第 16 页。

［三］ 王杰，《美学》，高等教育出版社，2008 年版，第 109 页。

升华、扩展和超越，达到俯仰宇宙，天地与我并生，万物与我为一，上下与天地同流的精神高度。郭沫若曾多次提到家乡秀丽的山水风光给予他的良好影响，他的家乡在峨眉山下滔滔的大渡河畔，这里山清水秀，风景优美，他从小就受到这种充满着诗情画意的自然环境的熏陶。正是这种优美的山水自然滋润着这位少年的心灵，并从气质上和性格上为他后来成为一位蜚声世界文坛的学者、诗人奠定了良好的基础。

（三）启迪智慧，激发创造

自然界蕴藏着自然的法则、宇宙的奥秘，游览名山大川，探访风景名胜可以拓展眼界，增长知识，启迪智慧，激发创造。具有美学、文学价值的《徐霞客游记》是明代徐霞客在30多年中游览考察了大半个中国而用心写成的，既有对名山大川自然美特征的描述，又有对其科学成因的探讨。"足迹几遍域中"的清末学者魏源甚至提出了"游山学"的思想，得出"一游胜读十年书"的结论。我国当代杰出的地质学家李四光更是大自然的骄子，他的著名的"山字形构造""第四冰川""莲花形构造"等学说无不来自大自然美的启迪。达尔文如果没有随海军考察船进行长达5年的环球游，就不会有他的巨著《物种起源》；哥白尼如果不长期观察斗转星移的太空，也不会有他的"太阳中心说"。

古往今来的许多文学艺术家更是深爱着大自然，以造化为师，在大自然中汲取灵感，创作出千古传诵的优秀作品。我国唐代"草圣"怀素"尝观夏云随风变化，顿有所悟，遂至妙绝，如壮士拔剑，神采动力"[一]。与怀素齐名的张旭更是"观于物，见山水崖谷，鸟兽虫鱼，草木之花实，日月列星，风雨水火，雷霆霹雳，歌舞战斗，天地事物之变，可喜可愕，一寓于书。故旭之书，变动犹鬼神，不可端倪。"（韩愈《送高闲上人序》）清代画家石涛自称"黄山是我师，我是黄山友"，"搜尽奇峰打草稿"，在感受崇山峻岭的神采和灵气中创作出了大量富有独特个性的山水名画。京剧大师梅兰芳曾在牵牛花的美丽和谐的色彩中得到解决京剧服装创新难题的启示。中国艺术家如此，外国艺术家亦然。甘愿做"自然的儿子"的意大利文艺复兴巨人达·芬奇从微风吹起湖水的涟漪中得到灵感，创造出蒙娜丽莎那谜一般的微笑。据德国音乐大师贝多芬的学生车尔尼记述，贝多芬《C小调第五交响曲》（《命运》）的乐思是树林中一种名叫黄道眉的小鸟的鸣叫触动了他的灵感，而《F大调第六交响曲》（《田园》）则诞生在维也纳郊区一条幽静的林荫小道上（后人称其为"贝多芬小道"）。列夫·托尔斯泰有一次看见路边一朵被车轮碾过的牛蒡花顽强地活着，不禁联想到高加索的民间英雄，产生了创作中篇小说《哈泽·穆拉特》的冲动。罗曼·罗兰1890年春在罗马霞尼古勒山上被壮丽的晚霞深深感动，便萌生了创作巨著《约翰·克利斯朵夫》的最初构思。被称为"现代舞之母"的美国舞蹈家邓肯，十几岁就从海浪的起伏、棕榈树的摇曳和鸟儿的飞翔中吸取舞蹈动作的灵感，她常看到什么就模仿什么，边走边舞，因此可以说，真正的"现代舞之母"应是大自然。

[一] 顾建华，《书法艺术鉴赏》，北京出版社，1993年版，第89页。

（四） 和合天人，通融群己

所谓和合天人，是指自然美能够促进人与自然更高层次的和谐，也即"天人合一"。有时我们会"觉鸟兽禽鱼，自来亲人"[一]，有时我们也会因"眷恋庐、衡，契阔荆、巫，不知老之将至。"[二]人对自然的审美愉悦感能够强化主体对自然的亲和感。在杜牧的《山行》里，人与自然美景没有任何矛盾、对立、冲突，那寒山、石径、白云，特别是红于二月花的枫林霜叶展示着迷人的魅力，唤起人们强烈的亲近爱恋之情，以至诗人流连忘返，沉浸陶醉在大自然美景的怀抱。这是物我合一、物我两忘、物我交融。正是这种对大自然的亲之情，对自然美的倾慕与眷恋，使印度作家泰戈尔追求"生如夏花之绚烂，死如秋叶之静美"。这种情感并非随着审美活动的结束而结束，而是不断地凝聚、转化为人对自然的一种稳定持久的肯定性情感联系，持续于人的一生。人与自然原本是相通的，人是自然的一部分，人对自然不能只讲征服、改造，还应该善待自然，保护自然，因为热爱自然就是热爱生命。

所谓通融群己，是指人们通过自然美可以实现自我与他人、个人与社会的沟通与交融，从而促进自我与他人、个人与社会的和谐。人们的社会活动赋予了自然美以丰富的社会审美属性，古往今来，无数抒情诗、抒情散文等在表达对亲人、友人、爱人的情感时，或借景抒情，或托物言志，或情景交融，往往都会联系到自然界美好的事物，以自然物为中介，使种种情感得到抒发、理解和升华，心灵得以沟通和融合。例如，李白通过"峨眉山月半轮秋，影入平羌江水流"的美好描写，寄寓和抒发了"思君不见下渝州"这种对友人的无限情思。柳永通过"杨柳岸，晓风残月"等景物特征的捕捉，使爱人间的离别之情得以深化。而苏东坡的《水调歌头·中秋》则把中秋明月这一自然美作为亲人团聚和相互祝愿的象征。再如大自然馈赠给人类的天使——花，现今已成为一种"世界语"，形成了一个"花语语系"，其温馨而浪漫的语言，是一般的日常语言所难以代替的。

第二节　风景园林美

一、风景美

自然美千姿百态，丰富多彩，其中风景美是最重要的，也是最迷人的一种形态。

（一） 风景美的主要特征

自然风景美是一种整体的空间美，是多种具有美的自然物象按一定规律的有机组合，是一种综合的整体美。形象美、色彩美、动态美、声音美、嗅觉美、触觉美、朦胧美、人

　[一]　徐震堮，《世说新语校笺》，中华书局，1999 年版，第 67 页。
　[二]　《中国美学史资料选编》（上册），中华书局，1980 年版，第 177 页。

文美等，这些美的形式构成了自然风景美，是自然风景美的主要特征。

1. 形象美

风景中最显著的特征是形象美，正是万象纷呈、千姿百态的形象吸引着游人，使人们获得美的享受。自然风景形象美的风格类型有如下几种。

（1）雄

雄是指气势磅礴、粗犷壮美的自然景观，常常引起人们震惊、赞叹、崇敬等审美感受。被汉武帝赞叹"高矣，极矣，大矣，特矣，壮矣"的五岳之首泰山素来以雄伟著称，被誉为"泰山天下雄"。它位于辽阔的齐鲁腹地，以磅礴之势高耸于山东的丘陵之上，有"擎天捧月之姿""拔地通天之势"，因高峰与平原的强烈对比而使人有"登泰山而小天下"及"一览众山小"之感，又因其形体厚重浑雄使人有"稳如泰山"之感。被苏轼赞叹为"八月十八潮，壮观天下无"的钱塘江潮，"远若素练横江，声如金鼓；近则亘如山岳，奋如雷霆"，以排山倒海、雷霆万钧之势滚滚而来，如万马奔腾，势不可挡，气势壮观，令人震惊。宽81米的贵州省黄果树大瀑布从70多米高的悬崖上陡然跌落，气势磅礴、雄伟壮观。世界第一黄色瀑布黄河壶口瀑布的高度和宽度虽不算大，但景色壮观。

（2）秀

秀是指优美妩媚的自然景观，它们和人类最为和谐，给人以赏心悦目、沁人心脾、心旷神怡的审美享受。我国南北风光的总特点常被冠以"北雄南秀"，自古以来被誉为"峨眉天下秀"的峨眉山之所以以秀丽著称，其一是因为山的线条柔美，山脉绵亘，曲折如眉；其二是因为植被丰茂，3000多种植物把峨眉山装扮得葱绿雅丽，云鬟凝翠；其三是因为烟云掩映，秀媚多姿。虽然秀美有共同的特征，但风景的秀美却并不完全相同，如西湖娇秀，苏州园林雅秀，桂林山水媚秀，富春江锦绣，武夷山奇秀。西湖给人以"小家碧玉"的美感，湖面如镜，山形平缓，林木苍翠，繁花似锦，呈现着纤细秀丽、明净幽雅的审美趣味。

（3）奇

凡是能够称"奇"的事物，或因其数量稀少难觅，或因其特色突出、形态特异，或因其互相组合构成出人意料的景象。面对此种自然风景最容易使人浮想联翩，唤起审美主体对生活的联想。我国比较奇特的自然景象要数黄山为多，故有"黄山天下奇"的说法。黄山因轩辕黄帝曾在此炼丹修道而得名，它既有高山大川的高峻雄伟，又兼有崇山峻岭的俊逸飘洒；既有遒劲挺拔的奇松，又有嶙峋剔透的怪石。黄山的怪石如笋如矢，似戈似戟，如人似兽，如物似禽，自成一景的有飞来石、喜鹊登梅、梦笔生花、蓬莱三岛、丞相观棋、金龟探海、猴子观海、天鹅孵蛋、天狗望月、仙人踩高跷、金鸡叫天门、松鼠跳天都等。黄山历来就有"无石不松，无松不奇"之说，黄山松或盘结在危岩之上，或悬垂在峭壁之间，或破石而出，根生于东，身扑于西，头向于南，苍郁挺拔，自成一景的有迎客松、陪客松、送客松、卧龙松、探海松等。黄山七十二峰千姿万态，黄山烟云似锦如缎，飘荡在千山万壑之间，变幻莫测。登上黄山光明顶举目远眺，正是"海亦云也，云亦海也"。黄山的瀑、泉、溪、潭应有尽有，温泉终年喷涌，人字瀑、百丈泉、九龙瀑都是奇特形象的典范风景。黄山因此荣膺"五岳归来不看山，黄山归来不看岳"之誉。此外，峨眉的"佛光"、蓬莱的"神仙海市"、云南的石林、敦煌的鸣沙山、承德的棒槌山、"一目十瀑天下奇"的罗平九龙瀑布群及雁荡山水之奇也是尽人皆知的。

（4）险

凡是能够产生"险"的事物，必然是高挺而陡峭，人处其上如凭虚蹑空，稍有不慎就有生命之虞，令人胆寒心惊。险峻的自然景观给人们所带来的美感不仅在于"无限风光在险峰"，更让勇敢者领略到了挑战极限的美感享受。华山素有"华山天下险"之称，"自古华山一条路"就是对华山险峻形象的写照。鸟瞰华山犹如一方天柱拔起于秦岭诸峰中，主峰落雁峰海拔 2154 米，峰顶与谷底高差达千米左右，四壁陡立，几乎与地面成 90 度的直角。攀登华山须手脚并用，抓铁索，爬石梯，当经过"千尺幢""百尺峡""擦耳崖""上天梯""苍龙岭"等险境而攀上华山顶峰时，会陡然产生一种征服大自然后而激起的由衷的自豪感。华山最险地段莫过于苍龙岭。苍龙岭长约一华里，岭脊仅宽一米左右，光润溜滑，呈 40 多度的倾斜削面。岭西有深渊，岭东是悬崖。要经过此岭，须骑岭抽身，渐以就近。明代画家王履这样描写它的险要："岭下望岭上，夭矫蜿蜒飞。背无一仞阔，旁有万丈垂。循背匍匐行，视敢纵横施。惊魂及坠魄，往往随风吹……谁知万险中，得此稀世奇……"此外，险峻之美在庐山仙人洞、黄山天都峰、九华山天台、峨眉山金顶、恒山金龙峡西侧翠屏峰的悬空寺、温州市文成县铜铃山森林公园的"壶穴景观"都可以感受到。

（5）幽

幽在于深藏，景藏得越深，越富于情趣，越显得幽美。"幽"的环境使人超然物外，超凡脱俗，可助人潜心静思，最宜养性颐情。四川青城山素有"青城天下幽"之称，这里涧壑幽深，古木参天，山路曲折而静谧，人行山中，瞻前顾后皆疑无路，竟难辨身处何地，溪泉清澈见底，潺潺入耳，偶尔传来鸟鸣声，"蝉噪林愈静，鸟鸣山更幽"，真有一种幽深莫测的神秘感。雁荡山的灵岩寺四周群峰环抱，掩映在苍松翠竹之中，小龙湫如一匹白练悬挂于锦屏峰之侧，晶莹溪水绕峰脚穿林木花丛而出，独处其中，使人感觉天小地深，仿佛来到一个与世隔绝的世界。号称"天下第二泉"的无锡惠山泉，在夜深人静、明月当空时，四无人声，月光流泻，景色清幽之致，宁静的自然，把人的俗气烦恼清洗得一滴不存，操一曲《二泉映月》度过这样的夜晚会令你终生难忘。此外，天津蓟州区盘山和天成寺、盘古寺、峨眉山黑龙江栈道、雁荡山筋竹涧、武夷山桃源洞等处亦以"幽"取胜。

（6）奥

奥的特征比幽更封闭、更复杂，奥景可分为迷宫式的深谷和封闭的洞穴景观。位于湖南省西北部的武陵源被公认为是"奥"景的代表，一个"奥"字将武陵源的三个组成部分张家界—索溪峪—天子山连为一体。踏进武陵源，但见林石笋立，层岩涌塔，连峰高仞，弥漫皆遍；沟壑幽深，其奥无比，耸岚低谷，风光绮丽。这里迷宫似的深谷和封闭式的洞穴随处可见，数以万计的峰岩奇观拔地而起，形态各异，其中最著名的景观要数金鞭岩、望郎峰、黄石寨和织金洞等。此外，杭州的灵山幻境，洞内钟乳石姿态变化无穷；金华的双龙洞，洞中有洞，洞中有飞瀑，深奥莫测，使人产生一种探究的欲望。

（7）旷

旷即空阔、开朗之意，自然风景旷的特征是视野开阔，一览无余。旷美使人心胸开阔，心情豁达。范仲淹在《岳阳楼记》中深刻地描写了登岳阳楼望洞庭湖的壮阔美景："上下天光，一碧万顷……而或长烟一空，皓月千里……登斯楼也，则有心旷神怡，宠辱偕忘，把酒临风，其喜洋洋者矣。""天苍苍，野茫茫，风吹草低见牛羊"的草原，地势平坦，草层高而密。当你极目远眺，看着蓝蓝的天上白云飞驰，忽闻忧伤的马头琴古曲传来，琴声会轻轻地把你带入远古的时空。昆明的滇池水面坦荡，视野开阔，登临西岸大观楼，美丽滇池风光尽收眼底，真是"茫茫五百里，不辨云与水，飘然一叶舟，如在天空里"。无锡太湖、洞庭湖也都具有这种旷美。

（8）野

野就是妙境天成，富有野趣或保持较古朴而少受现代文明影响的景观。戈壁沙漠、楼兰古址、丝绸古道、甘肃雅丹地貌国家公园、新疆魔鬼城、罗马荒堡……这些自然荒漠、人类遗迹对人有一种特殊的诱惑力。"大漠孤烟直，长河落日圆"是大漠荒原之野，"芳树无人花自落，春山一路鸟空啼"是山林之野，"君不见走马川，雪海边，平沙莽莽黄入天；轮台九月风夜吼，一川碎石大如斗，随风满地石乱走"是边塞之野。电影《花木兰》中宏大的场景让人印象深刻，其中花木兰征战沙场的大场面战争戏取景地在甘肃黄河石林，自然景色的大气磅礴、雄伟壮观，很好地展示了西部大漠的旷野风情。野趣富有自由之心、自在之情、自然之趣，使人童心不泯，使人率真磊落，使人能够摒弃世俗等级贵贱观念而遁世逍遥于天地之间。

2. 色彩美

自然美不仅多姿，而且多彩，蓝天、白云、青山、绿水、碧海、金沙、霜林、雪原、朝霞、彩虹……千变万化的色彩美有时甚至超过了形象的效果。九寨沟之所以能成为驰名中外的旅游热门景点，很大程度上是因为水景的色彩美。九寨沟100多个高山湖泊（当地人称"海子"），如同无数幅美不胜收的图画，如五花海，整个湖面呈黛绿、鹅黄、橘红、翠绿、宝蓝诸色，五彩缤纷，犹如仙境；又如五彩池，虽然不大，但聚红、黄、紫、绿、白五色于一湖，其美色灿烂，摄人心魄，不可思议。四季交替，春绿夏黛，秋金冬银，真是"赤橙黄绿青蓝紫，谁持彩练当空舞"，美不可言。云南的茶花、罗平的油菜花、峨眉山的杜鹃花、盘山的梨花和杏花、天台山华顶峰的云锦杜鹃花都以其色彩美闻名于世。

3. 动态美

自然风景中的动态美是由流水、波涛、飞瀑、溪泉、烟岚、云雾及树木花朵的飘动和摇曳引起的。"无边落木萧萧下，不尽长江滚滚来"是江河的动态美，"飞流直下三千尺，疑是银河落九天"是瀑布的动态美，"云中的神呵，雾中的仙，神姿仙态桂林的山"是云雾的动态美。行云飘烟，从深谷里冉冉升起，峰峦似乎在虚无缥缈的轻纱帷幔之中。烟云飘动，山峰、林木仿佛都在飘荡，身处其中有腾云驾雾、身入仙境之感。烟云迷漾游黄山，步入云山似飘仙。"吴山青，越山青，两岸青山相送迎""船在天上坐，人在镜中行""溪边照影行，天在清溪底。天上有行云，人在行云里"等，都是人们视觉心理上的动态写照。

4. 声音美

拍岸的惊涛、叮咚的山泉、淙淙的溪涧、哗哗的流水、轰鸣的瀑布、怒号的松涛、断肠的猿啼、雄壮的狮吼、呦呦的鹿鸣、婉转的莺歌、呢喃的燕语、唧唧的秋虫乃至雨打芭蕉、露滴清荷、风送秋叶……无不表现出天籁之美。峨眉山万年寺一带的山洞、池塘中特产一种体形瘦小的动物"琴蛙"，它的叫声犹如弹奏古琴的声音，悠扬悦耳，十分动听。传说这是峨眉仙女在述说峨眉山美丽的风光，并弹奏起"迎宾曲"，热烈欢迎前来旅游的人们。人们给这曲目送了一个很好听的名字叫"仙姑弹琴"。此外，还有人专门录制大自然的流水、鸟鸣、兽啸、风声、雨声等声音的录音带，就更说明自然界的声音能够给人以美的享受。

5. 嗅觉美

芬芳的花卉、诱人的果品、草原和森林散发出的草木芳香与泥土气息等都会引起嗅觉或味觉上的美感，激发人的审美想象和情思，使人心旷神怡。"暗香浮动月黄昏"便是写梅花香气的千古名句。

6. 触觉美

当人们游览大自然风光时，全身心都置于自然环境之中，肌肤也沐浴在自然界。森林浴是时兴的游玩项目。森林的可人温度和湿度，浓郁清新的空气带给人们触觉的舒适感。在华清池的温泉中洗一个澡，体味"天寒赐浴华清池，温泉水滑洗凝脂"的名诗佳句，实乃人生乐事。还有沙滩、沙漠的沙浴，人们的肌体与大自然直接接触，别有一种美的享受。

7. 朦胧美

宋代画家郭熙在《林泉高致》讲作画时说："山欲高，尽出之则不高，烟霞锁其腰则高矣；水欲远，尽出之则不远，掩映断其脉则远矣。"当大海朦胧时，水天一色，茫茫一片，那些在海里飘荡的游船，不知是在水里游，还是在云里行。当群山朦胧时，层层烟云掩其真面目，云雾与山峦连成一片，近山显得格外高峻神奇，远山显得格外深远莫测，云雾中的景物若隐若现、时有时无、飘忽不定，那种特殊的神奇魅力是清晰的景物所不及的。"烟笼寒水月笼沙""江流天地外，山色有无中""雾失楼台，月迷津渡，桃园望断无觅处""山色空蒙雨亦奇"，美得就像一幅幅水墨画。灯下美人月下郎，溶溶月色也具有迷人的朦胧美。《西厢记》云："待月西厢下，迎风户半开。隔墙花影动，疑是玉人来。"好一幅花影交映的美景。

8. 人文美

附着在自然景物中的人文因素（神话、传说、名人轶事、碑刻、题咏、建筑等）与自然本身融为一体，从而使得这些自然具有了人文美。如东汉严光拒绝皇帝刘秀以高官相邀而隐居富春江畔的严子陵钓台，就因古人李白、范仲淹、苏轼，今人赵朴初、沙孟海等作诗题字而使它的审美欣赏深化为对古人高风亮节的欣赏。长江巫峡中的神女峰则是附之于神话传说而著名，既有瑶姬与楚襄王的巫山云雨爱情传说，又有瑶姬等十二神帮助大禹治水、为船夫引航的美丽传说。据不完全统计，峨眉山的神话故事和传说就有 40 个左右，泰山的神话故事和传说有 50 多个。人们通过对自然风光的欣赏，不仅可以得到风景美的感染，还可以获得历史文化知识。

（二）风景美的观赏

尽管有人说"看景不如听景"，但是这本身就证明了说景的人首先是身临其境地领略过风景的人，只是我们很多人因观赏风景的心情及方法问题而没有很好地感受到自然风景的魅力。风景美是一种实实在在的美，只有将整个身心都置于风景之中才会真切地感到自然风景的立体美，感到美就在你周围，美在拥抱着你。对于"江作青罗带，山如碧玉簪"的桂林山水，清代袁枚就曾在诗中这样写道："江到兴安水最清，青山簇簇水中生。分明看见青山顶，船在青山顶上行。"如果诗人没有身临其境的体验，怎会有这样的感受呢？

1. 观赏的准备

风景美的欣赏既要靠平日的学识和素养，又必须进行一些临行前的准备。如通过查阅有关资料或看录像等方式了解景区的特点、必游的景点和恰当的游览方式，再通过阅读历代文人的评价、故事传说等提高我们的游览情趣。此外，还要有审美意识的准备，即对周围环境随时都保持一种欣赏的态度、审美的意识。这样的工作准备好了以后再去游览就会不虚此行了。

2. 动观静赏

风景美的欣赏重在过程，讲求体验，如贺敬之在《桂林山水歌》中唱到："水几重呵，山几重？水绕山环桂林城……是山城呵，是水城？都在青山绿水中……呵，是梦境呵，是仙境？此时身在独秀峰！心是醉呵，还是醒？水迎山接入画屏……"只有乘船从桂林到阳朔走这 83 公里的水路，一路游去，才会感受得到两岸变幻无穷的奇异美景目不暇接。在我们的审美实践中往往有这样的感受，即对某一景观的欣赏活动过快，就不易发现其中的美及奥妙所在。美学家叶朗先生讲了这样一个有趣的故事：作者 1982 年 6 月在湖北神农架参加美学会期间游览了武当山和神农架，从武当山天柱峰下来"在山路走了一个多小时，眼前出现的一幅图景使我们大为吃惊。我们在山丛中看到一个无比巨大的人脸雕像。一点也不错，是一张人的脸。再仔细看时，发现它不仅是一个人脸，而且还有四肢和身子，同埃及的人面狮身像十分相似。不过它不是人工雕成的，而是一座山。迎面的岩石因为受风雨侵蚀，成了人的脸形。这是一张粗犷、强悍、健骨、饱经风霜的脸。山头上茂密的小树，是他满头的浓发。前面的两座小山冈，是他伸出的两条前肢。后面的山冈，则是他巨大的身躯。"⊖

3. 观赏的距离

我们观赏美丽的风景时，因距离不适当，往往看不到美。"天街小雨润如酥，草色遥看近却无""不识庐山真面目，只缘身在此山中"讲的都是远望的必要性。北宋画家郭熙说："真山水之川谷，远望之，以取其势，近看之，以取其质。"要看云雾中若隐若现的山形美，一定要在山下远处观望，如果你爬上山，身处云雾之中，是不会有"犹抱琵琶半遮面"的含蓄美感。当然也有因习以为常而不觉其美的情况，所谓"入芝兰室，久而不闻其香"。有一女子终年生活在优美的景色中，与家乡美丽的风景朝夕相处，习以为常，所以感觉不到它的美。有一次，她离开家乡，乘船在江上行，极目远眺家乡时，她才发现家乡的景色非常美。薄雾、帆影、夕阳、落霞，好一派令人心驰神往的湖光山色，于是这位女子即兴作了一首诗："侬家住在两湖东，十二珠帘夕照红。今日忽从江上望，始知家在画图中。"⊜

4. 观赏的角度

我国古代山水画家将观赏山水分为高远、深远、平远三种不同方式：从山下往上看山顶叫高远，从山前看后山谓深远，从近山望远山叫平远。"欲穷千里目，更上一层楼"，自古以来，登高远眺就一直为人们所重视。西湖孤山最高处建有一亭，匾额是"西湖天下景"，两边楹联为"山山水水，处处明明秀秀。晴晴雨雨，时时好好奇奇"，点出了登高赏景的多样变化和多样意境。登上天津水上公园的"眺园亭"，水上公园的全景便尽收眼底。在北京景山万春亭上看故宫，宏伟的宫殿建筑群便一览无余，壮美之极，令人叹为观止。前人总结观景经验为"仰望峭壁，俯视水波"——仰望峭壁显得层层叠嶂，十分雄伟；俯视湖面，水平如镜，游船飘荡，颇有诗意。同一景物从不同的位置、不同角度观赏，往往会呈现截然不同的景象。如在云南石林观看"阿诗玛的天然石像"，从正前方十步开外望去，那尊"石像"犹如一位穿裙戴帽、亭亭玉立的妙龄少女，但从左边八步开外看去，这"石像"似乎变成了一位骨瘦如柴、风烛残年的老太婆。再如黄山云分五海，即东海、西海、南海、北海、天海，要想观赏黄山云海的美，也必须选择适当的位置。在白鹅岭观东海最好，在排云亭看西海最好，在玉屏楼观南海最佳，在清凉台观北海最好，在光明顶看天海最好。

5. 观赏的时间

观赏风景有一定的时间性，时间选择不当会影响审美效果，甚至看不到风景的美。看

———————————

　⊖　叶朗，《胸中之竹——走向现代之中国美学》，安徽教育出版，1998年版，第300页。

　⊜　樊莘森　高若海，《美与审美》，福建人民出版社，1982年版，第184页。

峨眉山的佛光最好在夏秋之交，看钱塘江大潮要在农历八月十八日，看红叶最好在秋季霜后，"燕京八景"中的"卢沟晓月"只能在清晨观赏才能见其美。

6. 情景交融

天地有大美而不言，柳宗元说："美不自美，因人而彰。"游赏风景要是不触动自己的情感，只是来去匆匆走马观花，或者像流水账似地报出一串景物而心中没有所得，肯定其欣赏只是停留在表面。真正的赏景必须做到观景生情，以景激情，达到物我同一，从更深层次去体验自然所包容的意蕴。正像清代张潮所说："赏花宜对佳人，醉月宜对韵人，映雪宜对高人。""松下听琴，月下听箫，涧边听瀑布，山中听松风，觉耳中别有不同。""月下听禅，旨趣益远；月下说剑，肝胆益真；月下论诗，风致益幽。""楼上看山，城头看雪，灯前看月，舟中看霞，月下看美人，另有一番情趣。"北宋的王安石在游览褒禅山时，没有仅仅停留在感叹褒禅山的险峻上，而是悟出了"世之奇伟、瑰怪、非常之观，常在于险远""非有智者不能至也"的见解，用以激励自己不畏艰险、变法图强的改革精神。只有情景交融，才可进入审美超越的境界。

二、园林美

园林虽然是人工所造，但具有真山真水之妙，是大自然之美的缩影，特别是"世界园林之母"的中国园林艺术更体现着我国山水诗和山水画的意境和情调，使人身居闹市就能享受到自然山水风景之美。

（一）我国园林之美

1. 景观美

"崇尚自然"的情结在我国由来已久，因此我国的园林艺术也是"虽由人作，宛自天开"，在园林建造上非常注重对自然美的追求，无论是石的堆叠、水的分聚、树的排列、花的分布，都师法自然，使园林的写意性和浪漫色彩与自然本身的特征水乳交融地统一在一起。我国江南的园林最先将山水引入了自家庭院中，从而满足了人们足不出户便可观赏自然美景的愿望，如苏州留园。全园用建筑来划分空间，中部以山水见长，池水明洁清幽，峰峦环抱，古木参天；东部以建筑为主，厅堂华丽，庭院精美，奇峰秀石，引人入胜；西、北部环境僻静，山溪曲流，树木葱茏，颇有山林野趣。把自然的美与人工的美高度地结合起来，用艺术的手法去营造实质的空间，看似画境，却可游可行，体现了我国风景园林建造技术的高超与精湛、设计理念的完美与巧妙。

2. 文化美

我国的园林最早出现在殷、周时代，历史非常悠久。不同历史时期，社会的经济条件、技术水平与人文环境造就了不同的园林文化。每一座园林都有自己独特的主体风格，其中不同时期或不同地域的园林还兼有时代、地域、民族以及人文的色彩。可以说一座座园林就是一部部有关文化记录的"空间著作"，它深浸着中国博大精深的文化，是中国五千年灿烂文化造就的艺术珍品。

明、清是中国园林建造的高峰期，其中北方的皇家园林多建于康熙、乾隆时期，如"圆明园""颐和园""畅春园"等。皇家园林一般建在京郊风景优美、环境幽静的地方，与皇宫相毗连。其最大特点是尊贵、大气，名字多取福、颐、宝、德、庆等字，布局和景观也充分体现了皇权至尊的观念。例如，圆明园整个园林布局象征全国版图，从而表达了"普天之下，莫非王土"的皇权寓意。皇家园林的设计构思、建筑布局、景观寓意等方面深受传统文学、艺术的影响，是我国传统文化中的瑰宝，它以独特的艺术风格和深厚的民族文化底蕴在世界园林史上独树一帜。私家园林以明代建造的江南园林为主要成就。江南园林与文人有很深的渊源，很多园林都是文人士大夫的处所，或专供其修身养性的地方，所以又称为"文人园"。例如，扬州的"个园"以"竹"字一半或竹叶的形状作为园名，旨在表现园林主人品格的高风亮节和习性的谦虚。江南园林带有一股灵秀的书卷气息，苏州园林为其代表，如"沧浪亭""拙政园""网师园"等。

3. 意境美

我国园林的核心主旨是意境美。在设计上，追求以幽静淡雅的自然风光与思想情感相结合，并运用灵活多变的置景手法，形成内在无形的主线和外在多变的景观。在布局上，巧妙地设置了层隐层现，既隔且接的空间，让观赏者沿曲折起伏的小径，在每一次驻足或是转折时都能感受到景观中所蕴含的情致。我国的园林从来都是被当作诗和画来欣赏的，被看成是立体的诗、流动的画。园林设计者往往从抒情诗和山水画中寻求再现自然美的灵感，把园林当作诗画来创造。无论是形象构造、总体布局，还是山石、林木、花卉的细节处理，都力求诗情画意之韵味。园林景点的命名也非常讲究，寥寥数字便概括出景点的意图和性格，如北京颐和园取"颐养冲和"之意，意思是下辈对上辈的孝养。所以园中殿堂多以"寿"字来命名，如"万寿山""仁寿殿"等；杭州西湖的十景，名字极美，韵味无穷："苏堤春晓""断桥残雪""雷峰夕照""曲院风荷""平湖秋月""柳浪闻莺""花港观鱼""南屏晚钟""双峰插云""三潭印月"，每一景点的名字都是一首诗、一幅画。

（二） 中西古典园林艺术比较

在造园艺术风格上，中国古典园林以山水画、抒情诗为美学原则，设计者多为画家、诗人，刻意体现诗情画意，追求生境、画境、意境，追求自然美、含蓄美、静美（如水景以溪池、滴泉为主），属于自然山水园。布局呈生态型自由式，追求自由灵活，讲究迂回曲折、曲径通幽，移步换景，故中国园林有"步行者的园林"之说。西方古典园林以几何、建筑为美学原则，设计者多为建筑师，追求人工美、图案美、动美（如水景以喷泉、瀑布为主），强调主从关系、理性与秩序，属于几何型园林，如法国的凡尔赛宫园林（见图 5－1）。园林构景要素按一定的几何规则加以组织，保持中轴对称布局并突出中心建筑物（因园林在西方多为皇家贵族的社交活动场所，强调中轴线有利于解决皇家贵族出场的位置安排），主体建筑物前面多有一个面积较大的广场，植以大面积的草坪，配以笔直的林荫路、修剪整齐的树木花圃、几何形状的水池与人工喷泉、大理石雕塑。园林讲究规整、直观、开朗、明白，一览无遗，以俯视观赏的审美效果最佳，故西方园林有"骑马者的园林"之说。

图 5-1　凡尔赛宫全景图

在园林规模上，由于功能有别，中国古典园林相对较小（如具有代表性的江南园林），西方园林规模相对较大。在园林与建筑的关系上，中国古典园林是园林统领建筑，西方古典园林则是建筑统领园林。在植物处理上，中国古典园林的树木以自然形孤植、散植为主，花卉重姿态，以盆栽花坛为主；西方古典园林的树木以整形对植、列植为主，花卉重色彩，以图案花坛为主。在景态上，中国古典园林以"奥景"为主，幽闭深藏；西方古典园林则以"旷景"为主⊖，开敞袒露。在园林综合美的体现上，中国古典园林主要借助叠石、书法、绘画、文学等手段；西方古典园林则主要借助雕塑、工艺美等手段。若从园林文化艺术渊源上深究，中国古典园林艺术受人文、故事、传说（如皇家园林中象征神仙世界的"一池三山"）和传统文化中的儒、释、道古典美学思想以及"天人合一"的哲学思想影响较大；西方古典园林艺术受科学、理念（如建筑原则，几何构图，图案美观念）和"天人相分"的哲学思想影响较大。如果把西方园林比作一部明朗欢快的交响曲，中国古典园林则是一首委婉细腻的抒情诗，两者各有千秋。

<hr>

第三节　生态环境美

生态环境是生物和影响生物生存与发展的一切外界条件，包括非生物（光、温度、水分、大气、土壤和无机盐类等）和生物（植物、动物、微生物等）的生态因素，生态环境美就是一种人与自然和谐统一的美。当我们以善待自然的心情与自然相处的时候，我们会感受到自然给予的丰厚回报，而如果人与自然的关系失衡，人类就会付出沉重的代价。

一、生态环境美的特点

（一）生机活力美

活力欲求是人的内在需要，人对充满活力的自然的欣赏，是人内心对生命活力的憧

<hr>

⊖　奥景、旷景：风景分为旷、奥的想法最早见于唐代文学家柳宗元的《永州龙兴寺东丘记》。文学家将山水游赏感受分为旷与奥两类。"游之适，大率有二：旷如也，奥如也，如斯而已……"

憬。生态对象生机勃勃、生生不息、循环无穷，总能给人以积极向上、无限希望之感和无限崇拜之情。

（二）整体交融美

生态中，各个对象构成了生态链、食物链，其间某一物质或物种的缺失都会影响到整个生态的平衡。据科学家考证，地球上如果有两种植物绝种，就必会造成8种左右的动物无法继续生存并终归灭绝。生态之美就在于它经历了长久的发展、调整而形成了一个十分完整、高效、有机的系统，这一系统结构之完美，功能之完善，运转之高效，都令人叹为观止。

（三）平衡和谐美

生态得以延续的内在原因就在于其保持了持续的平衡，生态平衡产生了"生机"，生机盎然的环境产生了"美感"。没有生态平衡，生态系统就会崩溃，生态之美也就无从谈起。只有保持生态环境平衡才能使自然界呈现出自然、和谐、美好的状态。例如，阳光雨露充足、空气清新、水源洁净、森林绿地覆盖率高、没有各种污染、各种动植物呈现出自然的生长状态等。但是近代工业革命以来，随着人类技术的进步，改造自然能力的增强，物质欲求的膨胀，给自然带来了巨大的损伤，破坏了自然的生态平衡，损害了自然的内部和谐以及人与自然的和谐，使人类的生存出现了前所未有的危机，如物种灭绝、冰川融化、狂风暴雨、水旱灾害等。严酷的生活现实已证明，生态美的衰退带来的是生命处境的恶化，生态美的消逝带来的将是生命的终结。

（四）多样创造美

旺盛、充盈的生机和活力是生态美的重要体现，而这种生机和活力正是通过生态的多样性显现出来的。当人们面对自然，看到纷繁多样、绚丽多彩的生命世界，难道不感到它无限的生机之美吗？正是生态中多样丰富的对象，构成了这个神秘莫测、奥妙无穷、美不胜收的世界。

（五）持续永恒美

生态之美不是瞬时的单一过程之美，而是永恒的美。没有生命的延续，就不会有生态的持续发展，也就不会有生态美。生态永恒性的直接表现就是生生不息，繁衍无尽。动物衍生，一代又一代，植物荣枯，一茬又一茬。我们对生态美的欣赏，就是要抓住生态的这一永恒与可持续性，去体验生命循环往复、生生不息的无尽活力。

二、"诗意的栖息"是人生追求的理想境界

工业革命和科技的发展给人们创造了无比丰富的物质财富，因此也极大地刺激了人们难填的欲壑，只顾眼前利益，于是人类赖以生存的水资源减少了，空气污染了，疾病增加

了……慢慢地人们才意识到物质财富的增加和金钱的增多并没有使人们感觉到幸福，人们的心灵并没有得到片刻的安宁。特别是对于生活在现代工业化的城市中的人来说，原本我们每个人都能够享受得到的那种良好的生态环境中的生命乐趣似乎成为奢侈，"空山新雨后，天气晚来秋。明月松间照，清泉石上流。竹喧归浣女，莲动下渔舟。随意芳春歇，王孙自可留"那种超脱的境界，"明月别枝惊鹊，清风半夜鸣蝉。稻花香里说丰年，听取蛙声一片。七八个星天外，两三点雨山前。旧时茅店社林边，路转溪桥忽见"那种安详、温馨的"诗意的栖息"生活只能从我国古代的田园诗、山水画中去寻求。毕竟人的心灵与自然是相通的，人类虽然已经远离自然，但是心灵深处终究还留存对自然的一份痴迷。人类需要与大自然做朋友，从中获得慰藉和解脱，自然界是人类永久的精神家园和心灵驿站，人的内心渴望这种"诗意的栖息"，没有诗意的生活如同没有鸟鸣的春天一样让人感到窒息。

"诗意的栖息"追求的是精神的快感、生活的诗意，它超越了物质主义，不把物质需要看作唯一，因为"诗意"不是物质满足就能得到的，当今人类生活质量的改善和提高，仅靠经济杠杆的调节和刺激作用，靠科技手段的应用已显得单薄和苍白无力。"诗意"是一种境界，一种悠然和闲适，充满了生活的意味，显示着人的自由本质。"诗意的栖息"超越了"人类中心主义"，视自然为有生命的平等的存在，人与自然平等相处，和谐共生，自然成了人的朋友，而不是改造的对象，自然成为我们生命的一部分，人沉浸在其中大有"表里俱澄澈，悠然心会，妙处难与君说"之感。人类只有生活在满目绿色的大自然当中，才能达到"青山清人目，流水静人耳，悠哉天地间，不知老将至"的人生境界。魅力无穷的自然才是人类真正的家园，人类回到了家，精神才能真正放松，才会有真正的愉快。"诗意的栖息"是对生态环境的审美观照，是审美的高级境界，是人类生存的高级理想，也是生态环境美育要倡导的生活目标。只有在审美过程中体会到良好生态环境的美妙滋味，才能够唤起我们保护生态环境的理性思考。

三、 生态环境美的维护与创造

长期以来，人类只思考自己的生存而忽视自然界也需要像人一样地生存，人类的全部努力是从自然界索取更多，甚至以损害自然界的生存为代价去实现人类更好的生存。这种"人类中心主义"的价值观使得人类在获得生存伟大胜利的同时付出了惨重的代价：第一，人类以滥伐森林、滥垦草场和过度利用土地的方式发展农业和畜牧业，导致森林破坏和植被减少，水土流失和土地沙漠化，使大片大片的土地丧失生产能力。土地或生物栖息地的破坏不仅破坏了植物的生存，也破坏了动物和微生物的生存，生物物种急剧减少。第二，人类发展工业，加剧向自然界索取更多的物质和能量，但却采取物质和能量高消耗、产品低产出的生产方式，未能充分和合理地利用自然资源，已导致能源、水源和其他资源危机，从而威胁人类和其他生命的生存。第三，社会物质生产和社会生活向自然环境排放过多的废弃物，损害了自然净化能力，降低了环境质量，也威胁人和其他生命的生存。从生态学的角度讲，当环境负载超过了生态系统所能承受的极限，就可能导致生态系统的弱化或衰竭。地球上要是没有植物，或者没有昆虫和微生物，人类只能存活几个月。在地球上一切超越生态平衡极限的行为，都将给实施者及所有共存者埋下深重的隐患，甚至逐步将自己推向毁灭的边缘。

曾经是植被茂密、气候宜人、人民富庶的世界四大文明古国之一的古巴比伦王国，由于忽视对生态环境的保护，以至于早在2000多年前就被漫漫黄沙所淹没。美索不达米亚、希腊、小亚细亚以及其他各地的居民为得到耕地而砍光了森林，使有些地方今天因失去了积聚和储存水分的能力。阿尔卑斯山下的意大利人由于伐光了山南坡的茂密松林，不但摧毁了高山畜牧业的基础，而且还使此地的山泉在一年中的大部分时间里枯竭，而在雨季又使更加凶猛的洪水倾泻到平原上而造成洪涝灾害。此外，美洲玛雅文明的陨落、中国楼兰古城的消失等无不与人类对其生态环境的破坏密切相关。现在，生态环境的破坏已经波及地球的每一个角落。南极大陆的企鹅和北冰洋的海豹体内都可以检测出多氯联苯和 DDT 农药残留成分。20世纪中叶出现的国外严重公害事件更是骇人听闻，令人触目惊心。据英国核能安全局统计，全世界平均每年发生200多起严重的化学污染事故。现在每年向大气层排放的二氧化碳已是19世纪60年代的56倍，其中一半被植物和海洋吸收，另一半则积聚在大气层中，像"毛毯"一样裹住了地球，使气温升高，加快融化南、北极的冰雪，使海平面升高，导致部分岛屿被吞没，人类生存环境变小；制冷剂、洗涤剂、发泡剂等的氟利昂与臭氧层发生化学反应，致使臭氧层变薄、甚至形成空洞，地球失去其保护层，紫外线直射地球，大批动植物被灼伤，人类的皮肤癌发病率增加；工业废气与大气的化学反应，形成带酸的雾雨霜雪，污染湖泊、江河、森林、原野。恩格斯在论及人类改造自然时曾发出过这样的警告："我们不要过分陶醉于我们对自然界的胜利。对于每一次这样的胜利，自然界都报复了我们。每一次胜利，在第一步都确实取得了我们预期的结果，但是在第二步、第三步却有了完全不同的、出乎预料的影响，常常把第一个结果又取消了。因此我们必须时时记住：我们统治自然界，绝不像征服者统治异民族一样，绝不像站在自然界以外的人一样——相反地，我们连同我们的血肉和头脑都是属于自然界，存在于自然界的；我们对自然界的整个统治，是在于我们比其他一切动物强，能够认识和正确运用自然规律。"⊖一方水土养一方人，皮之不存，毛将焉附？大自然的生态美不同于艺术美，一旦失去，很难恢复。

解铃还须系铃人，生态危机是人类自身（而不是自然界）造成的，就只能由人类自身来解决，其关键是从根本上改变人类对自然环境的认识和态度。把自然和人放在平等的地位上，以平等的心态调整人和自然的关系，尊重自然的尊严，与自然建立起和谐及共生共荣的亲密关系，自觉地维护自然界的生态平衡，促进自然界按其自身规律去发展，当人的利益与自然界发展的整体利益发生冲突时，要控制人的利益，维护自然界的整体利益。我国古代"天人合一"的自然本体论思想、"亲亲仁民而爱物"的生态伦理观念、"取之有度，用之以时"的生态经济意识、"体证生生以宇宙生命为依归"的生态审美观念以及

⊖ 《马克思恩格斯选集》第3卷，第517～518页。

"人无远虑，必有近忧""功在当代，利在千秋"的永续发展的价值取向等都是极其丰富的人类生态环境意识的宝贵的思想遗产，我国古代思想家所倡导的与自然"和合"的精神对我们今天建立人与自然的和谐关系具有特别的意义。

保护生态环境就是保护我们人类自身，善待我们的生存环境就是善待我们自己。为了我们自己，为了全人类，为了我们的子孙，让我们携起手来，齐心协力地共同保护和建设我们唯一的家园——地球。

活动与思考

1. 以自己的亲身感受说说自然美与艺术美的区别与联系。

2. 给自己创造一次亲近自然的机会，并书面总结所得和收获。

3. 列出身边生态环境美与丑的实例，并分析其原因。

4. 谈谈在保护生态环境活动中，自己能采取的实际行动。

5. 从央视官网搜索《航拍中国》进行观看。《航拍中国》由中央广播电视总台央视纪录频道出品，以空中视角俯瞰中国，立体化展示我国历史人文景观、自然地理风貌及经济社会发展，全景式俯瞰一个观众既熟悉又新鲜的美丽中国、生态中国、文明中国。

6. 观看视频片段《王立群谈中国式审美》。

第六章

社会美与美育

> **学习目标**
>
> 1. 明确社会美的内涵，把握社会美的特征。
> 2. 明确社会美的核心是人的美。
> 3. 培养在社会生活领域中发现美、欣赏美、创造美的能力，树立正确的审美观。

第一节　社会美的特征

一、社会美的内涵

在现实美中，除了自然美之外，所有社会事物、社会现象的美都属于社会美。具体说来，社会美主要包括社会主体——人的美、社会实践的美、劳动产品的美、日常生活的美、生活环境的美和社会风尚的美等内容。显而易见，如此丰富多彩的社会美总是通过人的种种活动表现出来的，它与自然美的区别就在于它的存在并不依赖于客观的自然对象，而是依赖于社会主体——人的实践活动。因此，社会美就是人的本质力量在各种社会活动中的感性显现，是现实美中最主要、最核心的部分。

二、社会美的特征

（一）社会美侧重于内容的美

我们已经知道，自然美往往是以形式取胜，虽然自然美与人类社会生活发生这样或者那样的联系，存在着社会生活的内容，但它的形式总是重于内容。社会美则不同，它虽然也有形式特征，但内容重于形式，以内容取胜。在人的外在美和内在美之间，占主导地位的必然是人的内在美。中国共产党自 1921 年建党至今，涌现出一批又一批优秀共产党员楷模，如瞿秋白、方志敏、焦裕禄、孔繁森、钟南山等，我们或许无法一时想起他们的外表，然而他们崇高的精神和优秀的品质，像符号一样和这些熟悉的名字联系在一起，能够瞬间引发我们内心情感的激荡，给人以充分的美感和深深的教益。再如那些奋战在抗震救灾一线的志愿者们，他们并非都有高大完美的形体，但他们崇高的精神和感人的事迹同样具有永恒的审美价值。

社会美侧重于内容美是由社会事物与自然物不同的性质决定的。自然美是一种偏重于形式的观赏美，它的社会内容隐蔽而朦胧；社会美是一种实践美，它要通过人的各种实践活动去创造，它的美存在于实践活动的过程和结果中，人们对社会美的美丑判断总是着眼于它的社会实践价值，往往忽略其形式方面的因素。如对那些"金玉其表，败絮其中"的人，人们并不会因其仪表堂堂而产生美；而对那些光荣负伤的战斗英雄，人们也不会因其断肢残臂而失去崇高的敬意。由此可见，与自然美相比较，社会美明显侧重于内容的美。

（二）社会美具有直接实践性，常常显示出时代、民族、阶级的特征

一切美都与社会实践相联系，人正是通过各种各样的实践活动才创造了物质文明的美和精神文明的美，离开了社会实践也就无美可言了。但是，各种形态的美与社会实践的关系并不一样，它们有着直接与间接的区别。例如，自然美，它的存在和发展固然离不开人和人的实践，但是许多自然美是天造地设的，根本没有人为加工的痕迹；气势磅礴的云海、喷薄欲出的红日、高耸入云的山峰、山清水秀的奇景等，早在人类出现以前就存在于世了，人类只是通过自己的实践活动改变了自然与人原来那种对立或无关的关系，使自然得以显示其美。这样，自然美与社会实践的关系就显得比较间接。

与自然美相比，社会美与社会实践的关系就非常直接了。社会美来源于人的社会实践，依赖于社会历史条件、科技水平、时代风尚、生活习俗等，其发展变化往往受到社会诸因素的影响和制约，因此社会美在与社会实践直接联系的过程中常常显示出时代、民族、阶级的特征。

从审美标准来说，例如，关于女性美的标准，从古至今，不同时期标准也不一样。春秋战国时期，提倡"柔弱顺从"的美女观念，士大夫盛行"精致细腻"的审美意识。"柔弱细腻"的女人被奉为美女，《诗经·关雎》中描写君子追求的美女标准是"窈窕淑女，君子好逑""楚王好细腰，宫中多饿死"，可以看出此时期对于身材的评判标准是以瘦弱苗条为美的。到了汉朝时期依然"以瘦为美"，"美女"的代表赵飞燕，有一身让人羡慕的好身段，身轻若燕，能在掌上舞。到了唐朝，尤其是唐玄宗时期，人们的审美从"燕瘦"转变成"环肥"。"环肥之美"并不是肥胖，而是丰满盈润、华丽大方、开放热烈的姿态，充分体现了"盛唐气象"。唐代著名画家周昉创作了一幅名画《簪花仕女图》（见图6-1），给后人再现了唐朝体态丰盈的美女形象。另一位唐代画家张萱的《虢国夫人游春图》（见图6-2），画的是杨贵妃姐妹三月三日游春的场景，画面上一个个美女仪态从容，展现了盛唐宫廷妇女奢华富贵的生活状态。不仅在唐代人物画卷中，可以探索到唐代女性的"审美标准"，而且唐代所刻画的"菩萨"形象也是完全符合盛唐审美标准的，如龙门石窟山崖上的菩萨塑像，体态丰满，表情祥和。如今，许多人又以苗条纤细为美。一些女性为了保持优美的身材而节食减肥，有的甚至拒绝主食，每天只吃一点水果和蔬菜。

更有追求"魔鬼身材"者竟然去整容整形，如主演《飘》的费雯丽在获得奥斯卡奖后，因渴求肥臀纤腰而做了骨盆扩充术，以丰臀衬出细腰。美国性感明星玛丽莲·梦露为了使腰肢纤细，身段苗条，居然摘了两根肋骨，并前后做过6次整形手术，最后成了银幕上的维纳斯。

图6-1 《簪花仕女图》

图6-2 《虢国夫人游春图》

从审美对象来说，不同民族、不同地域的人必然以不同的形式来展示生活的美，如傣族的竹楼、苗族的吊脚楼、蒙古族的蒙古包、汉族的砖瓦房等，都带有民族的印记，充分展示了我国各民族在长期的实践活动中形成的各具特色的建筑风格。又如蒙古族的蒙古袍，鄂伦春族的皮袍，赫哲族的鱼皮服饰，满族的旗袍、马褂，藏族的长袍，傣族的筒裙，回族的白帽，维吾尔族的花帽等形式各异的民族服饰，无不形象地说明了各民族在地域环境、生活习俗、劳动方式、审美需求等方面的特点。

从审美观念来说，上流社会所崇尚的女性美是纤手细足、脸色苍白、弱不禁风的美，而劳动人民所崇尚的则是以强壮的体格、红润的面色为特征的健康美。这正像鲁迅先生所说的"饥区的灾民，大约总不去种兰花，像阔人的老太爷一样，贾府的焦大，也不爱林妹妹的。"[一]在贾宝玉眼中，林黛玉是天上掉下来的美女，但焦大无论如何也不会爱这个多愁善感的病秧子。这是由焦大和贾宝玉不同的社会地位和身份所决定的。审美观念的不同还表现在对色彩的选择上，如中国封建统治者喜欢黄色，并把黄色视为皇室的权威。

（三）社会美具有明确性、稳定性

认识社会美主要是借助于某些社会现象或社会事物去感受其中的社会意义，这里的"社会现象"和"社会事物"必然有其明确、稳定的内容，概括地说，只要是反映了历史

一 《鲁迅全集》第四卷，人民文学出版社，1982年版，第204页。

发展的必然规律，揭示了事物本质的社会事物、社会现象就是美的。例如，"虎门销烟"之所以壮美，是因为"销烟"这一社会现象本身直接反映了中国人民不畏强暴、捍卫民族尊严的可歌可泣的英雄气概。尽管时光飞逝，万物更新，但它那壮美的一幕却永远铭刻在人们的心中。在中华民族几千年的历史上，有着如此壮美之举的人物可谓代不乏人，举不胜举，他们的英雄业绩和崇高的精神犹如日月经天，江河行地。例如，屈原"虽九死其犹未悔"的爱国主义热忱，苏武牧羊十九载而不失气节的操守，文天祥"人生自古谁无死，留取丹心照汗青"的浩然正气，谭嗣同"我自横刀向天笑，去留肝胆两昆仑"的壮志豪情，鲁迅"我以我血荐轩辕"的大无畏英雄气概等，都以其鲜明而稳定的内容震撼着一代又一代，激励着一辈又一辈。

第二节　社会美的核心——人的美

　　社会是由人构成的，离开了人就无所谓社会。人不仅是社会美的创造者，而且是社会美的集中体现者，离开了人的美，也就无所谓社会美。所以，社会美的核心就是人的美。

　　人是大自然最伟大的杰作，被莎士比亚誉为"宇宙的精华，万物的灵长"（《哈姆雷特》）。人的美是所有美中最美的。罗丹说："我们在人体中崇仰的不是如此美丽的外表的形，而是那好像使人体透明发亮的内在的光芒。"[一]莎士比亚也说道："造物给你美貌，也给你美好的德行，没有德行的美貌，是转瞬即逝的；可是因为在你的美貌之中，有一颗美好的灵魂，所以你的美貌是永存的。"[二]由此可见，人的美是由外在美和内在美两个方面组成的。

一、人的外在美

　　外在美即人体美。在世间万物中，人体的美是无与伦比的。罗丹说："在任何民族中，没有比人体的美更能激起富有感官的柔情了。不论是男性的强悍的壮美，还是女性的秀丽的柔美，都居于最高地位。"[三]

　　人类很早就注意到人体美了，对人体美的欣赏和创作更早于自然美。《断臂的维纳斯》《刮汗污的运动员》《掷铁饼者》等大批古希腊雕塑名作就是人们欣赏人体美的历史见证。我国辽西红山文化遗址出土的两尊泥质红陶女裸立像（见图6－3）也说明我们老祖宗早就开始欣赏人体美了。《诗经·卫风·硕人》用比喻和铺叙的手法，准确而形象地描述了女性人体之美，使读者仿佛看到了一位美丽而活泼的少女："手如柔荑，

图6－3　红陶女裸立像

　　[一]《罗丹艺术论》，人民美术出版社，1978年版，第63页。
　　[二]《莎士比亚全集》第1卷，人民文学出版社，1978年版，第329页。
　　[三]《罗丹艺术论》，人民美术出版社，1978年版，第32页。

肤如凝脂，颈如蝤蛴，齿如瓠犀，螓首蛾眉。巧笑倩兮，美目盼兮。"[一]此外，马王堆出土的帛画和敦煌壁画及龙门石窟艺术中也有不少人体画和人体雕塑。

人体美是自然性质的美和社会性质的美在人身上的和谐统一，主要表现在人的形体、姿态、服饰、语言等方面。

（一）形体美

形体美是指人的形体结构的美，其主要特征如下。

1. 健康舒展，充满活力

健康的体魄、舒展的身姿是充满活力的形体美的重要特征。例如，古希腊雕塑名作《掷铁饼者》（见图6-4），假如离开了运动员那发达的肌肉、宽阔的胸脯、结实的四肢，何以展示男性的壮美？处在青春期的女性假如离开了光洁而红润的皮肤，曲线流畅的身段，又何言女性的柔美？千百年来，男性的壮美与女性的柔美共同展示着人类的形体美。

2. 对称和谐，比例适度

对称和谐，比例适度是充满活力的形体美的另一特征。现实生活中，人们羡慕"一双慧眼"而讨厌"独眼龙"，赞赏"两袖清风"而憎恶"三只手"，明显反映了人们对形体以及社会现象的审美感受。人们倾慕维纳斯，正是因为她那符合黄金分割比例的完美形体。一般人的身体比例是不可能与此完全吻合的，但大多处于接近的状态，也可谓比例适度。米洛斯的雕像《断臂的维纳斯》（见图6-5）、安格尔的绘画《泉》都是形体美的范例。

图6-4 《掷铁饼者》　　　图6-5 《断臂的维纳斯》

[一] 手指像茅草的嫩芽，皮肤像凝固的油脂，脖子像白而长的天牛幼虫，牙齿像白而齐的瓠瓜子，额如螓样方正，眉如蚕蛾的触角。轻巧的笑流动在嘴角，黑白分明的眼睛盈盈闪动。

（二）姿态美

姿态美是指人的举止动作的美，是人的教养、风度和魅力的外在体现。日常生活中，人们一举手，一投足，一颦一笑，无不传递着丰富的思想情感，诉说着一个真实的自我。保持美好的姿态，不仅可以展现人类独有的形体之美，而且能够提高与人交流、沟通的效率。自古以来，人们就十分重视姿态美，"站如松、坐如钟、行如风、卧如弓"就是对人体姿态美的形象概括。

1.站姿

"站如松"强调的是青松立地之美，即像青松般刚毅挺拔。站姿最能表现人的气质，如果站立时缩脖耸肩，浑身乱抖，双手抱在脑后或双手插在裤兜，会显得很不雅观。美的站姿要做到抬头、挺胸、收腹，两腿直立，两臂自然下垂，两眼平视前方，给人以精神饱满、气宇轩昂、坚定有力、英姿勃发的印象，体现出年轻一代庄重大方、活力四射、积极向上的风采。

2.坐姿

"坐如钟"强调的是稳重大方之美，给人以端庄稳重的印象，使人产生信任感。理想的坐姿是上体自然挺直，两腿自然弯曲并拢，双脚平列或稍稍分开，两手轻轻地放在双膝上，既使自己感觉舒服，又使对方感到愉快。切忌弯腰驼背，半躺半坐，东倒西歪，懒散无神，高跷二郎腿。对于女性而言，要特别注意并拢双膝。当然，呆板僵直也不可取。

3.行姿

"行如风"强调的是稳健从容之美，它直接展示人的轻松、协调、敏捷的步态美。抬头、挺胸、收腹、两眼向前平视、双手自然摆动是美好行姿的基本特征。一般来说，男性以大步为美，女性以碎步为美。男人的步伐应稳重、豪迈，好比雄壮的"进行曲"；女人的步伐应轻盈温柔、玲珑飘逸，犹如柔婉的"小夜曲"。

4.卧姿

"卧如弓"强调的是神态安详之美。一般卧姿取右侧位，不压迫心脏，全身放松。

（三）服饰美

服饰美是服装美和修饰美的统称。

1.服装美

服装不仅具有遮体护身，防寒避暑的实用意义，而且具有鲜明的审美意义。得体的着装既可以衬托人的形体美，又能够彰显人的内在美。但是如果把握不好尺度，就会适得其反。一般而言，着装要注意以下几个方面。

（1）遵循"TPO"原则

"TPO"原则即着装与时间、地点、场合相配的原则。就时间而言，一天中，早晨人们在家中盥洗、用餐或者进行户外运动时可选择方便随意的便装、休闲服、运动服，白天学习、工作、劳动时可根据相应的环境特点和性质选择庄重大方的学生装、职业装、工作装等，晚上若出入宴请、舞会、音乐会等场合，着装应讲究一些，以晚礼服为宜。一年中，春季服装宜浅暖，夏季宜浅冷，秋季宜深暖，冬季宜深冷。一生中，不同年龄段有不同年龄段的美，着装时千万不要忘记自己的年龄，老年人应显得素洁，中年人应显得稳重，青年人应显得活泼。就地点而言，特定的环境配以与之相适应、相协调的服装才可以获得视觉和心理上的和谐美感。假如穿着西装去登山，或穿着运动衣、网球裙、休闲服进入办公场所和社交场地，会觉得美吗？在庄严的办公楼里，女士穿着拖地晚礼服送文件，男士穿着沙滩鞋、花短裤与客户交谈，会觉得美吗？就场合而言，只有与特定场合的气氛相一致、相融合的服装才能产生和谐的审美效果。在公务、社交这类正式场合可穿中山装、西服套装、旗袍等，一般不宜穿夹克衫、牛仔裤等便装，更不能穿短裤和背心。服装与场合不协调，将有损个人的形象美。

（2）注意扬长避短

俗话说，尺有所短，寸有所长。现实生活中，每个人的脸型、体形、身高、肤色等自身条件各不相同，着装时应学会用服装来掩盖自己体形上的缺点，从而遮丑扬美，展示美好的形象。形体瘦小者不宜穿着深色、明显条形的宽大服装，否则会显得更矮更瘦；身材肥胖者不宜穿色泽浓重、花型过大、横粗条纹、质地太厚或太薄布料的服装，否则会显得更加臃肿；窄肩和溜肩者不宜穿下摆有横向图案的上衣，否则会上窄下宽不协调；腿短者下装尽可能长些，使裤子或连衣裙的腰略高于实际腰部，上衣可短些。对于腿短的女性，裙子是理想的服装。

（3）讲究色彩搭配

俗话说："没有不美的色彩，只有不美的搭配。"常见的色彩搭配方法有统一法、对比法、呼应法、时尚法。统一法是指配色时尽量采用同一色系中各种明亮度不同的色彩，按照深浅不同的程度搭配，以便创造出和谐感。例如，穿西服时如果采用灰色色系，可以由外向内逐渐变浅：深灰色西服—浅灰底花纹的领带—白色衬衫，这种搭配适用于工作场合或庄重的社交场合。对比法是指配色时运用冷暖、深浅、明暗等特性相反的色彩进行组合，以在色彩上形成反差，静中求动，突出个性。但一定要在明暗度、鲜艳度上加以区别，以便对比鲜明而不刺眼。像大红上衣翠绿裤子这样的搭配只能让人敬而远之。呼应法是指配色时在某些相关部位刻意采用同一色彩，以便使其遥相呼应，产生美感。如男士在社交场合穿西服讲究"三一律"，即公文包、腰带、皮鞋的色彩相同。时尚法即运用流行色搭配，但是流行色的运用要考虑到场景、年龄等。另外，肤色与服装色彩的搭配也有讲究。皮肤白净的人穿什么颜色的衣服都合适，尤其是穿不加配色的黑色衣裤会显得更加动人；皮肤较黑的人要尽量避免穿深色衣服，特别是深褐色、黑紫色的服装，选择红色、黄色的服装比较合适；肤色蜡黄或苍白的人最好不要穿紫红色的服装，以免使其脸色呈现出黄绿色而加重病态感；皮肤黑中透红的人则应避免穿红、浅绿等颜色的服装，而应穿浅黄、白等颜色的服装。

（4）体现个性

"穿衣戴帽，各有所好"充分说明了人们在着装上追求个性的特点，青年人尤其喜欢用服装来打扮自己，希望穿出魅力与影响力。但是如果不注意着装与色彩、体形、场合的协调，一味地追求个性，玩酷耍怪，不但不会张扬个性，反而会损害自身的形象。得体的打扮，鲜明的个性，不可能来自盲目地赶时髦，时髦终究会过时，风度才有永恒的魅力。美国著名时装设计师卡门女士到上海参加时装展示会时，身着白色T恤、白色牛仔裤、白皮鞋、白皮带，一时成为女青年竞相模仿的对象。著名科学家爱因斯坦总是穿着他那件旧大衣。简洁的色彩，普通的装束，甚至很旧的服装，并未影响这些名人的个性特征。所以要想穿出个性，就必须选择适合自己的。一般情况下，性格外向、活泼开朗的人选择凹凸有致的款式、色彩艳丽的面料，可穿出浪漫的风格；性格内向、端庄稳重的人选择简单大方的款式、色彩素雅的面料，可穿出典雅的风格。

（5）不可忽视鞋袜

得体的鞋袜可使衣物生辉，反之会影响服装的整体效果。穿西服要穿皮鞋，夏天也是如此。深色的西服搭配黑、棕色皮鞋，夏天穿浅色西服可以穿白色的皮鞋。牛仔服可以搭配皮鞋，但运动装搭配皮鞋就显得不伦不类了，休闲装只适合搭配轻便的皮鞋。有光泽的皮鞋四季都可以穿，翻毛皮鞋只有冬季穿才合适。皮靴一般在冬天穿，一般的服装可以把裤脚塞到靴筒里，但穿西服时只能把靴筒塞到裤筒里，要么就换穿皮鞋，否则会破坏整体效果。女士在穿呢绒或毛织、皮革裙装时，穿靴子是一种不错的选择。女士高跟鞋的高度以3~4cm为宜，最好不超过6cm，鞋跟不可太细，以免发生危险。在正式场合，男士的袜子应是深色的，最好是服装与鞋的过渡色。如果身着黑色西服，脚穿白色袜子，而且将袜口露出来，则会破坏服装的整体稳重感。女士穿西服套装时也是同样的道理。穿裙子时最好穿连裤丝袜，以肉色系列最为通用。丝袜最忌讳的是跳丝、破洞，出入社交场合，最好在手包里放一双备用袜子。

2. 修饰美

漂亮的服装可以衬托人的美，适当的修饰会起到画龙点睛的作用。

（1）饰物佩戴

饰物指的是人们在着装的同时所选用、佩戴的装饰性物品，根据其作用的不同可分为两大类，一是装饰类，如耳环、项链、戒指、手镯、脚链、胸花等；二是实用类，如帽子、眼镜、围巾、手包、鞋袜等。两类饰物的佩戴是否得体，直接关系到修饰的效果。

1）耳环。佩戴耳环要避免与脸形相同的形状，要选择与自己肤色相协调的色彩。胖脸形的女士不宜戴大耳环，戴眼镜的女士最好不戴耳环。

2）项链。选择项链首先要注意与自己的脸形、体形、肤色等保持协调。一般来讲，脸形偏长的人适合戴较短的项链，以增加面部的圆润感，脸形偏圆的人适合戴较长的项链；体形高大或偏胖的人适合长一些的项链，体形娇小或偏瘦的人适合短一些或细一些的项链。如果颈部又粗又短，则最好不戴项链。如果一定要戴，可选择细长、简约的款式。在和肤色搭配时要注意肤色的冷暖和项链颜色的冷暖保持一致，项链的颜色和服装的色彩形成对比色调。例如，穿着单色或素色服装，佩戴色泽鲜亮的项链能使首饰更加醒目，在首饰的点缀下，服装色彩也显得丰富。穿着色彩鲜艳的服装应佩戴简约无彩色或与服装主色调一致的项链，以免项链和艳丽的服装颜色发生视觉冲突而失去平衡感。另外，从两者风格搭配的角度而言，旗袍比较适合玉、翡翠、珍珠等带有古典风格的饰品，西式晚礼服比较适合白金、钻石、水晶等高贵、雅致的饰品，而休闲时尚的服装多搭配彩金、黄金、绿松石、玛瑙等偏时尚休闲风格的饰品。

3）戒指。在西方，戒指是无声的语言，戴在左手食指上表示未婚或求婚，戴在中指上表示正处在热恋中，戴在无名指上表示已订婚或结婚，戴在小指上则表示独身，而大拇指上一般不戴戒指。右手戴戒指是一种装饰，没有特别的含义。

4）手镯。佩戴手镯时对个数没有严格限制，可以戴一只，也可以戴两只、三只，甚至更多。如果只戴一只，应戴在左手上。如果戴两只，则可以左右手各戴一只，或都戴在左手上。如果戴三只，就应都戴在左手上，不可以一手戴一只，另一手戴两只。如果既戴手镯又戴戒指，则应当考虑两者在样式、材料、颜色等方面的协调与统一。

5）帽子。帽子有遮阳、装饰、增温和防护等作用，帽子的选择依据一是脸形，二是身材。圆脸形的人不适合戴圆顶帽，长脸形的人不适合戴高帽，方脸形的人不适合戴方形帽。个子高的人选择帽子时可中可大，但不宜小，否则给人头轻脚重的感觉，个子矮的人不宜戴平顶宽檐帽，那样会显得个子更矮。

6）眼镜。眼镜既是保护眼睛的工具，又是一种装饰品。选择合适的眼镜可改善脸部线条，增强美感。首先，眼镜框架的款式与脸形相配会使人显得自然大方。脸大镜大，反之亦然。圆脸圆镜，反之亦然。如脸小镜大，则过于天真，反之会有局促、不够完美之感。圆脸方镜有违拗之嫌，方脸圆镜则女性味较浓。脸长者选全框架，可以在视觉上缩短脸的长度。脸短者宜用秀朗架、无框架，能延长脸部，视觉上比较舒服。其次，眼镜架的色彩与脸部肤色相配也很重要。红润的脸色可与各种色彩相配，黝黑的肤色宜用黑色和酱红色。苍白的脸色宜用粉红色、红色等，这样可使脸部透出一丝健康的暖色。如果戴墨镜，切忌出现在室内活动、室外礼仪性活动等场合。

7）围巾。围巾不仅具有保暖功能，而且具有装饰美化的效果。冬季佩戴毛、棉围巾和披肩，春、夏佩戴丝巾。丝巾的系法多种多样，平结、蝴蝶结、领带结、麻花结、宝石结、项链结、八字结、鱼尾结、玫瑰结、牛仔结、小丑结、水手结等都可以尝试一下，这样，你的着装每天都会有新的亮点，魅力指数自然会上升。

8）手包。手包的选择也要酌情而定，身材高大的女性适宜大包，身材苗条或矮小的女性适宜中小包，身材丰满的女性忌背圆形包，粗腰女性宜背低于腰线的包。职业女性使用包时，应对所装物品分门别类，以免在正式场合出现尴尬局面。在社交场合，手包不可乱放。进入别人的私人空间时，要么交给主人代放，要么入座后放在自己的腿上。在公共场合进餐时，可把包放在自己的后背和椅子中间。

（2）美容美甲

美容美甲是一种时尚的修饰方法。美容可以弥补先天容貌的不足，使一个长相普通的人变得楚楚动人，使一个五官平凡的人变得气质出众。就美容来说，美容离不开化妆，化妆少不了描唇画眉等。有的人不懂化妆知识，结果弄巧成拙。如商店柜台一位售货员，涂着绿眼圈，抹着厚厚的红嘴唇，自以为很性感，实际上不伦不类。难怪有人说三流的化妆是表皮的化妆，二流的化妆是精神的化妆，一流的化妆是生命的化妆。化妆美一般适用于社交场合的职业女性。就美甲而言，美甲分指甲护理和指甲彩绘两种形式。指甲护理是通过修指、按摩、涂油来养护指甲，使指甲变得修长而富有光泽。指甲彩绘是在指甲上描绘出精美的图案，使指甲成为一件小小的艺术品。美甲固然时尚，但需慎重，因为指甲油的原料大都有一定的生物毒性，不小心进入人体就会造成慢性中毒。

（3）剃须

剃须可以修饰仪容，使男士显得更加年轻、精神、有活力。男士应养成每天剃须的习惯，但是一般不可在公共场合进行。

此外，人体彩绘与文身也有修饰作用，但均属于另类美，不适合一般人，更不适合学生。

（四） 语言美

语言是人类进行社会交往和沟通的重要工具。美的语言具有强大的感染力，可以震撼人的心灵，促进和谐的人际关系，可以感动世界，维护国家和民族的尊严，对加强社会主义精神文明和物质文明建设有着不可低估的作用。

古人说："良言一句三冬暖，恶语伤人六月寒。"提倡语言美是我们中华民族的传统美德，也是和谐社会的显著标志。和谐社会的语言必须意美、音美、形也美。意美可以感人心，音美可以感人耳，形美可以感人目。意美的语言是智慧的语言，它来自一个人的社会阅历与人生经验，蕴涵着对他人的关爱与人性的把握，发自内心而饱含情感，因此常有"三寸之舌，强于百万之师"的功效。音美的语言是优雅的语言，它虽发自个人的生理器官，却与个人的修养与从容有关，"余音绕梁，三日不绝"即是音美的艺术魅力。形美的语言是形象生动的语言，它得益于个人的敏锐观察力和丰富的联想力，也体现着一个人对社会生活的无比热爱，"如见其人、如闻其声、如临其境"则是形美的语言表现。

一句话可以把人说笑，也可以把人说恼，说话要时时注意别人的细微感受，让对方听得进去。为了达到交流与沟通的目的，我们要学会微笑着说话，说好规范的普通话，习惯说礼貌用语，并尽可能幽默地说话。

二、 人的内在美

内在美即心灵美，这是人的美的核心。

（一）内在美的主要内容

1. 正确的人生观和价值观

这是内在美的核心。"拔一毛而利天下，不为也"是典型的利己主义人生观，这种人心里只有自己而没有他人。"今朝有酒今朝醉"是以享乐主义作为人生的价值取向，这种醉生梦死的生活方式是不美的。只有那些有利于人类社会的进步，符合大多数人的利益和要求，有利于人的创造能力发挥的各种行为才是美的。孟子、范仲淹、蔺相如等以国家、民族和人民的利益为重，勇于为之牺牲一切的伟大精神千百年来一直为人们所称颂，就是因为他们的人生观、价值观是令人崇敬的。当代"保尔"张海迪身残志坚，刻苦学习，热心为群众服务，更是现代青年心灵美的典范。

2. 高尚的品德和情操

这是内在美的重要内容。品德是指人的道德的意识与行为，情操是指人的情感、意志和气节，它们都受人生观的指导和制约，通过言行举止表现出来。高尚的品德和情操往往表现为忠诚老实、爱国爱民、大公无私、善良厚道、正直廉洁、光明磊落、自尊自爱、舍己为人、重义轻利、助人为乐、勇于为正义和真理而献身等，中国历史上爱国恤民的屈原，鞠躬尽瘁的诸葛亮，秉公执法的包拯，精忠报国的岳飞，禁烟英雄林则徐，人民公仆周恩来等都是品德和情操美的典范。

3. 渊博的学识和修养

这是内在美不可或缺的一个重要方面。古往今来，凡是博学多识、聪明智慧、富有修养的人都会受到人们的敬仰与赞美，凡是知识贫乏、孤陋寡闻、缺乏起码的文化修养的人都会在"优胜劣汰"的社会大潮中遭遇"危机"。人的知识修养要靠后天的努力学习和积淀，即使孔子这样的大圣人也要勤学好问，不厌其烦。据《史记·孔子世家》记载，孔子曾将一本竹简《周易》翻来覆去地读，以致系竹简的牛皮带都断了多次。而现实生活中，有些人贪图享受，不爱学习。有些人虽然有干一番事业的远大理想，但由于缺乏足够的科学知识和应有的修养，结果一事无成。因而，勤奋学习、刻苦钻研是铸造心灵美的必由之路。

（二）为什么人的美的核心是内在美

1. 内在美体现了人的价值

人在社会中的价值主要是指他的社会价值，衡量一个人社会价值的大小主要是看他为社会创造了多少物质财富和精神财富。人们不会因为伊索的相貌而不读他的寓言，也不会因为贝多芬的外表而拒听他的音乐，更不会因为鲁迅的其貌不扬而否定他那具有划时代意义的篇章。为社会创造财富的人就是美的人，能体现出社会价值的人就是美的人，而这样的人必然是内在美的人。

2. 真正的美离不开内在美

人的美包括外在美和内在美，当二者不能兼顾的时候，人的美重在内在美，离开了内在美，任何美丽的外表都将黯然失色。当你看到潇洒英俊的小伙把手伸进别人的口袋时，你还会认为他美吗？

3. 内在美具有持久而稳定的审美效应

从人类的发展规律来看，人的肌体与外形的美会随着年龄的增长而逐渐消失，和人的容貌等外在美相比，内在美不会受时间、年龄的限制，只有内在美才永葆青春。

如上所说，人的外在美只有和内在美统一时才具有真正意义的美。一个内在丑恶的人，不管外表如何美丽，他都是丑恶的。一个内在美好的人，无论外表怎样丑陋，他都是美丽的。社会美的核心是人的美，人的美的核心是内在美。

（三）怎样塑造内在美

1. 明确人生目的，树立崇高理想

在我们身边，有的人奉行"人生几何，及时行乐"；有的人以"天下兴亡，匹夫有责"为座右铭。前者以追求物质享受为人生目的，后者以"先天下之忧而忧，后天下之乐而乐"为己任，人生目的不同，内在美丑各异。我们应以后者为榜样，树立为人民服务的人生观，自觉地参加社会实践。

2. 加强道德修养，提升人格魅力

人格魅力来自三个方面，一是智力因素，二是道德因素，三是意志因素。三者相互依存，相互制约，对人格产生着巨大的影响。一个人如果能坚持勤奋学习，修身养性，锻炼意志，防微杜渐，就会形成美好的人格，人格魅力提升了，内在就会更加美好。

3. 保持心理健康，坦然面对现实

内在美的人首先是一个心理健康的人，心理健康是内在美的前提。心理健康才能正确应对现实中的各种问题，减轻生活和工作上的压力，处理好理想与现实的矛盾，拥有良好的人际关系，对生活充满信心，对未来充满希望。保持心理健康的方法有很多，我们可以根据个人的实际情况接受相应的心理健康教育，特别要注意劳逸结合，控制情绪，积极参加适当的社会活动，广交良友，并且注意进行适当的体育锻炼。

三、外在美与内在美的关系

人的美是外在美与内在美的统一体，但二者在人的美中所处的地位并不完全相同。内在美具有主导作用，体现着人的创造力、智慧和才干，它是本质，是内容，从根本上决定了美与丑。外在美是现象，是形式，不起决定作用。所以说，内在美才是人的美的核心，外在美与内在美之间是一种既统一又矛盾的关系。

（一） 两者是统一的

一般情况下，内在美必须通过外在美来体现，外在美总是或多或少、或隐或显地体现内在美。

（二） 两者是矛盾的

有时，外在美的人不一定具有内在美，内在美的人也不一定具有外在美。因为生活中既存在着真善美，也存在着假丑恶。例如，《红楼梦》中的王熙凤容貌"恍若神妃仙子"，为人却"明是一盆火，暗是一把刀"；雨果《巴黎圣母院》中的卡西莫多虽然奇丑无比，却非常善良、正直而勇敢。古代思想家荀况说："形相虽恶而心术善，无害为君子也；形相虽善而心术恶，无害为小人也。"（《荀子·非相》）奥斯特洛夫斯基也说过："人的美并不在于外貌、衣服和发式，而在于他本身，在于他的心，要是人没有内心的美，我们常常会厌恶他的外表。"这都说明外在美与内在美有时是矛盾的，但内在美是人的美的核心。

在一个人的内在和外表相一致的情况下，人们的爱憎是很明显的，喜欢内在美而且外表美的人，厌恶内心黑暗、外表丑陋的人。当一个人的内在与外表相矛盾时，一些人很容易被外表所迷惑。例如，我们把奉行"外貌至上，外貌高于一切"理念的人统称为"外貌协会"，往往很多持有这一审美标准的青年男女，在选择恋爱对象的时候，过于看重长相而忽略了内在。这样的审美观是存在一定弊端的，应该客观理智地树立正确的审美观，无论是求职还是恋爱或者其他，一定要明白，外貌不是唯一标准。

第三节　饮食美

一、饮食美的特征

饮食美是人们每天都离不开的审美对象，其审美特征表现在如下几个方面。

（一） 功能美与形式美的统一

所谓功能美是指饮食营养卫生与社交审美的功能，所谓形式美是指饮食外在悦目悦心的形式。凡是令大众喜爱的饮食，必然是功能美与形式美兼而有之的。例如，即使一个普通的水果拼盘，只要有悦目的色彩、艺术的造型，同样能引起人们的食欲并产生美的感受，更不用说那营养丰富且赏心悦目的满汉全席了。

（二） 静态观赏与动态体验的统一

所谓静态观赏是说只看不吃，所谓动态体验是说既看又吃。静观只能欣赏其形式美，食用才能真实体验其功能美。倘若饮食像其他艺术品一样只是供人们把玩、欣赏，那么饮食美也就失去了其存在的价值和必要。可见，饮食美就美在同时具有食用价值和观赏价值。

（三）　易逝性与永久性的统一

食品的"食用"这一功能属性使得饮食美不能像艺术品和其他物质产品那样具有永久的审美价值，而是随着饮食者的动态体验"化为乌有"，这反映了饮食美的易逝性。但与此同时，"即时欣赏"加"过后回味"使人的饮食美感在饮食活动中得到升华，并长久地保留在人们的记忆中，形成深刻的印象。如我们参加一次丰盛的宴会，那些美食、美味、美器、美仪、美境等一系列具体生动的审美体验，会让我们对美好生活和朋友间的友谊产生一种信念而终生难忘。

（四）　现实性与发展性的统一

在一定时代，饮食美有其现实稳定的具体形态，而随着人类饮食文化的不断发展，饮食美必然出现与时俱进的时代特征。如人类在物质匮乏的阶段，饮食美的内涵是以饮食功能美为重心，兼顾清洁卫生为标准的"简朴"饮食形式美。而到了物质充裕的时期，饮食美的内涵则变为以饮食功能美为基础，以全方位、多角度的饮食形式为载体，追求饮食功能美与形式美的完美统一。

二、　三大饮食美

"中国人对食物的感情多半是思乡，是怀旧，是留恋童年的味道。"

"不同地域的中国人，运用各自智慧，适度、巧妙地利用自然，获得质朴美味的食物。能把对土地的眷恋和对上天的景仰，如此密切系于一心的唯有农耕民族。"

"这是巨变的中国，人和食物，比任何时候走得更快。无论他们的脚步怎样匆忙，不管聚散和悲欢，来的有多么不由自主，总有一种味道，以其独有的方式，每天三次，在舌尖上提醒着我们，认清明天的去向，不忘昨日的来处。"

——选自《舌尖上的中国》经典台词

饮食这个话题是中国人最常提及的，但细细品味，如同《舌尖上的中国》中的台词，变为审美对象的食物，似乎已经不再仅仅是简单的生存所需，一日三餐，从古至今，食物与审美结合在一起，使得饮食充满内涵与味道。

饮食美是每一个人都绕不开的审美对象，其审美特征表现在如下几个方面。

（一）　食之美

饮食问题历来是人类生活的头等大事。人类自从越过茹毛饮血的时代，由生食改为熟食以来，就对饮食美产生了极大的兴趣并致力于大量的实践与研究之中，使饮食美成为生活美学中的一朵奇葩。在姹紫嫣红的饮食大花园中，出自"烹饪王国"的中国饮食更是异彩纷呈，妙不可言。

1. 食品美

食品美美在色、香、味、形、质俱佳。也就是说，美的食品一定是色彩鲜艳，颜色纯正；香气清新，沁人心脾；味道鲜美，醇厚可口；造型美观，富有情趣；质量上乘，名副其实。在此，质佳是色、香、味、形的基础，因为食品之美首先在于它的可食性，能食才可以要求"食不厌精，脍不厌细"，美食佳肴都是在保证质量的基础上集色、香、味、形于一体的。例如，山东的"德州扒鸡"，色泽红润，鸡皮光亮，肉质肥嫩，香气扑鼻；福建的名菜"佛跳墙"，香气浓郁，味道鲜美，竟使"佛闻弃禅跳墙来"；苏州的"船点熊猫"，形态逼真，惹人喜爱。又如广东的"二龙吐玉珠"，在配色和造型上很有特色。椭圆形的长盘中，两条乌龙各自盘踞一边，正中是一个火红色的龙头，大嘴微张，双目炯炯，龙须遒劲弯曲；龙身周围用大块大块的奶油做点缀，宛如白云朵朵；红色樱桃均匀地撒在四壁。红黑白三种对比色的巧妙配置产生了绝妙的效果。

2. 食器美

清代袁枚说："美食必伴以美器"（《随园食单》）。中国饮食器具种类繁多，主要有玉器、金银器、漆器、陶器、瓷器等。造型或清秀大方，或玲珑小巧，或庄重典雅，或富丽堂皇，或精雕细琢，或简洁凝练，或抽象、象形、寓意，可谓千姿百态。质地光泽或澄澈碧清，或类玉似冰，或温润光滑，或质地细薄，或浑厚朴拙，也称得上各有千秋，美不胜收。纹样和色彩装饰则更加百花盛开，争奇斗艳，优雅的青花、鲜艳的红釉、洁雅的白瓷、斑斓的开片、凝重的黑瓷乃至各种象形、几何图案，充分表现了其艺术性、文化性和装饰性价值，本身就是给人愉悦的审美对象。而且中国饮食还讲究"因食施器"——不同的食物配不同的器具，煎炒宜盘，汤羹宜碗或盆罐；物贵者器宜大，物贱者器宜小。这样，一菜一点与一碗一盘之间和谐，一席肴馔与一席餐具饮器之间和谐，形质协调，高低错落，组合得当，美食与美器便能使审美主体有更完美的审美感受。在饮食美中，美器的作用不仅在于衬托美食之美，还起着渲染宴席气氛，展示主人社会地位和文化修养的作用。

3. 烹饪美

烹饪即做饭做菜，它是指人类为了满足生理需要和心理需要，把可食用原料用适当方法加工成食用成品的活动。中国烹饪以其方法之多、刀工之精、配色之巧等技艺享誉世界，充分展示了饮食美的特征。

（1）烹饪方法多种多样

常用的方法有烹、炸、炒、滑、爆、炖、焖、煨、烧、扒、煮、氽、煎、贴、蒸、烤、涮、熬、拔丝、蜜汁、瓤、焗、炮、拌、腌、卤、冻、酥、熏、腊、酱、挂霜、过油、走红、焯水、勾芡、制汤、挂糊、上浆等50多种。仅以烧为例，又分红烧、白烧、葱烧、酱烧、生烧、熟烧、干烧等，不一而足。

（2）刀工精美，具有艺术表现力

运用各种不同的刀法将原料加工成特定的形状，可以创造千姿百态、形象生动、具有艺术表现力的菜品。根据品种性质及烹调要求，一般可切成段、块、片、丝、丁、米、粒、泥等形状。刀工的基本要求是粗细一致，厚薄均匀，长短相等。刀工技法有 200 多种，如"切"有直切、跳切、推切、拉切、滚刀切、转刀切、锯切、铡切等。经过刀工切出来的"片"的形状有"牛舌片""刨花片""鱼鳃片""骨牌片""柳叶片""月牙片""马蹄片""凤眼片""韭菜片""棋子片"等，不仅容易入味，而且犹如艺术品般赏心悦目。

（3）配菜讲究营养味美，注意数量、色彩等的搭配

中国菜有些是单样菜加调味品制成，如糖醋里脊。有些是以一种菜为主料，另一种菜为辅料，如青椒炒肉，配料时，肉量要多一些。有些菜的原料不分主次，如"爆三片"，肉片、肚片、腰片三者的量要大致相等。中国菜不仅注重口味的鲜美和营养的均衡，而且讲究色彩的搭配和形状的相称，如鸡配冬笋、香菇同烧，味道更鲜美；菜心烧肉，既鲜美可口，又富有营养；"芙蓉鸡片"的鸡片为白色，配上丝瓜、豆苗、火腿等原料，就有红、绿、白三种颜色，从而产生视觉上的色彩美。另外，同一道菜的原料所切成的形状要一致，如切片的都是片，切丁的都是丁，这样可形成整齐、匀称美。

烹饪技艺之美反映的是人的智慧、才能、技巧的美，达到高度熟练自如的烹饪技法与技巧便如庄子在"庖丁解牛"中所言"进乎技矣"，能"合桑林之舞，中经首之会"，这样，烹饪本身就是一种美的享受。

4. 食名美

食名美是指菜点名称雅致巧妙、寓意深刻、富有生活情趣。中国饮食不仅适于目、可于口，而且悦于耳，往往有一个很美的名称。美食命名常见的方法有三类：一是吉祥理想型，如鸡与蛇同炖叫"龙凤呈祥"，百合煨莲子叫"百年好合"；二是历史典故型，如鸡鳖同盘取名"霸王别姬"（见图 6 - 6）；三是诗情画意型，如"红嘴绿鹦哥"就是菠菜，"两个黄鹂鸣翠柳"就是两个蛋黄加葱叶。给菜肴命名的一条原则是虚实相间，名实相符。

图 6 - 6　霸王别姬

5. 食境美

食境美是指饮食的环境美。美好的饮食环境可以为饮食活动提供相应的背景、氛围和情调。如夜上海黄浦江边的酒吧和餐馆虽然标价很高，却生意兴隆，就是因为它的环境优雅、景色宜人、干净卫生、餐具精致、座椅舒适、服务规范，为把酒话旧的亲朋好友及边饮边谈的商务人士增添了优雅的情调，迎合了消费者的需求。相反，那些又脏又乱、嘈杂低俗的餐馆即使价格低廉，也令人望而却步。如今，饮食环境的整洁、卫生、舒适、雅致而具有情调越来越受到人们的重视。

6. 食仪美

食仪美是指饮食活动中节奏、风度、礼仪的美，即百姓所说的"吃相好"。食仪美常

常表现为食态端庄、举措有度；细嚼慢咽、文明进食；尊老爱幼、有礼有序；爱惜食物、按需取食。大声咀嚼、举箸乱点、敲碗含筷等行为则难登大雅之堂。

7. 食趣美

食趣美是指饮食中的情趣美。据说苏东坡请黄庭坚、秦观、苏小妹三人吃猪蹄，苏东坡在桌上摆了四个碟子，分别放着韭菜、葱、藠头和蒜。他说："今天先吃这四个菜，要每人吟诗一句，句中各含食物之名，违者受罚，不得食猪蹄。"说罢夹起韭菜吟道："久（韭）居令人厌。"苏小妹夹一根葱吟道："聪（葱）明各自归。"秦观夹的是藠头，接着说："轿（藠）也抬不去。"最后黄庭坚抓起蒜作了结句："算（蒜）数吃猪蹄。"四人大笑。苏东坡忙吩咐把猪蹄端出来，大家开怀而吃。苏东坡一席话使大家兴趣盎然，食欲大增，饮食的情趣美油然而生。古代用餐常以舞剑、歌舞、吟诗、行酒令等活动来增添用餐的情趣和气氛，现在一般是通过讲故事、行酒令等以增加席间雅兴，有时还可以请专业文艺团体表演助兴。无论选择哪种方式，都要注意文化品位，切忌语言粗俗，举止不雅，否则，就谈不上食趣美了。

（二）酒之美

酒是最受欢迎的饮料之一，是饮食文化中的重要内容。逢年过节，佳期吉日，全家团聚，送往迎来，往往要借酒助兴。适当饮酒不仅有利于身体血液循环，还可以尽情地感受生活之美。酒之美表现在如下两个方面。

1. 酒的形式美

酒的形式美主要是酒色、酒香、酒味、酒体给人的美感。

（1）酒色之美

酒具有鲜明的色泽和透明度，带有颜色的酒很早就已出现了，而且品种较多。"小槽酒滴真珠红"（李贺）、"鹅儿黄似酒"（杜甫）、"倾如竹叶盈樽绿"（白居易）等诗句，描写的是珍珠般闪亮的红酒、鹅雏般嫩黄的黄酒、竹叶般青绿的绿酒，五颜六色，美不胜收。白酒虽然没有颜色，但通体透明，毫无杂质，同样美观。酒色的产生有三方面的原因：一是原料的天然色泽，如红葡萄酒；二是酿造过程中由于温度的变化、形态的改变而生色，如啤酒；三是根据视觉美感的需要进行人工增色，如玫瑰红葡萄酒。

（2）酒香之美

酒香不怕巷子深，酒最重要的美学因素是酒香，它能产生沁人心脾的清爽和愉悦，是诱发消费行为的重要特征。"福泉酒海清香美，味占江南第一家"的洋河大曲，采用洋河镇著名的"美人泉"软水，以高温大曲和优质高粱为原料酿成，入口绵，落口甜，醇香浓，回味长。据说乾隆第二次下江南时喝了洋河大曲，龙心大悦，留下了"洋河大曲，酒味香醇，真佳酿也"的御笔题词。此外，果酒类不仅有浓郁的酒香，还有各种鲜果香。啤酒则有酒花香和麦芽香。药酒除酒香外还有各种名贵中药材的芳香。

（3）酒味之美

味也是酒最重要的美学品格，饮酒重在慢慢地品尝，品出味来，才对得起辛勤酿酒的人。酒味多种多样，可以根据个人爱好加以选择，有的甜，有的酸，有的带有涩味，有的带有苦味。例如，啤酒就带有苦味。黄酒的味道酸甜苦辣咸五味俱全，醇厚爽口，回味无穷，所以常常出现在国宴上。

（4）酒体之美

酒体是指酒精、水、挥发物、固形物合在一起构成的整体，是酒的色、香、味等美感特征给人的整体印象。事实上，各类名酒、优质酒都有一个丰满、完整的酒体，如茅台"醇厚"，五粮液"丰满"，优质葡萄酒"优雅""肥硕"等，均是指它们在色、香、味诸方面表现出来的协调性，以及给人的良好的整体印象。另外，精美的酒器和包装也能增加酒体的美。

2. 酒的情感美

酒对人体有兴奋、刺激、麻醉的作用，有助于人类情感的宣泄，具有痛痛快快地表达喜怒哀乐等情感的审美特征。

（1）酒是人们进行交流与沟通的润滑剂

俗语说："酒逢知己千杯少，话不投机半句多。"喝酒是广交朋友、加强人际交往、表达情意和友谊的一种方式，也是化解矛盾、消除恩怨的有效手段。"度尽劫波兄弟在，酒杯一端泯恩仇"说的就是这一点。

（2）酒是鼓舞士气的兴奋剂

俗话说"酒壮英雄胆""酒后吐真言"，酒可以使怯者勇、疲者振，使人精神焕发，斗志昂扬。古代作战出征前赐酒壮军威，作战时赏酒鼓士气，班师后酬酒表战功。传说越王勾践为报吴仇，即将出征时，一位酿酒高手带领伙计抬着一坛陈年老酒献给越王。越王没有独饮，将酒倒入河中，令三军将士逆流而饮。每人连喝三大碗，个个精神抖擞，于是秣马厉兵，杀奔吴国，一鼓作气，打败了骄纵轻狂的吴王夫差，从此留下"一壶解遣三军醉"的佳话。

（3）酒是灵感的诱发剂

酒能使人的大脑皮层兴奋，使人的情绪和思维进入高度活跃的状态而产生灵感，如"李白斗酒诗百篇""张旭三杯草圣传，脱帽露顶王公前，挥毫落纸如云烟""俯仰各有志，得酒诗自成"等著名诗句就充分说明了这一点。

（4）酒是宣泄苦闷情绪的良药

人的一生不可能一帆风顺，总会遇到一些不开心的事情。如果想不开，很容易精神抑郁。如果及时加以宣泄，就可以避免不良后果，适度少量饮酒便是宣泄的一种方式。曹操曾说："慨当以慷，忧思难忘。何以解忧，唯有杜康。"他是借酒来消解贤才难觅的苦闷。李白在仕途上不得志时，也是借酒浇愁："烹牛宰羊且为乐，会须一饮三百杯。""钟鼓馔玉不足贵，但愿长醉不愿醒。"酒可以消愁，但弄不好也会"借酒消愁愁更愁"，所以喝酒一定要掌握好度。

（三） 茶之美

俗话说："开门七件事，柴、米、油、盐、酱、醋、茶"，"文人七件宝，琴、棋、书、画、诗、酒、茶"，可见茶不仅为老百姓所喜爱，更为文人雅士所钟爱。茶是一种健康饮料，具有消暑解渴、提神醒脑、利尿强心、杀菌消炎等功效。据《本草经》记载："神农尝百草，日遇七十二毒，得茶而解之。"自神农氏发现了茶以来，人们种茶、饮茶、品茶的热情始终未减。

1. 茶的种类

茶可以分为绿茶、红茶、白茶、乌龙茶、花茶和紧压茶六类。①绿茶属于不发酵茶，沏出来的茶保持鲜茶叶原有的绿色，而且香高、味醇、形美、耐冲泡，著名品种有西湖龙井、碧螺春、洞庭银针、信阳毛尖、黄山毛峰等。②红茶是全发酵茶，茶色红艳，具有特别的香气和滋味，我国的祁门红茶与斯里兰卡的锡兰乌巴茶、印度大吉岭红茶并称为世界三大著名红茶。③白茶属于轻微发酵茶，是我国茶类中的特殊珍品，因其成品茶多为芽尖，满披白毫，如银似雪而得名，其汤色浅淡，素雅甘凉，名品有银针白毫、白牡丹、贡眉、寿眉、白毛尖等，主要产于福建。④乌龙茶也叫青茶，是介于绿茶和红茶之间的半发酵茶，呈黑褐色，既有绿茶的清鲜幽香，又有红茶的浓郁醇厚，因其叶片中间呈绿色，叶缘呈红色，故有"绿叶红镶边"的美誉，名品有大红袍、铁罗汉、白鸡冠、水金龟等。⑤花茶是用花香增加茶香，一般用绿茶作茶坯，但也有用红茶或乌龙茶作茶坯的，它根据茶叶容易吸收异味的特点，将茶叶和香花拼合窨制，使茶叶吸取花香而成，如"茉莉花茶"。上述五种茶都属于散形茶，往往制作精细，叶芽整齐，形、色、味皆美，但易变质，不易运输。⑥为适应边疆牧区储运的需要，又出现了紧压茶。它用粗大茶叶枝梢或绿红茶叶末为原料，调制拼配后蒸压处理成不同形状。它质地坚实，久藏不变质，便于储运，价格低廉，深受大众欢迎。

2. 茶的感性审美特征

茶的感性审美特征集中体现在茶叶和茶水的形、色、香、味四个方面。

（1）茶形之美

凡优质茶叶都有其独特的形状美，如西湖龙井，外形扁平光滑，形似碗钉；特级黄山毛尖，形似雀舌，匀齐壮实，峰显毫露；碧螺春茶，条索纤细，卷曲成螺，满身披毫；银针白毫，芽头肥壮，遍披白毫，挺直如针。单赏其形状就足以激起美的联想。

（2）茶色之美

茶色之美包括干茶的茶色、叶底的颜色以及茶汤的汤色三个方面，在茶艺中主要是鉴赏茶的汤色之美。鉴赏茶的汤色宜用内壁洁白的素瓷杯或晶莹剔透的玻璃杯，在光的折射作用下，杯中茶汤的底层、中层和表面会显示出三种色彩不同的美丽光环，十分神奇，很耐观赏。徐寅在《尚书惠蜡面茶》一诗中写道："金槽和碾沉香末，冰碗轻涵翠缕烟。"

茶香缭绕，茶汽氤氲，茶汤似翠非翠，色泽似幻似真，这种意境真是美极了。

（3）茶香之美

茶香不像酒香那样富有刺激性，但芳香馥郁，清新优雅，令人神清气爽，所以喜好饮茶者深知品香的妙趣。例如，西湖龙井香馥如兰，黄山毛峰清香高长，江苏碧螺春香气浓郁似花果味，祁门工夫茶香气浓郁似蜜糖香又蕴藏着兰花香。各种花茶不仅有茶香，而且分别有茉莉、玉兰、桂花、金银花、玫瑰花等鲜花的香气。对于茶香的品鉴，人们一般至少要三闻：一闻干茶的香气，二闻开泡后充分显示出来的茶的本香，三闻茶香的持久性。因为茶香有一大特点，就是会随着温度的变化而变化。闻香的办法也有三种：一是从氤氲上升的水汽中闻香，二是闻杯盖上的留香，三是用闻香杯慢慢地细闻杯底留香。

（4）茶味之美

饮茶重在品味，决定茶味是否美的关键因素之一是茶叶和制作方法，不同的茶，不同的制作方法，必然产生不同的茶味，如云南的苦丁茶先苦后甜，余味无穷。主要在于它是精选天然苦丁茶树嫩芽，利用纯手工特殊工艺精制而成，有清热解毒、消炎止渴的功效，颇受中老年人喜爱。二是水质，用上好的泉水泡茶才能真正品出茶的美味。传说，王安石要苏轼带长江三峡的中峡水。船到三峡后，苏轼问老船夫哪里的水好。船夫说，三峡水相连，一般样水，难分好歹。于是苏轼就带一瓮下峡水给王安石。王安石将水烧开沏茶，一经品味，便说此水是下峡水。东坡只得实说并问道："何以辨之？"王安石说："上峡水性太急，下峡水性太缓，唯中峡缓急相半。沏茶时，上峡水味浓，下峡水味淡，唯中峡水浓淡适中。今天沏茶，茶色许久方显，所以识得是下峡之水。"

3. 喝茶与品茶

中国人饮茶素有喝茶与品茶之分，喝茶是为了满足人的生理需要，补充人体的水分，其目的在于解渴；品茶是为了满足人的心理需要，增添生活的乐趣，其目的在于情趣。一般来说，从事体力劳动的人、极度缺水的人，往往是拿起大碗，咕嘟咕嘟一口气喝下去，他们以酽、多、快为乐，不讲究情趣，所以"好是好，就是淡些，再熬浓些更好了"出自刘姥姥之口便不足为怪了。文人雅士则不同，他们饮茶不在于喝而在于品。文人雅士品茶讲究情调，追求儒雅的风韵，不但要有良好的自然条件和优雅的环境，而且要有志同道合的茶友以及清香宜人的好茶。品茶应慢慢地一小口一小口地品，《红楼梦》中的品茶高手妙玉曾说："一杯为品，二杯即是解渴的蠢物，三杯便是饮牛饮骡了。"虽然有点夸张，但足以说明古人品茶以少为宜。假如一杯接一杯地大口喝茶，不仅难以品出茶的清香，而且喝相不雅，缺乏生活情趣，更谈不上闲情逸致了。

4. 泡茶的艺术

中国台湾刘汉介先生编辑的《中国茶艺》一书介绍了五种泡茶方式，即传统式泡法、宜兴式茶具泡法、潮州式泡法、诏安式泡法和安溪式泡法。例如，"铁观音泡饮法"：①白鹤沐浴，即洗杯。②观音入宫，即落茶，把铁观音茶放入茶具。③悬壶高冲，即冲茶，把滚开的水放入茶具冲入茶壶或盖杯，使茶叶转动。④春风拂面，即刮去泡沫。⑤关公巡城，即把泡一两分钟的茶水依次巡回注入并列的茶杯里。⑥韩信点兵，即点茶，茶水倒少许时要一点一点均匀地滴到各茶杯里。⑦鉴赏汤色，即观看茶水的颜色。⑧品啜甘霖，即喝茶，先嗅其香，后尝其味，边啜边嗅，浅斟细饮。饮量虽不多，但齿颊留香，别有情趣。

无论哪种泡茶法，以下几点值得注意：一是比例，茶叶与水的比例适当，浓淡适中。二是水温，红茶、绿茶、乌龙茶用沸水冲泡都是可以的，但较嫩的绿茶，如龙井，则以80~85℃的水冲泡为佳。三是时间，水温高、茶量多、茶叶嫩，则冲泡时间可短些，反之，时间宜长些。一般冲泡后加盖 3 分钟，香气发挥正常，此时饮茶最好。四是次数，一般 3~4 次就可以了。俗称："头道水，二道茶，三道四道赶快爬。"意思是第一道茶水不好，第二道正好，喝到三道、四道水就可以了，该走了。

第四节　环境与居室美

环境对人类至关重要，混乱恶劣的环境难免给人以消极影响，和谐优美的环境给人以积极影响。追求环境美，创造环境美是当代大学生义不容辞的责任，因为环境美可以提高我们学习和工作的效率，提升我们的生活质量。

一、学习、工作环境美

人的一生至少有1/3 的时间在学习、工作场所度过，因此，学习、工作环境便成为人们生活质量的重要标准。良好的工作环境不只产生良好的工作业绩，也会让人产生良好的心理状态，使学习与工作成为一种享受。

（一）学习环境

学习环境是通过具体的、有形可感的各种形式表现出来的，只有各种形式都符合美的规律，才是美的学习环境。

1. 清洁、幽雅

俄国著名作家契诃夫的小说《没意思的故事——摘自一个老人的札记》里有一段话："大学生的精神状态，在大多数情形中，都是由环境培养出来的。那么在他读书的地方，他无论走到哪儿，所看见的，都应当不是别的，而只是宏大的、强壮的、优雅的东西才对……求上帝别让他瞧那些瘦伶伶的树木、七零八落的窗子、灰色的墙罩着破破烂烂的漆布的门才好！"这说明学习的环境不仅是物质方面的需要，也是精神方面的需要，它对人的成长影响很大。如果我们学习的环境是"宏大的、强壮的、优雅的"，我们将得到陶冶、激励，获得精神上的享受和身心的健康发展，获得学习效率迅速提升的喜悦。因此，我们的教室必须窗明几净，阳光充足，布局合理，装饰适度；我们的实验室必须干净卫生，物品齐全，摆放整齐，方便操作；我们的图书馆和阅览室必须陈列有序，方便借阅，光线柔和，桌椅舒适，空气流通，适当绿化。在这样的环境中，我们可以保持清醒的头脑，在有效的时间内充分发挥自己的主观能动性，进行创造性的学习，取得以一当十、事半功倍的效果。

2. 宁静、和谐

学校是读书的地方，要使每一个同学都能专心致志、学有所获，必须保持环境的严肃宁静、和谐统一。从美学角度看，宁静、和谐是重要的审美因素，它可以激起人们和悦的情绪，使人得到美的享受。因此，学校制定的一系列规章制度，不仅仅是为了教学的正常进行，也是为了按照美的规律给学生创造一个美的学习环境。但是有的同学随意在图书馆谈天说地，在实验室打打闹闹，在自习室打牌、唱歌，不但破坏了学习制度，而且破坏了美的环境，使宁静变成了嘈杂，和谐变成了混乱。有的同学学习毫无计划，整天忙忙碌碌，慌慌张张，丢三落四，这是一种慌乱的生活节奏。有的同学学习拖沓、懒散，常常深夜不睡，清晨不起，整日无精打采，这是一种懒散的生活节奏。这两种生活节奏必然破坏学习环境的宁静和谐之美，是学习之大忌。只有自觉地遵守纪律，不断地提高自我修养，才能营造一个安静而美好的学习环境。

（二）工作环境

良好的工作环境至少应包括以下几点。

1. 安全

安全就是效益，安全就是健康，安全就是幸福，安全只有起点没有终点。处于"关注安全，关爱生命"的工作环境，人们有安全感。只有坚持上标准岗，干标准活，做标准事，人们才有成就感。"高高兴兴上班来，安安全全回家去"，人们才有幸福感。安全的工作环境会产生明显的工作效率，隐患重重的工作环境不但难以提高工作效率，有时还会血本无归。例如，不少地方不顾国家三令五申私自开设小煤窑、小矿场，其矿井、坑道设计根本不重视安全因素，达不到安全标准，结果酿成多起重大恶性事故。这就是只追求经济效益而忽视环境安全所造成的后果。

2. 优美舒适

优美舒适的环境可以提高人们的工作热情，使人们心情舒畅、精神饱满地投入工作，从而提高工作效率。"优美舒适"往往可以通过工作环境的形、声、光、色、味等表现出来。如工作环境干净整洁，布局美观，劳动工具排列有序，摆放整齐，则令人赏心悦目；多一些悦耳的音乐，少一些扰人的噪声，则令人精神振奋；自然光充分，照明光适度，则有利于人们的身心健康；过分鲜艳的色彩容易使人疲劳，浅淡柔和的色彩会使人轻松、愉快、舒适；刺鼻的异味让人头昏脑涨，清新的空气则使人神清气爽。要使人们的耳、目、鼻充分地感受到工作环境的美，绿化环境是最好的办法。除了一般的花草树木，还可种植一些具有除尘、净化空气功能的绿色植物，如臭椿、女贞子等。

3. 和谐稳定

和谐社会的重要标志之一是和谐稳定的工作环境。环境和谐，人际关系则和谐；人际关系和谐，工作压力则容易缓解；工作压力缓解了，工作效率自然高。环境稳定，人心稳定；人心稳定，社会稳定；社会稳定，更有助于创建和谐社会。

二、居室美

几乎所有的人，一生有1/2的时间是在家中度过的，住得舒适是人生极大的享受与追求，所以居室美在生活环境美中占有特别重要的地位。

居室美是指居室布局、装饰、陈设的美，它是主人美学素养的一面镜子，既能反映主人的审美情趣，又能体现主人的思想境界、道德情操、文化修养、品格品位等精神品质。那么如何把"美"带到我们的生活中，让我们的居室看起来"整洁、美观"，用起来"舒适、方便"呢？这就需要我们在设计或改造居室的时候保证居室的功能美，突出居室的形式美和情趣美。

（一）功能美

功能美主要表现在居室的布局上。现今条件下，人们的居室虽然大小不一，结构各异，但都是一个相对独立的空间。要想最大限度地发挥空间的功能，就必须注意空间布局的合理性。在摆放家具的时候，要考虑到人们日常生活的不同内容，在有限的空间里进行功能的区分，使睡眠、就餐、洗浴、读写、娱乐、会客等各据一方。家具够用为宜，过多会影响空间的有效利用。家具摆放的位置以便于使用、不影响采光照明、通风日照为宜。在选择家具的时候，要考虑到人体工程学的要求，大小高矮、软硬刚柔应与居室空间的大小、居住者的个体需要相符。普通的客厅不宜摆放太大的沙发。儿童的床铺不宜太高太软。在安装灯具的时候，要考虑到空间高度的实际情况。天花板较高的房间可安装吊灯，既可以增加照明度，又可以减少垂直面上的空旷与单调感。天花板较低的房间则适合安装吸顶灯，既不影响照明的功能，还能扩大活动的空间。由此可见，空间布局合理才能体现居室的功能美。

（二）形式美

从审美的角度出发，任何实用品不仅要"中用"，而且要"中看"，所以居室不仅要有功能美，而且要有形式美。居室的形式美主要表现在居室的装饰和陈设上。

就一般家庭而言，形式美首先表现在天花板、墙面、门窗、地面的装饰上。天花板是否吊顶，应依据居室空间的大小、功能区域的不同需要。卧室一般不吊顶，阳台吊顶的也很少。多数家庭的厨房、卫生间有吊顶是因为这些区域的特殊需要，而客厅吊顶除了划分区域外，最主要的就是美化人的视觉效果。空间大，吊顶可以稍微复杂一点，甚至夸张一些；空间小，就要简单一些，甚至不做吊顶。墙面的装饰也要服从功能区域的需要。厨房、卫生间的墙面贴上瓷砖，不仅防潮、便于打扫，还有美化空间的效果。尤其是点缀几块带有彩色图案的瓷砖，整个空间就会显得生机盎然。客厅里设计一面电视背景墙，既能突出家庭公共活动场所的主旋律，又能体现居室主人的生活品味，还有赏心悦目的效果。为了防止墙面单一色调导致的视觉疲劳，不妨将白色变为中性浅色。改变色调，一定要考虑到居室主人的年龄、性别、职业、爱好等，切不可采取"一刀切"。门窗的装饰也要根据个人的需要做出不同的选择。深色显得严肃沉稳，浅色显得优雅温馨。地面的处理应根据经济实力和个人爱好，或瓷砖，或实木，或复合地板，地面的色调重于墙面和天花板的色调，可避免头重脚轻的现象。

陈设的形式美是没有固定格式的，它会因房而异，因人而异，因时而异，因地而异。无论家具如何摆放，只要家具之间协调均衡，实用功能明显突出，就是美的。无论饰品大小贵贱，只要摆放恰到好处，就是美的。但需要注意的是，家具、饰品不宜过多过杂，风格力求和谐统一。

（三）情趣美

情趣美主要表现在居室的意境上。"宁可食无肉，不可居无竹。"苏东坡对居住环境如此高雅的品位，既表现出高尚的情操，也表现出独到的情趣。具有情趣的居住环境，正是人们理想中的美好环境。创建情趣美的环境关键在于创设一个美好的意境，而创设意境的关键在于立意，即需要什么风格情调，表现什么文化氛围。这两点确定之后，便可据此精心选择每一样物品，创设出一个美好的意境，营造出某种特定的情趣美，以体现出主人个性特征的美、精神世界的美、生活情趣的美。

活动与思考

1. 结合同学们的日常表现谈谈怎样塑造良好的个人形象？

2. 主题班会：如何创设美好的学习环境？

3. 美化宿舍竞赛活动：参与学校的美化宿舍竞赛活动，围绕"怎样才能让宿舍既实用又美观"发表参赛感言。

4. 观看定义时代审美的人物纪录片《这个时代的审美》。

5. 在纪录片《舌尖上的中国》里，中国美食更多地是以轻松明快的叙述节奏和精巧细腻的画面，向观众展示中国的日常饮食流变、中国人在饮食中积累的丰富经验、千差万别的饮食习惯和独特的味觉审美，以及上升到生存智慧层面的东方生活价值观。从央视官网搜索《舌尖上的中国》进行观看。

第七章
造型艺术与美育

学习目标

1. 认识造型艺术的美育功能，了解各种造型艺术的审美特征。
2. 认识书法艺术的文化内涵，练就一手漂亮的字体。
3. 理解中西绘画的审美差异，学会欣赏绘画作品。
4. 掌握摄影造型的基本方法，在摄影实践中拍出好的作品。
5. 体会工艺美的精湛技艺，并能创作一定的工艺作品。
6. 认识中西建筑的不同风格，培养建筑艺术欣赏的能力。
7. 认识中西雕塑艺术的差异，掌握雕塑作品的欣赏方法。

造型艺术又称空间艺术、视觉艺术、静态艺术，是以一定的工具和物质材料在一定的空间里塑造形体，创造视觉可以直接感受的静态形象来满足人们精神上审美需求的艺术。它主要包括绘画、雕塑、建筑、工艺、书法、摄影等，其审美特征表现在以下几个方面。

第一，直观具象性。造型艺术作为一种视觉艺术，其直观具象性不仅表现在以现实生活中可视可触的事物为反映对象，也表现在它可以把现实生活中某些难以显现的无形事物转化为可以直观的具体视觉形象，如罗丹的《思》（见图 7-1）就把"沉思"这种原本无形的内在精神状态化为有形，有形的陷在石块中的少女头像象征人的思想智慧能够自由驰骋、超越现实，但同时又无法摆脱现实的沉重束缚和折磨。

第二，瞬间永恒性。作为一种静态艺术，造型艺术特别是绘画、雕塑、摄影具有选取特定瞬间以表现永恒意义的特性。如藉里柯的《梅杜萨之筏》（见图 7-2），画家选择了幸存于筏上的劫后余生的人们发现救生艇时最具震撼力的动人瞬间——绝望与希望转换的交接点，通过对筏上纵横的尸体和奄奄一息的受难者的描绘暗示过去的残酷遭遇，又以举巾呼喊的幸存者的形象预示着即将脱离绝境而获救的结局。这幅画记录下的真实事件的瞬间是由画家精心提炼的，表现出人的意志同死亡搏斗的巨大力量。米隆的《掷铁饼者》选取运动员把铁饼掷出前的最紧张而又饱蓄活力的一瞬间，这个瞬间的静态潜藏着运动的美和人体的和谐韵味。

图7-1 《思》   图7-2 《梅杜萨之筏》

第三，空间表现的差异性。绘画是运用不同的透视方法在平面上营造一种虚幻的立体空间，雕塑的空间是一个实在的三维空间，书法艺术则是通过布白体现其空灵、含蓄的空间意识。

第四，凝聚的形式美。造型艺术具有在艺术形象中凝结聚合形式美的特性，如米洛斯的《断臂的维纳斯》雕像因为符合黄金分割的人体美比例关系而成为女性永恒美的象征，北京故宫（见图7-3）透露出节奏与韵律，《兰亭序》显现出了多样统一。

图7-3 故宫全景

造型艺术在培养形式感、营造艺术氛围的生活空间和美化人自身等方面有着独特的功能。

第一节 书法美

书者，書也，从聿，即手执笔表达话意。书法是以毛笔为主要表现工具，以汉字为表现对象，以线条来表达情感的一种艺术。书法艺术是中华民族特有的创造和智慧的表现，我国现代书法家沈尹默曾说："世人公认中国书法是最高艺术，就是因为它能显出惊人的奇迹，无色而具图画之灿烂，无声而有音乐之和谐，引人欣赏，心畅神怡。"⊖西班牙"立体派"大师毕加索也曾说："世界艺术在东方，而东方艺术就是中国书法""假如我生在中国，我一定是个书法家，而不是一个画家"⊜。书法因其最普遍、最实用的艺术性已受到不同肤色人们的青睐，已成为中西文化交融的亮点、世界艺苑的明珠。

一、书法的美育功能

（一）书法美育能弘扬国粹

我们应该把书法这一国粹传承下去，接受书法艺术的精神内涵，了解我们的民族审美特征和审美精神，培养爱国主义精神。

（二）书法美能够陶冶性情，改变人的情绪

书法可静心，可养性，很容易培养严谨认真的好习惯。书法作品中特有的典雅之美，一旦你感受到了，领悟到了，你的精神自然而然会受到感染。比如，原先平静的心情可由草书那飞腾的气势而产生跃跃欲试的激情，原先烦躁不安的情绪可由篆书那稳健典雅的风格而平静下来。

（三）书法美能给人带来愉悦

书法艺术把"意美"寓于"形美"之中，其笔墨情绪常不知不觉间感染着我们，书法创作本身就是审美与创美的一项愉悦性活动。

二、汉字书写与书法

汉字是书法艺术的内核和灵魂，书法是对汉字造型的美化。从汉字的发展演变过程（见图7-4）可以看出，汉字源生于自然，是从图画演变而来的，内含深刻的自然哲理性，这也决定了书法艺术的本质规律——书法是自然的节奏化，从而使书法成为反映自然哲理的以抒情写意为宗旨的独特艺术形式。汉字书写与书法的区别有以下三点。

第一，汉字书写主要是记载或传播功能，美观往往是为了提高识别，一般仅仅具备最基本、最简单的形式美，如整齐、对称、均衡等。而书法艺术首先是审美功能，其记载或传播功能居次要地位，同时它又讲究文字内容和书体风格的

图7-4 汉字的发展演变过程

统一。如温庭筠的"梳洗罢，独倚望江楼，过尽千帆皆不是，斜辉默默水悠悠，肠断白亭

⊖ 沈尹默，《书法论丛》，上海教育出版社，1978年版，第33页。

⊜ 申卉芪 申海清，《书法之门》，黑龙江美术出版社，2008年版，第2页。

舟"，如汉字写得很粗犷，就和内容矛盾，产生不了美感。谭嗣同的"我自横刀向天笑，去留肝胆两昆仑"很豪迈很悲壮，如果汉字写得太秀气、太细，也和内容不协调。

第二，汉字书写一般不体现内容以外的思想和情感，而书法艺术则渗入创作者的思想和情感。古人把书法称作"心画""心迹"，清代刘熙载在他的《艺概·书概》中说："书，如也。如其学，如其才，如其志，总之曰如其人而已。"可见书法是一种心灵的艺术，是人的精神美的表现，书法和人的精神相通，人品决定书品。从这个意义上说，书法又是一种文化行为，它与一个人的学识、修养、眼界和艺术感觉紧密相连；书法又是一种比音乐还纯粹的表现艺术，音乐可以模拟大自然的音响，而书法打动人的并不在于它模仿什么，像什么，而在于一种深刻内涵，是生命运动的一种感悟。如杨辛的书法《春》（见图 7 - 5），上半部长锋直书产生了细长柔韧的线条，犹如行云流水般舒缓流畅，又如春日初发的柳枝，

图 7 - 5　《春》

在微风中轻轻飘荡；下半部以"涩笔"扫出刚劲粗犷的线条，犹如一颗充满生机的老树，在春风的拂动下绽出了一树嫩绿。一笔写就的整个字构成了一幅充满动感与和谐的美丽春日图景。在杨辛先生看来，春不仅仅是个季节，而是生命的象征、精神的支柱。所以名为书法，实际上是"无法"的，绝对没有一成不变的规则，最关键的还是学识修养，如果没有文化而搞书法是不可想象的。

第三，汉字书写只需要有限的技巧便可实现，可以在明确的规范条件下完成；而书法创作是需要笔墨基本功夫的，正如南京大学教授胡小石先生在《书艺略论》中所说："凡用笔作出之线条，必须有血肉，有感情。易言之，即须有丰富之弹力，刚而非石，柔而非泥。取譬以明之，即须如钟表中常运之发条，不可如汤锅中烂煮之面条。"姚孟起《字学忆参》也说过："百炼钢化为绕指柔，柔非弱，刚极乃柔。"有刚无柔不是真正的刚，有柔无刚也不是真正的柔，只有将二者有机结合起来，才能创造出充满生命活力的线条，进而结合成更具魅力的形体，给人带来既振奋又愉悦的艺术享受。

三、书写工具与书法艺术

（一）毛笔

中国毛笔区别于西方硬笔最基本的特性就是刚柔相济，以柔克刚，以柔生刚。中国人生性比较柔韧，讲和平不尚武勇，讲化干戈为玉帛，而毛笔正好体现中国文化的这种精神。正由于毛笔既柔软又有弹性，所以它提按行止挥洒自如，写出来的线条可粗可细，可直可抖，可方可圆，可枯可润，变化无穷，进而创作出古茂浑朴、柔顺萦纡的篆书，蚕头雁尾、一波三折的隶书，行云流水、飘逸隽秀的行书和龙飞凤舞、肆意纵横的草书。

（二）宣纸

宣纸的特性是素，没有任何色彩，纯素天然。中国画、中国书法都用白做底衬，实际上这是中国人天人合一观念的表现。中国人看这个世界、这个宇宙的深处是无形无色的虚空，虚空就是灵气往来，生命流动之所。中国人认为正因为有灵气有虚空，生命才能存在。而虚空就是白，就是素。一阴一阳谓之道，中国人认为，天体宇宙就是一阴一阳，阴就是黑，阳就是白。白素是宇宙的结构本色，只有白素才能融合万物，阴阳互济，虚实相得，拓延艺术作品的容量内涵，只有白素才能保证艺术家的精神和大自然毫无滞碍的融合为一，加强它的意境。从这个意义上讲，黑白美是一种最高的美。中国的宣纸因为纯素，所以最容易吸墨化墨，渗透入里，受而不散，形成一种特别富于立体感的物像。立体感第一在于黑白的自然反差；第二就在于宣纸本身具有一种晕染的特性；第三是宣纸的涩，宣纸的表面不太光滑，正好和笔墨的运行结合起来，使线条更加凝重、内实，不浮不躁，润泽丰莹。宣纸的这些特性是其他纸张所不能比拟的。

（三）墨

墨的特点是黑。中国艺术不重色彩，不重光影，而重笔墨线条，就是因为它是宇宙生命阴阳交替、黑白交替的一种暗示。白和黑是无所不包的色彩，中国艺术家正是运用这种黑色的墨的浓淡干湿的变化造成一种水晕墨章、明暗远近的效果，而墨彩就是在黑白交映、黑白调和、黑白对比、黑白衬托里面表现出来的。浓淡干湿的墨色搭配得当以后，既融洽又分明，既内实又有层次，这就是所谓的黑白美。

（四）砚

汉代刘熙在《释名》中解释："砚者，研也，可研墨使和濡也。"砚台不仅是文房用具，由于其性质坚固，传百世而不朽，又是历代文人的珍玩藏品。宋代米芾在其所著《砚史》中有云："器以用为功，玉不为鼎，陶不为柱。文锦之美，方暑则不先于表出之绤。褚叶虽工，而无补于宋人之用，夫如是，则石理发墨为上，色次之，形制工拙，又其次，文藻缘饰，虽天然，失砚之用。"米芾对赏砚的角度和主次都进行了说明。各朝文人对砚台的审美各有所好，其判定砚台好坏的标准也是各有所据。概而言之，砚之美在其质、在其形、在其工、在其品、在人心。从唐代起，广东肇庆的端砚、安徽歙县的歙砚、甘肃洮州的洮河砚以及山西绛州的澄泥砚最为突出，称"四大名砚"。

四、书法艺术的审美

章法布局、点画、结体是书法艺术造型的三大基本要素，书法艺术的审美欣赏也应该从这些方面入手。

（一）纵观章法布局美

一幅书法作品的创作过程是"积画成字，积字成篇"，而人们对书法作品的欣赏却是从总体形象及整篇章法布局开始的，即人们首先注意的是作品给人的第一印象。从形式上看，章法是否自然天成、浑融和谐，所调动的艺术手段是否恰当，是否达到气象非凡，内涵深邃，境界超凡，博大宏远，将作品熔铸成为一个生气贯注的整体，从而体现出作者的匠心独运，至少能通过画面的气氛看出作品的情调是深沉的还是豪迈的，是乐观的还是忧郁的，进一步从风格上审度是质朴、率真，还是古雅、清新等，然后再看作品是否有夺人心魄的形象和神采，以及令人激动不已的节奏和韵律。

章法要求计白当黑，疏密得体，揖让有致，顾盼生辉，还要考虑险中求正，错落有致，全局统一。一幅好的书法作品，点画之间顾盼呼应，富有变化；字与字之间欹正相反，搭配合理；行与行之间首尾呼应，气脉贯通，通篇凝结成一个不可分割的整体。如王羲之的《兰亭序》（见图7-6）、王献之的《中秋帖》（见图7-7）等就令人赏心悦目。

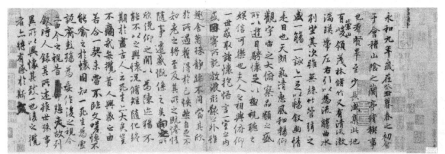

图7-6 《兰亭序》　　　　　　　　　　　　　　　　图7-7 《中秋帖》

章法的形式丰富多样，字的布局也不拘一格，欣赏时要根据具体情况来判断。篆书形体长方，字取纵势，作品宜行距大于字距，如秦李斯的《仓颉篇》；隶书为扁横形，字取横势，作品宜字距大于行距，如汉代的《张迁碑》《曹全碑》等；楷书方正整齐，作品宜字距和行距相等，如唐楷、魏碑；行书宜纵有行，横无列，潇洒自如，如宋四大家行书；而草书则是纵无行，横无列，贵于参差变化，如"草圣"张旭的书法千变万化，不拘不束。

章法变化应以整幅作品的完美为准，做到变化而不杂乱，统一而不单调，使布局增辉，篇章益活。如果作品过于整匀，毫无变化，如算子排列；或杂乱无章，随心所欲，如乱柴一堆；或窒塞满篇，拥挤不堪，使人感觉透不过气，如墨云压地；或稀疏分散，支离破碎，如散沙一片，都不能给人以美的感受，这都是章法失败的作品。

另外，题款、印章是书法的有机组成部分，对书法布局起平衡、点缀、烘托作用。题款有上下款，大都是行书，不挤不散，写得灵动潇洒，决不能马虎草率，成为正文累赘。书作白纸黑字，加上恰到好处的朱红印章，会对整幅作品起到画龙点睛的作用，使整幅书作锦上添花，意境高雅。

（二）细品点画线条美

书法艺术是典型的线条艺术，书法的线条就是构字结体的"点画"，主要有点、横、竖、撇、捺、提、折、钩等形态，有藏露、粗细、方圆、偏正、曲直、刚柔、畅涩等变化。中国的书法家们以变化多端的线条和抽象的笔墨来表现微妙的内心感受，这一切就构成了中国书法的线条美。王羲之书法的线条离而不绝，似断还连，无形处有神，无笔处有势，因而喜爱王羲之书法的唐太宗竟然写了一篇《王羲之传论》赞美说："烟霏露结，状若断而还连，凤翥龙蟠，势如斜而又直。……"这就是中国书法线条美的最高境界。

1. 美的笔画线条应该力饱气足

线条的力度感历来是衡量书法作品优劣的审美标准之一，晋代卫夫人在《笔阵图》中说："多力丰筋者圣，无力无筋者病。"因此好的书法作品应该是入木三分、力透纸背、力屈万夫。唐代大书法家怀素写的《自叙帖》（见图7-8）和张旭写的《草书四帖》因为线条遒劲有力而又气势奔放，历来被书家誉为书法佳作。

2. 美的线条应具有质感

优美的书法作品其笔画线条能给人一种质感，使人们从抽象的线条中感到隐隐然真实有形，如颜真卿的《颜勤礼碑》（见图7-9）、《颜家庙碑》等的笔画线条饱满圆实，浑厚圆润，富有"立体感"的艺术效果。即使线条轻细如游丝，也能给人以刚劲有力的感觉，如怀素《自叙帖》中的笔画线条非常纤细，但并不使人感到飘浮无力，而是能给人一种似柔实刚的感觉，宛如一部用线条交织而成的交响曲，以它铿锵的音色、激越的旋律构成了一部完美的乐章，把欣赏者带进一个神采飞扬的精神王国。

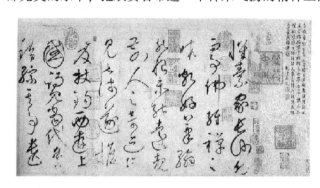

图7-8 《自叙帖》　　　　　　　　　　　图7-9 《颜勤礼碑》

3. 美的线条应具有节奏感

书法作品的线条如果粗细一致，无提按起伏，无抑扬顿挫，就显得呆板、僵硬、单调，不能使人产生美感；反之，如果笔画线条有快慢、粗细、长短、浓淡、枯润等变化，就会给人以强烈的节奏感，从而激发人们的美感和联想。从这个角度讲，人们也称书法为"无声的音乐"。

4. 美的线条应具有情感

书为心画，以情行笔，情注毫端，这样的书法作品才能情韵纵逸，生动感人。唐朝孙过庭通过对历代书法真迹的研究指出，与王羲之同时代的许多书家的笔迹之所以不传，独有王羲之的书法代代相传，历久不衰，其原因就在王羲之善于通过书法来表达他的内心情感。孙过庭在《书谱》中说，王羲之在写《乐毅论》这篇小楷时，抑郁的心情表现了出来；他在写《东方朔画赞》这篇楷书时，则多涉及离奇的意想；他在写《黄庭经》时，则感到虚无境界的喜悦；他在写《太师篇》时，则为纵横周折的世情而心潮起伏。王羲之就是这样以情运笔，在行笔中注入自己的情感，书法作品成为艺术家内心感情的寄托和记录。

（三）分析结体造型美

中国书法的表现对象是汉字，构成汉字的笔画有多有少，字形有方有圆，体态有欹有正，字与字排列起来有大有小、有长有短、有疏有密。汉字的这种奇异多姿、意态万千的形体为书法家创造天然错落、参差变化的造型美提供了极为广阔的天地。如王羲之的《兰亭序》，全篇共出现了 21 个"之"字，每个"之"字的结体不同，神态各异，又都贯穿和联系着全篇，构成全幅的联络，使全篇一气贯注，风神潇洒，不黏不脱，显示出王羲之的精神风度。

汉字分独体字与合体字两大类。书写独体字时应突出字的自然形态，如"目"字是长方形，如果写成扁的就不美；"夕"字是左斜形，书写时要注意斜中求稳，如果重心不稳，就给人以飘浮无力的感觉；"回"字是正方形，既要写正，还要写活，体态不活就给人一种呆板的感觉。合体字按其组合形式可分上下结构、左右结构、上中下结构、左中右结构、半包围结构和全包围结构六种。上下结构和左右结构的字，每个构成部分的笔画是差不多的，书写所占的空间应"平分秋色"，如"好"字和"志"字；上中下结构和左中右结构的字，书写所占的空间应"三分天下"，如"意"字和"街"字；半包围结构的字，不论是上包下、下包上，还是左包右、右包左，一定要把被包围的那部分包紧，如"凤、幽、句、巨"等字；全包围结构的字，被包围的那部分位置要居中，形体大小要与外框相衬，如"困"字和"围"字。

楷书和行书结体要端正、严谨、峻整、清秀，草书笔墨要酣畅、潇洒，若行云流水，似龙飞凤舞，篆隶则应古朴苍劲。

（四）感受墨色韵律美

书法作品是否有韵味，有意境，在很大程度上与墨色密切相关，笔情墨趣是书法艺术的生命。

书法创作者因情感的驱使，用笔有轻重、提按、顿挫、疾徐，用墨有枯湿、浓淡、虚实、燥润，用笔用墨巧妙结合就形成了书法作品的韵律感和节奏感。初落笔时往往饱蘸浓墨，挥洒而下，由润渐燥，由浓渐淡，再次蘸墨，又重复出现以上情况。用笔轻则墨浮而淡，用笔重则墨凝而浓；用笔慢则墨渗而润，用笔快则墨燥而枯。一篇之中有浓墨字、淡墨字，一个字中有浓墨笔、淡墨笔，一笔当中也有浓淡变化，就像音乐的强音和弱音不断交替变化一样，其节奏韵律美是不言而喻的。不过，浓墨太多则浊，淡墨太多则浮，焦墨太多则燥，湿墨太多则软。一定要把握好墨色的自然变化，处理好各种墨色对比关系，浓墨处见一些淡墨，湿墨处出现一些飞白、枯笔，以增加墨韵变化。

（五）领悟神采风韵美

书法作品的神采风韵是点画线条及其结构、章法组合中透出的风格、格调、气质、情趣的统称。例如，颜真卿字多肉多血，柳公权字多骨多筋，米芾字侧锋取媚，郑板桥书既拙且怪，这都是由于不同的运笔体现不同的笔意和神韵。同是初唐的四大书法家，由于用笔的特点不同，其书法的艺术风格也各具特色。有着"君子书风"美誉的虞世南，用笔圆融劲逸、温文尔雅、平实稳健、含而不露，故后人赋予"君子藏器"的美誉，评夸他的书法为"字体馨逸、举止安和、蓬蓬然得春夏之气"。而初唐四大家中的另一杰出代表褚遂良用笔却方圆兼施、流洒飞动、灵活多变、提按顿挫、随笔生态、随势生波，后人称他的书法是"字里金生，行里玉润""疏瘦劲炼，细骨丰肌"。

书法作品的神韵美既体现了书法家的"字内功夫"，也反映了书法家的"字外功夫"。所谓"字外功夫"即书法家的思想气质、文化素养、道德情操、个性风采等。字为心画，字如其人，书法家笔下的作品都是其思想秉性、气质素养、道德情操的反映。例如，王羲之的《兰亭序》表现出一种平和、自然的感情，给人的感受是"志气平和，不激不历"，而这种思想感情同东晋时期一部分士大夫深感人生无常、主张顺从自然的道家思想感情是一致的。他们认为平和、自然是最高的美。颜真卿一生刚直不阿，不徇私情，不畏权奸，其书法作品充溢着忠义刚烈之气，凛然不可侵也，如《祭侄文稿》（见图7-10）是在作者极其悲愤的情况下挥笔疾书的，尽管字体的浓淡、疏密大小不同，甚至涂涂改改，然而却把颜真卿当时那种悲愤的心情真实地表现出来，而且书写的内容和形式也是有机地统一，成为我国书法史上罕见的书法艺术珍品。而元代赵孟頫是宋皇朝的后裔，宋亡后而降元做官，他的字学晋人尊丽媚人，没有锋芒，与其做人一样，委曲求全。在王羲之、颜真卿、赵孟頫的书法作品中，虽然他们各自所处的时代、环境、地位不同但他们的个性心境能很明显地流露出来。

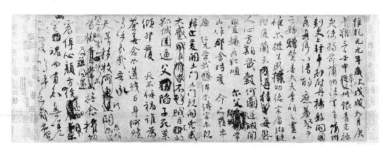

图7-10 《祭侄文稿》

五、书法作品赏析

书法是文字、书写和人品三位一体的艺术。欣赏一幅书法作品的基本方法是"想其挥运之时"，即他这个作品是在什么情况下写的，这个作品表现出什么样的感情，这样才能理解他的笔墨为什么是这个特点。下面我们以书法史上的"第二行书"颜真卿的《祭侄文稿》为例做评析。

颜真卿为什么要祭祀他的侄子呢？因为他的侄子是在安史之乱中壮烈牺牲的。公元755年安禄山发动了叛乱，当时河北22郡几乎无人抵抗，不是逃跑就是投降，或者按兵不动，只有颜真卿起兵抗击。当时颜真卿的堂兄颜杲卿在安禄山手下做常山太守，就派小儿子颜季明往返与颜真卿联络，起兵抗击安禄山。颜杲卿打开了土门关，对安禄山的叛军形成合击之势，但很快就遭到安禄山军队的围攻。危急关头，他就派长子颜全明向拥有重兵的王承业求援，但王承业不仅不派兵救援，反而把打开土门关的功劳贪为己有，致使颜杲卿及家人被俘。叛军把刀架在颜季明的脖子上逼颜杲卿投降，但颜杲卿不答应，于是颜季明被杀，颜杲卿也被肢解而死。颜真卿因为抗击叛军有功，在朝廷兼任御史大夫，整肃朝纲，惩治贪官。后来被排挤，758年到蒲州任刺史，时年50岁。这年安禄山被杀，史思明投降。颜全明到常山寻找父亲和弟弟的遗骨及失散的亲人，找到的时候，他父亲的一条腿还放在别人的棺材里，而他的弟弟只找回一个头颅。这时距离他们牺牲已经3年了。扶棺回京路经蒲州，颜真卿写下了这篇文章。在侄子仅存的头颅面前，抚今追昔，他都想到了什么？是何等的心情？

他先交代了祭祀的时间和对象，之后赞颂颜季明从小有才有德，是家族的希望，这时是悲痛大于愤怒，叙写得比较轻缓，笔墨还比较沉着。之后回顾抗击叛军，到"父陷子死，巢顷卵覆"，愤多于悲，笔墨沉郁，可以感受到颜真卿对自己感情的抑制。从"天不悔祸"开始，悲愤交加，笔墨迅疾，我们从中可以感受到颜真卿"摧切"心肝、血泪迸发的激荡心情。"呜呼哀哉！"此时悲痛如长江大河，迅疾的笔墨淋漓尽致地宣泄出这种不可遏止的感情。

颜真卿的书法技巧非常娴熟，在书写这篇文稿的时候虽然是自然地发挥，但却表现得淋漓尽致：线条质朴，没有雕琢；结构严谨，没有散乱；章法自然，没有刻意摆布；节奏鲜明，充分表达了他的情感。如果细致欣赏，我们可以看到颜真卿的这幅作品不仅书法风格非常突出，而且技巧的难度是非常大的。从风格上看，他开创的大气磅礴的气派与唐代早期和中期流行的王羲之书法秀美的风格形成鲜明的对照。从技巧上看，线条的质朴遒劲有很高的书写难度，例如，第9行的"何图"的"图"字，转折处细如丝发，但力量十足，斩钉截铁。结构上也是形态多变，如第7行的"瑚"字呈扇形排列，左右低中间高，第11行的"时"字中间空白很大。从章法上看，字与字的连缀欹正相生，浑然一体，线条粗细和墨色变化节奏分明，充分表现出书写时的情感。如果我们有一定的书写经历，对这些就会有更深切的体会。古人讲世之所贵，必贵其难。如果从难的这个角度来看，颜真卿这幅作品不可能再有第二幅了。

六、 如何才能写好字

当今社会人们常用计算机打字和排版，用毛笔写字的人越来越少了，但是书写钢笔字还是必需的。特别是很多时候需要签名，那是不能用计算机打出来的。要把字写好，首先要把自己的名字写好，一是让自己看得过去，二是让别人认得出来，这是最起码的要求。如果再用心写得有些美感，让别人也说好看，那就更好了。

启功先生说："用笔何如结字难，纵横聚散最相关。一从证得黄金律，顿觉全牛骨隙宽。""行书宜当楷书写，其位置聚散始不失度。楷书宜当行书写，其点划顾盼始不呆板。"这就告诉我们，字写得好不好看，关键要看它的整体结构。不管楷书、行书还是草书，都有一定的书写规则，我们可以直接从古帖中琢磨那些好看的字形并加以模仿。

第二节　绘画美

绘画是一种视觉艺术和造型艺术，它主要通过线条、色彩和形状的有机结合构成有意味的"形式语言"，在平面的二维静态空间中反映复杂的客观现实生活，表现艺术家丰富的审美情感和审美理想，因而它具有直观地认识社会生活、怡养性情、陶冶情操的功能。

一、 绘画的种类

绘画根据审美理想与艺术风貌的不同，可分为东方绘画与西方绘画两大体系；根据所使用的物质材料和技巧的不同，可分为中国画、油画、水彩画、水粉画、版画、计算机绘画、素描、速写等；根据题材和内容不同，可分为肖像画、历史画、静物画、风景画、风俗画等；根据作品形式的不同，可分为单幅画、组画、连环画、宣传画、壁画、年画、漫画和插图等。

中国画按照表现对象又可分为人物、山水、花鸟等画科，有工笔、写意和兼工带写等技法。因为山水画易于表现深远的境界，易于反映中国文人与大自然为伍的胸襟，因此山水画在受重视程度上始终居中国画之首；人物画多用于政教、宗教、肖像等题材；花鸟画居其次，长于表现情趣。写意画是中国画的主流。

二、 绘画的审美特性

（一） 造型性和直观性

绘画是通过线条、色彩和构图等基本要素造型的。

线条的本质在于它的情感意味，其软硬坚柔、轻重缓急、光滑滞涩、清晰含混等特点，其长短、粗细、疏密、干湿、曲直等节奏变化，都可以表现出无限丰富的情感层次。荷兰画家凡·高作品中弯曲、动荡的线条就反映了画家本人急躁而冲动的天性，意大利画家达·芬奇作品中冷静、准确的线条则表现出艺术家的精确、理性、富于逻辑的个性，法国画家德拉克洛瓦作品中奔放有力的线条则表现了这位浪漫主义艺术家火焰般的激情和热烈的性格。因此，绘画中的线条既是作者视觉上的创造，更是情感的表现。

色彩的运用在绘画中占有重要地位，中国绘画非常重视色彩表现，如唐代敦煌壁画和重彩工笔画，无论在人物、山水和花鸟方面都有实例可循。李思训的山水画以"青绿为衣、金碧为纹"，以墨线勾画轮廓后填以石青、石绿，最后用泥金勾勒，为的是追求一种雍容华贵、富丽堂皇的艺术效果，以此来象征唐代盛世中政治、经济、文化的空前繁荣。随着西方画种的涌进，中国现当代的艺术家们更是勇于尝试和探索，如林风眠先生的水墨画重彩作品就具有很强烈的色彩主观意识，并多用原色调，纯度和明度都有所加强，在色彩心理上更能体现时代感。

绘画的构图有极强的表情性，横向线式构图暗示着和平与宁静，斜线式构图包含着运动和力量，金字塔式构图暗示稳定和庄重，倒三角式构图显示出不稳定和危险，锯齿状构图包含着痛苦和紧张，圆状构图显得圆润和完满。综合利用这几种构图形式进行交错和对比，就能够唤起千变万化、错综复杂的情绪和感受。藉里柯的油画《梅杜萨之筏》再现1816年7月法国巡洋舰"梅杜萨号"的海难事件，画面采用了奇峰突起的"金字塔构图"，金字塔的顶峰是站得高高的黑种人手挥红巾向着远处的船影振臂高呼，金字塔的底部是一堆在惊涛骇浪中垂死挣扎和已死的人物形象，画面中筏上人物求生欲望和激动、紧张的气氛给人留下深刻的印象。

绘画视觉的直观性虽然不能像戏剧、影视那样把所表现的对象实际存在的矛盾运动过程全部展示出来，却可塑造事物形象"最富于孕育性的瞬间"，使其在欣赏者的头脑里引起对事件过程的联想，化动为静，以静写动，如齐白石的《蛙声十里出山泉》。

（二）再现现实的具体性

绘画艺术不但能够再现人物的具体形象，而且能够反映人物所处的具体背景。绘画中人与自然、人与社会、人与人之间的各种矛盾、内心冲突远比雕塑反映得更为直接和具体。米洛斯的雕塑《断臂的维纳斯》由于造型单纯，无背景，色彩简单，只能传达爱和美的纯粹观念。而绘画中的维纳斯却能和人间生活紧密相连，她的个性就存在于她的形象与所处环境中。例如，意大利文艺复兴早期著名画家桑德罗·波提切利《维纳斯的诞生》一画，经过中世纪的长期冬眠，1486年维纳斯又重新苏醒或重新诞生。画中的维纳斯从海水的泡沫中出世，乘着巨大的海贝，带着羞怯的神态被两位塞佛罗风神吹到岸边。季节女神迎候着，准备给她披上鲜花织成的衣裳。在广阔的天空与淡蓝的海洋的背景烘托下，一头长发闪烁着金色的光辉；温柔的海风，把它"梳"出一种特殊的韵律感。女神形体修长优美，那似乎是毫无重量感的双脚造成了一种轻盈飘忽的神的境界。人物充满忧思的表情，又添了一层人间的色彩。这是一位女神，含着少女的娇羞，袒露着圣洁的身躯，她带着古典世界的柔美静穆，又充满了中世纪的哀愁忧思；她揭示了文艺复兴时期人们的复杂心理，也显露了人本主义的胜利曙光。世俗的审美情趣借古代希腊女神的庇护又重新抬头。

如果说波提切利的维纳斯还带有古典规范而拘谨站着的话，那么乔尔乔内的《睡着的维纳斯》则一下子松弛地躺下来，他更多地把神话题材转换成一种对大自然的沉思。丰腴柔润的躯体与恬静优美的草原和山丘协调呼应，巧妙组合，构成了一个闲适幽雅的理想世界。在那日暮的天空中，大自然将入睡，女人正在酣睡，人体与大自然融成一气，躯体的曲线与山脉的曲线合成了一个节律，同一个梦把人和自然笼罩在一起了。作为人文主义精神的体现，它与以往的人物画作品的明显区别是对自然界的关注。受乔尔乔内的影响，提香也画了许多躺着的维纳斯。例如，《乌比诺的维纳斯》，展现在我们面前的女人体，完全是一位富足的宫廷贵妇。堂皇富丽的室内装饰，女人优美的形体轻松舒展地躺在松软的床榻上，床上还卷卧着一只小狗，维纳斯手上还有耀眼的手镯，靠近窗台的位置还有她的侍女和小女孩。

从三幅不同的维纳斯画面可以看出三种不同的个性和对爱的不同理解。波提切利的维纳斯，还是半人半神，把人置于神的环境中，她既有中世纪妇女那种古典规范，又有文艺复兴时人文主义精神的光辉，说明人们对爱的理解的矛盾心理，传达出从封建的束缚中求解放的向往。乔尔乔内的维纳斯，神灵消融于大自然之中，只有淡淡的余味，说明人们把爱看成是很自然的。而提香的维纳斯，神的味道荡然无存了，完全是一个世俗的、现实的女人，说明人们对爱的理解走向世俗化，与物质因素，尤其与金钱、财富连在一起了。绘画之所以能表现维纳斯的不同个性及不同时期人们对爱的理解，都是由于绘画的特点所致，它的二度空间、色彩能够容纳大量的自然环境和社会内容，它的线条能详细刻画人的细微表情，特别是脸部，尤其是眼神，这些是雕塑不能达到的。

（三）情感表现的丰富性

绘画不仅是再现的艺术，也是表现的艺术，特别是现代派绘画，情感"弥漫于作品的每一根线条，每一块颜色"。例如，印象派画家高庚的《我们从哪里来？我们是谁？我们往哪里去？》，画的右边是一个刚刚诞生的婴儿，中间是一个采摘水果的青年（他似乎暗示亚当采摘智慧之果），左边是一个行将就木的老妇。这一主线的贯穿暗示着人类从生到死的命运。从作品中的形象、色彩的构图看，似原始民族的神话传说，富有异国邈远、神秘的情调。这幅画是画家主观的臆想梦境，是对人和自然交融的一种渴望了解的探究心情。高庚说在他临终以前已把自己的全部精力都投入到这幅画中了，"这里有多少我在种种可怕环境中所体验过的悲伤之情，这里我的眼睛看得多么真切而且未经校正，以至一切轻率仓促的痕迹茫然无存，它们所看见的就是生活本身"。其内心悲怆而强烈的情感不仅见于画面，还溢于言表。

挪威的蒙克出身贫寒，童年时母亲和姐姐相继死于肺病，而父亲和一个弟弟又先后在他身边死去。孤独、苦闷铸成了他的性格，他的大部分作品都是悲剧生命的自我表述。但正因为其生命的悲剧是整个当代社会悲剧的缩影，所以他的自我表述自然而然地成为整个社会的自我表述，从而具有深刻的震撼人心的力量。其最负盛名之作《呐喊》（见图7-11）几乎把人类内心的痛苦、狂乱和挣扎全部用绘画语言的外在形式和盘托出。画面上一个面容消瘦近于骷髅的人，双手紧紧地捂住耳朵，好像受到极大的惊吓，张口狂呼。背景那种阴惨的天空红色和阴郁的海湾绿色给人以非常恐怖的印象，那种惊悸颤动，如人的神经纤维般的粗犷线条，在人物形象周围形成一个湍急的旋涡，就像那绝望的呐喊的回响，紧紧地纠缠在他脑际，使得他不得不紧捂双耳。蒙克自述道："我和两个朋友一起散步。太阳下去了，突然间，天空变得血一样红，一阵忧伤涌上心头，我呆呆地停在栏杆旁。深蓝色的海湾和城市上方是血与火的空际，朋友们继续前进，我独自站在那里，由于恐怖而战栗，我觉得大自然中仿佛传来一声震撼宇宙的呐喊。"这是由于作者内心极度孤独、剧烈的痛苦而战栗，是发自人类本能的无法遏制的呐喊。

就中国绘画而言，画山就是画人，因为画山水也是画家本身的自我呈现，画家让我们见到他所经历的精神层面的活动。扭曲的山脊、冬日树木中聚集畏寒暂居的鸟儿，传统设色鲜艳的主题上改用阴暗的颜色作为主调，这一切都勾画出遭遇时代不幸的心灵所传达的焦虑。同样是画竹，宋代文同画的"竹"总是枝繁叶茂，表达了他对社会生活舒适满意的情感，而清代郑板桥画的"竹"总是瘦骨伶仃与顽石相伴，表达了对朝廷的不满和愤世嫉俗的情感。

图 7 - 11　《呐喊》

三、绘画的美育功能

（一）培养人们视觉上的审美敏感

经常欣赏绘画或者直接参与绘画艺术的创作实践，可以将人们对于视觉审美形式的感受逐渐内化为自己的审美能力。现在，越来越多的舞台美术设计、广告设计、建筑设计、装饰设计、服装图案设计、工业品艺术设计等采用了现代派绘画艺术的不同表现形式，如立体主义、野兽派、表现主义、超现实主义等艺术风格。如果对现代派艺术没有持续地、长期地与其保持一定的联系和接触，即使对于古典艺术比较熟悉的人也会看不懂它们。

（二）帮助人们直观地认识社会生活风貌

绘画作品对于我们了解过去的社会风貌和异国风情提供了丰富而生动的材料。例如，我国古代绘画中最早的作品《人物龙凤帛画》（见图 7 - 12），画面下方是一位冠饰精美的侧身妇人，她阔袖长裙，体态优美，双手合掌前伸，神态庄重，似在祈祷。妇人头上正中是一只腾越飞舞的凤鸟，尾羽向上卷扬，双足腾跃，目光有神；左上方是一条弯曲扭动的龙，黑白相间，纹彩灿然。这为我们了解奴隶社会时期文化提供了生动的材料。

南唐著名人物画家顾闳中的稀世珍品《韩熙载夜宴图》（见图 7 - 13）以南唐中书郎韩熙载的生活轶事为题材绘制而成。韩熙载原是北方贵族，因战乱南逃，被南唐朝廷留用。后主李煜想重用他，但又不放心。身处逆境的韩熙载以生活上纵情声色的方式去转移同僚的视线，蒙蔽朝廷的耳目。李煜出于"惜其才"，以为他生活太放荡，特命顾闳中夜至其府邸，偷看并目识心记，绘成此图，并想通过此图规劝韩熙载。《韩熙载夜宴图》是一幅由听乐、观舞、暂歇、轻吹和散宴等五个既可独立成章又相互关联的片断所组成的画卷，绘声绘色地表现了韩熙载玩世不恭的生活态度和忧郁孤趣的苦闷心情，客观上起到了揭露封建统治阶级奢靡腐朽的生活和内部激化的矛盾的作用，是具有一定思想深度和现实意义的作品。作品如实地再现了南唐大臣韩熙载夜宴宾客的历史情景，细致地描绘了宴会上弹丝吹竹、轻歌艳舞、主客糅杂、调笑欢乐的热闹场面，又深入地刻画了主人公超脱不羁、沉郁寡欢的复杂性格。一方面，他在宴会上与宾客觥筹交错，不拘小节，如亲自击鼓为王屋山伴奏，敞胸露怀听女乐合奏，送别时任客人与家伎厮混，充分反映了他狂放不羁、纵情声色的处世态度和生活追求；另一方面，他又心不在焉、满怀忧郁，如擂鼓时双目凝视、面不露笑，听清吹时漫不经心，与对面侍女闲谈，这些情绪都揭示了他晚年失意、以酒色自污的心态。画家塑造的韩熙载不仅形象逼真，具有肖像画性质，而且对其内心挖掘深刻，性格立体化，可以说真实地再现了这位历史人物的原貌。

图7-12　《人物龙凤帛画》

图7-13　《韩熙载夜宴图》

即使以表现情感为艺术目的的现代派艺术家也有大量包含再现现代生活因素的作品，如毕加索运用黑、白、灰三种颜色和立体派的表现手法创作的《格尔尼卡》，表现的就是1937年德国法西斯空军疯狂轰炸西班牙小镇格尔尼卡的暴行。房子着了火，一位妇女在大火中跌落，举手呼号，另一妇女为逃避灾难而奔跑，地上一位战士已经战死，手里还拿着折断的剑。嘶叫的马象征着人民，野牛代表着法西斯闯入和平的国度，践踏着妇女和儿童。画面上方一位妇女从窗口探进了头，举着油灯，力图看清这场历史悲剧。一只巨大的眼睛悬在画面上方，如灯泡般发出光芒照亮了一切。这幅画表达了画家对法西斯残害人民的愤怒情感，成为20世纪人类对暴行抗议的普遍象征。

（三）　怡情养性、陶冶情操

中国的文人士大夫常常把他们的志趣、抱负、理想、情怀寄托在笔墨丹青之上，使得封建专制桎梏下正常的人性能够在艺术上得以体现。苏轼的水墨作品《古木怪石图》（见

图 7 – 14），把枯树画得如龙蛇盘屈、无始无终，石头的皴法线条也是扭曲回环，像是萦绕在苏轼胸中的苦闷、矛盾的情绪，把题材做了人格化、心灵化的处理。关山月和傅抱石合作为新中国成立 10 周年所绘制的巨幅国画《江山如此多娇》（见图 7 – 15），气魄之大、意境之新、布局之美令人称绝：一轮红日从东方升起，普照大地，山峦起伏，连绵不绝，浩浩瀚瀚，郁郁苍苍，其下飘动的烟云，回绕着整个大地。古老的长城，奔腾的黄河，蜿蜒的长江，世界屋脊的珠穆朗玛峰，都形象地跃然于画上。近景是一片青绿的丛山，其间点画了茂密的树木。这幅画充分展现了祖国江山的雄壮、辽阔，富有时代新意，观看后使人爆发出极大的爱国热情。

图 7 – 14　《古木怪石图》

图 7 – 15　《江山如此多娇》

四、 中西绘画的审美差异

（一） 审美趣味不同

中国画重写意、重神似、重表现；西方画重写实、重形似、重再现。

"天人合一"与"天人感应"的哲学思想认为人与自然、精神和物质是你中有我、我中有你的水乳交融关系。人的心灵与宇宙精神同存同化，没有独立于宇宙之外的个性主体，也没有独立于人之外的宇宙世界，当修炼的个性达到忘我的虚静之境时，全部精神都融入宇宙之中，可以感受到宇宙的真实存在。由于对自然宇宙理解的主体化，在中国艺术家的心目中根本没有客观自然的概念，这就决定了中国画历来不以再现自然、悦人眼目为目的，而是重在"立意"，追求神似，使作品成为画家修养、个性、情绪表现的载体。由此，花鸟鱼虫有了象征意义，天地山河有了情感生命，人物则更是重在表现其心灵和情怀。中国画中旷远的山水是画家幽远心境的表露，观赏者上下翻飞的视线也是自由飞动的精神境界的写照。画家往往借助对云、泉、烟、雾等"留无定所"的开放性形象的描绘展示出悠长、深远的艺术境界，使观赏者的目光超越视觉经验的樊篱，整个身心随山河云海沉浮，感受宇宙生命的律动，领悟"游心太玄"的自由的审美世界。透过水墨淋漓、明晦变幻的画面，面对一望无际的旷远空间，展开想象的翅膀，澄清自我的情怀，感受宇宙的生命，俯仰天地，极目悠悠，引领观赏者进入一个超越现实的自由世界，中国绘画"似"与"真"的神韵尽然得以表现。中国画家流连于山水，钟情于花鸟，山水花鸟无不打上画家心灵的印迹。徐渭的《墨葡萄图》（见图 7 – 16）那根苍劲的枝干，那果实累累、籽粒

饱满、莹彻圆润的墨葡萄，那淋漓洒脱、横涂
竖抹的笔墨，莫不画出他那躁动不安的心灵，
画中像醉酒人一般东跌西倒的题诗"半生落
魄已成翁，独立书斋啸晚风。笔底明珠无处
卖，闲抛闲掷野藤中"，不平之气、激愤之情
溢于言表。中国画家为了追求物象的神似，追
求意境，往往采取大胆取舍和夸张变形的手
法，以简洁有力的笔触表现出物象的精神特
征，挖掘出物象背后隐藏的精神内涵。例如，
梁楷的《李白行吟图》（见图7-17）只用寥
寥数笔，就把大诗人李白的豪爽、潇洒表现得
入木三分。如果站在一般人"像不像"的角
度来看，《李白行吟图》似乎太过简单，但是
神完意足就是中国画的最高追求。

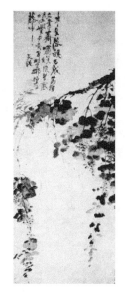

图7-16 《墨葡萄图》 图7-17 《李白行吟图》

西方绘画偏重于对客观物象的真实模仿与再现，达·芬奇在他的《画论》中曾用
"最可夸奖的绘画是最能形似的绘画"来强调写实的重要性。西方绘画对写实风格的崇尚
可上溯到西方艺术的源头——希腊文明。希腊人认为人是理智的、能独立思考的主体，而
人以外的自然则是与主体对立的纯然的客体，作为主体的人，通过理性的思考和观察研
究，能够掌握自然对象变化的规律，从而去征服自然对象。正是基于这样一种"天人相
分"的宇宙意识，从古希腊到文艺复兴，无数懂得科学甚至精通科学的画家在理性精神的
指导下，站在与所描绘对象相对的位置上，将几何学、光学、解剖学、色彩学等作为学科
依据，以求真的态度冷静地去观察和研究对象，寻求描摹再现的逼真酷似。例如，19世
纪俄国画家普基廖夫的《不相称的婚姻》（见图7-18），把画中的人物画成真人一般大
小，把卑劣的社会交易和对女性的摧残真实、准确地再现出来。罗立中的油画《父亲》
（见图7-19）借鉴了西方"照相现实主义"的手法，追求逼真和酷似的效果，以画领袖
像的巨大尺寸和特写方式让人物的头像充满画面，从细微处来揭示对象的内部特征，真实
而生动地再现了一位朴实而善良的人物形象。

图7-18 《不相称的婚姻》　　　图7-19 《父亲》

（二）造型手段不同

中国画重线条、墨点、墨团，西洋画重光影、色彩。

中国画基本上是用线条和大块的墨团、细碎的墨点来造型，讲究"笔情墨趣"，主张以墨为主，以色为辅，在用墨上讲究"墨分五色"，干、湿、浓、淡、焦的墨色变化极为丰富，虽然不是五彩缤纷的，却同样可以使物象具有立体感、空间感、质量感和色泽感等，产生一种极为典雅稳重的色彩效果。如潘天寿的《峭壁苍鹰图》，用峭壁的线条凸显苍鹰毛羽粗硬残缺的特征，充分表现了苍鹰搏击长空之势。徐悲鸿的《奔马》（见图7-20）先用浓墨勾出头部，又以粗犷的线条画出颈和鬃毛。接着画躯干，先画胸部再画腹部和臀部，画四条腿，起笔收笔顿挫有力，一笔完成。最后画出四蹄和马尾，表现马尾的散乱鬃毛用笔奔放有度，乱中有律。整匹马运用墨色的层次变化极为巧妙，在丰富的墨色变化中，黑、白、灰层次十分清晰，使画面上的马具有了立体感、空间感、质量感和色泽感，把马的形象塑造得威武壮美。强烈的动势与斜线构图造成了马的奋蹄飞奔、勇往直前的气势，从而产生耐人寻味的艺术效果。齐白石自创了"以水兑墨，墨中点水"的方法，使他画的虾给人一种通体透明、晶莹逼真之感。

西洋画是以物象在一定光源中呈现的"面"来塑造形体，用色区别出物与物之间的界限。例如，达·芬奇的《蒙娜丽莎》（见图7-21），光源在正上方，由于明暗的丰富变化，蒙娜丽莎的脸部和脖子的笔调非常柔和，表现出妇女细腻皮肤的质感。她那圆润的、富有生命力的右手，焕发着人类的内在光辉，被誉为美术史上最美的一只手。衣服的折褶也描画得很精细，表现出软缎特有的质感。

图7-20 《奔马》

图7-21 《蒙娜丽莎》

（三）构图方法不同

西洋画是焦点透视，中国画是散点透视。形象地说，西方画像照相机拍照，而中国画像摄影机摄像，前者的视角是固定的，后者的视角却是流动的。西方人以绘画的眼睛去"看"世界，中国人则超越事物的客观特征，上升到一种精神需求和满足，以音乐的心灵去"听"世界。

焦点透视强调站在固定的地点，取固定的角度，画面的内容和容量完全符合人们日常观赏景物的真实状况，不管是小桥流水还是崇山峻岭，都不会超出正常视野的范围，画面上不留空白，凡是在视野范围内的东西都得画上，画幅布满笔触与油彩，呈现出的是具象的、精确的自然，而且能够一览无余，如列宾的《伏尔加河上的纤夫》。

中国画家常设定自己立足于高空，由近及远地领略宇宙美景，这时的画家一如上下翻飞的灵鸟，于俯视、仰视中流动地、多角度地、回环往复地体味山水的神韵，进而用手中笔墨抒写自己的情怀。这种超时空的、全方位的观照，就可以把不同时间、不同地点、不同情节表现在同一幅画面上，还可以把定点透视无法窥知的视圈外的景象移入画内，把视圈内与主题无关的枝节删除，在画面上留有较多空白，给观赏者的想象留有自由驰骋的余地，使画面的内容丰富、灵活、概括，有较大的容积。如南宋米友仁的《潇湘奇观图》宽仅 19.8cm，长却有 289.5cm，仅仅从长和宽的比例也可以知道，这是无论如何也不可能一览无余的，只能顺着一定的方向慢慢看去，细细玩赏。马远的《独钓寒江图》（见图 7–22），画中只有一叶扁舟，一位长者坐在船尾垂钓，舟下简单钩出几笔水波纹，余皆空白，把水天一色江波浩渺的无尽之势表现得非常充分，这种留大片空白以虚代实的方法给欣赏者留下想象的空间。中国画不仅可以把千万里的壮丽河山集中画

图 7–22 《独钓寒江图》

在一幅横卷上，而且在一个立轴或横卷内也可以"百花齐放"，画上春、夏、秋、冬四季花卉、四季山水。中国画这种打破时空限制的画法是绘画艺术的伟大创举。

（四） 画面内容不同

中国绘画与西方绘画的审美情趣相异的重要一点就是书画相通。中国画常常是诗、书、画、印有机结合，画家将自己对生活的感受融于画面时，画中题句提纲挈领表情达意，将无限的情思和深沉的感慨寄寓于画面，使作品意蕴更加幽远。

西方绘画以人物画为主，西方"天人相分"的宇宙意识和西方哲学中的"原罪"意识使人必须永远奋斗，以征服自然并改造人类自身。而原罪或痛苦在西方人眼里并不是对生命的否定，而是生命存在的基本方式，生命即是欲求，欲求就是痛苦的根源，欲求的满足则是痛苦的境界，要么是痛苦，要么是无聊，人就生活于痛苦与无聊之间。这种观念决定了人在生命历程中的不断自我否定、否定之否定，在灵与肉的冲突中不断取得进展。西方这种天人相分、以苦为乐、自我否定的文化精神反映在绘画中便是人对物的驾驭，或者物对人的刺激与诱惑，因此西方绘画崇尚阳刚之美，倡导英雄主义与悲剧精神，在绘画作品中充溢着个性的铺张、浪漫的激情和深沉博大的气势。无论是席里柯《梅杜萨之筏》的惊涛骇浪，还是德拉克洛瓦《希阿岛的屠杀》（见图 7–23），都可以使人感到画家的痛楚。西方绘画对情感的表达比较直接，画面本身充满了故事性，画家的情感跃然纸上。维

也纳克里姆特的《人生三阶段》画了三个处于人生不同阶段的裸体女性：女婴、年轻的母亲和老妇。年轻的母亲抱着婴儿，在她的一旁，侧身站立着一位老妇（她或许就是年轻母亲的母亲）。这三位女性分别代表着生育、成长和衰亡。画家将亮色安排在婴儿和母亲身上，生气勃勃，这与老妇的灰色形成对比。

中国绘画以山水画为主，在中庸哲学的熏染下，中国画表达感情也往往强调温婉与节制，追求怨而不怒、哀而不伤、乐而不淫的艺术境界，向往婉曲和温柔敦厚。中国绘画追求的最高境界是"中和"之美，要求人与自然、主体与对象、主观与客观、感性与理性、情感与理智的和谐，强调按照一定的文化法则把多样或相反的因素构成一个圆熟的整体。张择端的《清明上河图》使人看到，疏林薄雾，掩映几家农舍，绿柳丛中，走出几队轿马，码头岸边，百船满载待发，州桥上下，万头攒动争鸣，城内城外，行人络绎不绝，店铺鳞次栉比，一派和和乐乐、熙熙攘攘的景象，全然没有喧嚷繁杂之感。画首静谧安宁的乡村野景和画尾那位问路老人的回首张望，起到了很好的协调均衡作用。郭熙的《早春图》（见图 7 - 24）画春景不用桃红柳绿，不借云蒸霞蔚，但见主峰高耸，众山环拥，仿佛相互顾盼，又似作揖朝拜，山间云雾蒸腾，岚气吞吐，枯枝发叶，春水初涨，农妇抱姿携幼，渔夫收网上堤，旅人负载远行，让人在一派宁静淡泊的景象中感受到萌动的春意，尽显婉约之韵味。正如法国学者熊秉明在《回归的塑造》中说："如果拿中国绘画和西方绘画做比较，显然西方更重视作品，把作品当作一桩工程，表现了技巧的精湛、耗力的巨大。中国绘画更重视作者，这里所显示的是作者的品格与心态。"这从另一个角度说明了中西方绘画处理画面的不同追求。

图 7 - 23 《希阿岛的屠杀》　　　　图 7 - 24 《早春图》

第三节　摄影美

摄影是指摄影者借助于照相机、摄影机等物质材料和摄影技术手段，按照作者的艺术构思，通过瞬间画面的摄取，在二度空间的照片上塑造出三度空间的视觉形象，来表达作者的思想感情、反映社会生活的造型艺术。由于摄影作品的艺术形象具有真实、直观、可视等特点，摄影已成为人们非常喜爱的艺术活动之一。人们已经认识到，摄影对于现代人不仅仅是一种工具、一种技术、一种视觉手段，而且是一种语言、一种观念、一种思维方式、一种生命存在形式，人们通过图像重新认识世界，也重新认识自己。

一、摄影的分类

按拍摄目的的不同，摄影分为实用摄影和艺术摄影。

按感光材料和画面的不同，摄影分为黑白摄影和彩色摄影。

按器材和技术的不同，摄影分为数码摄影、普通摄影、显微摄影、航空摄影、水下摄影、红外线摄影、立体摄影和全息摄影等。

按作品题材的不同，摄影分为新闻摄影、人像摄影、风光摄影、静物摄影、生活摄影、体育摄影、舞台摄影、动物摄影、建筑摄影、军事摄影、广告摄影等。

按风格流派的不同，摄影分为纪实主义摄影、印象主义摄影、超现实主义摄影、抽象派摄影和前卫派摄影等。

二、摄影艺术的审美特性

（一）纪实性

再现生活真实的纪实性是摄影的本质属性，也是摄影的自然属性。诞生于 19 世纪上半叶的最早的照片，无论是尼普斯的《窗外景色》，还是达盖尔的《工作室一角》，给人巨大震撼的是其对现实的忠实记录能力。只有真实地反映社会生活的摄影作品才具有艺术价值和史料价值，有时它的史料价值可能更胜于它的艺术价值，如法国著名抓拍大师蒂埃·布勒松于 1944 年在刚被解放的德绍（德国一个城市）集中营里抓拍的《审讯》（见图 7-25），以待遣回国的法国战俘中一个受害妇女认出了盖世太保的告密者后进行愤怒揭发的典型瞬间来表现人心的向背，从一个侧面揭示了这场战争的罪恶本质。

图 7-25 《审讯》

（二）瞬间性

摄影的瞬间性具有两层含义：一是表现内容的瞬间性，它只能表现生活的某一凝固了的横断面，只能表现事物运动过程中某一具有丰富内涵的"决定性的瞬间"的静态；二是表现过程的瞬间性，即在按下快门"咔嚓"的那一极短的瞬间一次性完成，要么成功，要么失败，因此，摄影也被称为"遗憾的艺术"。

在生活面前，摄影家没有"创造"的权利，而只有选择和表现的自由。他需要选择事件中最有意义的那一瞬间，选择最能反映生活本质的那个侧面，选择能最有效地加以表现的角度来进行实录的表现。当然，这种选择本身就是艺术创造。摄影家应有抓拍意识，时刻注意观察和捕捉现实生活中正在发生的事物。如布勒松的《布鲁塞尔》（见图 7 – 26），在马戏团的布棚外，两个男人正在隔着缝隙向里面偷看。前边的男人一副绅士打扮，显然对自己偷窥的行为觉得不妥，甚至有失身份，因此他警觉地关注周围有没有人注意他。后面工人打扮的男人却全然不顾周围发生的一切，专心致志地观看墙内的演出。这幕原是平凡市民偷窥的景象，布勒松却巧妙地抓住这极易被忽视的瞬间，用简单的镜头语言深刻地描述了两个人的不同性格特点和内心世界。加拿大人像摄影大师卡希的成名作《丘吉尔》（见图 7 – 27），其成功的因素在于典型瞬间的定格。第二次世界大战期间，英国首相丘吉尔为了争取世界人民支援英国抗击希特勒法西斯的斗争，到美洲去演讲。默默无闻的学徒工卡希赶去拍照。但作为政治家、演说家的丘吉尔从容不迫、谈笑风生，卡希大失所望。于是心生一计，逗恼了丘吉尔，并抓拍到发怒的形象。后来，这幅作品被印制成抗战海报到处张贴。观者仿佛看到丘吉尔要与希特勒决一死战的英姿，从而成为富有鼓动性的反法西斯动员令。

图 7 –26　《布鲁塞尔》　　　　　　图 7 –27　《丘吉尔》

（三）造型性

摄影艺术的造型主要是通过构图、光线、色彩、镜头等手段来表现的。

1. 构图

摄影构图就是对摄影画面各视觉要素的组织和安排，它是通过取景来完成的，包括形象构成元素的安排、画面造型元素的运用和拍摄点的选择等几方面。构图的整体要求是简洁、均衡、新颖。

（1）形象构成元素的安排

要确定主体、陪体、前景、背景的位置和大小，利用对比、景深等手段突出主体（趣味中心）。如利用黄金分割点来安排主体以避免画面呆板，利用物体大小在照片里的对比来突出距离，利用导入线引导读者到画面最吸引人的地方，利用物体之间的空间来表现孤立，利用我们熟悉的参照物来区分景物的大小等。

（2）画面造型元素的运用

要善于发现和组织点、线、面、形来构成画面形象，尽可能增强画面的感染力。

（3）拍摄点的选择

拍摄点是指摄影的方向、高度和距离。一般来说，正向拍摄有利于表现被摄对象的正面形象，擅长表现对称美的景物；侧向拍摄有利于表现被摄对象的立体感和空间感。平拍要突出前面的景物，画面符合人的视觉习惯；仰拍善于突出和夸张被摄对象的高度；俯拍有利于前后景物在画面上充分展示。远景有利于表现景物的气势，全景有利于表现景物的全貌，中景有利于表现景物或人物之间的关系，而近景、特写有利于表现景物的细节和人物的神态，这些与"远取其势，近取其神"的绘画理论是一致的。例如，解海龙的摄影作品《我要读书》，以一双特写的、渴望读书的大眼睛反映了贫困山区孩子特别渴望读书的强烈愿望，在社会上引起了极大的震撼，引起了人们对贫困山区孩子读书状况的普遍关注。

2. 光线

摄影是光与影的艺术，是用光作画。光线分自然光和人工光两大类，在拍摄景物时自然光运用最多。光线入射方向与拍摄方向一致的称为顺光，顺光拍摄能全面地表达物体的质感，人物显得丰满、细腻、柔和，具有较强的真实感。光线从拍摄点的左侧或右侧照射到拍摄主体的称为侧光，侧光拍摄有利于表现对象的立体感。光线从拍摄对象的侧后方或正后方射来是逆光，逆光拍摄有利于清晰地勾画对象的轮廓线，宜于拍剪影。

3. 色彩

要最大限度地利用色彩的表情性、象征性为表达思想感情、营造画面气氛服务。在摄影中要确定画面总体的色彩倾向，以取得色彩的统一性。色彩的对比会使画面色彩鲜明、生动、醒目，具有强烈的视觉冲击力，而画面色彩效果的和谐、协调、柔和，会给人以舒展、优雅的美感。

4. 镜头

利用不同的镜头透视特性可以塑造独特的视觉形象，如长焦镜头会压缩空间透视，而广角镜头会夸张空间透视。画面的景深效果也是通过镜头来完成的。

三、摄影美的欣赏

基于摄影艺术的审美特性，可以从记忆之美、定格之美、光影造型之美及影像创意之美等方面欣赏摄影作品。

（一）记忆之美

1. 记忆之美的真切感

我们的家庭影集都忠实而朴素地记录着家庭成员几年甚至几十年前的容貌及服饰环境的变化，尽管这些照片有的拍得技术较差，甚至用光、构图也不好，照片中的人物神情呆滞，然而人们还是十分珍惜，原因只有一个，这是我们的记忆。因此我们每看到过去的这些照片，便会勾起我们的回忆，带给我们栩栩如生的真切美感。

2. 记忆之美的见证性和期待感

每个时代、每个民族、每个人群都有各异的生活方式与生存状态，只要在一个时段中拍摄其场景、其人物就足以成为历史上珍贵的形象档案。像姜健的《场景》《主人》《孤儿档案》，黑明的《走过青春》《走进清华》《走进北大》《少林僧人》，于全兴的《为了母亲》等作品不仅具有其深刻的社会意义，而且回望过去时人们会在心中荡起或幸福，或辛酸的记忆，再一次体验人生的况味。很早以前，一些摄影家就开始了要为人们留下关于地球形貌的永恒记忆的见证工作，像日本杰出的摄影家滨谷浩就经过近十年的努力，拍摄了《地之貌》巨型画册，用摄影记住了珠穆朗玛峰的形貌，倘若珠峰有变，倘若地球有变，只要有滨谷浩的照片，人们就会知道曾经的珠峰是什么样子。

3. 记忆之美的温馨感

中国台湾地区摄影家林添福深为祖国大陆特别是少数民族地区的老夫妻们的情意感动，于是他开始到处寻访拥有半个世纪的爱的老夫老妻，拍摄成《半个世纪的爱》系列作品，而且通过采访用文字记述创作的经历故事。这些已年过七旬的老夫妻，经历的是中国历史上最动荡的年代，却能够在 50 年的风风雨雨中相濡以沫，牵手走过，永不分开。这种永恒不变的爱不仅属于两个人，而且属于时代，属于历史，属于所有的中国人，属于全人类。从这一幅幅虽历经沧桑但仍洋溢着幸福神情的肖像中，温馨之美弥漫在永恒不变的记忆里。

4. 记忆之美的怀恋感

面对着修建大广场、宽马路、高楼群的狂热，一些摄影家于是以抢救的态度拿起相机开始为曾经滋养浸润我们心灵而终将被拆除的故园来拍摄"遗像"，用镜头凝固这些珍贵的印象，为人们留下浓浓的永远的记忆。正如著名作家沈从文先生在回忆自己的故园湘西凤凰城时说："现在还有许多人生活在那个城市里，我却生活在那个城市过去给我的印象里。"像《北京胡同》《江南水乡》《老房子》和《昨日印象》等作品都是对心灵家园的一种怀恋，也在提醒人们：我们应该怎样保留与延续那些美好的印象。

（二）定格之美

真正能把转瞬之间掌握在手中，能轻而易举地把时间定格，化瞬间为永恒的只有摄影。摄影艺术的这种定格应该是最美的瞬间，是最有代表性的情景，是含义最丰富的典型，是世上独一无二的个性显现。正因为如此，定格的形象不会被岁月的河流淹没，定格的精彩会在人们心中长存。

《穿过苹果的子弹》（见图 7 - 28）《滴落飞溅的牛奶》（见图 7 - 29）在我们的眼中只是看不清的现象，而高速摄影仿佛稀释了时间，令人可以清晰地看到快速变态的物象。

《豹斑青蛙》（见图7-30）定格了一只受惊吓的北美豹斑青蛙如利剑般疾速插入水中的状态。《对话》（见图7-31）虽题材不大，却定格在了人性之美上，和平、友爱、平等、关怀，许多美好的情感全都汇聚在这一瞬间。每个人的一生都拍摄过很多照片，只有那些优秀的摄影家才能透过表象观察到人物的内心，在一瞬间捕捉到人物从外到内的性格风采，从而成为出类拔萃之作。《地铁通风口》（见图7-32）就是抓拍的玛丽莲·梦露在拍摄电影时的一个场面：地铁口吹出的强风使飘舞的白裙像一朵盛开的花朵，自知娇美而引人注目的梦露下意识地按住飞裙，这一羞涩的掩饰动作更加突出了她的性感。这个经典定格成为后来被许多崇拜者仿效，他们纷纷在这个地方拍照。

图7-28 《穿过苹果的子弹》

图7-29 《滴落飞溅的牛奶》

图7-30 《豹斑青蛙》

图7-31 《对话》

图7-32 《地铁通风口》

（三） 光影造型之美

摄影是光的艺术，用光塑形，用光表意，用光抒情。正如一位著名摄影师所说的："与其说我是一位摄影家，不如说我是一位用光影抒情的诗人。"斯泰肯在为罗丹（见图7-33）拍摄肖像时，构图采用了三点均衡的形式，用顺光的白色大理石雨果像作为背景，侧光的《思想者》作为陪体，逆光思索的罗丹本人却显示的只是坚定而深沉的剪影。

让光随人而动，或者让心随光而动，都可以令我们的摄影作品如诗如歌。《奥运2008》（见图7-34）是青年摄影家潘朝阳由心而生的影像，他满怀对2008年即将在北京举办的奥运会的热情，把相机当画笔，用抽象的视角去定格生活在时空中那由光影组成的有意味的画面，其形象有寓意，有夸张，有重点，有变形，五彩缤纷，引发联想，在似与不似之间令人产生别样的审美愉悦，这是人类情感的符号形式的创造。

图7-33 《罗丹》　　　　　　　　　图7-34 《奥运2008》

在影像的表现上，有人迷恋黑白，有人喜欢彩色。色彩展现着世界的丰富多彩，色彩的真实感能增强纪实的效果，许多自然风光的彩色摄影使我们即使未到过那个地方，也能够感受到它的迷人及魅力。黑白有着令人体验不尽的韵味，它寓丰富于单纯，化平凡为神奇，使我们与客观物像拉开了距离，为我们带来更多的想象空间。美国人韦斯顿拍摄于百年之前的《岸边水杉》（见图7-35），犹如凝固的火焰，犹如翻卷的旗帜，由物及人，充满了生命的活力。黑白影像突出了光与影的神韵，从而更本质地展示了物象的特征，流溢出拍摄者的体验与情感。蔡涌江摄于秦皇岛码头的《正午》（见图7-36），用黑白、简约的构图表现正午阳光下墙上阶梯的明暗相间、曲折有致，呈现给我们的是一种纯洁明快之美，一种秩序与变化之美。黑白影像的精细、厚重、简约、抽象，特有的技术严谨性和意识的深邃性都使其别具魅力而常看常新。

图7-35 《岸边水杉》　　　　　　　图7-36 《正午》

（四）影像创意之美

1. 想象之美

在摄影美的追求中，一方面，人们追求着面对现实的记忆之美、定格之美、光影之美，另一方面，力求在摄影作品中表现自己的想象。如早期画意派摄影家雷兰达的《人生的两条道路》、我国集锦派摄影家郎静山的《百鹤图》（见图 7 – 37），都是不满足于客观纪实而充满想象力的创造。特别是超现实摄影作品，不仅要客观，更要主观；不仅要内容，更要形式；不仅要共性，更要个性；不仅要再现，更要表现。如 "世界十大摄影家" 的菲利普·哈里斯曼以拍摄奇思妙想而闻名世界，他的《原子的达利》《红粉骷髅》等超现实的摄影作品都被公认为摄影经典。他在 1949 年为有学识又多才多艺的法国艺术家高克多拍摄的肖像（见图 7 – 38），经过设计再拍摄，形象荒诞离奇，却又合情合理。想象的创造空间比宇宙还大，在时间上就可以回溯过去，展望未来。富有想象力创造力的日本摄影家出版过《第三次世界大战后的东京》，其惨状目不忍睹；法国摄影家出版过《千年以后的巴黎》，其美景令人神往。2007 年春末在北京中华世纪坛举办了美国摄影家杰利·尤斯曼的作品回顾展《想象的空间》，人们从他 50 多年创造的 130 幅作品中可以看到想象的空间是多么浩瀚迷人，想象之中的影像把哲理与诗情表现得是多么亲切动人。他说 "如果梦是醒着的生活的转化，那么醒着的生活也是梦的转化。"《无题》（见图 7 – 39）是他的代表作。在这幅作品中，人物与环境，天上云朵与地上木屋融为一体，如此的和谐与安宁，只能在梦中寻找。

对于摄影创作，我们习惯于选择典型，抓拍瞬间，用光影塑造，除此之外，还可以拓展另一条路：在想象中创造。数码处理技术让摄影如虎添翼，在影像表现力上获得了彻底的解放，每个摄影元素都获得了极大的重新组合与无限展示的空间，如《男人和女人的 DNA 链》（见图 7 – 40）。

想象之美极大地开拓了视觉艺术的天地，前所未有、如梦如幻是其鲜明特点。想象之美在新奇中富有诗情，在荒诞中富有哲理，不仅有视觉吸引，更有心灵感动。想象之美启迪人的智慧，激发人们去探索未知世界的勇气，使人生更有朝气。

图 7 – 37 《百鹤图》

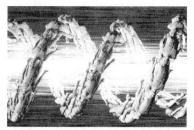

图 7 – 38 《法国艺术家高克多》　　图 7 – 39 《无题》　　图 7 – 40 《男人和女人的 DNA 链》

2. 独特性追求

独特性使艺术永远鲜活，创新是艺术的生命，真正的摄影美的创造必然包含作者从拍摄到制作的独特性追求。那些找不到独特性的摄影只能称为照片，而不是具有审美创造意义的作品。

（1）纪实的创新

"棒棒军"是山城重庆在特殊年代的特殊人群，他们憨直寡言、干活不惜体力。摄影家贺兴友对他们深怀敬意，于是把散乱的人群集中起来，像军队又不是军队地排成队伍，以合影留念的形式留下犹如群雕似的时代定格（见图7-41）。这些平凡而有尊严的人们不仅令人感怀，更激越着人们对平凡而普通的劳动者的尊敬。

图7-41　"棒棒军"

（2）观察的创新

在平凡的题材中发现不平凡的美，在人们习以为常的视觉印象中创造出人所不见之美，需要摄影家情有独钟的热爱、独特的观察、独特的激情和独特的创造。谁没有见过石头，平凡得似乎不值得拍摄，然而在摄影家简钧钰独特的审美目光中，其形状、肌理、色彩，就是一个充满灵性的生命世界。

（3）拍摄手法的创新

菲利普·哈里斯曼一生为政治界、经济界、文化界、演艺界的名人拍摄肖像，他觉得所有的人在别人面前都会端正自己的形象，甚至装模作样，表现得很拘束，于是他想出一个独特的拍摄手法，让拍摄对象在相机前纵情蹦跳，结果每个人在蹦跳中都显露了真性情。如端庄、文雅、秀丽的影星奥黛丽·赫本就在跳跃中显示出她天真烂漫的另一面（见图7-42）。

图7-42　奥黛丽·赫本

（4）联想中的创新

工业摄影家熊汉泉的《壮丽山河》拍摄的只是湖南某钢铁厂的废炉渣一角，但其气势磅礴，动人心魄，仿佛令人目睹了祖国大西北的壮丽风光。独特的联想能化平凡为神奇，化腐朽为美丽。

（5）构图的创新

独特性的构图不仅吸引眼球，而且可以深化主题。《在伊拉克阵亡美军士兵遗体抵达美国里诺机场》（见图7-43）是《洛基山新闻报》记者托德·海勒拍摄的，作品打破了常规构图的模式，利用飞机运尸体的货舱与上面乘客的窗口形成对应。这种生人对死者的关注，多数对少数的关注，代表了全人类的关注。20世纪90年代，在河南驻马店农村地区出现了一些非法采血站，导致艾滋病在当地泛滥，有的村庄许多青壮年人患病。关注社会、关注人生、关注苦难的摄影家卢广怀着强烈的责任感，用镜头把这严酷的事实告示世人，用这些镜头唤起人们的关爱之心。图7-44拍摄的是患病两年多的周毛在2002年12月30日晚离开人世的情景，两只骨瘦如柴的胳膊伸向空中，仿佛要抓住自己的生命。这个镜头触目惊心、简约而强烈，使人过目难忘。著名时尚摄影师娟子给舞蹈团拍的《合影》打破了常规的合影构图，用视觉表现节奏与旋律，使合影成了优美的轻音乐。

（6）独特氛围的创新

观念摄影的代表人物之一荣荣在日本开办影展时，得到了日本青年女摄影家映里的欣赏，两个语言不通的青年由于志趣相投而相识、相知、相爱，成为婚姻伴侣。时值大雪纷飞，两人同游富士山，情到深处，便赤身裸体在茫茫天地间相互追逐、相拥，共同创作了系列作品《富士山》（见图7-45）。此时此刻，大地无言，天地间只有两人的爱情，炽热到可以融化冰雪。作者用如此简约、如此凝重的氛围烘托着纯洁而神圣的爱情，独具特色，如诗如歌。

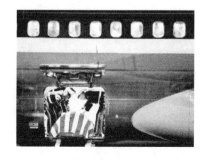

图7-43 《在伊拉克阵亡美军士兵   图7-44 《艾滋病》   图7-45 《富士山》
　　　　遗体抵达美国里诺机场》

（五）音乐之美

美国摄影大师亚当斯说："好的照片能够使人听到音乐""我的底片就是乐谱，我的照片就是乐谱的演奏"。走进亚当斯作品展大厅，欣赏他的100多幅黑白风光作品，寂静中仿佛听见宏伟而精微的山水交响乐在演奏。

节奏是摄影画面构成的基础，优秀的摄影作品能让人觉得井然有序又富于变化。如拍摄于北京城市雕塑公园，后期又运用数码创意的《思想者》（见图7-46），影像的叠加使节奏更加突出，人面的专注，铁脸的重复，在柔软与钢硬之间，在虚虚实实之间，节奏的推进成了思维的推进，荒诞而有趣，视觉的节奏引起内心情感的起伏，从视觉到心灵，人们会在内心升起一种音乐般的美感。

　　旋律是摄影画面构成的核心。《大地血脉——巴音布鲁克》（见图7-47）表现的是，新疆大地，宽阔无边，美丽无垠，巴音布鲁克河弯弯曲曲地、从容地在大地上流驶，人们登高远望，暮色苍茫中，河流泛着白光缓缓流向远方。"江流天地外，山色有无中"，寂寥中仿佛有音响由近而远，由强到弱，视觉的感受，情感的升腾，化为音乐般节奏的推进与旋律的起伏，视觉的乐感油然而生。《火红的乐章》（见图7-48）这幅拍摄于钢铁厂的作品由于采取了俯摄的角度，因而场地上的构件便呈现出曲折有致而无限延伸的线条。这些线条起伏变化极大，犹如气势宏伟、强劲热烈的旋律在游动舒卷。火红的基调，明暗深浅的过渡，在人们心中激起热烈的情感，犹如音乐的波动，一种静中有动的美感悄然升起。

  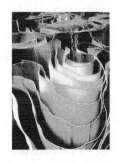

图7-46　《思想者》　　　　图7-47　《大地血脉——巴音布鲁克》　　图7-48　《火红的乐章》

　　优美的摄影作品往往不单纯是线条、影调、色块的节奏，也不单纯是旋律的起伏与变幻，而是一种节奏旋律相融相辅相成的和声。《太湖帆影》（见图7-49）就是一幅气势宏伟而又令人赏心悦目的佳作，在白云蓝天的衬景中，节奏旋律被舒展的枝条编织为一派春色的热闹，渔帆点点的节奏与桅杆高低的起伏又合成了平和与优雅的旋律。《太湖帆影》是摄影，又是音乐。

图7-49　《太湖帆影》

　　摄影走向音乐，就是走向情感、走向创造。让我们的心灵充满动人的音乐，让我们的摄影流溢着节奏、旋律与和弦，让我们的视觉享受着更多的美妙的乐感。

四、 摄影能力的培养

要学好摄影，不仅要具备摄影的基础知识，而且要有过硬的基本功，包括良好的操作习惯、熟练的拍摄技巧，要认真分析优秀的作品，尤其要深入挖掘其创作意图和表现方法，学会用照相机看世界，把身边感兴趣的东西记录下来，从而不断提高自己的创作意识，为进入摄影创作打下良好基础。优秀的摄影作品 = 题材 + 机遇 + 技术 + 表现手法。

（一） 题材的选择

决定一张照片是有趣还是无聊，决定一个摄影家是成功还是失败的主要因素就是主题，一个好的题材往往可以使一幅作品在内容的表达上以其特定的内涵紧紧抓住读者的眼球。因此，摄影者要首先学会用审美的眼光敏锐地去"发现"，除非主题引起了你的热情和兴趣，否则就放过它，去拍更好的东西。

（二） 抓住机遇

摄影往往受到时间、空间、气候及周边环境等多种因素的影响，摄影者只能在被动的等待中去主动地抓取一些稍纵即逝的物象变化。因此摄影者一要有耐心，二要学会抓拍。

（三） 摄影技术

摄影技术是一名摄影者所必须具备的基本功。摄影者应该做到对手中的相机性能了如指掌，对一些硬件上的基本操作要求能十分娴熟地运用，这样才能在拍摄过程中做到气定神闲、有条不紊，不致因面临瞬息变化的场景而手忙脚乱，频频出错，坐失良机。

（四） 表现手法

如何把眼前的景物按照审美的主观愿望表现出来，这就需要运用摄影特定的表现手法来予以实施。在熟练掌握相机使用技术的基础上，根据具体的创作需要灵活应用，如通过光圈大小的设置来达到景深的变化，或虚化背景，突出主体，或纵深透视，展示全景；通过快门速度的快与慢来抓取物体的瞬间或表现物体的动感；还有使用重复曝光，慢门释放时拉伸镜头变换焦距及应用当今数码后期制作技术等诸多的摄影与制作技巧，以达到作者所需要的创作效果，深化主题。

在运用摄影的表现手法时，除了能娴熟地使用技术技巧外，还应该善于把表达摄影基本语言的诸多元素做到融会贯通，灵活应用，以此来提升作品在形式上的艺术观赏价值，来体现作者独特的构思与想法，来传达摄影画面所要告知读者的一种作者的意愿，以打动观者的心灵，使作者的情感表达与观者的审美感受产生强烈的共鸣。

此外，一幅优秀的摄影作品，它的艺术魅力除了来自画面本身的艺术效果外，还必须有一个形象生动、内涵深刻、凝练而有诗意的名字。

第四节 工艺美

工艺既指加工的技艺，又指加工的结果——工艺品，它是一种以美化生活用品和生活环境为主的造型艺术。我国的工艺制作历史悠久，从石器时代的石刀石斧、原始社会的彩陶盆彩陶罐、商代的青铜器、汉代的漆器，到唐代的唐三彩、宋代的瓷器、明代的木器以及明清时期的云锦等，充分体现了中华民族的创造性和艺术性，展示出我国作为一个文明古国所特有的美的魅力。工艺美的出现标志着人类审美意识的自觉，审美能力（从被动欣赏到主动创造，从欣赏自然到自我创造）的提高。

一、工艺品的分类

（一）特种工艺品

特种工艺品一般原材料较贵，工艺精巧绝妙，属于以艺术欣赏为主的陈设艺术品，如玉雕、牙雕、漆雕、景泰蓝、刺绣和金银饰品等。

（二）实用工艺品

实用工艺品是指经过美化的日常生活实用品，其特点是以实用为基础，同时在具体应用中发挥艺术的审美功能，如餐具、茶具、家具、灯具等。

（三）民间工艺品

民间工艺品一般原材料较为低廉，制作工艺较为简单，但具有浓郁的民间特色。有的可陈设观赏，有的可用于生活，如泥塑和面塑、蜡染和扎染、编织、剪纸、花灯、风筝、壁挂、皮影、木偶、贝雕、根雕、麦秆贴画、玩具等。天津"泥人张"的泥人、明代龚春的陶制品"树瘦壶"、近代青田石雕艺人张仕宽的名雕"葡萄山"等都是有名的民间手工艺品。

二、工艺品的审美特征

（一）实用性与审美性的有机结合

图 7-50 长信宫灯

工艺品是将审美性寓于实用性之中的物品，它强调实用价值和审美价值的统一，要求既能满足生活需要，又能美化生活，这是它与其他艺术美的基本区别。例如，在河北满城出土的汉代青铜灯具"长信宫灯"（见图 7-50），把一盏灯与一个宫女的雕塑结合在一起，看起来既是一个宫女手拿灯的雕塑，又是一盏真正实用的灯具。它不仅造型非常艺术化，最重要的是采用了虹管技术，以宫女上面的手袖为虹管，一端连着覆盖在灯盘上的灯罩，一端连着中空的灯体，灯座里面可以盛水。当油灯点亮后，灯烟通过虹管进入灯座，然后溶于水中，消除了空气里的烟雾，有效地防止了污染，解决了油烟污染室内环境的问题。在今天看来，这是非常环保的产品。除此之外，"长信宫灯"在设计上还有许多值得借鉴的地方。灯前巧妙安装的两片弧形屏板灯罩，既可以起到挡风和调节光亮度的作用，又可以利用灯罩改变光照的方向。汉代灯具把美观的造型和完美的功能结合起来，增加了日用品的艺术感染力，堪称中国古代手工艺的杰出作品。

工艺美这种坚持审美与物质实用兼顾的价值取向，弥补了艺术美与现实生活间距离太远的不足，使它渗透到衣食住行的各个方面，融入寻常百姓生活之中。

（二）物质文明与精神文明的载体

工艺美是人工创造的审美对象，是人类的自觉创造物，它显现着生产力的发展水平，体现着一个时代、一个民族的审美情趣和文化精神，属于人类文化的范畴，这是它与自然美的最大区别。

传统手工艺品体现了中华民族的人生观、自然观、价值观和审美观。古代手工艺讲究"材美工巧"，成就一件优秀的手工艺品需要"天有时、地有气、材有美、工有巧，合此四者，然后可以为良"（《考工记》）。也就是说，创造手工艺品首先要尊重自然，要突出材质美，巧用材料的自然形态，巧借所饰物品的自然形状。例如，著名的玛瑙雕《虾盘》，原材料是一块淡青色的玛瑙，当中有一处呈赭红色，工艺美术家便将整块玛瑙雕成一个淡青色的盘子，当中盛放着一只赭红色的大虾，造型独特，色彩协调，真可谓匠心独运。又如扬州玉雕厂曾从新疆和田购得一长形玉，晶莹剔透，但上端有一黑块，将其锯掉非常可惜。于是工艺师根据材质特点将其创作为黛玉葬花，那块黑斑正好雕成锄头，浑然天成，使整个形象栩栩如生。这种尊重自然的观念与中国传统文化"天人合一"的思想是一脉相承的。

传统手工艺品体现了我国传统伦理观和封建等级观。在古代社会，玉饰的佩戴方式、青铜器使用的数量和大小、服装的色彩和花纹等对于使用者的身份地位有严格的规定，如果谁使用了超越自己身份地位的用品，就会被认为企图谋反而招致杀身之祸。

传统手工艺品反映了中华民族所崇尚的品位和风格。尽管从宋代到清朝，每个朝代都有独特的瓷艺品种，但宋瓷被一致认为代表了中国瓷器的最高境界。因为宋瓷不仅制瓷技术高超，而且宋瓷所呈现的审美风格与中国文人士大夫所崇尚的审美境界是一致的。宋瓷"天然去雕琢，尽在釉色中"，体现出瓷质温润剔透之美，这种平淡、含蓄、自然的美与文人推崇的清净、淡泊、雅致的精神境界相符合。

传统手工艺装饰的吉祥图案体现了中华民族向往幸福、祈求平安的美好愿望，具有代表民族精神的文化意义。吉祥图案是中国传统手工艺装饰中重要的内容，也是非常特殊的现象，可能没有哪个民族像中华民族这样热爱吉祥图案，"图必有意，意必吉祥"。

（三）技能与创造的巧夺天工

精美的工艺品常常离不开工艺师高超的艺术构思和精湛的制作技巧，"工巧"是使工艺品达到"巧夺天工"境界的手段。有的工艺品用料简单，其价值纯在技艺，如窗花。明代天启年间的剪纸作品《秋菊鸟鸣图》（见图 7－51）青花罐，搁置于几案，犹如真罐一般。剪纸表现精确，极富立体感。罐上背景清晰，菊花摇曳，一小鸟踩在菊枝间，昂首压尾，张嘴鸣叫，极富神采，恰似一幅清幽小景，生动形象，意趣盎然，不光展示了剪纸艺术的精巧雅致，也再现了古陶瓷的艺术神韵。

1968 年 7 月，在满城汉墓出土的"汉错金银博山炉"（见图 7－52）是一件难得的工艺非常精湛的旷世奇珍。它高 26cm，器型似豆，盖肖博山[○]，通体错金。座把呈透雕三龙出水状，龙首顶托炉盘。炉盘装饰以错金流云纹。盘上部铸出峻峭起伏的山峦，山间神兽出没、虎豹奔走，小猴蹲踞在高层峰峦或骑在兽身上，猎人巡猎于山石间。两三株小树点缀其间，刻画出了一幅秀丽山景和生动的狩猎场面。在细部又加错金勾勒渲染，使塑造的景色更加生机盎然。仙山的造型迎合了当时人们对于羽化登仙的向往，当炉腹内燃烧香料时，烟雾从镂空的山中沟壑中冉冉升起，犹如仙气缭绕，给人以置身仙境的感觉。

更妙的是西汉时期就有置于被中用于取暖、熏香的"被中香炉"，不论香炉在被子里怎么翻滚，丝毫不用担心香炭会倾撒出来。1963 年在西安沙坡村出土了唐代银质被中香炉（见图 7－53），熏炉是一个外径约 50mm 的镂空圆球，分为两半，用子母口连接，可以很方便地开合。球顶有四股银丝做成的绳辫，末端有小钩，可以钩挂。它的球形外壳和位于中心的半球形炉体之间有两层同心圆环（也有三层的），炉体在径向两端各有短轴，支撑在内环的两个径向孔内，能自由转动。而内环支撑在外环上，外环支撑在球形外壳的内壁上。炉体、内环、外环和外壳内壁的支撑轴线依次互相垂直。炉体由于重力作用，不论球壳如何滚转，炉口总是保持水平状态。令人惊异的是，"被中香炉"的构造原理竟与现代陀螺仪中的万向支架完全相同，而西方类似的设计却比我们的祖先起码晚了 1600 年。

图 7－51 剪纸《秋菊鸟鸣图》　图 7－52 汉错金银博山炉　图 7－53 唐代银质被中香炉

（四） 工艺形象的象征性

工艺品的造型常常表现着一定时代民族的宽泛而朦胧的情感气氛，即使以现实对象来造型，也是把对象当作情感的外在形式而已，是人的本质感情对象化的产物。青铜古韵那

○ 秦汉时期，人们传说中的海上仙山，上面有仙人和不死之药，是让人神往的地方。

种幻想的、恐怖的、变形的兽面饕餮纹，内蕴着一种无限神秘的原始力量，积淀着一股深沉的历史力量，是恐怖、恐惧、残酷和凶狠的象征。对古人而言，青铜器的人文政治意义远出于技艺价值，所谓"问鼎中原"①便是最好的说明。鼎由最初的烧煮食物的炊具逐步演变为象征王权及威严的礼仪等级制度最重要的一种礼器。数以千计的秦始皇陵的兵马俑是秦始皇统一中国、国家强大兴旺的象征。陶器是世界性的，而瓷器则独属中国，在外国人眼中，瓷器就是中国的代名词，瓷器成为中国文化精神和审美理想的一个绝妙象征体。后来，"仿玉"的创造意向又推动中国瓷器走向成熟并达至巅峰，其不断趋向青翠澄净之色、莹润蕴藉之泽的迹象正是人们努力追慕五色玉泽的结果。

民间很多小工艺品因其美好的象征意蕴而被广大人民群众所喜爱。如惠山泥塑"大阿福"（见图7-54）以永不消失的笑容作为吉祥避邪的象征②，刺绣图案"五福捧寿"（见图7-55）是传统吉祥图案，中国结也因其独特的民族寓意而成为一种吉祥、美好的符号。在中国文化里，"结"字是一个表示力量、和谐、充满情感的字眼，无论是结合、结交、结缘、团结、结果，还是结发夫妻，永结同心，"结"都给人一种团圆、亲密、温馨的美感。"结"又与"吉"谐音，"吉"有着丰富多彩的内容，福、禄、寿、喜、财、安、康无一不属于吉的范畴，"吉"是人类永恒的追求主题。中国结的造型虽然抽象，其意义却非常具体。"同心结"寓意恩爱情深，永结同心；"如意结"寓意万事称心，吉祥如意；"盘长结"寓意相依相随，永无终止；"蝴蝶结"寓意福在眼前，富运迭至；"团锦结"花团锦簇，前程似锦……所有这些都是用"结"这种无声的语言来寄寓吉祥的。

图7-54　惠山泥塑"大阿福"　　　　　图7-55　刺绣图案"五福捧寿"

---

① 据古史记载，夏王朝把九州长官进贡的青铜铸成九鼎，其上刻有各地的神怪异物图像，象征拥有天下。之后的商周也都视之为传国之宝，得九鼎即受命得天下。春秋时期，周王室衰微，楚庄王侍强势于洛邑向周王使者问九鼎大小轻重。面对别有用心的挑衅，使者回答："周德虽衰，天命未改，鼎之轻重，未可问也。""问鼎中原"从此成为夺取政权的代称。

② 传说古时惠山之上树木葱郁，野兽成群。林中有两个活泼的儿童，一男一女皆名"沙孩儿"。他们每天在山上嬉戏玩耍，从不知道忧愁和畏惧。他们两个力大无比，威震百兽。每当沙孩儿一笑，其笑声震撼山林，野兽们纷纷跑上前来供他们进餐。后来，男孩从树上掉下来摔死了，女孩整日坐在树下痛哭，也忧伤而死。神话流传下来，人们就取惠山脚下的黏土塑造出两个想象中的沙孩儿，亲切地唤作大阿福，以永不消失的笑容作为吉祥避邪的象征。

中国传统手工艺装饰上的吉祥图案，或直接使用吉祥文字（如双喜、寿、福、禄、吉祥、长命富贵、吉庆有余等），或用谐音（如"喜上梅梢"意即"喜上眉梢"，蝙蝠即"福"，鹿即"禄"，瓶即"平"，笙戟即"升级"等），或采用寓意（如用松鹤的图案来祝福老人家延年益寿，用榴开百子的图案希望人丁兴旺，用鲤鱼图案表达年年有余的美好祝愿和鲤鱼跳龙门的图案祝愿子孙发达、功成名就，"鸳鸯贵子"图案中的鸳鸯寓意夫妻恩爱、伉俪情深，而莲蓬象征子孙兴旺、合家美满），或使用专门的吉祥符号（如汉代流行的四神纹就有辟邪求福的意思，龙纹、凤纹、云纹等都是我们民族的吉祥符号），这都是中国人情感的另一种象征方式。从某种意义上说，中国的吉祥图案有时候就是我们的民族符号，是表达中华民族文化的载体，它们所蕴含的文化深意是我们应该理解的。

三、 工艺美的欣赏

（一） 材质美

工艺品所采用的原材料的质地是工艺美的物质基础，很多材料本身就有自己独特的美。例如，玉石具有高洁富丽之美，瓷器具有洁净高雅之美，陶器具有沉重古拙之美，象牙具有细白致密之美，绢纱具有朦胧飘逸之美，玻璃具有晶莹透明之美，红木和大理石具有天然纹理之美，还有如毛竹之韧性、草藤之柔软、金属之坚实、泥土之质朴……这些材料得天独厚的审美特征再加上优异的工艺制作，真可谓锦上添花。在长沙马王堆出土的大量珍贵的汉代文物中，有一件素纱禅衣，其制作材料"素纱"薄如蝉翼，轻如浮云，本身就具有无与伦比的美。在工艺师眼里，灯草、布片、泥土、纸张、树根、发丝都能成为宝贝，当今受到群众喜爱的丝绒画挂屏就是充分运用丝绒质地柔、厚、亮的立体效果而创造出来的，这种画借助于材料本身的美感，作为厅堂与家庭房间装饰都显得格外高雅脱俗。

在优秀的工艺制作中，材料的各自特征往往得到了最好的利用、保护和发挥，如明式家具由于采用各种硬木，具有天然而美妙的纹理，一般不用漆饰；所有玉器几乎也不涂饰以展现自然之质，使人充分地感受那种来自材质本身的自然之美。而清代曾有一个牙雕《蝈蝈大白菜》，为追求逼真的效果，不但把蝈蝈的触须、腿部的细刺、白菜叶和皱褶都刻得一清二楚，而且将白色的象牙染上了实物的天然色，结果使得它不像一尊象牙雕刻，倒好似一个实物标本，失去了象牙乳白色的材质美。

（二） 形式美

1. 造型美

工艺品的造型美在于"出奇制胜"，哪怕是很普通的原材料，经过工艺师的加工，都可能成为令人叫绝的工艺品。湖南根雕艺术家刘元印有一组题为《牧歌》的根雕作品，中心位置上是一个牧童在吹短笛，"一条根须"向前伸去，酷似劳动后休息时那伸展的腿；牧童周围错落有致地安放着匍匐的猎狗、嬉戏的角鹿、吃草的羊儿，一派悠然自得的气韵。这组根雕整体布局疏密相间，有主有从，谐趣交融。深褐色的树根造型粗犷自然，加上变形造型手法的运用，使似又非似的形体恰当地表现了放牧生活的诗情画意，充分体现了工艺造型的韵律美。长沙马王堆出土的一套随葬漆器耳杯盒（见图7-56），一个口径19cm×16.5cm、高12.2cm的椭圆形耳杯盒内可以套装七件耳杯，盒盖和器身以子母口扣合，其工艺造型水平简直是丝丝入扣，体现出工艺造型的严谨美。而甘肃武威出土的汉代著名铜器"马踏飞燕"和号称世界第八大奇观的"秦王兵马俑"则以其形神兼备的气势美引起欣赏者的惊叹。工艺品的造型除讲求韵律、气势、严谨外，还蕴含着一定的文化内容，如汉魏六朝神奇的玉辟邪、羽化奔马、怪诞不经的龙螭鸠雀等玉器都充满了神秘色彩，表现出祥瑞气氛和神化境界。

图7-56　耳杯盒

2. 装饰美

中华民族是一个热爱装饰的民族，装饰美表现在生活的方方面面，而中国传统手工艺品则集中体现了富有民族特色的装饰纹样、装饰风格、装饰特点和色彩。我国原始社会彩陶工艺的装饰就非常丰富，图案的内容涉及植物、动物和人等，如1973年青海省大通县上孙家寨出土的舞蹈纹彩陶盆（见图7-57），造型简练明快，色彩柔和、单纯、雅致，表现了一种素净而简洁的朴素淡雅之美。盆用细泥红陶制成，大口微敛，卷唇鼓腹，下腹内收成小平底。口沿及外壁上部采用了一些简单的线条装饰，作为主要装饰的舞蹈纹在内壁上部。舞蹈纹共分三组，每组有舞蹈者五人，手拉着手，踏歌而

图7-57　舞蹈纹彩陶盆

舞，面向一致。他们头上有发辫状饰物，身下也有飘动的饰物，似是裙摆。人物头饰与下部饰物分别向左右两边飘起，增添了舞蹈的动感。舞蹈者的形象以单色平涂的手法绘成，造型简练明快，三列舞人绕盆沿形成圆圈，下有四道平行纹，代表地面。盆中盛水时，舞人可与池中倒影相映成趣。小小水盆成了平静的池塘，池边欢乐的人群映在池水之上，舞蹈的韵味让人心醉。

工艺品上的装饰不是可有可无的，它与工艺品浑然一体，体现出时代的审美风尚，反映出时代的社会面貌。商朝流行抽象、狰狞的饕餮纹；汉代流行缥缈、灵动的四神纹和云气纹；六朝因为佛教盛行，莲花纹成为当时装饰花纹的主角；唐代国力强盛，雍容华贵的牡丹花纹开始流行；宋代崇尚文人习气，流行岁寒三友松竹梅的装饰图案；元明清则喜欢

缠枝花、串枝莲。

工艺品的装饰之美除了纹样和图案外，还有一个很重要的方面就是色彩，或艳丽多姿，或自然无华，或晶莹剔透，或厚重质朴，令人目眩心醉。传说宋代的瓷器是"青如天，明如镜，薄如纸，声如磬"（张应文《清秘藏》）。宋代青瓷完全没有装饰，主要以釉色取胜。纯正的淡淡天青色既像夏日晴空般悠远，又像春水般柔和清澈，其美玉般的青翠柔和给人一种高贵纯洁的美感。明代宣德红釉明如镜，润如玉，呈色深沉安定，庄严肃穆，恰似朝霞沐浴下的海棠，又如宝光四溢的红宝石。陶工们为了追求自然天成之美，有意在口沿留了一圈白釉，酷似在浑然一体的红釉器上盘了一条白玉带。景德镇创烧的"美人霁"十分名贵，呈色千变万化：有的在朦胧的粉红色当中有深红色的斑点密集，如海棠初醉；有的在深红色周围逐渐晕散为浅红色调，如桃花带雨；有的在深红色之外较浅的部位微泛浅黄或浅绿；有的红中泛绿，在粉嫩釉色当中散缀着浅绿色苔斑，它的自然变化之妙，非人巧所能企及。

（三）技艺美

对于工艺品的欣赏，我们会常常惊叹于工艺师精湛的技艺。就烧造工艺而言，火候（即烧结温度）是界定"陶"和"瓷"的技术前提，也是决定"陶色"和"瓷色"的一种化学因素。中国古代窑工擅长利用火焰不同性质的变化来追求变幻万千、奇丽绚烂的"窑变"釉色，无论是识别火焰还是控制火焰，中国窑工的才智和技术都是独步于世界的。

青花瓷器是我国最具民族特色的瓷器，它先用钴料在瓷胎上绘画，然后施透明釉，在高温下一次烧成。从审美上看，烧成的青花具有中国传统水墨画效果，每笔颜料的流散与汹集都显出运笔的轻重、缓急，能唤起一种自然亲近的感情；而蓝茵茵的花静静地盘开在白色的瓷器上，使餐具具有洁净、清新的美感。

就铸锻工艺而言，青铜器及其上的纹饰和文字、春秋时期的复合青铜剑、西汉的透光镜、唐代的铜镜、明代的宣德炉和铜胎掐丝珐琅都在不同方面体现了中华铸锻工艺的成果。1938年在湖南宁乡月山铺出土的四羊方尊是商晚期的储酒器，整个器物浇铸一气呵成，鬼斧神工，显示了高超的铸造水平。此尊造型简洁优美，采用线雕、浮雕手法，把平面图像与立体浮雕、器物与动物形态有机地结合起来。方尊肩饰龙纹，四角有卷角羊头，尊腹即为羊的前胸，羊腿则浮雕于高圈足上。羊的前胸及颈部都饰有鳞纹，两侧饰美丽的长冠凤纹，圈足上饰有龙纹，整件器物表花纹以云雷纹为底，在器物的四个边角和中线上饰扉棱。四羊方尊以四羊、四龙相对的造型展示了酒礼器中的至尊气象。

就染织工艺而言，中国人发现了丝，并以卓越的才能织造出令世人叹绝的轻薄如空、举之若无的丝织品，创造了独步于世界的"丝的文化"。马王堆汉墓出土的素纱蝉衣，长128cm，袖长190cm，但重仅49g。"织"的存在又引发了"染"的出现，马王堆汉墓出土的印花敷彩纱证明汉代已在使用印花和彩绘相结合的方法，据研究，最迟在秦汉我国西南地区已有了蜡染。到了唐代，出现了多色的多重织物锦，成为丝绸中最华美的产品。唐代的刺绣工艺除用于服装及一般丝织品的装饰外，还广泛用于宗教的绣经绣像，使刺绣逐渐脱离织物装饰而成为相对独立的艺术欣赏品。丰富、娴熟的针法使宋代绣工进入潇洒自如的境界，绣画如绘画。至清代更有了地域风格鲜明的"四大名绣"——苏绣、湘绣、粤绣和蜀绣。双面绣要求在画面的正反两面出现相同的形象，就更体现了绣师高超的技艺水平和精益求精的时代风尚。

在编结工艺方面，中国人利用"经"和"纬"的交织变化编结出了天下最美妙的器物，创造出了"化腐朽为神奇"的业绩。在中国编结艺术天地中，有筐、箕、篮、席、笠、桌、椅、篓等无数的实用器具，也有模拟禽兽花果、人神灵异形象的各色观赏品物，还有同心、方胜、盘长、双钱、万字、如意、绣球、十全等形式的"中国结"。在中国工匠手里，不仅复杂的编结物总有巧构美形，就连简单基本的编结技巧也能转化成最单纯却意味深远的装饰花结。

（四） 整体风格美

欣赏工艺品最终要从整体上完成，没有个性和风格的工艺品不算美的工艺品。因此，出色的工艺品都是在材质的基础上通过精巧的构思、精湛的加工最终成型的，如果有一方面做得不到位，就会功亏一篑。

四、 工艺品欣赏举例

因为工艺品的种类多、范围广，教学中可根据当地的实际情况灵活选用素材，特别是民间的一些工艺品，也可让学生根据自己熟悉的工艺品举例说明或者亲自制作。例如，雕刻类的玉雕、木雕、牙雕、竹雕、炭雕，编制类的柳条编、玉米皮编、草编、竹编，陶瓷类的景泰蓝、唐三彩、石湾公仔，四大名绣的不同风格，剪纸、竹帘画、麦秆画、漆艺、木艺、皮艺、铁艺、蓝印花布、树脂工艺品、绒沙金工艺品、水晶盐工艺品、民间玩具等。

第五节　建筑美

建筑是人类创造的最值得自豪的文明之一，是人类为满足自身居住、交往和其他活动的需要而创造的空间环境。它虽起源于人类遮蔽风雨、抵御寒暑、防止猛兽侵袭的实用安全的生活要求，却很早就被当作艺术品来营造，既注意到了实用、坚固，也注意到了美观。为了获得更好的物质和精神生活，人类一直希望能够"诗意地栖居"。因此建筑艺术是实用艺术、造型艺术和环境艺术的综合体现，它反映着国家的政治体制、道德伦理思想、社会的时代风貌、民族的性格特色以及生活的审美情趣等，是社会思想观念的一种表现方式和物化形态。"石头筑就的史诗""文明的载体""历史的纪念碑""凝固的音乐"等说法，都说明了建筑形象体现的文化价值和审美价值。任何宏伟的建筑物无不显示着人类改造客观世界、建设美好家园的本质，积淀着人类创造生活美的理想，闪耀着人类智慧和历史文明的光辉。

一、建筑的分类

按建筑的风格不同，建筑一般分为古典风格、现代风格和后现代风格。古典风格又有东方风格和西方风格之分，东方风格包括中国风格、伊斯兰风格、印度风格和日本风格；西方风格包括古希腊风格、古罗马风格、哥特式风格和文艺复兴风格等。按建筑形式的不同，建筑可以分为古典建筑和现代建筑等。按建筑使用功能的不同，一般分为居住建筑、工业建筑、文化建筑、园林建筑、纪念性建筑、陵墓建筑和宗教建筑等。中国古代建筑主要包括宫殿、陵墓、寺庙、园林、民居、石窟、佛塔和桥梁等。特色的民居有非洲的草房、阿拉伯的土拱、西班牙的小楼、北欧的尖顶房、蒙古的毡包、北京的四合院、安徽的天井民居、西北的窑洞、闽西的土楼、西双版纳的竹楼和西藏的石碉楼等。

二、建筑艺术的审美特征

（一）实用与审美的统一

"建筑"一词本义为"巨大的工艺"。人类建筑艺术是从营造家园开始的，起初并不是为了审美，而是为了安全，是出于人最基本的生理需要。即使是当代社会最富丽堂皇的别墅建筑，实用宜居仍是第一位的要求。当然，建筑仅有实用是不够的，还要满足人们的审美需要，还要讲究艺术性。例如，住宅建筑最基本的要求是舒适、安全、美观；园林建筑讲究清新、自然、雅致；游乐场所的建筑则应轻快、活泼；而纪念性的建筑则应崇高、庄严。当建筑的实用功能性与审美功能性紧密地结合在一起达到和谐统一时，建筑才称得上是建筑艺术。为强化建筑的审美功能，人们往往将雕塑、壁画、书法、工艺、园艺、室内设计乃至音乐融合到建筑艺术中去，用以突出建筑所蕴含的思想意蕴，加深审美的效果。例如，欧洲古典建筑中的雕刻、壁画就是当时建筑艺术重要的组成部分，如果去掉了这些东西，那么这些建筑也就黯然失色了。再比如，中国的古代建筑是以群体序列展开，也往往要依靠这些附属的艺术如华表、石狮、灯炉、屏障、碑碣等，单独的古建筑也常用壁画、匾联、碑刻、雕塑来加以烘托。

上海中心大厦是上海市地标性的摩天大楼，落成于 2016 年，高度 632 米。这座高楼能抗 15 级大风，秘密在 126 层工程师为其设计了世界上最大的阻尼器"上海慧眼"（见图 7-58）。这个重达千吨的阻尼器首度引入了电磁原理，最大摆幅能达到 2 米，可以尽量削减强风下高层建筑的晃动。上海中心大厦还将"上海慧眼"所处的 126 层打造成集科技、人文和艺术为一体的多用空间，游览者能在这里亲身感受全息声的先进技术，并欣赏西蒙弗兰格伦专门制作的《上海的一天》。

图 7-58　上海慧眼

各类艺术、审美因素的加盟使建筑从单纯的空间艺术、工艺美术转化为一种集中了建筑、工艺装饰、绘画、雕塑、音乐和文学的综合艺术，既丰富了建筑内外空间的视听效果，也提升了建筑艺术的文化内涵，使建筑最终成为人类艺术之蔚然大观、文化之厚博渊薮。

（二） 物质与精神的统一

建筑艺术不仅以其巨大凝重的物质实体打动人、感染人，而且也总以其所包含、象征和暗示的精神因素和观念含义作用于人的情绪、感情和思想，使人受到精神上的影响。这正是我们走近天安门、游览故宫建筑群时，在感受那巨大的物质实体给我们强烈的感知印象的同时，也或深邃，或宽泛地受到某种精神冲击和情感陶冶的原因所在。当然，建筑艺术的这种精神观念和情感内涵方面的因素比起文学、绘画、音乐、戏剧、影视甚至舞蹈等观念形态艺术不是那么明确和确定，具有宽泛性、朦胧性、象征性或暗示性。因此，建筑是表现性的象征艺术，是人们表达精神情感的象征符号，它通过某些独特造型、结构来营造一种意境、气氛，或庄严，或活泼，或华美，或朴实，或凝重，或轻快，引起人们的共鸣与联想，进而传达某种特定的精神观念。

1. 政治性象征

建筑的政治性象征主要体现于统治阶级所建的宫殿及历代帝王、伟人的陵墓等建筑之中。例如，北京的故宫建筑群规模庞大、气势磅礴，清一色的朱红墙壁、黄色琉璃瓦，在当时以灰色调为主的北京城内宛如仙界般灿烂夺目，等级最高的三大殿坐落在中轴线上，且渐次升高，两侧建筑对称均衡地护卫着它，造成一种中心突出而至高无上的意境，显示了皇权的至尊至贵。承德避暑山庄将江南水乡的江浙名园、蒙古族的马场毡房、泰山碧霞元君祠的广元宫及仿万里长城造型的宫墙融为一体，具有民族建筑特色的外八庙，体现了中央集权统治及多民族统一的国家特点。法国的凡尔赛宫巨大而傲视一切，用石头表现了绝对君权的政治制度。德国汉堡市政厅气派恢宏，巍峨壮观，中间的钟塔高112m，上面安装着镀金的帝国之鹰，是德意志统一的象征。二楼各窗之间竖立着20位德意志著名帝王的塑像，表示汉堡市度过的漫长岁月。巴西的国会大厦造型奇特，富有强烈的现代气息并蕴涵深意：国会大厦参众两院两楼并臂而立，呈现出"H"形（"H"是葡萄牙文"人类"的第一个字母），寓含着"以人为本"和"人类主宰世界"的理念。国会大厦两侧的平台上有两个硕大的"碗"，一个平放着，是联邦众议院的会议厅；一个倒扣着，是参议院的会议厅。据说，众议院开会是向公众开放的，所以碗口朝上，意味着"开放"；而参议院审议的议题常常涉及国家机密，故"碗口倒扣"含有"闭门开会"之意。巴黎的凯旋门耸立于戴高乐广场之上，位居城市中轴线的最高处，12条干道从它脚下向四面八方辐射出去，极为壮观，充分显示出拿破仑对帝国威势和个人权力的追求，自1836年宣告落成以来一直成为法国"帝国风格"的象征。在人民当家做主的今天，耸立在天安门广场西侧的人民大会堂，作为新中国的政治中心也含有不少象征色彩：正门前12根25m高的大理石柱，顶天立地般支撑着大厦，这是新中国挺立于世界民族之林的象征。万人大礼堂穹窿顶部，纵横布满了500盏星灯，中心装饰着一个巨大的五星灯，入夜，像众星拱月，象征着全国各族人民团结在共产党周围，同心同德共建社会主义。

2. 宗教祭祀性象征

宗教祭祀性建筑常常借助建筑形象本身向人们传达某种观念，对信仰者来说具有感染力、教化力。西方宗教建筑大都沉浸在沸腾的激情中，表现为超凡的巨大尺度、强烈的空间对比、神秘的光影变幻，配以雕刻的体形、激情飞扬的动势。尤其是 12 世纪法国的哥特式教堂，直冲云霄的尖塔，比例瘦长的尖拱形狭窄开窗，都在表现一种向上飞升、超脱的气势。镂空隔花的彩色玻璃又使教堂笼罩一层朦胧而奇丽的光彩，烘托出圣母和基督神像头上的神圣光环，加上四周墙上各种宗教雕塑壁画，基督教堂上象征原罪、受难、献身与救赎的十字架，构成一种浓郁的宗教气氛。身处于这样的境界中，不由得感到宗教的神秘和威力，产生升上天国的幻想，如法国的巴黎圣母院、意大利的米兰大教堂、德国的科隆大教堂等。

与饱含激情的基督教建筑不同，我国传统的佛教寺庙则以稳重的官式建筑表现出凝重敬畏的佛法品格。巨大屋檐下的单层大殿，采用封闭式的结构，窗户稀少，光线幽暗，空间压抑，尤其是象征阴曹地府的十八层地狱更是阴森可怖，令人不寒而栗，自然萌生祈求神灵庇佑的心愿。加上整个寺庙广植郁郁苍苍的松柏，烘托出安静森严的气象，表现了佛的神秘与庄严。

坛庙建筑是祭祀性质的建筑，以满足精神功能为主，要求充分体现出祭祀对象的崇高伟大和祭祀礼仪的严肃神圣。北京的天坛（明清两代皇帝祭天祈谷的地方）以考究的礼制布局、奇特的建筑构造和独特的艺术风格闻名于世。既然天坛是祭天的，自然处处要以天为象征，而我国古人一向认为天圆地方，因此，天坛的主要建筑全部是圆形结构：高大庄严的祈年殿是圆的，白玉石砌成的圜丘是圆的，宛如蓝宝石大伞的皇穹宇是圆的，它们四周的层层台阶是圆的，就连以回音壁著称的围墙和天坛北面的围墙也是圆的。此外，天坛建筑中的细部也有许多天的象征。例如，高出地面 4m 的通道丹陛桥象征通天之路；支撑祈年殿的 28 根柱子，当中最粗的 4 根"龙井柱"代表一年四季，中层 12 根柱子象征一年12 个月，外层 12 根柱子表示一天的 12 个时辰。再如，一色汉白玉裸露在外的圜丘，只有石台，不建房屋，这是象征天是凌空的。圜丘坛面的石阶、栏杆所用的石块以及栏板的尺度、数目都是用的阳数（即奇数 1、3、5、7、9 或它们的倍数），这是因为古人认为天属阳，地属阴的缘故。此外，天坛在色彩上也别具一格，建筑物的屋顶都一反皇家采用黄色的惯例而用深蓝色的琉璃瓦覆盖，周围由层层白玉台阶和栏杆衬托，突出了蓝白二色，同天上的蓝天白云巧妙呼应。天坛地居高处，秋高气爽时节，天上地下，蓝白交汇，真使人有飘飘然如临仙境之感。加之古柏苍郁，更为祭坛增添了神秘气氛。

陵墓等纪念性建筑常常融入灵魂不死等观念，如古埃及的金字塔、北京的明十三陵、印度的泰姬陵等，人民英雄纪念碑也是以单纯的直立造型表达义薄云天、永垂不朽的观念。这些建筑的意图与功能主要是精神性的，精神性观念成了建筑物的决定性因素。建筑由工艺美术升华为观念性、精神性很强的象征艺术，这是人类建筑艺术发展的重要变化。在此意义上，建筑又是象征的艺术，是有意味的形式。

3. 审美性象征

这类建筑多见于艺术性建筑，往往是建筑师根据自己独特的美学观念所设计的，最能反映出时代风貌和个性特色，其象征意义一般同政治、宗教关系不大。例如，古希腊曾有人认为人体各部分都体现着理想的美，故而早在公元前6世纪，陶立克柱式建筑就以粗壮狂放的线条形象地模拟了男子挺拔雄健的体形特征，而爱奥尼亚柱式建筑则以柔和精细的线条形象地模拟了女子娴雅柔美的体形特征。2008年北京奥运会标志性建筑物国家游泳中心水立方（Water Cube）与国家体育场（俗称鸟巢）分列于北京城市中轴线北端的两侧，共同形成相对完整的北京历史文化名城形象。主场馆鸟巢与水立方，一个阳刚，一个阴柔，在视觉上极具冲击力。并且从北京城北中轴线来看，鸟巢居东，水立方居西，一左一右，一圆一方，一高一低、一阳一阴，一红一蓝，相互衬托，相互依赖，相互支持，和谐平衡。北京天坛公园的双环亭、南京天王府的双亭则象征了亲密无间的挚友关系。北京的香山饭店把中国的古典园林及西方现代化的风格融为一体，民族风格的月洞门同宽阔明亮的欧式玻璃顶棚共存，兼具中国山水画和西方油画的审美效果，俨然是一处美的象征。随着时代的发展，现代派艺术的流行，当前建筑艺术中抽象化风格和象征性色彩更加鲜明，它使今天的城市风貌更加清新活泼，更富于艺术性。踏进这样一座风姿异彩的城市，即使逛逛马路也可算是一种美的享受了。

（三）技术与艺术的统一

在一切艺术门类中，建筑艺术也许是与科学技术关系最紧密的艺术。如建筑材料对于建筑结构和装修的发展就有重要意义，砖的出现使拱券结构得以发展，钢和水泥的出现促进了高层框架结构和大跨度空间结构的发展，塑胶材料则带来了面目全新的充气建筑。瓦和油毡的出现解决了屋顶防水问题，玻璃的出现给建筑的采光带来了方便，而胶合板和各种其他材料的装饰面板则正在取代各种抹灰中的湿操作。进入20世纪以后，建筑开始了机械化、工厂化和装配化的进程。纵向高举与横向拓展的规模与技能是人类建筑史发展的最基本指标，也是建筑艺术欣赏的最基本内容。作为宣告巴黎"这个光辉的城市"成为现代主义都市的埃菲尔铁塔，其建筑的耗费比埃及金字塔和罗马圣彼得大教堂省时、省钱、省力得多，只用几个月就落成了。它结构的大胆、材料的更新、建造的速度道出了欧洲统治阶级对技术的指望，对拥有无限权力控制世界和它的财富的指望。如今，世界最高的建筑阿拉伯联合酋长国迪拜的摩天大楼"哈利法塔"总高828m，世界上最长的跨海大桥港珠澳大桥全长55km，两者分别以其高度与宽度成为人类建筑科学技术发展的里程碑。只要把传统的建筑艺术与现代建筑艺术做一比较，就可以深刻地领会技术与艺术的关系及其统一在建筑艺术创造中的重要地位和意义了。

（四）建筑与环境的统一

建筑与其他艺术的不同之处在于它体积巨大，一旦建成就难以移动。因而环境的选择是十分重要的，正如红花要有绿叶衬托一样，建筑必须置于特定的环境中才具有审美价值。例如，欧洲的哥特式教堂在中世纪狭窄曲折的街巷中才能充分显示其飞腾向上的气势，如果在它周围耸立起一群摩天大厦，它就会变得矮小。济南火车站的尖顶钟楼和穹形的建筑物当年也许是十分气派和别具特色的，而今天在旁边那些大楼和烟囱的对比下，就很难看出当年的气派和特色。在欧洲，雅典的卫城是建筑艺术与环境相统一的典范。希腊人充分利用其优美的地理环境，把城内建筑建在面临大海、背靠蓝天的险要岩岛的最高处，岩岛在沿坡而下的低处砌上围墙，这样从山上可以俯视雅典全城，从山下可以仰观全部建筑，无论从哪个角度都能欣赏到卫城的雄姿。美国建筑大师赖特在 20 世纪 30 年代设计和建造的流水别墅是现代建筑中艺术与环境相结合的典范，他充分利用匹茨堡市郊区的山势、林木、山石和溪水等自然因素，别墅整体疏松开放，与自然因素相互融合，浑然一体，使人感到意趣无穷。南京夫子庙地区的建筑群突出的是古代文化意蕴，而新街口地区的建筑群则突出了现代化大都市的特点。只有把建筑与周围环境联系起来，才能实现环境人格化，创造建筑美。

三、 建筑艺术的欣赏

建筑艺术是一门综合性艺术，它具有书法之"势"、音乐之"韵"、绘画之"境"、诗词之"意"、雕塑之"象"、戏曲之"味"……加之建筑受各个民族不同的文化、不同的审美习惯以及不同的地理环境影响而又形成不同的形式与风格，因此，建筑同样洋溢着艺术的灵性和诗情，建筑审美是一项极具综合性的文化现象。要获得对建筑审美的愉悦，就要求我们暂时跳出物质实用的功利心态，而注重从艺术审美的角度把握建筑的形式美与表现力，体味其社会历史文化内涵与情感意义。

(一) 注意建筑的造型美

1. 比例恰当的轮廓美

我国现代著名建筑学家梁思成在《建筑和建筑艺术》一文中谈到建筑美时说："首先我们从一座建筑物作为一个有三维空间的体量上去考虑，从它所形成的总轮廓去考虑。……在这一点上，好比看一个人，只要先从远处一望，看她头的大小，肩膀宽窄，胸腰粗细，四肢的长短，站立的姿势，就可以大致判断出她是不是形体美了。建筑物的美丑问题，也有类似之处。其次就要看一座建筑物的各个部件和各个构件的本身和相互之间的比例关系。例如，门窗和墙面的比例，门窗和柱子的比例，柱子和墙面的比例，门和窗的比例，窗和窗的比例，这一切的左右关系之间的比例，上下层关系之间的比例等。

总而言之，抽象地说，就是一座建筑物在三度空间和两度空间的各个部分之间的虚与实的比例关系，凹与凸的比例关系，长宽高的比例关系的问题。而这种比例关系是决定一座建筑物好看与否的最主要因素。"中国建筑素以"翼展之屋顶、崇厚之阶基、玲珑之木制屋身、彩色之施用"而在世界建筑史中独树一帜，仅是单体屋顶形式就有重檐庑殿、重檐歇山、庑殿、歇山、悬山、硬山、圆攒尖、单坡、卷棚、清水脊、盝顶、盆顶、十字脊顶等（见图7－59）。屋顶向上微翘的深远飞檐和凹曲的顶面，不但充分地起到了采光、通风、遮阳和排水的作用，而且增添了建筑物飞动轻快的美感。同时，屋脊上的脊兽除了防止接口处漏水、固定位置和装饰功能外，其主要表达了"灭火"与趋吉避邪的深层文化内涵。高大厚重的台基配以栏杆、台阶，既可以使木构架避雨防潮，还给人以庄严、稳重之感。

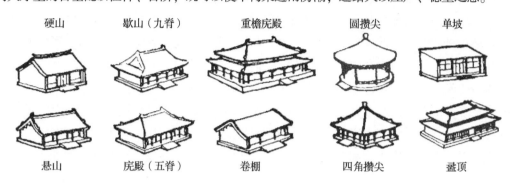

图7－59 中国古建筑屋顶

2. 丰富多彩的装饰美

关系到建筑艺术效果的另一个因素就是色彩，如北京的故宫、天坛等建筑，白色的台基，大红色的柱子、门窗、墙壁，檐下青绿色点金的彩画，金黄的、翠绿的或宝蓝的琉璃瓦顶，特别是在秋高气爽、万里无云、阳光灿烂的秋天，配上蔚蓝色的天空做背景，这是每一个初到北京来的人永远不会忘记的印象。从封建统治者的审美观点来看，帝王的建筑是黄色琉璃瓦，王侯的建筑用绿色琉璃瓦，老百姓只能住灰色瓦房。我国宫殿的建筑一般都是红墙黄瓦，显得金碧辉煌，以显示皇权的威严，皇宫的豪华富贵。在华北平原地区，冬季景色的色彩是很单调的，在这样的自然环境中，这种鲜明的色彩就为建筑物带来活泼和趣味。而在山清水秀、四季常青的南方，建筑的色彩就比较淡雅，多用白墙、灰瓦和栗、黑、墨绿等色的梁柱，这种色调在比较炎热的夏天里使人产生一种清凉感，与南方的自然环境相调和，形成秀丽淡雅的格调。我国古建筑还十分讲究内部的装饰、陈设和外部空间的点缀，如通过雕龙刻凤、描梁画栋、沥粉贴金、图案花纹、匾额楹联及壁画使整个建筑于雄伟中不失精巧秀丽，用假山叠石加以点缀，设华表、牌坊、影壁（如九龙壁）、石狮等衬托美化建筑群体。

3. 形式各异的风格美

西方古代建筑较重视突出单体造型，以石块、砖土为主要材料，独特的石质梁柱和拱券技术使其体形高大敞亮，强调建筑的立体感、空间感，气势宏伟。中国古代建筑更注重序列组合的群体造型，以木材、砖瓦为主要材料，独特的梁柱式木构架及斗拱、雀替、榫卯等组合方式使其有"墙倒屋不塌"的坚固性，且体量都不大，以平面展开为主，曲折多变，讲究节奏感、变化感，注意气氛的营造，追求意蕴的和谐。就是在同一个国家，因为南北的地理环境和气候状况及人文特点的差异也会形成不同风格的建筑形式和审美趣味。

例如，我国南方炎热多雨地区的建筑通透轻盈，屋顶陡峻，底层空敞，而北方寒冷干旱地区的建筑壮实敦厚，常用平屋顶和半地下室。

建筑是时代、政治、文化的反映，古典建筑多为宗教、宫廷服务，除了实用的功能外，建筑多强调表达宗教的神秘和宫廷的豪华，装饰成为古典建筑的重要因素。现代建筑是工业时代和民主思想的产物，除了在材料上开始大量应用工业材料外，满足大众的居住功能成为现代建筑最重要的目的，因此，在形式上，现代建筑是简洁的、功能的、没有装饰的。于是，这种几何形的方盒子、钢筋混凝土的结构和玻璃幕墙便形成了建筑领域的国际主义风格，世界也跟着变成了钢筋混凝土的森林，这使许多城市失去了个性，也失去了本国文化和民族的特点。现代建筑设计发展到 20 世纪 60 年代，人们开始对这种风格千篇一律的外形和简单的内部处理感到单调和乏味，一些建筑师提出建筑除了给人们提供居住的需要外，还应该具有更丰富的含义，由此又出现了强调装饰性、具有象征意义和隐喻意义的新建筑——后现代建筑。从某种意义上说，后现代建筑是古典建筑和现代建筑的混合体，在这种混合体上，更多地体现了建筑师本人的观念、思想和情感，从而呈现出丰富多彩的形式。例如，朗香教堂、古根海姆博物馆、悉尼歌剧院、代代木体育馆、蓬皮杜艺术中心、意大利广场、"BEST"连锁店、香山饭店等，这些建筑虽没有成为设计的主流，却也使城市和人们的生活变得更加丰富。

我国古建筑深受儒学和道学的影响，重礼使所有的建筑格局都要遵循礼法，受礼制的约束，因此，在形式上讲究对称、均衡、庄严，表现出中正、平和、含蓄而深沉的美学精神；重孝则讲究几代同堂，但长幼有序，内外有别，形成了中国特有的大家庭宅院；而重视天人合一，则讲究与自然和谐共处。从这一角度说，建筑和居住的形式又具有浓厚的社会学意义。

（二）感受建筑的音乐美

建筑所引起的心情很接近音乐的效果。据说贝多芬在创作《英雄交响曲》时曾受到巴黎建筑群的启示，舒曼则在他的《第三交响曲》中力图表现科隆大教堂的壮丽宏伟，我国建筑学家梁思成在欣赏了北京的天宁寺塔以后曾谱写了一首乐曲。这也就难怪很多人都把建筑称为"凝固的音乐"。

如果仔细地观察一座建筑，就会发现它所占据的空间无论是水平方向、垂直方向还是纵深方向，它的各个组成部分、各个建筑构件都有一定比例关系，按一定规则有变化地排列着。建筑的物体虽然是凝固的，但欣赏时却是流动的。我们欣赏建筑的过程中就会看到建筑物形体的大小、平面的曲直、立面的高低、空间的疏密、质地的粗细、光影的明暗、装饰的雅俗等，这一切构成一个丰富多彩、流动变化的视觉形象，好像音乐中的旋律、节奏、和声和音色一样。

例如，我们漫步故宫建筑群，从正阳门到天安门有一条狭长的千步廊，这是乐章的前奏。从天安门进入端门、午门、太和门，建筑乐章开始进入高潮。在太和门和太和殿之间突然变得十分开阔、辽远，无论在深度、高度方面，太和殿都超过任何一座殿宇，这种形体的空间变化足以烘托太和殿的神圣崇高。在太和殿后面，还有中和殿、保和殿，这三殿是皇帝行使权力的地方，占据故宫中最重要、最广阔的空间。灰色的地面、红色的墙体、金黄色的屋顶、黑色的雕塑，使得建筑物的焦点突出。后三宫和三大殿比较起来，显得布局紧凑，建筑体量适中，加之草木掩映，使得院落深邃，虽仍不失庄重，但竟多了些生活气息。殿宇周围还有大量连续不断的、较为低矮的配房。故宫中一组组房屋有机结合的院落，有的横长，有的纵深，有的空阔，有的狭长，一收一放，一紧一弛，这种空间节奏、旋律就像交响乐中有快板乐章，有慢板乐章，有奏鸣曲，有三段式，有变奏曲，有小步舞曲或谐谑曲。如果从景山顶上眺望故宫，屋顶高低起伏好像一片金黄色的波涛，其色彩的明暗对比也使建筑显示出一种节奏的美。

（三） 体会建筑的环境美

建筑的美离不开与周围环境的和谐，尤其是中国哲学崇尚天人合一，与自然和谐相处，因此我国古代的建筑往往讲究依山傍水，既是为了生活方便，也表达了中国人在栖居时希望与自然和谐的愿望。在农业社会时代，人们理想的居住方式是门前有小桥流水，屋后有竹青花香；家里是儿孙绕膝，屋里是四世同堂；早上可以看到朝阳东升，黄昏能够见到落日西沉，夜晚有月光洒在露台上。春天有遍地的花开，春光灿烂；夏日有树木参天，浓荫蔽日；秋天有满园果熟、稻谷金黄；冬日可以看到雪落无声，屋里炉火正旺。

建筑若缺少林木荫盖之润饰，便显得孤立而单调；自然风景中若无建筑的装点，就没有神韵。颐和园、避暑山庄的建筑，皇帝陵园的建筑，孔庙的建筑，以及寺院、庙宇的建筑都是与自然风景结合的典范。有些寺院沿山势而筑，层层殿堂，倚山叠起，颇具特色。像五台山的佛光寺、北京的碧云寺、地处泰山最幽处的灵岩寺以及河南的少林寺……这些宏伟的古建筑群都是同自然景色融合在一起的。避暑山庄的外八庙、青海的塔尔寺都是坐落在碧荫叠翠的山坡上，依山托势，高低错落，大大增加了审美的层次。

建筑的环境除自然环境外，还包括为我们提供精神上滋养和慰藉的人文环境，我们的行为和生活方式也是影响建筑美感的重要原因。郁达夫在《花坞》一文中就写到，十年前游花坞时，虽然那儿没有伟大的建筑，但从竹叶杂树中间透露出来的屋檐半角、女墙一围，看起来异常整洁、清丽，但这儿的美真正让他难忘的是茅庵里朴实、友善、谦让的老比丘尼。十年后，他再去花坞，那儿竹木依然清幽，山溪仍然静妙，但因为住民变作了狡猾的商人，那儿的尼姑、僧人也不像以前恬淡了，便感觉那儿的建筑物和器具之类处处受着下劣趣味的恶化。

第六节 雕塑美

立体造型艺术——雕塑得名于其造型方法主要为"雕刻"和"塑造"。雕刻是做"减法"，以剔除多余材料为基础；塑造是做"加法"，以添加材料为基础。雕塑艺术起源于人类的宗教行为，早期人类出于虔诚的宗教目的而雕塑想象中的神灵形象以供自己顶礼膜拜，从这个角度说，雕塑本是为观念而存在的艺术品。雕塑以其造型的凝练性、形象的单纯性以及观念表现的纯粹性、象征性而予人以更大的想象空间，不但能提高我们的审美通感能力，还能唤起我们一种特殊的审美情感。

一、雕塑的分类

雕塑按形式分类有圆雕、浮雕和透雕。圆雕是雕塑的主要形式，完全是立体状态，一般没有背景，可以四面观赏，如秦兵马俑、《断臂的维纳斯》等。浮雕是在平面上雕出凸起的半立体的形象，一般都有背景，它介于圆雕与绘画之间，如人民英雄纪念碑上的汉白玉群雕、洛阳龙门宾阳洞的《帝后礼佛图》、唐太宗墓前的"昭陵六骏"、巴黎的《马赛曲》等。透雕介于圆雕与浮雕之间，是把浮雕的背景镂空，分单面雕和双面雕两种效果。

雕塑按材料分类有骨雕、玉雕、石雕、砖雕、木雕、冰雕、沙雕、面塑、泥塑、腊塑、石膏塑、陶瓷塑、金属雕塑、玻璃钢雕塑等。在雕塑上施以粉彩叫作彩雕或彩塑。

雕塑按功能分类有室内的架上雕塑、室外的城市雕塑、建筑雕塑、园林雕塑和纪念性雕塑等。架上雕塑用于陈列和展览，如潘鹤的《艰苦岁月》。纪念性雕塑用来纪念重大历史事件和重要人物，或者体现民族气概和时代精神，有鲜明突出的主题和意旨，如斯大林格勒保卫战英雄纪念碑、西汉霍去病墓前的"马踏匈奴"石雕。园林雕塑用来装饰和美化公共环境，如广州的《五羊雕塑》、珠海的《渔女》、南京的《莫愁女》、厦门的《郑成功》、重庆的《春、夏、秋、冬》、南昌的《白猫、黑猫》、法国的《巴尔扎克》《吻》以及美国曼哈顿的《自由女神》、丹麦哥本哈根的《美人鱼》、新加坡圣陶沙的《鱼尾狮》等都是典型的城市雕塑作品。建筑雕塑是指附着在建筑物表面或衬托主体建筑的雕塑作品，如古希腊神庙的廊柱、中国古建筑的砖雕、木雕等。

二、雕塑艺术的审美特征

（一）空间的实体性

雕塑是具有真实立体感的"体积的艺术"，其实实在在的长、宽、高不仅可以通过视觉去感受，而且其与人融洽的亲和性常常能激发人们近前抚摸的欲望。雕塑三度空间的实体性使它能在不同距离、不同光照、不同背景、不同视角的情况下显示出不同的美的形象，使观赏者能享受更为丰富的视觉形象美。例如，苏州西园中的圆雕《济公像》（见图7-60），从左面看过去是笑容满面，从右面看过去是一脸愁容，从正面看却是啼笑皆非。

图7-60　《济公像》

（二）　造型的单纯性

除了一些带有情节性的浮雕外，大量的雕塑是用个别的、立体的、没有背景的形体再现生活，很难直接再现人物之间、事件之间、人物与环境之间的复杂关系及事件发生的过程。正因为如此，雕塑更为注重外部造型的高度概括，借助最具内涵和表现力的瞬间静态的形象来更集中地体现观念的精髓，更突出地表现对象的性格和品质，从而使雕塑具有一种鲜活的生命力。例如，罗丹的石雕《思》只凿出了一个少女的头像，没有脖颈、肩膀、身躯和手足，头部下面是一块未经多少加工的粗糙石基座，好像是一件未完成的雕像。但正因为他想表现这位年轻、秀美、聪慧而淳朴的女性在"沉思"，因而除了脸部神情之外，抛弃了一切无关的局部，人们在欣赏时便会随着她的沉思而发挥出自己丰富的想象。粗石代表一种现实力量，像枷锁一样的残暴力量，而少女俊美的脸是在冷酷现实折磨下顽强地绽开着的美丽花朵。任何有价值的思想无不是在现实力量的枷锁中产生的，无不是在现实力量的炼狱中成熟和冲出炼狱的，又无不以其辉煌的光芒普照万物，给予现实生活以生机和活力。希腊古典时期雕刻家米隆的《掷铁饼者》是为奥林匹克竞技优胜选手制作的纪念像，作者选取了运动员弯腰将铁饼摆到极点即将转身抛出前的一瞬间，这是引而未发、积攒爆发力的一瞬间，最能引发观赏者的联想，在心理上获得极强的运动感、力量感和节奏感。

（三）　表现的观念性

雕塑是造型与观念的融合，雕塑形式的单纯性决定了它要更多地运用寓意、暗示、象征性的手法以使观赏者产生丰富的联想，在生活形象的基础上高度精练地加工创造出新形象，使新形象成为"静止的舞蹈"。

在古埃及狮子是力量的象征，法老（国王）喜欢用狮子比喻自己，所以金字塔旁就有狮身人面像作为法老力量的象征。中国人把菩萨看作慈悲为怀的救世主，于是一些菩萨神像的彩塑也便成为一种象征。如同我国民间艺术所常用的"托物言志""寓意于物"的象征手法一样，中国古代雕塑艺术中反复出现的那些庄严威武的石狮、辟邪、天禄以及矫健英俊的石马等都不仅仅是为了表现这些神兽的形态和步姿，而是为了表现人，表现人的一定的意念，烘托一定的意境气氛。西汉霍去病墓前的群雕仅以 3 种不同姿态的战马象征青年英雄生前的仪仗甲兵，寓意了远征劲旅的艰辛与战绩，歌颂墓主人的赫赫战功。南京雨花台烈士纪念馆前的群雕《浩气长存》（见图 7 - 61）以仰视造型，不仅更加突出了烈士们从容就义、大义凛然的高大形象，而且在升腾感中充分揭示了烈士们永垂不朽、浩气长存的主题。古希腊的大部分雕塑作品虽然都是用来歌颂、表现寓意化理想化的"神"的形

图 7 - 61　《浩气长存》

象，但实质上古希腊人对神的歌颂仍在于歌颂人的理想主义和英雄主义，目的是再现人的内在的、全部的精神实质。罗丹的《圣徒约翰》以格外坚实有力的手法塑造了在沙漠中徒步跋涉、不畏艰险、随时随地传播"福音"的使徒形象，通过面部表情可以看出约翰具有坚定安详的眼神，他仰起头来，微张着口，右臂伸出，手指着上天，似乎正在一边步行一边宣讲教义。那迈开的阔步，不是刹那间的凝固动作，却是在静止的雕刻中表现出连续的步伐。这虽然是宗教人物的形象，但丝毫没有神秘的宗教色彩。米开朗琪罗的《大卫》表现了一个刚毅而强健的英雄，他浑身肌肉充满了生命的活力，侧视的目光威力无比，从直立的右脚和点地的左脚以及左手紧握的甩石带可以看出他正准备发出置敌人于死地的一弹，表现出面对强敌毫不畏惧、胸有成竹的必胜信念。这一塑像体现了作者期望当时正处在分裂状态的祖国能够统一和富强，象征着作者和当时意大利人民反抗压迫和束缚、争取自由与渴望解放的坚强意志。

（四） 环境的装饰性

雕塑能够装饰美化环境，能够与周围环境相结合形成一种统一协调的意境美，因而巧妙地结合周围环境的特点安排适当的雕塑作品是雕塑创作的原则之一。

汉代霍去病墓在筹建之前就选择了象征他一生戎马生涯的地形，主墓放在用土堆成的"祁连山"上，墓前有《马踏匈奴》（见图7-62），周围有《卧马》《跃马》《伏虎》《卧牛》等石雕。唐代乾陵雕刻群更是古代环境艺术的典范，是建筑、雕塑与环境结合的杰作。设计者有意把石雕尺度、体量放大，当谒陵人在御道两侧庞大的雕刻群俯视下行进时，自然会感到自己的渺小，整个陵区的神圣、庄严和崇高给人以精神上的震撼。

《巴黎公社社员墙纪念碑》（见图7-63）建立在巴黎公社最后一批战士壮烈牺牲的拉雪兹公墓里，雕刻家利用墙面以浮雕造型塑造了30多位公社战士的形象，在碑的正中用近乎圆雕的形式塑造了一位象征奋力保卫公社社员的女神雕像。石墙上的累累弹痕使人联想到当年弥漫的硝烟和激烈的战斗场面，也充分显示出公社社员为了无产阶级事业视死如归的英雄气概。在战士壮烈牺牲的地方建立起纪念先烈的雕塑，更增强了悲壮气氛，使观赏者受到教育和启迪。

美国拉什莫尔山上著名的《国家纪念碑》（见图7-64）所雕刻的美国历史上四位著名总统华盛顿、杰弗逊、罗斯福和林肯的巨大头像随着山势的变化，呼应穿插，姿态自然，与周围环境非常协调，恰到好处地形成了雕像庄严、雄伟和气势宏大的意境。

图7-62 《马踏匈奴》　图7-63 《巴黎公社社员墙纪念碑》　图7-64 《国家纪念碑》

三、 东西方雕塑艺术比较

（一） 艺术地位

过去的中国雕塑没有像西方那样独立的艺术地位，要么从属于宗教建筑（石窟、寺庙、道观等），要么依附于陵墓和宫殿建筑，与普通人的日常生活毫不相干。而西方雕塑特别是欧洲的雕塑同日常生活紧密联系，视其为城市的灵魂，从城市规划到园林建设、从建筑装饰到十字街头，都用雕塑作为构建城市公共环境的重要元素。

（二） 审美追求

中国雕塑追求形态的神韵美，注重"神似"，强调写意，结构夸张；突出共性（求同）；在重视美与善结合的同时，更关注雕塑艺术的教化功能。西方雕塑追求自然模仿美，注重"形似"，强调写实，结构准确；突出个性（求异）；在重视美与真结合的同时，更关注雕塑艺术的认识作用。

（三） 雕塑材料

中国雕塑材料丰富多样，但以与自然密不可分的泥土、木材、花岗岩居多。西方雕塑材料比较多样，但以青铜、大理石等为主。

（四） 雕塑技法

中国雕塑重塑轻雕，西方雕塑重雕轻塑。

（五） 题材样式

中国雕塑多为权势、尊严、神圣的象征，多宗教（佛像为主）、英雄、名人雕塑，雕塑的庄重意味较浓。西方雕塑多为自由、爱情、战斗等抽象观念的体现，多人体雕塑，追求人物的真实和生命的美感，雕塑的娱乐意味较浓。

（六） 形体刻画

中国人物塑像以直立式、端坐式为主，表情变化少（静美），强调人首而虚化人体。西方人物塑像以运动形式为主，表情丰富（动美），强调人体而虚化人首。

（七） 艺术技巧

中国雕塑以一面（正面像）造型为主，讲究装饰性及色彩的运用（与泥塑多有关）。西方雕塑常多面造型，讲究绘画性及光的效用（与石雕多有关）。

中西雕塑艺术虽有风格、特征之别，但无优劣、高低之分，东西合璧已成为艺术发展的趋势。

四、 雕塑艺术的欣赏

对于雕塑艺术作品的欣赏，除了要了解其风格、创作背景等社会因素外，更多的是要注意它本身的艺术效果。在观赏中做到"步步移""面面观"，通过变换距离和视角总体感受其多姿多态的美。

（一） 造型美

雕塑给予人的感觉首先来自它的形体，形体美是雕塑形式美的灵魂，特别是在人体美造型方面，雕塑所达到的艺术境界是其他艺术形式难以企及的。

《断臂的维纳斯》是一尊"纯美的女神"，被公认为是迄今为止希腊女性雕像中最美的一尊。裸露的上半身与覆盖着线条舒卷下垂的衣褶的下半身巧妙地结合在一起，既端庄又秀美。她的头和胸略向左倾，臀部略向右倾，左腿微微抬起，全身取螺旋上升的趋向，女性曲线美的魅力得到了充分的展示。她的身体各部分起伏变化和谐且富有音乐的节奏感，轮廓清晰，具有一种天然的轮廓美。她的面部具有希腊美女的典型特征——椭圆形的面庞、平坦的前额、安详的目光、挺直的鼻梁、丰满的下巴和波状的发髻。从她优美的身姿和表情里，表现出的是一种难以言传的崇高、典雅、雍容和亲切的理性之美，是一种纯洁、坦荡、安详和尊严的精神之美。如果面对雕像，还会看到肌体的起伏变化十分微妙而丰富，仿佛皮肤是温暖的，其下有血液在流动，充满了青春健美的活力。法国雕塑大师罗丹说："抚摸这座雕像的时候，几乎觉得是温暖的"[一]。这种触觉感受来源于欣赏者视觉感受后引起的联想。残缺的双臂，并没有影响她的美，反而给我们提供了想象和再创造的广阔天地。

秦始皇陵出土的 8000 余件陶制兵马俑，其阵势宏大磅礴已使人们惊叹，每个将军、士兵及战马的不同形象更让人赞叹，在雕塑的造型上表现了高超的技艺。各类武士俑身材的高矮、胖瘦以及脸形、须发的样式等都刻画得十分逼真，从面部来看，有方脸的，有圆脸的，有满腮胡须的，有眉目清秀的。透过外貌能看到他们的性情，有鲁莽豪爽的，有机智俊发的，有寡言内秀的，有憨厚朴实的。将军俑身材魁梧，身佩长剑，神态刚毅，给人足智多谋的印象。武士俑更是多姿多彩，有面孔圆润、年纪较小的淳朴战士，也有额有皱纹、神情严肃的老兵。陶马的胸部塑造得宽阔、丰厚，胸肌隆凸，透皮见骨；臀部圆润、肌肉丰满；头部鼻翼翕张，眼眶高隆，眼珠突起，灼灼有神，表现出警觉的神情和姿态。

图 7 - 65　《童戏》

1976 年，江苏镇江市五条街骆驼岭宋代遗址出土的红陶泥塑《童戏》（见图 7 - 65），以极其简练的手

　一　罗丹，《罗丹艺术论》，人民美术出版社，1978 年版，第 31 页。

法塑造了5个姿态各异而又都陶醉于摔跤游戏中的孩子形象：或抄手旁观，或抵足而坐，或跃跃欲试，或匍匐向前，或倒地仰卧，群童的天真、可爱尽展眼前。

（二）含蓄美

雕塑的单纯性集中了欣赏者对中心主题的注意，雕塑的观念性启发了欣赏者的丰富联想和无穷回味，因此欣赏雕塑作品既要能认识表现其形式的外在造型美，更要能体会表现其内容的内在含蓄美。对于雕塑含蓄美的品味，一是要了解作品的有关背景，二是要有丰富的想象力。

《思想者》（见图7-66）是一尊以诗人但丁形象为蓝本的裸体男性坐像，位于罗丹规模浩大的装饰雕刻《地狱之门》的上方。《地狱之门》取材于但丁《神曲》中的《地狱篇》，总共雕刻了168个人体雕塑，展示了万恶的、地狱般的黑暗世界。《思想者》目睹周围罪恶的黑暗世界，陷入痛苦而深沉的思想中。他同情、怜爱人类，但又无法对那些罪犯下最后的裁判。他强健的身躯蕴含着改造世界的巨大力量，但他面对罪恶的世界又显得无能为力。这种思想矛盾使他苦闷而又无助。人类的前途在哪里？人生的价值是什么？《思想者》永恒的思想正是罗丹复杂思想的真实写照。

图7-66 《思想者》

马约尔的《河流》是他用女人的形体来比喻大自然的系列雕塑作品之一。"河流"的主题是通过一个丰满健壮、线条圆润的女人人体来表现的。她侧卧着，双腿一前一后自然地弯曲着，右手微微向上，脖子与头几乎成一条直线向下垂着，神情欢乐而陶醉。她乳房丰满、腹部结实、大腿粗壮、头发浓密，完全不是那种苗条纤弱的女性形象，而是一个似有着无限繁衍能力的大地之母的形象，像一条奔腾不息的河流，充满了健康的美感。这件雕塑作品被放置在户外，加上自然光线的照射，使得肌肉更富有弹性，充分展示了裸体所具有的无限魅力，人体被赋予了丰富和广阔的含义，象征了人的精神世界和充满了生命的活的自然。

法国雕塑家奥西·撒丁创作的高600cm的青铜雕塑《被摧毁的城市》（见图7-67）是荷兰鹿特丹市遭受德国法西斯铁蹄蹂躏和屠杀的人民纪念碑。半跪的人体在极度痛苦中站立起来，扬起的头和张开的嘴仿佛正在竭尽全力地呼喊着，伸向空中的双臂极具表现力和号召力，扭转的形体和充满棱角的曲线表现出生命的强度和战栗，传达着一种极度亢奋的情绪。作品犹如建筑性碎片的组合，既是人类对战争的愤怒控诉，又是对"野蛮和非人性暴行的憎恶和发自内心的呐喊"，也是在战火中被摧毁的城市以及从废墟上重新站立起来的人类的象征。

图7-67 《被摧毁的城市》

（三） 材质美

优秀的雕塑家懂得根据作品的内容和它所要取得的艺术效果来选择雕塑使用的物质材料。罗丹的《思想者》和《思》都是体现人生思索的作品，但所选取的材质却完全不同。《思想者》用的是青铜，其古朴凝重的特性与题材内容的深沉相吻合。《思》用的是大理石，其洁白润泽的特性更能突出女性的纯洁、秀美和淳朴。表现红军长征艰苦岁月的群雕用的是红色花岗岩，其坚硬粗糙的特性有利于突出英雄的威武坚毅。苏联雕塑家创作的《工人与集体农庄女庄员》用的是不锈钢片，闪耀出的光辉增强了人物形象奋勇前进的动势。田世信的《欢乐柱》用木材雕成，使作品更具有侗族地区的乡土气息。

（四） 环境美

大多数雕塑本身虽然缺乏背景作烘托，但作为装饰性的雕塑却必须考虑其放置的环境是否与之相适应，特别是一些作为城市"眼睛"的雕塑。"美国纽约海上保险公司大厦前的雕塑《红色立方体》（见图 7 - 68），在林立的高楼大厦间，斜立的几何形体与几何形楼群形成了正与斜的对立统一关系，而一角着地的立方体所造成的不安全的危险感恰恰与保险的意念相吻合，加之强烈的红色对视觉的引夺，使这具雕塑当之无愧地成了这一公共环境中的点睛之作。"⊖海滨城市大连的城市金属雕塑《锚》（见图 7 - 69）很容易令人联想到大连造船业的飞速发展和远洋业的成就与前景，稳重、对称的优美弧线的形体给人向上的力感，也表达了人们热爱海洋的感情。丹麦哥本哈根海滨公园中海边的铜像《美人鱼》（见图 7 - 70），将其铸成真人大小，给人以贴近感和亲切感。艺术家将优美的形象置于礁石之上，很容易让人联想到有关美人鱼的动人童话，想象她可能是刚爬上岸边休息，或是在哀叹自己不可能得到痴爱的王子，或是在等待着姐妹们以便诉说自己的哀叹和孤独。这一形象使人产生了怜爱的感情，也为环境增添了童话的色彩。严友人设计制作的锻铜双人雕塑《多瑙河》（见图 7 - 71）放置在上海古北新区维也纳广场的中心，用"多瑙河"来配维也纳在内容上是吻合的，因为"多瑙河"有水的形象感，能使人产生对水的联想，也是上海"海纳百川"精神的体现。横向漂浮着的构图节奏舒缓、韵律和谐，两个运动着的形体圆润丰满的女人体，手臂和双腿的曲线运动造型配上水平波动的长发构成了活泼流畅的线条，好像在水上嬉戏又好像在水中畅游。锻铜的肌理显现了雕塑优美而概括的造型，光亮黄铜和圆润活泼的弧线与周围建筑的直线形成了方与圆的和谐。这件雕塑的出现为维也纳沉闷的广场打开了一扇心窗，弥补了周围建筑带给人干涸感的缺陷。芝加哥联邦政府中心广场上，全部用钢板焊铆而成的抽象雕塑《火烈鸟》，其似鸟非鸟的巨大造型，鲜活的火红色彩，强烈的腾空而起的动态，与周边灰色沉闷建筑形成的无尽重复的直线和横线构成一种内在的联系，使其环境不再呆板，营造出一种富有生气的氛围。"卢浮宫

⊖ 高名璐，《雕塑的空间功能及类型》，1987 年《美术》第 6 期。

三宝"⊖之一的《萨莫色雷斯的胜利女神》（见图 7-72）雕像最早矗立在海边的悬崖上，胜利女神昂然挺立在战船的船头，面向大海，迎着海风，她那展翅欲飞的前倾动势和迎风扬起的衣裙，既表达了战船满风扬帆时的强力，又充分体现出了胜利者的雄姿和欢呼凯旋的激情。我们在欣赏这尊雕像时只有想象到她与大自然、海风融为一体的情景，才会更好地感受她那股昂扬的气势，那种无可阻挡的感人力量。

图 7-68 《红色立方体》　　　　　　　图 7-69 《锚》

图 7-70 《美人鱼》　　　　　图 7-71 《多瑙河》　　　　　图 7-72 《萨莫色雷斯
　　　　　　　　　　　　　　　　　　　　　　　　　　　　　的胜利女神》

　　雕塑与环境常常是互为一体的，因此我们在欣赏雕塑作品时就不能只是孤立地注意到雕塑作品本身，还要注意它与周围环境的关系。一般来说，现代建筑前的雕塑就应具有现代风格，古建筑前的雕塑应与古建筑相适应。比如在一所职业技术院校的教学楼大厅里，如果放有如高尔基和爱因斯坦等的塑像，本身就表明一种办学理念——既注重自然科技，也不忽视人文教育。

　　⊖　卢浮宫的"三宝"是雕塑《米洛斯的维纳斯》、名画《蒙娜丽莎》和雕塑《萨莫色雷斯的胜利女神》。

活动与思考

1. 选取一幅书法作品,对其进行审美分析与评价。

2. 中国画与西洋画有什么区别?达·芬奇的名画《蒙娜丽莎》到底美在哪里?

3. 选取两张不同的摄影作品,试分析其构图方面的优缺点。

4. 参观一座博物馆,阅读一本有关传统手工艺的著作,选取一件体现设计创意的手工艺作品,写一篇分析和介绍的文章,重点强调手工艺作品的独特创意。如果有能力可根据自己的爱好制作一件手工艺品。

5. 考察住所周围的一幢建筑(可以是民居、摩天大楼),写一篇考察报告,分析该建筑的风格、美学特点等。

6. 考察所在地的城市雕塑,分析其与周边环境的配合是否适宜。

第八章
表演艺术与美育

学习目标

1. 理解音乐、舞蹈艺术的相关知识，认识音乐、舞蹈在美育中的价值。
2. 理解音乐、舞蹈艺术的基本要素，把握音乐、舞蹈的审美特征。
3. 树立健康的审美观念，能够欣赏和感受音乐、舞蹈的美，提升生命体验。

　　表演艺术是指通过人的演唱、演奏或人体动作、表情来塑造形象、传达情绪和情感从而表现生活的艺术。表演艺术主要包括音乐、舞蹈、曲艺、杂技，但最有代表性的是音乐和舞蹈。戏剧、影视艺术虽也是由演员表演的，但还包括其他艺术因素，而且主要突出再现性，所以将它们归入综合艺术，而不列于表演艺术之内。

一、表演艺术的审美特征

　　第一，抒情性和表演性。中国古代的《毛诗·序》中就说过："情动于中而形于言，言之不足，故嗟叹之；嗟叹之不足，故咏歌之；咏歌之不足，不知手之舞之，足之蹈之也。"由此可以看出，歌舞是人类本能的一种精神体现，也是情感宣泄的最佳手段。之所以把音乐和舞蹈称为表情艺术，就是因为二者拙于再现、写实，而长于表现、写意，它们可以直接抒发和揭示人类难以用语言表现的朦胧、细腻、丰富的内心情感和情绪。黑格尔说："音乐是心情的艺术，它直接针对着心情。"[一]美国现代舞先驱邓肯在谈自己的创作体会时说："真正具有创造性的舞蹈家，自然不是模仿，而是用自己创造的、比其他任何东西都更伟大的动作来表达感情。"[二]音乐、舞蹈的抒情性表现在不仅可以抒发人类各种细致复杂的情感，而且能够传达并沟通情感，触及人类心灵的最深处，激发起欣赏者强烈的情感共鸣。正因为如此，我们可以感受到乐曲《春江花月夜》的优美恬静、《二泉映月》的哀怨悲愤，也可以感受到贝多芬作品的激情奔放、莫扎特作品的优美细腻、德彪西作品的朦胧伤感、柴可夫斯基作品的忧郁深沉，还可以感受到《龙舞》的热闹喜庆、《荷花舞》

　　[一]　［德］黑格尔，《美学》，第三卷上册，朱光潜译，商务印书馆，1979 年版，第 332 页。
　　[二]　汪流等，《艺术特征论》，文化艺术出版社，1986 年版，第 346 页。

的清新幽静、《金山战鼓》的英雄气概、《天鹅湖》的脉脉深情。之所以把音乐和舞蹈称为表演艺术，是因为二者借以抒情的艺术形象必须通过艺术家的二度创作和表演才能将作品呈现出来。

第二，过程性和流动性。音乐和舞蹈的艺术形象是在时间过程中流动展现的，其特定的音响流动和人体动作与事物的运动和人的感情活动密切对应，从而使欣赏者在内心唤起特定的情感意象，甚至在审美感受的丰富性方面往往优于造型艺术。例如，欣赏一幅描绘晨曦的绘画或摄影作品，画面上会有鲜明的色彩、特定的形象、精致的构图，但它不能展现晨曦中大地的苏醒过程，而音乐却可以展现这一充满生机的过程。如挪威作曲家格里格在他的《培尔·金特》第一组曲中的第一曲《朝景》中，通过柔和的节拍、轻盈的旋律、明澈的音色、委婉的曲调，和这一旋律的不断重复、引申、扩展、转换，塑造出一个流动丰满的音乐形象。人们从中感受到的不是一个静止的"朝霞初放"，而是一个有变化的过程。"光线"在变，"色彩"在变，"温度"在变，由太阳"初露微明"到"喷薄欲出"，再到"冉冉升起"，晨曦的生机和活力也由萌动、积蓄到勃勃涌动。听众在音乐形象的展现过程中，获得了丰富的审美感受。

第三，节奏感和韵律美。节奏是形式美的重要法则之一，对于作为时间艺术的音乐和舞蹈来说，节奏是其最重要的表现手段。音乐中的节奏是指节拍的划分、速度的徐疾、音符时值的长短等之间的比例关系，它是醉人旋律的骨干，也是乐曲结构的基本要素。舞蹈中的节奏是人体动作的力度强弱、速度快慢以及动作幅度能量的大小等。对于艺术来说，节奏的内涵是情感的变化，不同的节奏可以有不同的表情作用，从而使旋律具有鲜明的个性。节奏平稳、自然舒缓的旋律表现平和安静、清新优雅的意境，如莫扎特的《摇篮曲》、贝多芬的 G 大调《小步舞曲》；坚定有力的节奏构成的旋律会明显地带有英雄气概和激昂奋进的情绪，如聂耳的《义勇军进行曲》、冼星海的《怒吼吧！黄河》。具有典型意义的节奏称为节奏型，如进行曲节奏鲜明、重拍清楚，多是偶数节拍；圆舞曲旋律流畅、节奏明确，总是"强弱弱"的三拍结构；而迪斯科舞曲富有动感、节奏强烈。正因为节奏同构于人的内在情感，所以艺术家可以利用节奏这个表现手段来抒发自己的感情，并使欣赏者产生情感的共鸣。

韵律是在节奏的基础上产生的更富变化的情感律动形式，是节奏和情感的统一。它在音乐中表现为长短、疏密、上下起伏的旋律线，在舞蹈中表现为由表情、姿态、造型等因素构成的动作流。韵律美是一种整体的美、流动的美、融合的美，如 2005 年春节晚会中的舞蹈《千手观音》，伴随带有佛界梵音古典韵味的乐曲，舞者那优雅曼妙、圣洁灵动的舞姿，美轮美奂、动静结合的舞蹈造型，在千手千眼的变换展示和连绵起伏的人体动作中流动着美的韵律。当千只纤手曼颤，千只慧眼闪烁，组出"盛世开屏"的画面时，传说中的千手千眼观音被演绎得如此典雅，象征着爱洒向人间的精神力量，展示了东方舞蹈的风韵与魅力，让观众的感官和心灵感受到了一次洗礼和震撼。

二、表演艺术的美育功能

第一，净化情感。古希腊哲学家柏拉图认为"音乐教育比其他教育都重要得多"，因为"节奏与乐调有最强烈的力量浸入心灵的最深处"。[一]我国春秋时代的思想家管子在《管子·内业》篇中说"止怒莫若诗，去忧莫若乐"。音乐确实可以直接触及人的心灵，引起听众强烈的情感体验。"四面楚歌"瓦解了项羽的军心，"京城女"的琵琶演奏产生了"满座重闻皆掩泣""江州司马青衫湿"的情感效应，柴可夫斯基的弦乐四重奏《如歌的行板》那忧郁深沉的旋律使得列夫·托尔斯泰禁不住流下热泪，《蓝色的多瑙河》的旋律让邓肯在布达佩斯参加音乐会时禁不住即兴起舞，使全场观众也都被她的舞蹈深深感染而跟着起舞。音乐、舞蹈对人的情感的净化，是通过对人心灵的撞击而使人的某种压抑的情绪得以宣泄，使心理得以维持平衡，进而陶冶性情，升华人格。

第二，愉悦身心。音乐和舞蹈具有自娱娱人、使人身心愉快的作用。专业艺术家精湛的音乐、舞蹈表演可以使人在娱乐的同时获得情感的慰藉和身心放松，而群众广泛参与的生活舞蹈和歌唱活动，其愉悦身心的功能更具普及性。

第三，协调群体。音乐、舞蹈作为人类历史上最古老的艺术门类，在产生之初就具有协调人的动作、增强群体聚合力和提高劳动效率的功能。随着社会的发展，音乐和舞蹈逐渐与劳动脱离而与社交娱乐联系起来。在现实生活中，集体性的音乐、舞蹈活动能够培养群体意识，促进人际交往，协调群体关系，从而使群体具有强大的凝聚力。可以说，没有任何艺术能够像表演艺术这样可以在短暂的时间内使一个群体按照同一情感意向振奋起来，而且可以达到十分强烈的程度，如音乐中的《拉德斯基进行曲》、舞蹈中的《大河之舞》。

第一节 音乐美

在所有艺术中，对人情感激发得最直接、最迅速、最强烈的莫过于音乐了。音乐是"直接沁人心脾的、最纯的感情的火焰"，其感人的力量实在惊人。孔子在齐闻《韶》，三月不知肉味，雄壮的《义勇军进行曲》激发了整个中华民族的不屈精神，悲壮的《国际歌》使亿万无产者觉醒起来开创了一个新世界，以歌颂壮烈的卫国战争为主题的肖斯塔科维奇《第七交响曲》的播放扭转了1942年列宁格勒保卫战的危局。俞伯牙通过《高山流水》觅到了知音钟子期，司马相如通过《凤求凰》与卓文君结为连理。在所有艺术中，音乐与社会和人生的关系最为密切，冼星海说："音乐是人生最大的欢乐，音乐是生活中的一股清泉，音乐是陶冶性情的熔炉。"音乐不仅能给人以美的享受，还能促进人的智力开发、智能提高、记忆力增强，以及想象力和创造力的培养；可以使人保持旺盛精力，消

㊀ ［希］柏拉图，《国家篇》，见伍蠡甫主编《西方文论选》，上海译文出版社，1979年版，第29页。

除疲劳，有助于人体健康。歌德说："不爱音乐，不配做人；虽爱音乐，也只配称半个人；只有对音乐倾倒的人，才可完全称作人。"[一]

一、音乐基础知识

（一）什么是音乐

在西方，音乐"Music"一词源自希腊神话中缪斯女神的名字，缪斯掌管着文艺和科学，从而暗含了音乐具有令人心旷神怡的社会功能以及高贵纯洁的艺术形象。

音乐的基本特性是乐音性和不确定性。音乐虽是声音的艺术，但不是一般意义上的声音，而是一种有组织、有规律的和谐的乐音。音乐"不是模拟，而是比拟；不是描写，而是表情；不以如实的再现为主，而以概括的表现为主"[二]，加之音乐的音响没有语义性，音乐的铺陈也没有可视性，音响就是感情的直接载体，因而音乐形象没有具象的意义，它只是通过流动的音响、旋律、节奏、和声等去暗示生活的意义，象征作者的情感和情绪。即使在一些"描绘性"较强的标题音乐作品中，人们感受到的也是带有暗示、象征意味的形象。例如，琵琶古曲《十面埋伏》，全曲分十段：列营、吹打、点将、排阵、走队、埋伏、鸡鸣山小战、九里山大战、项王败阵、乌江自刎。小标题的提示仿佛使人在乐曲中听到了古战场的金鼓齐鸣、战马嘶叫，看到了楚汉相争时垓下大战的激烈战斗场面，即使如此，乐曲塑造的音乐形象仍是概括的、不确定的。这首乐曲真正动人的是由高超的演奏技巧营造的紧张激烈的战斗气氛，是由节奏、旋律等烘托出的威武神采和磅礴气势。也正因为音乐的这种表意性，音乐成为无国界的语言。

（二）音乐的分类

音乐按形式分为声乐和器乐两大类。声乐是指以人声歌唱为主的音乐，分为男声、女声、童声以及高音、中音和低音，在演唱方法上，有美声唱法、民族唱法、通俗唱法之别。器乐是指以乐器发声来演奏的音乐，分为弦乐、管乐、弹拨乐和打击乐，按有无标题分为标题音乐和无标题音乐。

音乐按地域分为中国音乐和外国音乐。

音乐按时代分为古典音乐和现代音乐。

音乐按演奏（唱）方式分为独奏（唱）、合奏（唱）、重奏（唱）、齐奏（唱）等。

音乐按类型分为民间音乐、艺术音乐和通俗音乐。

（三）音乐的基本表现要素

旋律、节奏、和声、音色为音乐的四大基本要素。

[一]　肖复兴，《音乐笔记》，上海学林出版社，2000年版，第349页。

[二]　李泽厚，《略论艺术种类》，《美学论集》，上海文艺出版社，1980年版，第399页。

1. 旋律

旋律又称曲调，是由一连串高低、长短、强弱不等的音符组成的流动的声音线条，是塑造音乐形象最重要的表现手段，是音乐的灵魂。如果我们在五线谱上将符头用线连接起来，就可清楚地看到旋律线上下起伏、徐疾变化的形态和趋势。从一定意义上说，旋律线就是人的情感波动的轨迹，水平式旋律表现情绪平稳、舒缓，上扬式旋律表现情绪趋于激昂、明快，下行式旋律表现情绪消沉、悲伤、凶狠或逐渐平静、松弛等，旋律呈波浪式前进则表现情绪活泼、轻快。一般来说，表现欢快的情绪用轻松、活泼、明快的旋律，表现悲哀和伤感的情绪用凄凉、忧伤、深沉的旋律，而表现英勇奋斗、奋力拼搏的精神则用激越、慷慨、雄壮的旋律。《黄河颂》气势宽广、刚毅深沉的旋律表现出孕育中华、奔腾不息的黄河的雄伟气势。小提琴协奏曲《梁祝》的第一主题，用温暖亲切、缠绵起伏的旋律表达了梁祝纯真的爱情。对许多人而言，亚洲音乐以旋律的线性思维见长，如我国各民族音乐最重要的文化性质就常常表现在其富有特色的旋律中：蒙古族"长调"的旋律韵味悠长、节奏自由、意境开阔，表现出草原文化的特点；藏族的"果卓"旋律规整、节奏整齐、回环往复、富于舞蹈性，表现出高原文化的特点；而新疆维吾尔族许多音乐旋律，既有特殊的音律、独特的节奏，也有非常热烈的、舞蹈性的、极富动感的旋律，表现出绿洲文化的鲜明特征。如果一个人对音乐的旋律缺乏感受力，就不可能真正领会音乐所特有的美。

2. 节奏

节奏通常被比喻为音乐的骨架，是各个乐音在进行时的长短关系和强弱关系。非洲音乐就以异常丰富的节奏为人们所称道，印第安人狂热的鼓点甚至踩脚拍掌之声，虽然简单，却最深入人心，最能煽情。陕西的"安塞腰鼓"、山西绛县的鼓乐《秦王点兵》，只有鼓点节奏而无任何旋律，一样能吸引人。音乐的节奏与自然、人类生命运动节律同构，人的呼吸、脉搏节拍同时也就是其喜怒哀乐的节拍，音乐节奏对人类生理运动节律的模仿是音乐具有抒情功能的根本原因。因此，只要在音乐中听到节拍，听到鼓点，就会不由自主地动起来，为之欣然，为之俯仰，不自觉地手舞足蹈。老约翰·施特劳斯创作的《拉德茨基进行曲》既有进行曲的节奏，又比较轻松诙谐，1987年维也纳新年音乐会上，当最后演奏这首曲子时，听众情不自禁地应和着节拍鼓掌。这时指挥卡拉扬转过身来，示意观众随着音乐的强弱和节奏来鼓掌，从此以后，每当音乐会最后的《拉德斯基进行曲》响起时，音乐家与听众互动鼓掌的场面就成为维也纳新年音乐会的保留节目。

3. 和声

和声是两个以上的乐音按一定规律同时结合时所产生的音的共鸣。和声包括"和弦"及"和声进行"。和弦通常是由3个或3个以上的乐音按一定的法则纵向（同时）重叠而形成的音响组合。和弦的横向组织就是和声进行。如果旋律构成了音乐的横向方面，那么和声就构成了音乐的纵向方面。和声可以使旋律的表现力更加丰富，也可联结若干旋律同时进行，构成不同层次的立体效果，使乐曲蕴含更丰富的生活内容和思想情感。如小提琴协奏曲《梁祝》中的"楼台会"，大提琴和小提琴相对答，两条旋律线形成一首如泣如诉的"二重唱"，形象地表现出二人互诉衷肠的感人情景。《黄河大合唱》中的《保卫黄河》，在二部轮唱之后紧接三部、四部轮唱，表现出革命武装力量在斗争中逐步壮大，像黄河滚滚洪流势不可当，侵略者必将淹没在人民战争的汪洋大海之中。《怒吼吧！黄河》是混声四部合唱，四声部和声音响丰满而平衡，这支歌以号角性、战斗性的音调象征着东方巨人为最后胜利发出的呐喊，具有强烈的感人力量。在器乐作品中，合奏曲、协奏曲、交响曲等都广泛地应用和声，使音乐的音响更加浑厚、丰满，让人们体验到一种美不胜收、绚丽多姿的境界。

4. 音色

音色即音的色彩和特性，如二胡音色浑厚而柔和，板胡音色高亢而清脆；圆号音色柔和优美而富有诗意，小号音色挺拔而刚健，长号音色雄壮而粗犷，大号音色强烈而低沉。同是女高音歌唱家，郭兰英的音色圆润甜美，音域宽广，具有浓郁的民族风格和地方色彩；马玉涛的音色宽厚洪亮，气息充实，共鸣丰满，声情并茂，两个人表现出不同的音色美。同一首曲子，用不同的乐器演奏，感觉就会不同。在中国戏曲中，苍劲的老生、华美的旦角，其声音要求是不一样的。音色也是音乐重要的表现手段，如现代民族音乐家创作了完全用打击乐器演奏的作品《鸭子拌嘴》和《老虎磨牙》，其艺术形象令人忍俊不禁。因此，音色审美也是音乐鉴赏活动不可分割的一部分。

二、 中西方古典音乐审美感受比较

（一） 中国音乐追求韵味的深邃，西方音乐追求主题的深刻

中国音乐在审美品格上的第一个特征是幽婉、深邃，听起来有一种"追魂击魄"的效果，它直接透过你的感官，钻入你心灵的底部，去轻轻地撩拨你那根最隐秘、最微妙的神经，使你有不能自禁、徒唤"奈何"之感。中国音乐体现出的是一种体验、一种感受、一种领悟，因而常常是动态的、游移不定的、含蓄神秘的，它不可以诉诸理性观念，而只能借助于悟性直觉。西方音乐体现出的是一种思想、一种观念、一种情感，因而常常是静态的、固定的、明晰的，是可以诉诸理性观念的。贝多芬的《第三交响曲》（英雄）是深刻的，其深刻来自乐曲中所表现的革命斗争形象和英雄主题，来自作者对那个革命时代的敏锐把握和强有力的表现；而中国的《梅花三弄》是深邃的，其深邃是来自作者对梅花那高洁的内在气质的理解和感受，并用简洁、从容的旋律，清脆、晶莹的音色将其表现出来。《第三交响曲》的深刻主要通过听者的感官来引发他的想象、思考和情感的体验，而《梅花三弄》的深邃则是透过感官直达心底，在心底的深处回旋、激荡，使你觉得好像有一股正气从你的心胸升起，缕缕不绝，韵味无穷。

当然，就中西音乐均要表现一个主题来说它们是一致的，但它们主题的意义取向则很

不相同。西方音乐的主题往往趋向于表现"实有"，制造"意义"；中国音乐则趋向于展示"虚无"，取消"意义"。中国音乐即使表现一个实在的主题，这个主题也往往不是乐曲的真正核心，也就是说，乐曲的魅力主要不是来自主题本身，而是在表现主题的旋律进行中所生发出的特殊韵味。自然是中国人最终结的感情归宿和精神寄托，只有在自然的怀抱中，在自然的境界中，中国人的心灵才能安宁，才能感受到和谐，才能使人生轻松自如，自由自在。中国文化的这种致虚、求同表现在音乐上就是"空灵"。这种"空灵"能够产生扩大自己的胸襟、洗清心头的杂念、使自我的心灵与宇宙的心灵融合为一的感觉。正因为西方音乐追求实有，中国音乐追求空灵，所以才会有音乐表现形式的不同。中国音乐和中国绘画一样都很善于使用"空白"，常常在旋律的进行中制造一些无声的空白，因为这正好能够体现中国音乐对空灵的追求。中国音乐的代表乐器——古琴最擅长于用虚、远、无来制造出空灵的美感。例如，古琴常用的虚音，是在左手实按之后移动手指所发出的延长变化音，这些滑行几个音位的长滑音则往往造成琴乐若断若续和若有若无的音乐效果。其实不仅是古琴，只要是单音乐器、线型旋律、音色柔静淡远，并适当地利用空白，都能表现出空灵的美感。若繁声促节，众乐相和，则离空灵之境远矣。

（二）中国音乐以深度胜，西方音乐以强度胜

中国音乐与西方音乐都有自己的"力度"，但造成这力度的方式和内涵却很不相同。西方音乐的"力度"是由强度而来的，是"强而有力"，中国音乐则是由深度而来，是"深而有力"，前者是一种阳刚之力，后者属于阴柔之力。

从音响上说，西方音乐特别追求音响的厚实、丰满和立体感，追求一种对人心的震撼力，所以在乐曲的织体（即多声部音乐的组织方式）上，它不太使用复调音乐⊖，而多用主调式的结构，追求旋律进行时的纵横交叉、网状铺叠的立体效果；在音色上不追求乐器的独特音色，而重视乐器音色上有较好的渗透力和融合性，使乐曲的音响更为绵密厚实；在配器与乐队组成上也不太喜欢采用小型乐队，而是多为大型的交响乐、奏鸣曲、协奏曲等，在合奏中也很少有单个乐器独奏的机会，而总是以合奏中的强弱来表达特别的情绪需要。

中国音乐则不同。中国音乐不仅不追求音响的立体效果，不追求合奏中的音响的厚实、丰满，而且还尽量地避免它。所以，中国音乐的织体不是纵横交叉、网状铺叠的，而是横向线型的延伸、展开，其旋律的抑扬顿挫如同一条蜿蜒而行的蛇，能无声无息地就进入你的内心，能达到西方音乐所达不到的地方，起到西方音乐所无法起到的效果。同时，中国音乐特别重视每一种乐器的独特音色，并注意在乐队中予以适当而又充分的发挥。所以中国音乐的演奏很少用大型乐队，最常用的是独奏和几样乐器相搭配的小型合奏。在这

　　⊖　复调音乐是与主调音乐相对应的概念。主调音乐织体是由一条旋律线（主旋律）加和声衬托性声部构成的。复调音乐是由若干（两条或两条以上）各自具有独立性（或相对独立）的旋律线有机地结合在一起（同时结合或相继结合）出现，协调地流动、展开所构成的多声部音乐。

种合奏中，也很少作西方音乐那样的齐奏，而是在齐奏中留出更多的机会让特色乐器独奏或领奏，以发挥该乐器的独特音色。

因为西方音乐以强度胜，中国音乐以深度胜，因而其美感体验的方式也很不相同。西方音乐的魅力在于它那强烈的震撼力和裹胁力。聆听西方音乐，受到震动的不仅是心灵，而且还有自己的全部感官，甚至整个身体。听着贝多芬的《第三交响曲》你就会感到有一股生力顿时灌注你的全身，使你产生身体上做出某种姿态的倾向。即使是非常优美柔和的轻音乐，它也倾向于使你动起来。例如，施特劳斯的圆舞曲《蓝色多瑙河》，其旋律的轻柔优美和谐不是使你沉静下去，而是使你顿然产生翩翩起舞的冲动。而中国音乐那特有的疏阔、空灵的意境，听起来有一种"荡胸涤腑"的感觉，它"穿过"或者说是"超越"感官（听觉器官）而直接把这空灵的意境装进你的胸腔，或把你的胸腔扩大为宇宙之境，使自然界中的空灵之境与你的心灵中的空灵感受融为一体，使你真切而深刻地体验到自己心胸的阔大、空灵和洁净，从而忘却世间的一切烦恼，感受心灵的绝对自由和轻松。故中国音乐的魅力在于它会给你内在的陶醉和封闭的玩味，而很少会给你付诸形体动作的冲动。

（三）　中国音乐追求"写意"，西方音乐追求"写真"

西方音乐与西方的其他艺术一样，都是以"真"为旨归，要么是理智、冷静的模仿自然，再现客观世界，给人知觉上的真实感；要么是狂热的自我宣泄，淋漓尽致地表现自我心灵，给人以情感上的真实感。在"真实"之外，很少有其他东西。

中国音乐与中国的其他艺术一样，既不是单纯的再现，也不是单纯的表现，而是超越再现和表现之外的一种新的方法——写意，其核心是"韵"，通过横线型的织体思维和单线型的旋律来直接展示人以及整个宇宙的生命律动状态。这种有生命的、非机械的、律动的随机性、自由性、丰富多变又富于节奏性，就使得中国人特别追求那种余音袅袅、三日绕梁、品玩不尽的余韵，这种"迷思乱意"的强大魅力吸引你去听、去品、去思索、去探究、去把握，却又总是捉摸不定，眼看似乎就要把它捉到手，可是一转眼又烟消云灭。它若即若离，在你的脑际、你的身边、你的心底盘旋。

三、　如何欣赏音乐

（一）　倾听作品的音乐效果——感官欣赏

大多数人对于音乐的感受往往在是否动听，好听的才愿意听下去，不好听就不听了。当然这也与一个人的心情有关，但是通过专门、系统的学习或长时间的培养，会让自己的听觉变得敏锐，对音乐表现因素有一定的辨别能力和记忆能力，也就是让自己的耳朵练成能欣赏音乐的耳朵，把自己培养成为一位音乐爱好者，这样才能感知所有音乐的意义。

1. 学会辨认乐曲的旋律

在音乐的诸要素中，第一要紧的是旋律，因为音乐是通过旋律来表现人类最为细致的心理活动和感情波动的。例如，《我的祖国》这首歌的旋律优美婉转，亲切动人：

$1\ 2\ \underline{6\cdot5}\ 5\cdot\quad 6\ |\ \underline{3\ 5}\ \underline{1\ 6}\ 5\quad -\quad |\ 5\quad \underline{6\ 5}\ \underline{3\ 2}\ 3\ |\ \underline{5\ 3}\ \underline{6\ 1}\ 2\quad -$

充满了幸福感和浪漫色彩，表达了志愿军战士对祖国和故乡的热爱和思念之情。

二胡独奏曲《二泉映月》的简短引子 $\underline{0\cdot6}\ \underline{5\ 6\ 4\ 3}\ |\ 2\ -$，旋律深沉而凄凉，如同一声发自心灵深处的哀叹，用"从头便是断肠声"来形容是非常恰当的。主题的上句：

$\underline{2\cdot3}\ \underline{1\ 1\ 2}\ |\ \underline{3\cdot\ 5}\ \underline{6\ 5}\ \underline{6\ 5\ 6\ 1}\ |\ \underline{5\cdot3}\ \underline{5\ 5\ 3}\ \underline{2\ 6}\ \underline{5\ 6\ 1\ 2}\ |\ \underline{3\cdot\ 5}\ \underline{2\cdot3\ 5\ 1}\ \underline{6\ 2\ 3\ 5}\ |\ 1\ -$

旋律仿佛描绘了一位盲艺人坐在泉边沉思往事，昔日痛苦的生活情景历历在目。主题的下句：

$\underline{1\ 6\ 1}\ \underline{3\ 3\ 2}\ \quad |\ \underline{1\cdot6\ 1\cdot2\ 3\ 3\ 2\ 1\cdot1\ 6\ 1\ 2\ 3}\ |\ 5\ -\ \cdots\cdots$

旋律柔中带刚，表现了阿炳（华彦钧）不屈不挠的性格。这段不平静的旋律在全曲中共出现6次，反复变奏逐步把情感推向高潮，这是阿炳对命运的控诉和反抗。乐曲最后结束在轻奏的不完全终止上，好像作者仍在默默地诉说。整首乐曲的旋律激起悲愤，如泣如诉，表现出一种阴柔之美、悲壮之美。

圣·桑的名曲《天鹅》运用大提琴徐缓、平稳的旋律表现天鹅浮游时稳重、安详的姿态，运用钢琴平静的琶音表现碧波微荡的水面。我们一听此曲，就能想象天鹅在湖面上漫游的景象。

2. 体会乐曲的节奏

乐曲的节奏千变万化，如《黄河船夫曲》的节奏就源于船工号子：

$\frac{3}{4}\ 2\ \quad -\quad -\ |\ \underline{1\ 2}\ \underline{1}\ \underline{1\ 2}\ \underline{1}\ |\ \underline{1\ 2}\ \underline{1}\ \frac{2}{4}\ \underline{1\ 2}\ \underline{1}\ |\ \underline{5\ 6}\ \underline{5}\ |\ \underline{1\ 2}\ \underline{1}\ \underline{5\ 6}\ \underline{5}\ |\ \cdots\cdots$

这种快慢强弱形成的强烈对比的节奏，形象地表现了黄河船夫拼着性命与惊涛骇浪搏斗的情景。

而云南山歌《小河淌水》的节奏从容自由、宽松舒展：

较慢 节奏自由 抒情地

$6\ \quad -\quad -\quad -\ |\ 6\ \underline{1}\ 2\ 3\ \underline{3}\ 2\ |\ \underline{1}\ 6\ |\ \underline{3}\ 2\cdot\ 6\ -\ |\ \cdots\cdots$

某些音符没有固定的拍子可以自由延长，给人一种悠扬飘逸、情意缠绵的感觉。

3. 感受和声的效果

如《长征组歌》中的《过雪山草地》采取了4个声部的合唱和独唱相结合的手法：

4 个声部以激越的歌声汇合到一起，再出现男声高亢明亮、壮阔豪迈的独唱，其和声效果深厚丰满、气势磅礴，淋漓尽致地表现了革命乐观主义精神和高尚的革命情操。

（二）体会作品的思想感情——情感欣赏

音乐是情感的艺术，准确、深刻和细致地体验作品中的情感内涵是音乐欣赏的基本要求。音乐的情感内涵常常可以在音乐以外的因素中找到理解的根据，例如，标题音乐的标题和文字说明，与音乐的有关故事情节。对于唢呐独奏曲《百鸟朝凤》，我们能听出模拟的布谷鸟、山喳喳、小燕子、蝉虫的鸣叫声，于是我们根据标题可以想象出大自然的美好与勃勃生机，也可以想象出在百鸟之王——凤凰的寿辰大喜之日，千百只鸟儿怀着喜悦的心情纷纷前来庆寿朝拜，并且在凤凰面前充分展示自己的文艺才能，唱歌跳舞热闹非凡。

被称为捷克民族音乐之父的斯美塔纳创作的交响诗组曲《我的祖国》，其六段不同乐曲的标题下都写有一篇散文诗式的文字，意在启发欣赏者对音乐理解的想象。其中《沃尔塔瓦河》的乐谱上就写下了这样的文字："在波希米亚的森林深处，涌出两股清流，一股温暖而又滔滔不绝，另一股寒冷而平静安宁。"这两股清流汇合到一起，形成了沃尔塔瓦河。"经过峡谷，它变成一条大河。穿过茂密的树林，那打猎的欢呼声和猎人的号角声离得更近了。它流过绿草如茵的牧场和低地，传来了庆祝婚礼的歌声和舞曲。入夜，居住在山林水泽的仙女们在它闪光的波浪上作乐。在水面上映出要塞的城堡，它们是昔日骑士的光辉业绩和勇武时代的见证。""终于变得壮丽而平静，流向布拉格，受到历史名城维瑟拉德的欢迎。""然后，它消失在诗人的视线之外。"整个乐曲按照文字叙述的顺序展开了一个个形象动人的画面。

对于柴可夫斯基的幻想前奏曲《罗密欧与朱丽叶》，何占豪、陈钢的小提琴协奏曲《梁山伯与祝英台》，冼星海的大型声乐作品《黄河大合唱》等，因为它们以文学、戏剧题材的内容为依据，音乐带有一定的情节性，欣赏时就要在故事情节的基础上展开形象的联想，着重体验作品所表现的戏剧气氛和意境，特别是人物感情的发展变化。

从总体上看，音乐并不善于模仿，因为大量的视觉形象和人的心理感受是无法直接模仿的。可以说，在所有艺术中，音乐是最接近于"只可意会，不可言传"的，不少音乐作品几乎无法用语言来说明。就像那些无标题的音乐作品，它主要是或完全是作者对现实生活的主观感受和情感体验的抒发，它只是提供给听者一个大体接近于（被描述的）对象存在本身所造成的"意境"或氛围，提供一个生发想象的依据。尽管如此，也并不意味着这些音乐作品中的情感表现就没有生活和思想基础，就像贝多芬曾对一位朋友说的："我在作曲时，思想中总是有一幅画面，我照它来创作。"这就更需要我们认真地、反复地辨听、感受和想象，化抽象为具象，凭借直觉来准确、细致地体验乐曲的情感。例如，用于地方戏曲开演前演奏的民间曲牌《十八板》（三弦独奏曲）就属于纯音乐，乐曲描绘的形象只有通过自由的想象和联想才能得以实现。乐曲共有 7 个小段，第一段表现了北方人民乐观、豪爽的性格；第五段渲染出民间喜庆节日的热闹场面。全曲富有生活气息，并具有浓郁的乡土风味。再如柴可夫斯基最著名的《第六交响曲》，虽然间或也有欢乐、雄壮的片段，但悲痛、哀怨、幻想和死亡的气氛笼罩全曲，尤其是第一和第四乐章仿佛"安魂曲"：悲哀的啜泣、绝望的呻吟，简直催人泪下，所以后人称它为《悲怆交响曲》。听这类乐曲主要是激发起情绪上的共鸣，听悲音与之同悲，闻欢声与之同欢。只要你从中有所领悟获得了美感，就算达到目的了。

（三） 理解作品的深刻内容——理性欣赏

这是音乐欣赏的高级阶段，这个欣赏层次不仅能理解各类音乐作品，同时对乐曲的复杂结构、表现手法、音乐家创作的时代背景也有所了解，能从不同侧面全面理解和感受音乐所塑造的音乐形象。因此人们也常把理性欣赏称为专业化的欣赏。

任何一个音乐作品都是在特定历史条件下和社会状态下创作成的，要比较深刻地领会作品的思想内容，就必须了解作品产生的时代背景和时代特点。如果我们不了解《爱格蒙特序曲》是贝多芬为歌德的悲剧《爱格蒙特》所写的十段配乐中的序曲，不了解这段戏曲的主人公爱格蒙特是 16 世纪荷兰人民所崇敬的英雄，对他所领导的荷兰人民反抗西班牙统治和争取独立的斗争一无所知，那么就很难体验到作品中痛苦的呻吟、激烈的反抗、悲壮的颂歌、胜利的狂欢等情感变化，也很难对作品的思想内容有深刻的理解。

尽管在音乐欣赏过程中经历着由感性到理性、由初级到高级的转化过程，但是音乐欣赏的基本性质是感性的，它不以获得理性认识为最终目的，理性认识只是对最终的审美体验起到一种强化作用。音乐欣赏带给人们的感性体验是高于感官刺激之上而又超越了理性认识的一种高层次的心理活动，如果把获取某些知识、解释某种观念或宣传某种思想视为音乐欣赏的最终目的，音乐艺术的价值将受到贬低。

古人有"操千曲而后晓声"的说法，对于一般人来说，"闻"千曲也可达到"晓声"的目的。不过，在注重数量的同时，还需注重质量，即多听名曲，尤其是那些比较复杂难懂的世界名曲。歌德说："鉴赏力不是靠观赏劣等作品，而是要靠观赏最好作品才能培育成的。"倘若整天沉浸在普通的流行歌曲中，欣赏水平很难提高。

当然，对于流行歌曲我们也应该辩证地看。绝大多数歌曲的内容和语言是美的，如维吾尔族民歌《半个月亮爬上来》，全曲歌词中没有一个"爱"字，而是用"把玫瑰花扔下来"寓意着姑娘接受了曲中人的爱情，歌词的含蓄、朦胧完全符合青年人追求爱情时的复杂心理，这支歌优美的旋律和优美的语言给欣赏者创造了一个优美的意境。

海涅说："语言停止的地方，才是音乐的开始。"用心去倾听音乐吧，音乐培育人的激情，也陶冶人的心灵，音乐给人以美的享受。当你休息时，音乐给你舒适；当你拼搏时，音乐给你支持；当你软弱时，音乐给你力量；当你忧伤时，音乐给你慰藉；当你闲暇时，音乐是你自由驰骋的天地，是你心灵的家园。

四、音乐欣赏范例

（一）《春江花月夜》（民乐合奏曲）

《春江花月夜》是由一首琵琶曲改编而成的民族器乐合奏曲，它通过优美质朴的旋律、流畅多变的节奏、丰富巧妙的配器，形象地描绘出人间的良辰美景：暮鼓送走夕阳，箫声迎来月圆之夜；人们泛着轻舟，荡漾春江之上；两岸青山叠翠，花枝弄影；水面波心荡月，桨橹欸乃……它宛如一幅山水画卷，把春天静谧的夜晚、月亮在东山升起、小舟在江面荡漾、花影在两岸轻轻摇曳的大自然迷人景色，一幕幕地展现在我们眼前，使人听后心旷神怡。

《春江花月夜》的主旋律尽管有多种变化，其中新的音调也经常出现，但每一段的结尾都采用了同一乐句（"换头合尾"的手法），即 3 6 i ̲　5 6 5 3 ̲ | 2 3 2 ̲　1 2 3 1 ̲ | 2 —　，听起来十分和谐。

全曲连同尾声共十段。

1）江楼钟鼓。开始是节奏自由的散板，先由琵琶奏出 3 3 ̲ 3·　3 3·……由慢而快，由弱而强，仿佛是黄昏时江边钟鼓楼传出的鼓声，又仿佛是春风吹拂下的一江春水的波纹荡漾。接着是柔美的箫声 6̑　1 2 6 ̲ | 5　　—　 |（也是全曲的核心音调），紧接着是同音反复的箫鼓声，并引出如歌的旋律，恬静优美。这时出现了乐队（琵琶、筝、箫、二胡）齐奏的主题，如波浪般进行的旋律线形象地表现了一轮明月从东山升起，在云层中游移的美丽景致。末尾由洞箫吹奏的婉转鸣咽的旋律导入了深远的意境，令人凝神屏息，浮想翩翩……

2）月上东山。琵琶将主题音调移高四度引出合奏，开阔流畅的乐曲形象地描写了明月升空、碧波万顷的优美意境。

3）风回曲水。琵琶用轻巧的轮指引出乐队合奏，曲调在层层下旋后又回升，描绘了江风吹拂、水流回旋的情景。

4）花影层叠。经过几个小节的舒缓慢奏后，琵琶的节奏突然加快，描绘出风弄花影、纷乱层叠、月色朦胧的景象，与前面恬静的意境形成了鲜明的对比。

5）水云深际。演奏回到原速，用琵琶、阮的泛音与二胡、筝的长音相配合，奏出飘逸的音响，展现出江天一色、云水茫茫的壮丽景色。

6）渔歌唱晚。柔美的洞箫在琵琶和木鱼的伴奏下吹出如歌的旋律，犹如渔夫一边摇橹一边唱出悠扬的渔歌。接着乐队合奏，速度加快，又如船上众人应声合唱，表现了人们晚归欢乐、兴奋的心情。

7）洄澜拍岸。琵琶用"扫"和"轮"的指法奏出一连串由慢而快、顿挫有力的模进音型，继而引出乐队的合奏，音乐快速而热烈，大有群舟竞归、江水拍岸、波涛飞溅的情景。

8）挠鸣远籁。此段音乐强弱拍对比鲜明，仿佛从远处万籁寂静的江面传来橹桨击水之声。

9）欸乃归舟。这段音乐是全曲的高潮部分。"欸乃"是形容摇橹的声音。旋律由慢而快、由弱而强，乐器由少而多地逐渐加入，形象地描写了洪涛起伏、归舟破水、浪花飞溅、橹声"欸乃"的意境。

10）尾声。乐音低缓轻远，缥缈悠长，好似归舟远去，隐没在烟波水色之中……只有长空中的一轮明月辉映着一江春水，万籁俱寂。当最后一声轻轻的锣音把人们从沉醉中唤醒，方知音乐已经结束。

（二）《第五交响曲》（命运）

贝多芬在1808年创作这部作品时，法国资产阶级革命遭到复辟势力的践踏，拿破仑称帝，许多被革命所废除的封建贵族特权又被恢复。他在谈到《第五交响曲》时曾说过："那就是命运在敲门""我要扼住命运的咽喉，他不能使我完全屈服，啊！能把生命活上几千次，该有多美！"这充分体现了作者一生与命运搏斗的思想。在这里命运不只是个人的命运，而是表现出欧洲资产阶级革命时代人们以斗争换取自由，希望摆脱苦难，从而取得光明的坚强意志和决心。

全曲共分四个乐章，三、四乐章连续演奏。

第一乐章：明亮的快板，奏鸣曲式。

这一乐章揭示了对光明的向往，展现出一幅惊心动魄斗争的画卷，它象征着人民的力量如一股巨大的洪流，以排山倒海之势，向黑暗势力发起猛烈的冲击。

"命运在敲门"的动机以斩钉截铁、严酷迫人的音响开始，发展成为惊惶不安的主部主题，接着以提高二度出现。这个严酷的主题给人以很大的压力，但乐队奏出的紧凑节奏和强大的合奏与其对抗，一次又一次地打断了不安的情绪。之后，圆号奏出了英雄的主题，并引出了副部主题。

这个由主部动机派生的副部主题抒情如歌，但有些哀怜，弦乐与管乐对话式地进行，像是在诉说、讲理，充满了对未来的憧憬和幻想。但是这些终于让位于一个充满暴力的乐句，"命运"的阴影再度出现，提醒人们命运动机并没有消失，只不过是暂时隐藏在副部的低声部，斗争还将继续而且将十分尖锐。不过美好的向往似乎在增长，乐队被一股愤怒的火花所激发，音乐变得主动有力，战斗的进行形成第一个戏剧性对立和冲突，在呈示部结尾的短暂瞬间又一次显露了英雄的面貌。

展开部仍以圆号的"命运"主题开始，弦乐作了回响，在这阴霾的气氛之后，"命运"的主题声嘶力竭地呼啸而来，威风凛凛，力度不断高涨，在一个强大的浪潮中进行着，副部主题几乎完全被撇开。经过激烈的对抗，在将要到达顶点时突然管乐与弦乐交替出现了缓慢而悠长的和弦，从最强到最弱。然而这弱声演奏的和弦两次被"命运"的合奏打断，说明斗争仍在继续。最后以戏剧性的高潮推进到再现部。

再现部开始时加强了主部的英雄因素和副部的抒情因素。主部和连接部之间出现双簧管独奏，那悠长而充满哀怨的宣叙调引出了连接部不安的奔腾，预示着斗争将会更加激烈。接着大管在 C 大调奏出副部主题之后增加了明朗的色彩，形成了又一个强烈对比的段落。C 大调和 c 小调的对比、木管和弦乐相互对答的音色对比同时又引出了强弱的力度对比，又一次展现出剧烈的搏斗，显示英雄因素的加强，带来更为紧张的戏剧性。

在这一乐章的结尾，两个主题再次汇合，音乐的气势锐不可当，进一步呈现出人民战胜黑暗势力的坚强意志和必胜的信心。但是"命运"却占据着统治地位，斗争还将继续。

第二乐章：稍快的行板，双主题自由变奏曲式。

这个乐章着重刻画了人民的意志和力量，描写了英雄人物在经历内心斗争、思索、犹豫、探求后认清了光明前途，这是斗争发展的最后一个阶段。

开始是降 A 大调的第一主题，平稳如歌、优美安详的节奏和旋律具有内在的热情和力量，表现了英雄经过激烈斗争之后转入沉思和安宁，而且有着对美好生活的向往。

第二主题是英雄主题，起初的单簧管和大管很有感情色彩，音调与第一主题相近，继承了第一主题的线条，加深了降 A 大调的抒情和沉思。随后加入了铜管乐器，音乐发生了巨变，露出了英雄本色。转到 C 大调的全乐队强奏后，优美的旋律逐渐变成刚毅的英雄性格，变成了勇武的凯旋进行曲，与第一主题形成了强烈的对比。接下来是第一变奏，抒情沉思的主题与英雄主题交替出现，当第一主题吸收了具有英雄气概的第二主题因素时，它从原来的沉思、疑虑逐渐转变为获得信心和力量。第二变奏的发展更是变化多端，时而华丽流畅，时而幽默，经过一段连接部分的发展，两个主题已相差无几，几乎难以分辨。在第二变奏的基础上，第三变奏进而走向巩固斗争意志和坚定胜利的信心。先是小提琴与长笛、单簧管、大管的相隔一小节的同度卡农[⊖]进行，而后是以饱满的热情对未来幸福光明生活的赞颂。最后的尾声由大管吹奏两个主题汇成音流——兴奋而有色彩的旋律，去迎接黎明的曙光。

第三乐章：快板，谐谑曲。

这一乐章是通向顶峰道路上的最后一次搏斗，是决战前夕各种力量在抗衡，是光明的形象同命运的形象在进一步地展开较量，因而斗争更加尖锐激烈。然而黑暗即将过去，曙光就在前头。谐谑曲主部由两个主题构成，大提琴和低音提琴奏出急速向上的第一主题，表现了英雄从容不迫的豪迈进取精神，但与前对比稍有些暗淡色彩，虽具有前进的力量，却也有些犹豫，在犹豫不决的情绪中又稍有些不安。在它轻微的叹息和暂时的缓慢进行

　　㊀ 卡农：复调音乐的一种。数个声部的相同旋律依次出现，交叉进行，互相模仿，互相追逐和缠绕，直到最后都融合在一起。平凡的韵律脉动着瞬息万变的生命力，我们熟悉的轮唱曲就是卡农曲的一种。

中，突然闯入由圆号吹出的果断节奏的第二主题，音乐明朗、刚健，具有勇往直前的英雄气概。英雄性的旋律最后徘徊、停留在不稳定的导音上，表现出动荡不安和斗争继续进行的艰苦性。在第一主题三次出现后，音乐的情绪逐渐高涨，在 $^\flat$e 小调上引出一段比较活泼的音调。中间部分以热情有力的舞蹈主题为中心，具有德国民间舞曲的旋律，与前部分音乐形成鲜明的对比。音乐由 e 小调进入 C 大调，由主调音乐变为复调音乐，它象征着人民群众在黑暗势力下的斗争信心和乐观情绪，也是对那可怕的"命运"的抗争。之后，在整个交响乐最有震撼力量的一瞬间，在深厚的持续低音上，定音鼓以"PP"奏出基本动机的节奏型，好似远方的隆隆声不断传来，还有"命运"的影子时隐时现地在消失。最后，随着鼓声轻轻出现，第一主题在第一小提琴的演奏下自由地向上伸展，乐队的音域不断地扩大，音响也在增强，不协和和弦的音响越来越尖锐，力度一直增强到极限，全乐队爆发出非常响亮的 C 大调主和弦，一种不可遏制的力量把音乐直接导入那光辉灿烂的终曲。

第四乐章：快板、急板，奏鸣曲式。

本乐章描写了这场与命运决战终于以光明与彻底的胜利而告终，音乐展现了庄严而辉煌的节日盛大场面，它告诉人们：历史前进的潮流是势不可当的。这一乐章的全部主题具有雄伟壮丽的凯旋进行曲和舞曲的特点，音乐建立在与原调（c 小调）具有鲜明对比的 C 大调上，表现出人民获得胜利时无比欢乐的心情。

紧承上一乐章，乐队强奏出威武嘹亮的胜利主题，这雄壮的音乐宣告了人民斗争的伟大胜利。随后，由圆号和木管奏出与前部分的情绪相似的第二部分，音乐明亮而柔和，在乐句的长音处，低音乐器衬以一连串的跳音，表现出人民胜利的行列在前进，以及他们那充满自豪和喜悦的心情。副部主题是建立在 C 大调上以三连音为主的欢乐的舞曲，音乐轻松而有起伏，旋律流畅，活跃的明朗音调倾诉着欢乐的心情。这是一片节日狂欢的景色，无边无际的人群都被卷入了狂欢的浪潮，汇成一片欢乐的海洋。突然间，狂欢停止，"命运"音型再次出现，不过它在性格上已变得轻巧，使人回忆起斗争中最艰苦的时刻，更加强了凯旋的欢乐。再现部基本上是呈示部胜利主题的重复，但又增添了新的力量。这个 C 大调的新主题像是一股巨浪从英雄的心底奔涌而出，自信而豪迈地勇往直前。

在整个交响曲的最后又响起了光辉灿烂的凯旋进行曲，它以排山倒海的气势，一往无前的精神，彻底征服了一切与人民为敌的恶势力，表现出人民经过斗争终于取得胜利的无比欢乐。

五、怎样唱好一首歌

想唱就唱是青年人的天性，但要把歌唱得好听却是需要懂得歌唱的窍门的。

（一）理解内涵，把握情感

演唱中最重要的是用"灵魂"来演唱，要以情带歌，声情并茂。而要达到这样的效果，就必须先理解歌词的内涵，把握歌曲的情感。感情的表达永远是第一位的，歌唱的技巧只是表达感情的工具。例如，由三毛作词、李泰祥作曲的《橄榄树》这首歌，表面上看起来是对流浪的强烈向往，而齐豫的演绎却让这首歌弥漫着一种淡淡的乡愁和忧伤。从具体的歌词来分析，词作者巧妙地借用故乡、远方、流浪这几个词描绘出一幅带着淡淡忧伤的游子图，开头第一句的"不要问我从哪里来"也会让人感觉到这是一个离家已久的人的心声。在歌曲的高潮部分，"为了我梦中的橄榄树""为了天空飞翔的小鸟，为了山间轻流的小溪，为了宽阔的草原流浪远方"这几句歌词，带出了歌曲的主题，表现了歌曲中主人公诗意地流浪而又略带惆怅的心情。此歌最重要的一个词是"流浪"，但其本质是一种心理状态、一种美好的梦想，而不是一个强烈的愿望。因此，在歌唱时你要做的就是对这种梦境的想象，在自己的头脑中出现一幅美丽的画面：枝叶葱郁的橄榄树、天空中飞翔的小鸟、山中清澈的小溪、广阔的大草原。你变成了歌曲的主人公，独自一人行走在这美丽而寂寞的景色中，想念着远方的故乡。通过想象最大限度地将自己融入歌曲的情境中，从而让自己获得与作者同样的感受，受到同样的感染，进而使听众也受到同样的感染。

（二）联系风格，运用声音

对一首歌曲的音乐风格的深刻理解常常决定着你在演绎这首歌时的"感觉"是否到位。《橄榄树》同时具备民谣的清新和古典派的唯美，曲调连绵流畅，深沉含蓄，旋律的起伏贴切地表达了歌词的思想内容和主人公梦幻中带着惆怅的心情。齐豫没有受过任何专业训练，但有着敏锐的乐感和对音乐深刻的理解力，她用自己清澈纯美的声音演绎了这首歌，她的声音和《橄榄树》的音乐融合得那么完美，直到今天，我们仍然会为她的歌声感动。

一般来说，做到不走调、准确地表达歌曲的感情就可以及格了。但如果想唱得出彩，唱得动人心弦，就需要对歌曲进行一些技巧和润色的处理。例如，怎样用呼吸来体现声音的弹性和连贯，怎样用共鸣来让音色传达感情，根据歌曲中语言的特点和感情的需要，在音调的旋律之外增加一些装饰性的演唱技巧，如呐喊、尖叫、抽泣、呜咽、滑音、颤音、假声等。要感动听众，首先要感动自己，在唱歌时先让自己兴奋激动起来，才会轻松自然地产生这种动人心弦的华彩花腔。技巧可以让你的歌声更华丽，而情感才会让你的歌声真正地打动人。

（三）用全身去唱

我们想一下：小提琴是怎么发声的？单纯的琴弦可以吗？唱歌也是一样的，整个人就是一件乐器。绝对不要认为嗓子（发声器官）就是唱歌的所有条件，因为歌唱是由发声器官、呼吸器官、共鸣器官和吐字器官四个部分组成的，想要把歌唱好，不但要动用全身的发声器官，还要加以一定的控制和提高才行，毕竟喷薄而出的歌曲和我们平时说话时的发声还是有些不同的。

呼吸是唱歌最重要的支持和动力，你要懂得在哪里"停气"，哪里"借气"，哪里"偷气"，要做好这些就必须灵活地控制呼吸的节奏，像平时说话时那样呼吸是达不到唱歌的要求的。例如，唱周杰伦的《双截棍》时你是否气不长喘、面不改色？唱《青藏高原》

第一句"呀啦索哎"的"索"字你能否再坚持几秒钟？气息不足和不会控制气息是初学歌唱者最常见的两个突出问题。

发声器官就像是小提琴的琴弦，能拉出什么样的音，确实和琴弦有很大的关系。声带有长有短，有厚有薄，有宽有窄，形状也有所不同，因此，每个人的声音都是独特的，都可以在一些歌唱领域得到充分的发挥。每个人都可以唱出自己本来没有的高音或低音；控制自己声道的长短、宽窄，调节声带的张力和阻力、声带振动时的长度和宽度。

共鸣的作用就是将声音美化，只有足够的气息才能准确地发音、维持长音，并将产生的声音送到共鸣腔（胸腔、口腔、头腔）中产生回声。我们在唱歌时要有意识地让声音从后面发出。

清晰的吐字能让你的歌声更有感染力，我们在唱歌时应该努力做到：我的歌声你要懂。

此外，我们如果在唱歌时使用话筒，就要使话筒放大你的优点，遮蔽你的弱点。

1）控制好话筒的距离。一是注意选择嘴和话筒的最佳距离，一般是一拳或一拳半左右的距离，但在演唱一些用到气声唱法的歌曲时就要把话筒贴到嘴边来唱。二是注意控制唱高低音时话筒的距离，对于音域很宽的歌手来说，在唱到较强的高音时应该把话筒拿得稍远些，在唱较弱的低音时要把话筒拿得近些。

2）注意呼吸及吐字对话筒的影响。大部分的歌曲在演唱时发出呼吸声都是件大煞风景的事，这就需要比平时唱歌时更加注意气息的处理，用轻吸气的方法来换气，以避免发出的呼吸声干扰和破坏歌曲的和谐。而对于一些情绪激烈的歌曲或用气声唱法演唱的歌曲，呼吸声却能营造出特殊的效果。

由于话筒的灵敏度比较高，在歌唱中如果咬字过重，特别是一些"喷口"较重的字，像背、怕、把等，歌唱吐字时喷出气息的声音也会被话筒放大而变成噪声。一般来说，话筒头部要正面对着嘴巴，不要拿得太高也不要太低，太高手臂会累，也会挡住鼻子和脸，太低则会影响声音的传送。

第二节　舞蹈美

一、舞蹈基础知识

（一）什么是舞蹈

舞蹈是人类最古老的艺术之一，它以有组织、有节奏的人体动作为主要表现手段，运用节奏、表情、构图、造型和空间运动等要素来塑造直观的动态形象，反映社会生活并表达人们的思想感情。舞蹈的独特之处就在于它以人体的动态深刻地折射出人情和人性的真相，极大限度地展示其艺术魅力，使人们在欣赏的同时受到感触和启迪。

舞蹈的产生源自于人的内心，当人的感情最为激动而不能用语言来表达时，就会情不自禁地手舞足蹈起来，用外表的激烈或柔婉的动作来发泄内心的郁积，释放人的情感。舞蹈似乎就是为了打破人的精神壁垒而被创造出来的，舞蹈让人在运动中解放了精神，跳舞成了人们发泄压抑在心中的各种感情的一条完美渠道。舞蹈能宣泄人的情绪，能给人带来愉悦的心理感受。例如，南宋画家马远在《踏歌图》（见图8-1）中表现了一组劳动者在春天相约去郊外踏歌的情形，"宿雨清畿甸，朝阳丽帝城。丰年人乐业，垅上踏歌行。"宋宁宗赵扩把王安石的诗句抄录其上。马远以画来颂扬年丰人乐、政和民安的景象。画中四个人动态不一，却动律和谐，活泼灵动的舞姿呈现出人乐年丰的气象。

图8-1 《踏歌图》

舞蹈源于生活，一是起源于对劳动、生活情境的模仿，二是起源于宗教信仰和图腾崇拜仪式，三是起源于原始部落战争前的队列操练。从中外原始舞蹈的形式与内容上就可以发现原始舞蹈所具有的特征：第一，它是原始人类生活中一个不可或缺的组成部分，且大多为群体舞，能让每位舞者找到某种强烈的归属感，从而有效地强化部落成员的群体意识。第二，它最初以自娱为主，用以宣泄剩余精力，因此形式不拘一格，即兴色彩浓厚，舞者与观众之间通常没有明确的区分。随后也被用来娱神，因此开始进入严格的仪式化和程式化过程，以表达对未知世界的毕恭毕敬，更在不经意间流露出某种恐惧和无助。第三，力量和耐力的炫耀在舞蹈中占据重要的位置（因为两者本是原始人类赖以生存的关键所在），而精巧和美感的展示则尚未进入显要地位。第四，节奏性在其中占有主导地位，因为原始人类相信能用相同的节奏同彼界沟通，并对狩猎对象产生催眠作用，以确保风调雨顺、五谷丰登、狩猎成功、种族兴盛。第五，男女大多分别而舞，由于舞蹈的内容常与狩猎和战争这些关系种族命运的冒险题材紧密相关，因此跳舞往往成了男子的特权，有时甚至不许妇孺观看。由此也可看出，舞蹈既是肉体的，更是精神的，是肉体与精神的合一，是"人体动作的艺术"。开现代舞蹈之先河的美国舞蹈家邓肯更是将灵魂与肉体高度统一起来，她高举起了舞蹈的自由精神，身心沐浴在自由的阳光之下舞蹈着，以舞蹈表现人生，从而也启发人生。

（二）舞蹈艺术的基本要素

舞蹈艺术具有强烈的抒情性、诗化的写意性、形象的直观性、深层的哲理性和广泛的综合性，因此，舞蹈的美要借助如下几个方面的要素来表现。

1. 舞蹈动作

人体动作常常是人的心理、生理的直接表述，它往往用来表述语言无法形容的心境、心态、心情。例如，《罗密欧与朱丽叶》改编成舞剧，男女主人公在化装舞会上一见钟情时的语言交流便改为朱丽叶摘掉罗密欧的面具，罗密欧把她举起来，她张开双臂，弯下腰，凝视着他等一系列动作来表现。

人体动作不一定都是舞蹈动作，舞蹈动作是系列化、规范化、审美化的人体动作。舞蹈动作一般分为表现性动作、说明性动作和装饰性动作。

（1）表现性动作

表现性动作是指表现人的思想感情和反映人物性格特征的动作，具有一定的抽象性和概括性。例如，芭蕾舞剧《红色娘子军》中的"倒踢紫金冠""乌龙绞柱"等动作就塑造了英勇不屈、敢于反抗的巾帼英雄形象。又如芭蕾舞名作《天鹅之死》结尾处，当"天鹅"耗尽了自己全部力量，屈身倒在地上，就在她闭上眼睛前的一刹那，她的手臂还微微地抬起颤动了一下，而这一微微颤动的动作恰到好处地塑造了她对生活的热爱，对生命的追求，不屈于命运，和死神斗争的形象。中国古典舞的"云手"、蒙古舞的"抖肩"、现代舞的"旋转跳跃"等动作都属于表现性动作。

（2）说明性动作

说明性动作是指展示舞蹈的具体内容和人物行动目的的动作，主要是告诉观众舞蹈中的特定情景，具有模拟性和再现性的特点。例如，现代舞《海燕》中，演员以舒展的双臂模仿海燕飞翔的姿态，说明海燕不畏强暴，在暴风雨中搏击的情形。又如《凤鸣岐山》中用人体动作说明那缠咬宫女的蛇，《卖火柴的小女孩》中通过"火焰姑娘"的人体动作来说明划火柴取暖，《茶花女》中赌桌上的纸牌也用穿着黑桃、红心、梅花、方块图案衣服的女演员的动作来表示。

（3）装饰性动作

装饰性动作是指不具有明确思想含义的过渡性动作，用于衔接各种动作，起承上启下的过渡作用，又称过渡性动作。如民间舞中的碎步、晃步等动作。

以上三种动作的不同组合，可以构成具有不同风格、不同内容、不同审美特征的舞蹈。

2. 舞蹈节奏

舞蹈节奏是指舞蹈的动作、姿态、造型上力度的强弱、速度的快慢、时间的长短、幅度的大小等的对比规律，它有自身的特点，并不是音乐节拍的机械反映。例如，同样是4/4拍的音乐，新疆舞的节奏显得潇洒、欢快、活泼，藏族舞的节奏却显得平稳、流畅，而探戈舞的节奏则显得奔放、有力。因此，舞蹈的节奏不仅要符合音乐节拍的特点，还要体现舞蹈本身抒发情感的需要，具有舞蹈自身的节奏美感。

3. 舞蹈构图

舞蹈构图是指舞蹈对动作形态、运动路线及色调反差等各种关系的合理布局，包括舞蹈在队形变换中构成的图案和静态造型构成的画面。通过各种舞蹈的构图可以使舞蹈艺术作品的内容、情节以及人物的情感和环境气氛，从空间和时间的线、面流动和变化中得到更好的艺术展现。一般来讲，舞蹈中菱形、圆弧形、花形等构图，通过灵活多样的变化，常常表现欢快、活泼的情绪，给人以流畅、清新、愉快、和谐的美感；方形、三角形、梯形、"之"字形等舞蹈构图，通过简洁明快、整齐划一或依次重叠、反复推进的队形变换，通常用于表现勇往直前、潇洒奔放的激情，给人以热烈、紧张的气氛感召。此外，表现特定的生活场景时，舞蹈构图必须符合具体的生活内容，给人以具体生动的美感。例如，《游击队舞》中三人一组形成三角形，在高粱地中穿行、递进，表现了强烈的战斗气氛；《丝路花雨》中的英娘以优美的"S"形曲线的动律作为动作的起、止和连接，形成别致的反弹琵琶的造型，生动地表现了舞蹈造型的艺术魅力。

4. 舞蹈表情

舞蹈表情是指舞蹈作品中通过演员的面部表情、舞蹈节拍、舞蹈动作和舞蹈构图等表现出的整个舞台情感。抒情的直观性是舞蹈的特点，如《红绸舞》中手持火焰般红绸的演员以大幅度动作奔腾起舞，渲染了热烈的场面，表现了欢乐、激越的情绪。舞蹈《希望》以仰面向上，右手撑地，左臂左腿直指上方的形体动作，细致而动人地表达了苦闷中的渴望、痛苦中的挣扎的感情。舞蹈艺术要求人体动作中的每一根筋肉都要充满情感，舞蹈家要用心灵支配肉体，要用训练有素的形体和舞蹈技能去准确、敏捷地表现感情。而且，舞蹈演员的神态，面部表情的自然流露，特别是充满情意的目光，更深沉而具体地表现了感情。

总之，舞蹈艺术是人类直接通过自身的躯体动作塑造形象表现思想感情以反映现实的艺术。从严格意义上讲，它是人类全身心直接投入的艺术，具有心理表现与生理运动、美感愉悦与快感享受相统一的特点。它最鲜明地体现了人对世界艺术掌握方式的肉体劲力与精神劲力高度统一的本质特征，因而能产生巨大而强烈的感染作用，激起人们全身心的呼应与共鸣。

（三）舞蹈的类别

舞蹈一般分为生活舞蹈和艺术舞蹈两大类。

1. 生活舞蹈

生活舞蹈是与人们日常生活联系密切的、人人都可以参与的、具有广泛群众性的舞蹈，包括习俗舞蹈（又称仪式舞蹈，主要用于各种喜庆节日和传统文化风俗）、宗教舞蹈（如民间的敬神、祭祖、求雨、消灾等的舞蹈，内蒙古和西藏一年一度的"查玛"——跳神、北京雍和宫的"跳布扎"都属于宗教舞蹈）、社交舞蹈（如古老的"择偶舞"、现代的集体舞、国际标准交谊舞）、自娱舞蹈（以自娱自乐为目的）等。

2. 艺术舞蹈

艺术舞蹈是指通过艺术创作并由舞蹈演员在舞台上表演的舞蹈。这类舞蹈从表现形式上可分为独舞、双人舞、三人舞、群舞、组舞等；从表现特征上可分为抒情性舞、叙事性舞、戏剧性舞等；从表现风格上可分为民间舞、古典舞、现代舞等。

（1）民间舞

民间舞泛指产生并流传于民间、受民俗文化制约、即兴表演但风格相对稳定、以自娱为主要功能的舞蹈形式。例如，我国汉族的秧歌、花灯、东北二人转、狮子舞、龙舞、高跷、跑旱船、腰鼓舞等，蒙古族的安代舞、筷子舞、盅碗舞等，维吾尔族的赛乃姆、多朗舞等，藏族的弦子舞、锅庄等，瑶族的铜鼓舞，傣族的孔雀舞，苗族的芦笙舞，彝族的阿细跳月等，均生动地反映出各地区、各民族的性格爱好、风俗习惯和审美趣味，具有强烈的民族风格和鲜明的地方色彩。民间舞具有自娱性与表演性相结合的特点，因此成为广大人民群众喜闻乐见的一种舞蹈形式。

国际标准交谊舞是世界各国民族舞蹈发展的结晶，主要包括两大类：摩登舞和拉丁舞。摩登舞包括各具特色的五种舞蹈：快华尔兹、探戈、狐步、快步（快四步）、慢华尔兹，其基本特征是男女舞伴交手而跳，舞蹈进程路线按逆时针方向进行，动作典雅、端庄，风格严谨、细腻。拉丁舞包括伦巴、恰恰舞、桑巴、帕索多不里（斗牛舞）、吉特巴（牛仔舞）等，男女舞伴不是交手而跳，而是时分时合，若即若离。除桑巴和斗牛舞有移动之外，其他基本在原地舞动，一般不受舞蹈进程线的限制。

（2）古典舞

古典舞是在民间舞基础上经过加工、整理而流传下来的具有典范意义和古典风格的舞蹈。目前世界上公认的独具风格、成熟的古典舞主要有三种，即欧洲芭蕾舞、中国古典舞、印度古典舞。

芭蕾舞又称足尖舞，发端于意大利，成形并风行于法国，传播到丹麦和俄国，鼎盛于俄国，并从俄国走向世界各国。关于芭蕾舞的风格特点，中国艺术研究院舞蹈研究所研究员、外国舞蹈研究室主任欧建平曾总结了四句口诀："三长一小一个高，20cm 顶重要，开绷直立爹妈给，轻高快稳师傅教。"前三句说的是芭蕾舞演员的形象，第一句指长胳膊、长腿、长脖子、小脑袋、高脚背，第二句指腿部必须比上身长出20cm，第三句的"开"是指踝、膝、胯、胸、肩必须五位一体向两侧打开；"绷"是指每个脚步的动作无论大小，凡是该绷起脚背的都要绷；"直"是指舞蹈演员姿态挺拔向上，动作完成后必须确保整个腿脚的线条一气呵成；"立"是指舞蹈演员无论坐着、立着，躯干都必须同地面呈垂直状态。第四句说的是舞蹈演员的表演技巧，"轻"是指动作轻盈飘逸，落地无声；"高"是指弹跳要高；"快"是指动作频率要快，主要是旋转和腿脚的击打要快；"稳"是指动作收尾要稳健。独特的脚尖舞技巧和外开性的程式化动作是芭蕾舞区别于其他舞蹈品种的明显标志。芭蕾舞动作、姿态挺拔舒展、轻盈柔韧，具有典雅清秀、热情浪漫的神情风貌，著名的芭蕾舞剧《天鹅湖》就是其经典之作。

中国的古典舞是由新中国的舞蹈家根据中国的传统戏曲、敦煌壁画以及古书上介绍的知识创作出来的，它并不是从中国古代直接流传下来的舞蹈。中国古典舞的风格特征是"圆、曲、拧、倾"。在我国大量的古典舞姿中，手腕与脚腕大都是弯曲回扣的，极少见到绷直的现象，甚至走台步，脚也是回勾的。人体在舞台上运动的轨迹大都是圆形或弧线形，双腿向内收缩，行进中一脚脚掌紧随另一脚跟，依圆形或"8"字形或蛇形路线交替碾行，运动的躯干尽力倾向圆心，仿佛受到了向心力的吸引。"倾"在具体姿态中有单独的表现，如走圆场、探海时人体不同程度的倾斜，然而，在更多的场合中，"倾"是伴生于"拧"的，躯干由于被拧转才发生倾斜，如舞剧《宝莲灯》《丝路花雨》等就充分体现了中国古典舞的风格特征。

中国的古典舞与西方的芭蕾舞在风格与文化上有着明显的不同。一是外放与内收。西方文化是一种外放与扩张的文化，这反映在芭蕾内容上，大多是些不现实的仙凡之恋，体现在芭蕾形态上就是动作的外放与离心感，追求神秘莫测的超自然境界，传达人们在世俗空间中难以如愿的理想。而中国文化则是一种含蓄与内收的文化，因此，中国古典舞蹈的动作讲究内在感觉与呼吸的控制，有许多"含胸""顿首"的内收性动作。二是示形与示意。西方芭蕾中的动作姿态大体上是纯形式的，仅仅是展现人体动作的形式美感，并没有一定的意义。而中国古典舞蹈中的动作有很强的示意性，尤其是从戏曲舞蹈中继承而来的一些动作，常常带有程式化的固定意义。中国舞蹈对人体美的表现是次要的，甚至人体美的体现受到抑制，大多被裹在层层装饰着亮片、描金、飘带、绣花的舞服之中。三是肢体表情与面部表情。在西方芭蕾中，举手投足都是宫廷礼仪的象征，演员基本上一直保持着优雅的姿态与面部表情，在刻板中融入了柔美，舞蹈的情绪通过肢体的展开和延伸而表达出来。中国舞蹈中的面部表情则是十分丰富的，欢乐、忧伤、痛苦等都在面部表现出来，用一种接近于戏剧化的表情来配合舞蹈的动作。四是托举与对舞。西方多男女托举动作，中国古典舞受传统文化思想的影响，男女之间都是对舞形式，即使表现夫妻相见，抱头痛哭，也隔着"鸿沟"，抱头只是做个样子。可以说中西舞蹈艺术体现了两种完全不同的文化。

印度的古典舞是由印度世代传承下来的古代舞蹈，其迷人的舞姿、多变的舞步、哑语性的动作、雍容华贵的服饰以及仿佛会说话的传情眼睛等都有一整套内涵丰富的舞蹈手势和面部表情，具有很高的艺术价值。例如，婆罗多舞，以表情、曲调、节奏的梵文三个字头组成，舞蹈动作刚劲有力，节奏多变，面部表情丰富，其中"万姆达"是最有感染力的舞段，可谓栩栩如生，极富感染力。

（3）现代舞

现代舞又称"自由舞""现代芭蕾"，它不是泛指反映现代题材的舞蹈作品，而是20世纪初以被誉为"现代舞之母"的美国舞蹈家依莎多拉·邓肯为代表的一批欧美舞蹈艺术家创立的一个全新舞种。其主要美学观点是反对古典芭蕾的因循守旧、脱离现实和单纯追求技巧的形式主义倾向，主张到奔腾的社会生活的海洋里去寻找自然的舞蹈源泉，用自由纯真的动作充分展示自我，表现人的真实情感。现代舞往往只是情感的流露，有时没有情节，甚至没有具体的人物性格和形象，而是让观众自己去想象作品所表现的内容。例如，美国舞蹈家玛莎·格莱姆的《拓荒》没有故事情节，没有背景，只是一种观念的显示，即人在某些时候要跨越他熟悉的、安全的疆界，踏入一个不安全但可能会有收获的未知疆界中去开拓。荷兰舞蹈剧院的现代舞精华组合《创造力》，在两个多小时的时间里向观众展现出人类生活的不同侧面：战争导致的人性的残酷和心灵的创伤；对辉煌的往昔的缅怀和留恋；对爱情的美好回忆与感受；对生命、时间和永恒的思索……人类种种内在情感：欲望、力量、挑衅、欢乐、惆怅、迷茫等，都在舞蹈中得到淋漓尽致的体现。中国台湾的林怀民在其《行草》中，透过舞者以身形临摹动画呈现的王羲之"永"字破题，随后展开变奏，引出群舞。21世纪年轻人的肢体与千百年前的字魂进行超越时空的对话，你只要坐下来看，就足以领略到在他的舞蹈里生生不息地展现的是中华舞蹈文化的血脉。

二、舞蹈美的欣赏

要欣赏舞蹈美，就必须熟悉舞蹈的基本常识，了解舞蹈艺术作品的时代背景和作者的创作意图，并把握舞蹈艺术作品的风格特征，在此基础上去欣赏舞蹈艺术如下几个方面的美。

（一）人体本身的形象美

舞之美是人的美，特别是表演性舞蹈者大都是年轻貌美的姑娘或英俊的小伙子，他们外有美妙的身条，内蕴不可思议的灵感，在舞台一亮相就给观众赏心悦目的感觉。舞蹈能够促进两性之间广泛的接触，如此自由、放松地欣赏异性的容貌和人体美。在自娱性的交谊舞中，舞蹈的男女双方在音乐节奏的制约下，配合默契，在微妙的电磁感应般的情感交流中享受着身心愉悦，使日常生活被压抑的情感获得适当的释放。在表演性的舞蹈中，人们可以尽情地观赏女演员如花似玉的笑容，富有曲线美柔韧的人体，观赏男演员英俊潇洒的形象，强健有力的体魄。他们轻曼的舞姿，快速的旋转，全身的扭动，手臂的抬举，大腿的舒展……可以使观众达到涤魂荡魄的程度，通过动作姿态的充分展开和美妙音乐的渲染，人们从生理快感逐渐升华到心理的、精神的愉悦。而芭蕾在300多年的发展中，服装逐渐减少，使身体线条更为清晰，造型更为自如，更增添了舞蹈人体美的魅力。《天鹅湖》中可爱的"天鹅"们在热烈、轻快的音乐中翩翩起舞，轻盈、快捷、整齐的群舞，使人直观人体充满青春活力的美。刀美兰表演的《水》，色彩绚丽的民族服装紧裹的身体和"三道弯"的舞姿，生动地体现出少女的形体美。

（二）形体动作的技巧美

人们看一个舞蹈作品，首先是被它的形体动作的美所吸引，为它显示出的高超技巧而赞赏。例如舞蹈《雀之灵》的表演者杨丽萍，她那美妙无比的双手被中外观众赞誉为"会说话的手臂"，尤其是近乎魔幻的柔软纤细的手指、修长的能多角度转动的胳膊、柔若无骨的腰，使她的每一个舞姿都是那么优美、细腻、迷人。人们冠之以"孔雀公主"的美名，因为她表现了人体美及高超的舞蹈技巧，展示了完美的艺术形式。再如陈爱莲的《蛇舞》中，美女蛇那种平缓、舒展的上下蠕动的动作显示出人体生命运动过程的动态美，逼真的模仿蕴含着人的理想、追求和向往。

（三）诗情画意的意境美

"意"犹如一首"诗"，"境"犹如一幅"画"，诗强调激越的情感，画讲究神似的形象。舞蹈者只有将情感灌注在舞蹈之中，既有形象又有神韵，达到"形"与"神"、"情"

与"景"有机地统一才能创造美的意境。例如，陈爱莲首演的女子独舞《春江花月夜》，舞台布景就非常唯美——深蓝的空中点缀着几丝彩云，一轮金黄的圆月刚刚升起，把倒影留在江面；岛上桃李缤纷，繁华竞艳，一派春意盎然。随着一阵悠扬的古筝伴奏，舞者仿若仙子下凡般从云雾中飘出，迈着凌波微步，起先是以两把白色羽扇挡住玉容，大有"犹抱琵琶半遮面"的神秘与娇羞美。她身着一袭天蓝色薄纱衣裙，点缀银色亮片，仿佛一朵新开的山茶，清香淡雅。伴随着悠扬的音乐旋律，她游移在繁花丛中，时而抬头望月，时而低头遐思，或轻移莲步，或抚弄花枝。舞姿柔中带刚，但身轻如燕，整体上给人以飘逸之感。她随舞曲摆动双臂，臂上缠绕的轻纱随风飘扬，而她也像一只翩跹起舞的蝴蝶，在百花丛中寻香。她眼波流转，顾盼生辉，把少女特有的娇俏柔媚和羞涩之情刻画得惟妙惟肖，把对未来幸福生活的向往表现得淋漓尽致。舞蹈如诗画一般的意境使观众也如临其境，如闻其香，和演员一起陶醉在这美景之中。舞蹈的意境美不单靠演员一方的创造，更离不开观赏者的想象与感悟，如你能否从《鄂尔多斯舞》中演员舒展的手臂和昂首远望的眼神上看到大草原的辽阔？能否从《荷花舞》流动的舞步中看到一池春水？

三、舞蹈欣赏范例

（一）《天鹅湖》（芭蕾舞剧）

《天鹅湖》是一部四幕舞剧，剧本由莫斯科大剧院的艺术指导弗·别吉切夫和弗·盖里采尔共同创作，俄国音乐家柴可夫斯基为其谱曲，法国编舞大师彼季帕和俄国编舞大师伊凡诺夫编舞，于1895年1月15日在彼得堡首演大获成功。

1. 剧情简介

第一幕

王后城堡前的花园。

幕启，青年们聚集在这里庆祝王子齐格弗里德的成年日，铜号奏起了高昂的进行曲，由老家庭教师陪伴着，王子步入花园，庆宴正式开始。被邀请来的乡村姑娘和她们的舞伴跳起了优美的华尔兹。一个青年向王子赠送了礼物——一把弩弓，齐格弗里德愉快地接了过来，然后，高高举起酒杯，向朋友表示答谢。

欢乐的舞蹈被宫廷传令官打断，他当众宣告，王后即将驾到，舞台上的气氛骤然变得庄重，王妃、贵妇们鱼贯入场，队伍后面是侍女搀扶着的王后。齐格弗里德朝母亲迎了过去，垂下两臂站在她面前。雍容华贵的王后环顾四周，对王子与村姑们混在一起跳舞很不满意。她告诉儿子，今天将是他独身生活的最后一天，明天宫里举行盛大的舞会，王子必须从被邀请来的少女中挑选一位做自己的未婚妻。齐格弗里德对母亲的吩咐无动于衷，他不相信哪一位姑娘会让自己中意。王后没有觉察王子的反应，轻轻地摆了摆手，示意王妃、贵妇们和她一起离开花园，舞台上的气氛一下子又轻松起来，大家重新开始了嬉戏游玩，老家庭教师受青年们的活力感染，也醉醺醺地手舞足蹈。

黄昏已临，青年男女纷纷向王子告别，一股忧郁之情涌上了齐格弗里德的心头，他舍不得放弃自由自在的生活，明天王后要为他选择终身伴侣，可他渴望另一种爱情："那幻想中的少女是谁呢？"忽然，王子发现头顶有一群天鹅飞过，这引起他狩猎的兴味，他抓起弩弓，领着几个朋友迅速朝着天鹅飞去的方向追去。

第二幕

荒野密林深处的深水湖，岸边残留着一座城堡的废墟，半夜时分。

幕启，一群洁白的天鹅从湖面上游过，最前面的一只头顶戴着金冠。猎人们穿过湖边的空地，紧张地注视着天鹅群的动静。王子到了，朋友们向他指出天鹅所处的位置，兴奋的王子随即指挥大家赶快向天鹅靠近。

王子瞄准了领头的那只白天鹅正要举弓放箭，他的手忽然放了下来——在一片朦胧的月光照耀下，他看见头戴金冠的天鹅突然变成了一位亭亭玉立的少女，王子惊诧于姑娘的美貌，情不自禁地向她走去。"天鹅少女"一见王子，慌忙用两臂护卫着身体，畏缩地准备逃走。王子拦住姑娘，放下弓箭，并上前捂胸施礼，表明自己丝毫没有伤害她的意思。望着王子英俊的面孔，少女似乎也动了情。王子温柔地询问姑娘为什么会在深夜来到这阴森的湖边。少女消除了对王子的恐惧，开始哀怨地向王子诉说自己不幸的身世。原来少女是一位公主，叫作奥杰塔，是恶魔罗德伯特心起歹念，施妖术把她和她的女友们都变成了天鹅，到了半夜时分恶魔才允许她们暂时恢复人形。奥杰塔还告诉王子，只有从未许诺给别人的坚贞不渝的爱情方能解除这万恶的魔法。王子听了公主的叙述，心中充满了爱恋和怜悯之情。他与公主一见钟情，相信她就是自己梦幻中的爱人。王子向公主起誓将永远爱她，并要用爱情的力量将公主从苦难中解救出来。

躲在废墟里的恶魔听到了王子与公主的对话，他绝不会让公主逃出自己的魔掌。"天鹅姑娘"们围拢在公主和王子身旁，她们跳起了欢快优美的舞蹈，庆贺公主获得了幸福的爱情。王子告诉公主，明天宫中将举办舞会，他要在那里宣布奥杰塔是自己选中的未婚妻。公主被王子的深情所感动，她告诫王子，在彻底解除魔法的禁锢之前，她是不能出现在人们面前的，而且恶魔必然不会放过她们，一定会用狡猾的手段来迫使王子破坏自己的誓言。公主又叮嘱王子：如果他违背了爱情的诺言，那么她和她的女友们就永远不会再有获救的机会。

齐格弗里德的朋友们向"天鹅姑娘"们围了上来，王子阻止了他们的行动。太阳即将升起，少女们的自由时间已经逝去，她们又要变成天鹅飞向远方。奥杰塔恋恋不舍地同王子告别。齐格弗里德深信自己的爱情能帮助奥杰塔摆脱死亡和与黑暗相伴的命运。

第三幕

豪华的宫廷大厅。

幕启，应邀前来参加舞会的宾客们陆续到达，司礼官在做最后的安排。在庄严的号角声中，王后与王子登上了宝座。候选未婚妻的姑娘们也被引进来，王后满心欢喜地观察她们，可是王子的态度冷淡。此时他心里念念不忘的只有美丽的公主奥杰塔。

铜号再一次吹响，报告又有尊贵的客人光临。打扮成骑士模样的恶魔罗德伯特和他那妖艳的女儿奥吉莉雅一阵风似地飘进了大厅，他们是来引诱王子背叛奥杰塔的爱情诺言的。看着奥吉莉雅那酷似白天鹅的动作和姿势，王子不禁心花怒放，误认为她就是自己的心上人奥杰塔，却没有发现窗外已经闪过焦急的白天鹅的身影。

舞蹈开始了，各国客人尽情展现西班牙舞、那不勒斯舞、匈牙利舞和玛祖卡舞。奥吉莉雅最后一个表演，恶魔命令她用妖媚的舞蹈引诱王子。齐格弗里德被奥吉莉雅迷住了，觉得她就是奥杰塔。王子向母亲表明自己要选择奥吉莉雅为未婚妻。恶魔要王子起誓，王子欣然抬起了右手。恶魔的计谋成功了，爱情的誓言遭到了破坏。瞬间，窗边清晰地显现出奥杰塔痛苦的形象，而奥吉莉雅和罗德伯特却狂笑着消失在黑夜之中。齐格弗里德如梦初醒，知道自己受了骗，他又恨又急，奋不顾身地冲出大厅向天鹅湖畔奔去，大厅顿时一片混乱。

第四幕

夜，天鹅湖畔，近处危岩耸立，稍远可望见城堡的废墟。

幕启。"天鹅姑娘"们聚拢在湖边的空地上，焦虑不安地等待着奥杰塔的归来，凄惨的奥杰塔回来了。"天鹅姑娘"们满怀希望迎上她，公主伤心地给大家讲述了王子变心并背弃了爱情誓言的经过。"天鹅姑娘"们想到将永远受着魔法的束缚，再也无法恢复人形时，都深深地陷入悲痛之中。

王子焦虑万分地跑了上来，他依旧爱着奥杰塔，舞会上他在奥吉莉雅形象中看到的是奥杰塔，誓言也是对公主而发。王子在天鹅中寻找自己的恋人，一心乞求她的宽恕和原谅。恶魔突然出现在王子面前，他狞笑着提醒王子不要忘记在宫中舞会上对奥吉莉雅所发的誓言，强令王子必须立即与奥吉莉雅成婚。王子愤怒地拒绝了恶魔的挑衅，依然深情地奔到奥杰塔身边。公主虽然已经理解王子，但是夜色将尽，黎明来临，她终究难与王子团圆。王子决心以死来表示对公主的忠诚。刹那间，恶魔露出了猫头鹰的原形，他要施展妖术，永远把姑娘们变成天鹅浮在湖面上，公主悲恸欲绝，拼命挣脱了王子的拥抱，纵身跃入天鹅湖中。王子没能阻止公主，也悲愤交加地跟着公主投身湖里。坚贞的爱情终于战胜了恶魔，恶魔失去魔力，倒地毙命，城堡也在一片闪光中崩塌。

尾声

曙光升起，天鹅湖上有一艘金色的帆船驶过，船头是一群洁白的天鹅静静地浮游。船上齐格弗里德与奥杰塔正沐浴着旭日的金色光芒，他们要驾舟远航，向幸福的彼岸驶去。

《天鹅湖》虽然是部童话故事，但却传达出一切忍受着苦难的人们期待美好生活到来的激情，因而引起了无数人的共鸣。

2. 赏析视角

1）修长舒展的动作线条。芭蕾舞演员以肢体线条的修长和舒展为美，只有修长而舒展的肢体动作，才能充分地展示线条的流动，充分地占有舞台空间，完美地展现贵族的气派。

2）诗情画意的舞蹈段落。芭蕾的本质是诗，是画，长于传达某种朦胧的诗情，某种淡雅的画意。该剧最使人耳目一新的莫过于让一位演员同时塑造两个性格迥异的角色，即白天鹅奥杰塔和黑天鹅奥吉莉雅。为了刻画出黑天鹅的美艳绝伦，还为她设计了一套单腿不停顿地连续旋转 32 周的高难度动作，使芭蕾舞艺术的表现力跃上了一个新的台阶。

3）洁白神圣的天鹅短裙。芭蕾女明星的短裙是《天鹅湖》中最典型的舞蹈服装，其洁白的颜色代表着天鹅形象的纯洁无瑕，而其超短的尺寸则对舞者腿部线条提出了苛求。

4）对比鲜明的仙凡场面。《天鹅湖》在故事发生的地点、服装和布景的色彩、不同幕次间的基调和节奏诸多方面，均富于鲜明的对比。其中的一、三幕都是宫廷场面，前者是花园，后者是舞会，都是火红热闹、充满人间烟火气的现实世界，戏剧性占据主导地位；二、四幕都是天鹅湖畔，都是朦胧月色下扑朔迷离的虚幻世界，抒情性占据主导地位。如此鲜明的视觉节奏，不仅给了舞者以足够的喘息之机，而且也让观众能够尽享好戏的乐趣。

5）沁人肺腑的音乐旋律。《天鹅湖》的音乐被评论家们称为"第一次使舞蹈作品具有了音乐的灵魂"，从舞剧的序幕到终曲，那泉涌般抒情的旋律不断流淌出来，听众始终沉浸在诗一般的抒情优美的音乐之中。如在第二幕的《白天鹅双人舞》中，那如泣如诉、哀怨委婉的旋律，形象逼真地表达出了奥杰塔公主对自己被困于魔掌之中的无助与无奈，对纯真爱情和自由生活的无限向往。而《小天鹅舞曲》音乐轻松活泼，节奏干净利落，形象地描绘出了天鹅在湖畔嬉游的情景，质朴动人的旋律还富于田园般的诗意，"四小天鹅舞"更是脍炙人口的舞段。

（二）《雀之灵》（傣族女子独舞）

杨丽萍自编自演的独舞《雀之灵》于 1986 年在北京首演，在 1994 年"中华民族 20 世纪舞蹈经典作品评比"中获"经典作品金像奖"。

一只洁白的孔雀飞来了，晨曦中踏着露珠，她时而轻梳翅羽，时而随风起舞，时而漫步溪边，时而俯首畅饮。那展开的缀着金色羽毛的雀尾展示着吉祥、和平、幸福和欢乐。她时而宁静伫立，时而飞旋，美丽的倩影映衬在初升的太阳的光环之中，一首生命的赞歌就在那一举手，一投足中流淌着。舞蹈突破了传统的物象模拟，而是抓其神韵，表现的不仅仅是一只圣洁、高雅、美丽的孔雀，而且是一只充满生命和神秘的飞舞的精灵。杨丽萍充分运用修长、柔韧的臂膀和灵活自如的手指形态变幻，创造了引颈昂首的直观形象，蕴含着勃发向上的精神底蕴。尤其动人的是手臂各关节有节奏、有层次的节节律动，表现了孔雀的机敏、精巧、高洁，令人叫绝。她没有简单地搬用傣族舞蹈，而是抓住了傣族舞蹈的内在动律，为了内容、形象及情感的需要做了大胆的创新、发展，吸收了现代舞充分发挥人体运动的特点，创造了新的语汇，动作更奔放、挺拔、舒展、浑厚，更富有现代感。

《雀之灵》其实就是人类生命的灵性，她犹如一个蓝色的梦境，一个无限纯净的世界，在那个神秘的境地，生命之河在流淌，洗涤和净化着我们的心灵。

（三）《马赛曲》（现代女子独舞，编舞及表演：依莎多拉·邓肯）

舞蹈一开始，她就身着火红的曳地战袍，神情犹如监视着步步逼近的入侵之敌，像一尊雕像那样巍然屹立。蓦地，观众从她的表情中，看到了开始进犯的大批敌军。这突然的袭击险些将她压垮，她的咽喉仿佛被敌人掐住；但她飞快地跳起身来，热切地亲吻着红旗，像孩子吮吸母亲的乳汁那样，从中汲取着战斗的力量。她好像嗅到了血雨腥风的来临，在自我保护的本能作用下，以迅雷不及掩耳的速度将手臂高举过头顶，就像撑开了一张巨大的斗篷、战袍或战旗，既是要威慑敌军，也是要保全自己。她的嘴大张着，她的爆发力到了一触即发的时刻，她的双拳紧握着，硕大的战袍像战旗一样迎风飘扬，召唤着自己的同胞快快拿起武器，与敌人作殊死的白刃战。尽管她一直没出声，但大有"此时无声胜有声"的境界——她那一系列具有象征意味的动作和造型，使观众仿佛听到了冲锋陷阵的命令，看到了无坚不摧的威力，更感到了战无不胜的信心。一场艰苦卓绝的战斗结束了，她在一片突然到来的寂静之中，俨然化作了一部经过战火洗礼的史诗，一首赞美人民革命的颂歌，一幅气吞山河的画卷，一尊自由女神的雕像。

（四）《千手观音》（古典舞蹈）

《千手观音》以敦煌石窟中的"千手观音"像为原型，运用佛教丰富多彩的手势，利用 21 人纵列叠加，由一名女演员在队前静止模仿观音雕像，身后由数十名演员的手臂左右摆出不同高度的姿态，在灯光的配合下，宛如一尊"金佛"屹立于舞台之中。正前的观音祥和、端庄，身侧无数的手臂形成环状，如观音的佛光，似对人间众生伸出的关爱之手，像为化解困难伸出的援助之手，体现着善心、爱心产生出来的无比能量。舞蹈选用 21 名男女聋哑演员表演，更加体现出"关爱"的主题和祝福期望的寓意。在舞蹈中段，一尊佛像突变成无数的双人小千佛，双人舞姿造型的出现，与群像形成了鲜明对比，在给人以新异变化之美感时，也预示了"一颗爱心可化作千手，千万只手又可汇成爱心颗颗"的希望。舞蹈后段，数人排成方形，由低到高，双膝跪坐，双手向前伸展做祝福手势，手语间仿佛传递着把美好送给人间的寓意。正如编导张继钢所说的："只要你心地善良，只要你心中有爱，就有千只手来帮助你；只要你心地善良，只要你心中有爱，你就会伸出千只手帮助别人。"《千手观音》正是要将这一美好寓意传达给观众。

活动与思考

1. 音乐艺术和舞蹈艺术有什么价值？
2. 就你喜欢的音乐作品谈谈自己的审美感受。
3. 你认为欣赏现代舞需要注意哪些方面的问题？

第九章

语言艺术与美育

学习目标

1. 领会语言艺术的审美特征与美育功能，在审美实践中体会语言艺术的魅力。
2. 掌握诗歌、小说、散文、剧本语言表达的不同特点。
3. 根据语言艺术的不同特点掌握诗歌、小说、散文、剧本鉴赏的不同要求。

第一节　语言艺术的审美价值

语言艺术即通常所说的文学（诗歌、散文、小说、剧本），是以语言符号为媒介创造富有审美意蕴形象的艺术。语言是文学作品的基本存在方式和物质材料，离开了语言就无所谓文学。

一、语言艺术的优势

与其他艺术门类相比，语言艺术最大限度地消除了时空限制，具有反映现实的广阔性和自由性，凡人们所能认识的领域它都能表现，凡心灵所欲表达的东西它都能表达。它既可以再现静态事物的形象，也可以表现运动中的事物；既可以展示宏大的历史画面，也可以揭露微观的心理世界。正如黑格尔所说："语言艺术在内容上和在表现形式上比起其他艺术都更为广阔，每一种内容，一切精确事物和自然事物，事件、行动、情节、内在的和外在的情况都可以纳入诗，由诗加以形象化。"[一]黑格尔这里所说的"诗"就是指语言艺术。如列夫·托尔斯泰的《战争与和平》以1812年俄法战争为背景，从1802年彼得堡贵族客厅里谈论拿破仑征战开始，中间写了俄奥联军同拿破仑军队在奥斯特里茨会战，法军入侵俄国，比洛蒂诺会战，莫斯科大火，拿破仑全线溃退，最后写到1825年十二月党人运动前夕。小说以四个贵族家庭为主线，在战争与和平的交替描写中展示了俄国广阔的社会生活和历史画卷，单是描写到的人物就达500多个。这样宏大的、错综复杂的生活历史

　　〇　黑格尔，《美学》第3卷，商务印书馆，1979年版，第10～11页。

场景是其他艺术难以企及的。

语言艺术不仅可以将叙事功能发挥到极致，而且可以直接展示人物的崇高或卑微，喜悦或愤怒，欢乐或哀惧，可敬或可怜，奋发或萎靡，镇静或惊慌的丰富、复杂、流动变化的心理世界，让人物内心独自表白，让灵魂自言自语，给人以"明心见性"般的生动印象。例如，巴尔扎克的《高老头》就直接揭示了那个隐藏在伏盖公寓里面的江湖大盗、苦役监逃犯伏脱冷的精神世界："你知道巴黎的人怎么打出路的？不是靠天才，就是靠腐败。在这个人堆里，不像炮弹一般轰进去，就得像瘟疫一般钻进去。清白诚实是一无用处的。在天才的威力之下，大家会屈服；先是恨他，毁谤他，因为他一口独吞，不肯分肥；可是他要是坚持，人们便服帖了；总而言之，没法把你埋在土里的时候，就向你磕头……社会上多的是饭桶，而腐败便是饭桶的武器，你到处觉得有它的刀尖。有些男人，全部家私不过 6000 法郎薪水，老婆的衣着却花到 10000 法郎以上。你可以看到一些女人出卖身体，为的是要跟贵族院议员的公子，坐了车到中央大道去兜风。……人生就是这么回事，跟厨房一样的腥臭。可是要作乐，就不能怕弄脏手，只消你事后洗干净；今日所谓的道德，就是这一点。"这段入木三分的心理描写，把一个对现实愤愤不平的野心家的冷酷而又自私的灵魂活脱脱地展现给了读者，既塑造了性格，也展示了语言艺术在刻画人物心理上的独特魅力。

20 世纪现代派的意识流小说（又称心理现实主义小说）完全是按照人的心理意识流动来表现人及其对生活的感受，如爱尔兰小说家詹姆斯·乔伊斯的《尤利西斯》就打破了传统小说的逻辑结构，采用不受时空限制、具有极大跳跃性、随意性和不连贯的人的意识的流动来展示人物混乱的意识及非理性的精神状态，从而拓展了心理表现的领域。该小说被西方评论界奉为意识流的百科全书。

二、语言艺术的审美特征

（一）语言修辞性

这里的修辞并不是单指修辞格，而是指让语言变得更美妙的一切因素，如语音、文法、辞格等。

语音美是指文学作品中由节奏和韵律组成的语音系统之美。在诗歌这种抒情性艺术中，声韵节奏本身就构成了抒情形象必不可少的组成部分。散文和小说同样也讲究语音在形象创造上的作用。例如，汪曾祺的小说《受戒》中的一段话："芦花才吐新穗。紫灰色的芦穗，发着银光，软软的，滑溜溜的，像一串丝线。有的地方结了蒲棒，通红的，像一枝一枝小蜡烛。青浮萍，紫浮萍。长脚蚊子，水蜘蛛。野菱角开着四瓣的小白花。惊起一只青桩（一种水鸟），擦着芦穗，扑鲁鲁飞远了。"不足 100 字却有 17 个停顿，句子长短参差，叙述时快时慢，将人于不知不觉中引入一幅清新明丽的江南水乡"风俗画"之中。诗文中的韵律不仅能带来和谐之美，往往也是表达意义的重要手段。例如，杜甫的《闻官军收河南河北》，韵脚字"裳""狂""乡"和"阳"全属阳韵字，读起来十分响亮、开朗，准确地传达出诗人欣喜若狂的心情。

文法美是指文学作品在语词、语句和篇章方面的构成之美。古人有"吟安一个字，捻断数茎须"之说，炼字的目的不仅在于符合节奏和音律，准确地表达意义，而且也在于创新，达到"意语新工，得前人所未道者"的程度。王安石"春风又绿江南岸"之"绿"字，岑参"孤灯然客梦，寒杵捣乡愁"的"捣"字，杜牧"霓裳一曲千峰上，舞破中原始下来"的"舞破"，郭沫若《屈原》台词中"你这个没有骨气的文人"的"这"字，杨朔的散文《泰山极顶》中"现时悬在我头顶上的正是南天门"之"悬"字，都因一字之精而意蕴全出。

辞格美是文学语言中富有表现力并带有一定规律性的程式美。汉语辞格在文学作品中的运用可谓千姿百态，灵活多变，错落有致，极大地丰富了作家的表现手段和作品的表现力，构成中国文学的一大特色。例如，同样是写"愁"，杜甫"忧端齐终南，澒洞不可掇"，以山写愁，写愁之重；李颀"请量东海水，看取浅深愁"，以海水写愁，写愁之深；而贺铸"试问闲愁都几许？一川烟草，满城风絮，梅子黄时雨"，用茫茫的云烟春草、满城飞舞的柳絮和绵绵不断的梅雨创造了一个更加凄凉的境界，写尽了愁之缠绵。又如李清照"花自飘零水自流。一种相思，两处闲愁。此情无计可消除，才下眉头，却上心头。"以"花自飘零"比喻作者的青春像花那样空自凋零，用"水自流"比喻远行的丈夫如悠悠江水空自流，表达出李清照的双重情怀：既为自己容颜易老而感慨，又为丈夫不能和自己共享让它白白消逝而伤怀。

（二）形象间接性

形象间接性是指语言艺术所塑造的形象不直接诉诸读者的感官，而是要靠读者以语言符号为中介，凭借自身的生活经验和文化修养，通过积极活跃的联想和想象间接地来体味、把握和理解，然后作品的形象才能转化为读者头脑中的形象。因此语言艺术又被称为"想象的艺术"，如《红楼梦》中写贾宝玉眼中的林黛玉："两弯似蹙非蹙罥烟眉，一双似喜非喜含情目。态生两靥之愁，娇袭一身之病。泪光点点，娇喘微微。闲静时如姣花照水，行动处似弱柳扶风。心较比干多一窍，病如西子胜三分。"什么是"似蹙非蹙罥烟眉"，什么是"似喜非喜含情目"，"态生两靥之愁"是何种愁，"娇袭一身之病"的娇态是什么样，"姣花照水"是怎样的风情，"弱柳扶风"又是怎样的神韵，"心较比干多一窍"要聪明到什么程度，"病如西子胜三分"要美丽到什么地步等，都是只可想象、意会却难以言传的非确定因素，尽可以让读者调动自己的生活经验和审美想象去补充、创造，使读者在想象和再创造中获得一种创造的愉悦，使文学形象更具魅力。文学语言尽管在选词造句上要求反复推敲、准确精练，但在审美效果上有时却需要模糊、朦胧、隽永、深邃，"言有尽而意无穷"。例如，王维诗："江流天地外，山色有无中"，极精练的十个字写出了江水的流长邈远和山色的空阔苍茫，形成一种宏丽新奇的审美意境，给人以朦胧深邃之美。其中"天地"的广袤、"有无"的模糊，使读者在驰骋自己的想象力时可以去开拓诗句的深广意味。

（三）含蓄蕴藉性

含蓄蕴藉性是指文学作品内部由于语言的特殊组合仿佛包含有意义阐释的无限可能性，它的典范形态是含蓄和含混。同样一句"你好"，在日常交际语言中并无特殊含义，可是《红楼梦》中林黛玉临终前的"宝玉，宝玉！你好……"却别有一番滋味。当代诗人海子有一首诗《亚洲铜》："亚洲铜，亚洲铜，祖父死在这里，父亲死在这里，我也将死在这里。你是唯一的一块埋人的地方。亚洲铜，亚洲铜，爱怀疑和爱飞翔的是鸟，淹没一切的是海水。你的主人却是青草，住在自己细小的腰上，守住野花的手掌和秘密。亚洲铜，亚洲铜，看见了吗？那两只白鸽子，它们是屈原遗落在沙滩上的白鞋子，让我们——我们和河流一起，穿上它们吧。亚洲铜，亚洲铜，击鼓之后，我们把在黑暗中跳舞的心脏叫作月亮，这月亮主要由你构成。"这里的"亚洲铜"显然是诗的中心形象，它究竟意味着什么，是需要仔细品味的。全诗由 4 段组成，而"亚洲铜"三个字在各段的开头都两次反复出现，这种反复究竟意味着什么？从意义构成看，"亚洲铜"没有确定的所指，但又可以指某种含蕴深厚的东西。一是中国产铜，铜在金属中是坚硬而实用的，可以令人联想到其坚硬、厚实等品质；二是中国有过"青铜时代"，那是人类的原始文明时期，它虽然早已消逝，却又回荡在中华民族的历史深处，作为传统至今仍在影响我们。从这两方面看，"亚洲铜"可以说含蓄地指代某种坚硬、厚实的属于历史传统的东西，但又不能作狭隘的单一理解，它还有阐释的多种可能性。"亚洲铜"在诗中反复回环地出现形成"如歌"的韵味，更增强了这种意义的含蓄蕴藉特点。又如唐代诗人王之涣的《登鹳雀楼》，"更上一层楼"的"更"字妙在哪里？从全诗看，"更"字至少可以表达出如下三重意义：一是再次登楼，指登楼动作在数量上由一向多地重复增加，引申地比喻人生行为的重复出现；二是继续登楼，指登楼动作在质量上由低到高地逐层增加，比喻人生境界继续提升；三是永远不断地继续向上登楼，指登楼动作无论在数量上还是在质量上都连续不断和永不停止，比喻人生境界永远不断地向上继续提升，始终不渝，至死方休。正是"更"字在阐释上的"一中生多""同中含异"，聚合了登楼可能体现的所有三重意义，使得这一平常动作竟能同至高的人生境界追求紧紧地联系起来，从而使诗人的登楼体验能超出平常的同类体验而生发、开拓出极为丰富而深长的意义空间。文学的这种含蓄蕴藉性使得语言艺术在诸种艺术中尤以思想的深刻性见长。

三、语言艺术的美育功能

（一）审美认识功能

文学的认识功能历来受人重视，孔子认为《诗经》"可以兴，可以观，可以群，可以怨；迩之事父，远之事君；多识于鸟兽草木之名。"（《论语·阳货》）其中"观"即"观风俗之盛衰"，"多识于鸟兽草木之名"即认识自然规律，掌握自然知识。阅读文学作品除了能在精神上获得满足与愉悦，还可以学到历史和现实生活的许多知识，增强对自然、社会和人生的体悟，丰富社会生活的感受与经验，加深对社会规律及本质的认识。历史上优秀的文学作品都清楚地反映一定社会历史环境中人们的生活劳动和情景，以及他们的衣着服饰、音容笑貌、言谈举止、风俗习惯、伦理道德、宗教信仰，甚至是社会的盛衰、国家的兴亡和时代的变迁。因此，优秀的文学作品往往被称为"史诗""百科全书"或"生活的教科书"。

例如，被誉为封建社会"百科全书"的《红楼梦》，几乎涉及封建社会政治、经济、文化、教育、法律、宗教、婚姻、家庭各个方面，从中我们可以看到从帝王将相、皇亲国戚、贵族公子、世家闺秀、儒师医生、清客相公到工匠商贾、醉汉无赖、优伶娼妓、僧道尼姑、奴仆丫环、贫民农夫等各类人物的状况，并从中认识封建社会的众生相与社会现实，还可以获得关于经史子集、诗赋词曲、平话戏文、绘画书法、八股对联、诗谜酒令、佛道禅语、栽种花果、畜养禽鱼、星相医卜、礼节仪式、饮食服饰等各方面的知识。再比如，马克思从莎士比亚的剧本《雅典的泰门》中看到了货币的本质⊖，恩格斯认为巴尔扎克的《人间喜剧》展示了上升的资产阶级在 1816～1848 年这一历史时期对贵族社会的冲击，是"一部法国'社会'特别是巴黎'上流社会'的卓越的现实主义历史"，这部历史包含着比当时所有职业的历史学家、经济学家和统计学家所提供的全部东西还要多的内容。列宁则把列夫·托尔斯泰比作"俄国革命的镜子"，认为一位真正伟大的艺术家在自己的作品中至少会反映出革命的某些本质方面。

（二）形象感染与意蕴浸润功能

文学在美育中的最大特点就是形象的感染性，它不靠说教，也不靠劝谕，而是依靠形象和读者的情感沟通，激发人心灵中潜在的真善美和追求自由的天性，令其挣脱物欲或私利的束缚，不由自主地进入一种超凡脱俗、高尚纯洁之境。19 世纪俄国革命民主主义者杜勃罗留波夫就曾谈到他少年时代阅读庇雪姆斯基的小说《阔气的求婚者》所受到的教益，他从小说的主人公——有钱而游手好闲的萨米洛夫身上照见了自己的影子，感到羞愧难言，下决心改掉自己身上的恶习。在文学史上，众多的艺术形象都是或以其悲剧力量，或以其道德内涵而给读者以熏陶、感染和启迪的，他们在培养人的崇高思想、坚毅性格和积极向上的人生观方面发挥着巨大的作用。例如，《钢铁是怎样炼成的》中的保尔·柯察金，鲁迅笔下对"吃人"的封建制度、封建礼教发出第一声呐喊的狂人，易卜生《玩偶之家》中不甘在家庭中做玩偶而要"学做一个人"的毅然离家出走的娜拉，在不同时代都曾对青年起过巨大的感召作用。季米特洛夫在《艺术与科学》一文中曾经动情地谈起车尔尼雪夫斯基《怎么办》给他的影响："没有另一部文学作品像车尔尼雪夫斯基的小说这样使我受到深刻的革命教育。我特别喜欢拉赫美托夫，我决心做一个像我想象中车尔尼雪

⊖ 莎士比亚的《雅典的泰门》："金子！黄黄的、发光的、宝贵的金子！不，天神们啊，我不是一个游手好闲的信徒……这东西，只这一点点儿，就可以使黑的变成白的，丑的变成美的；错的变成对的，卑鄙变成尊贵，老人变成少年，懦夫变成勇士。"

夫斯基的完美无瑕的英雄。坚强、刚毅、大无畏、忘我，在同困难和贫穷斗争中锻炼自己的意志和性格，使个人的生命服从于工人阶级的伟大事业。"⊖列宁在一个夏天把《怎么办》读了五遍，认为这才是真正的文学，这种文学能教导人、引导人、鼓舞人。我国文学中那"穷年忧黎元，叹息肠内热"（杜甫）的襟怀，"人生自古谁无死，留取丹心照汗青"（文天祥）的节操，"生当作人杰，死亦为鬼雄"（李清照）的斗志，"老骥伏枥，志在千里"（曹操）的进取精神，"横眉冷对千夫指，俯首甘为孺子牛"（鲁迅）的爱憎，和那"山无棱，天地合，乃敢与君绝"（汉乐府民歌）的忠贞不渝的爱情，今天读来仍然令我们怦然心动，它培育着人们向善弃恶的美好心理。

文学作品中那丰富深厚的意蕴对读者思想潜移默化的浸润作用更是妙不可言。语言艺术中所蕴含的哲理诗情，是作家生命体验的结晶，更是人类情感的升华和象征。一旦读者感受体验领悟到这些，便会从中获得某种生命意义和人生真谛，从而在人格和精神上得以升华。当我们完全沉浸在李白《静夜思》的意境中，想象着万籁俱寂的深夜里诗人抬头望月的孤独身影，也许会体味出宇宙的无垠和自我的渺小，感叹月华永存和人生易逝。当我们领悟到美国作家海明威的《老人与海》那刻意简化的故事中发人深省的象征性意蕴时，就会明白这样一个事实：人锲而不舍地追求理想，纵使付出了重大的代价也往往会落得一场空。但老渔夫那句"人不是生来要给打败的，你尽可以把他消灭，但就是打不败他"却同时提醒我们：只要有顽强的意志，人就永远不会被打败。文学是形象的，也是含蕴的，那种"言外之意""弦外之音""味外之旨"更易让人进入一种更高层次的潜思默想状态，进而洞悉宇宙的奥秘以及体悟人生的真谛。

（三） 语言创作的示范功能

优秀的文学作品是语言的典范之作，其语言不仅规范、纯正、健康，而且表意准确、鲜明、生动，因此直接接触美不胜收的文学作品是提高写作能力重要的途径之一。鲁迅先生说："凡是已有定评的大作家，他的作品，全部就说明着'应该怎样写'。"⊜古人讲的"读书破万卷，下笔如有神""熟读唐诗三百首，不会作诗也会吟"等都在说明语言艺术的示范功能。博览群书加上勤学苦练，自然会逐渐领悟写作的真谛，成为驾驭语言的能手。

第二节 诗歌

诗歌是以凝练的语言、浓挚的情感、奇丽的想象组合而成的一种有着一定的韵律、节奏和格调的文学样式。

⊖ 曹廷华 许自强，《美学与美育》，高等教育出版社，1997 年版，第 312 页。

⊜ 《且介亭杂文二集·不应该那么写》，《鲁迅全集》第 6 卷，人民文学出版社，1981 年版，第 311 页。

一、诗歌的分类

根据表达方式的不同，诗歌分为抒情诗和叙事诗；根据语言格式的不同，诗歌分为格律诗和自由诗；根据内容的不同，诗歌分为咏史诗、爱情诗、田园诗和讽刺诗等。

抒情诗是指直接抒发诗人思想感情、袒露自己内心世界的诗歌作品。即使描绘世态人情、山水风光、生活场景，也是为了借景抒情，融情入景，托物言志，服从于抒发情感这一目的，如张继的《枫桥夜泊》、舒婷的《致橡树》等。

叙事诗又称故事诗，是指以诗的形式叙述故事、塑造形象的诗歌，包括史诗、普通叙事诗、诗体小说几种，如《长恨歌》、拜伦的《唐璜》、普希金的《叶甫盖尼·奥涅金》等。

格律诗是指按照一定格式和规则写成的诗歌，它对诗的行数、诗句的字数（或音节）、声调音韵、词语对仗、句式排列等都有严格规定。我国古典诗歌中常见的格律诗有五言和七言绝句、律诗和排律，欧洲的格律诗以"十四行诗"最为典型。

自由诗是相对于格律诗而言的，它在形式上没有严格固定的限制和要求，但也讲究节奏和韵律，小节和句式相对整齐一致，如惠特曼的《草叶集》、刘半农的《叫我如何不想他》等。

二、诗歌的欣赏

（一）体悟诗歌的情感美

别林斯基说："感情是诗情天性的最主要的动力之一，没有感情，就没有诗人，也没有诗歌。"[一]唐代诗人白居易在《与元九书》中说："诗者，根情、苗言、华声、实义。"情感是诗歌的生命，翻开所有的诗页，人们都会感受到诗作中扑面而来的情感浪潮。例如，《登幽州台歌》的激越悲壮，《念奴娇·赤壁怀古》的豪迈奔放，《雨巷》的缠绵悱恻，《声声慢》的凄婉哀切，《竹枝词》的欢快谐谑，《游子吟》的真切恳挚等。诗人正是以如此种种强烈真实的情感体验融入诗歌中，鉴赏者若没有情感活动，就不会被感染，也不会真正领略到诗歌艺术的美。刘勰在《文心雕龙·知音》中说："缀文者情动而辞发，观文者披文以入情，沿波讨源，虽幽必显。"鉴赏者只有进入角色，满含感情地投入鉴赏活动，与之同步，产生"异质同构"效应，达到情感上的共鸣，才算达到了鉴赏的真正境界。

（二）把握诗歌的想象美

艾青说："没有想象就没有诗。诗人的最重要的才能就是运用想象。诗人把互不相关的事物，通过想象串联起来，形成一个统一体。……所有意象、意境、象征，都是通过联

〇 ［俄］别林斯基，《爱德华·古别尔诗集》，引自《外国理论家作家论形象思维》，中国社会科学出版社，1979 年版，第 74 页。

想、想象而产生的。艺术的魅力来源于以丰富的生活为基础的丰富的想象。"(《和诗歌爱好者谈诗》）想象是诗歌的翅膀，能给诗歌增添活力。郭沫若作于五四时期的《天狗》，借用"天狗吞日""天狗吞月"的民间传说，塑造了一个狂放不羁、气势磅礴的"天狗"形象，这一形象既是五四时期觉醒的古老民族的自我写照，又是具有彻底破坏和大胆创造精神的新人形象，体现了个性解放的时代潮流。"思念"是无形的，舒婷却借助想象和比喻细腻、准确地描绘了"思念"这种情感的特点："一幅色彩缤纷但缺乏线条的挂图，/一题清纯然而无解的代数，/一具独弦琴，拨动檐雨的念珠，/一双达不到彼岸的桨橹。"第一个比喻写出了"思念"印象的深刻（色彩缤纷）和它的感受性（但缺乏线条），第二个比喻写出了"思念"情感的真挚（清纯）却难以言表的特点（无解），第三个比喻写出了"思念"的绵长，第四个比喻写出了思念终究只是思念，可望而不可即。且四个长句形成一种缓慢的节奏，与诗歌所要表达的思念情感是对应的。

（三）品味诗歌的意蕴美

"心头无限意，尽在不言中"是诗歌的抒情技巧，如辛弃疾的词作《丑奴儿》："少年不识愁滋味，爱上层楼。爱上层楼，为赋新词强说愁。如今识尽愁滋味，欲说还休。欲说还休，却道天凉好个秋。"这首词既没有华丽的辞藻，也没有慷慨激昂的感情，然而仔细品味，却包含着无限的意蕴和情致，让人每读一次都有新的发现和新的感受。旅美诗人彭邦桢有一首《二十世纪的春秋》："春天时落花！/夏天时落雨！/秋天时落叶！/冬天时落雪！/而我三十才落泪。/而我六十才落发。//春天时落花。/夏天时落雨。/秋天时落叶。/冬天时落雪。/而我已不怕落泪！/而我已不怕落发！"惊叹号和句号的奇妙交错，"落"字串通全诗，"落"字带来动感——时间的流动、年岁的流动、人生的流动、心态的流动。年少时对一切好奇，见"落"心惊。慢慢地进入中年，走向老年，对"落"习以为常，见"落"不惊，一切听之，一切任之。流水落花，满腹悲凉。同样的惊叹号和句号，实在是两种心境。

从心理活动特别是情感活动的特点来看，情感表现其实更适合以含蓄的方式进行。捷克现代诗人贝兹鲁奇的《蝴蝶》抒写了诗人在特定情景触发下的点滴心绪，从这点滴心绪中可以看出诗人的爱情观和幸福观："清风像云雀般翻蹁，/在松树和枞树的枝干间穿流；/梦的小舟在记忆的河上泛游，/蝴蝶在我的手上停留。/你可是爱情，你可是幸福，妩媚的蝴蝶？/飞开吧，去把少男少女点缀，/点缀乌黑的头发，白嫩的手……/我怎么，我怎么和你相守？"诗中的"蝴蝶"有妩媚的姿色，令人着迷，但它的美毕竟是表面的，经不起时间的考验。有人把它看作爱情和幸福的象征，但诗人却对此大为怀疑并提出反问："你可是爱情？""你可是幸福？"不言而喻，这不是真正的爱情和幸福，只不过是一种虚伪的矫饰。因此，诗人坚决加以拒绝，喝令"蝴蝶"飞开，飞到上流社会的交际场中去为少男少女的虚伪爱情做"点缀"，去"点缀"富门子女的"乌黑的头发""白嫩的手"，而劳动者却不需要这种矫饰的爱情和虚假的幸福。最后诗人反复强调，以示对"蝴蝶"的鄙视和与它做彻底的决裂。我们细嚼这首《蝴蝶》，从诗的象征和隐喻中，从诗人的笔下，是不难看出这只"蝴蝶"的真正含义，然而这首诗却写得非常含蓄、颇多余味。我国唐诗中元稹的《行宫》也是直接形象单纯，而间接形象丰富："寥落古行宫，宫花寂寞红。白头宫女在，闲坐说玄宗。"诗人只淡淡地勾勒了特定环境中特定人物的情事，引而不发，却意在言外。一句"闲坐说玄宗"，妙就妙在没有点明说的是什么，却让人由眼前的现实蓦然回溯到遥远的过去，抚今追昔，感慨万千。诗中通过"寥落""寂寞""白头"等几个词暗示了深长的沧桑盛衰和世道变更的情感。顾城的《感觉》："天是灰色的/路是灰色的/楼是灰色的/雨是灰色的//在一片死灰之中/走过两个孩子/一个鲜红/一个淡绿"。几个大色块的拼合和两个小色块的迭现，像一幅印象派画作似的，简单鲜明，对比强烈。诗中的灰、红、绿具有一定的象征意旨，调动我们的想象就不难感觉出诗人那种对单调的厌恶和对新美的欢悦的审美态度。

（四）品读诗歌的韵律美

音乐性是诗歌文体的首要特征，也是诗歌语言与非诗歌语言的主要区别。诗词大家叶嘉莹先生说"声音里有诗歌一半的生命"。"诗经""楚辞""汉乐府""唐诗""宋词""元曲"都是讲究韵律的，所以古诗词大多是可以和诗以歌的。2018年，教育部、国家语委印发的《中华经典诵读工程实施方案》，提出"切实发挥语言文字在传承发展中华优秀传统文化、革命文化、社会主义先进文化中的重要作用"。

古典诗词的韵律大致包括三方面内容：一是平仄，如明代唐寅的诗《画鸡》"头上红冠不用裁，满身雪白走将来。平生不敢轻言语，一叫千门万户开。"朗读节奏就是"平仄/平平/仄仄/平，仄平/仄仄/仄平/平。平平/仄仄/平/平仄，仄仄/平平/仄仄/平"。平仄交替，使整首诗读起来抑扬顿挫；二是对仗，按照字音的平仄和字义的虚实做成对偶的语句，如"云对雨，雪对风，晚照对晴空。"对仗使诗歌呈现出一种整齐美；三是押韵，诗词曲赋等韵文在句末或联末用同韵的字相押。押韵使诗词声韵和谐，便于吟诵和记忆，具有节奏美和声调美。李清照《声声慢》开篇"寻寻觅觅、冷冷清清、凄凄惨惨戚戚"七个叠词的连用，叠音错落，创意出奇，《词苑丛坛》赞其为"真似大珠小珠落玉盘"。

（五）琢磨诗歌的语言美

诗歌对语言的要求比其他文学作品更高，常在节骨眼处炼得好字，即"诗眼"和"词眼"，使诗词境界不凡。微云、河汉、疏雨、梧桐都是平常之物，但孟浩然炼了一个"淡"字，一个"滴"字，写成了千古不磨的"微云淡河汉，疏雨滴梧桐"。李煜"寂寞梧桐深院锁清秋"，一个"锁"既渲染了深秋时节宫院内清凉的景色，又表现了诗人身处宫殿孤独寂寞的处境，国破家亡的遗恨全凝聚在了"锁"字里。"牛，咀嚼着草香，/颈下的铃铛，/摇得黄昏响。"（臧克家《送军麦》）一个"摇"字，使视觉的黄昏顿时又增添了一层听觉上的感受。当然，要写出好诗，要锤炼出足以振聋发聩的诗眼和词眼，最根本的还在于作者胸中有丘壑，眼底有性情。

（六）　正确看待流行歌曲中歌词的"通俗"

目前，流行歌曲充斥着我们生活的每一个角落，让每一位现代人或多或少地受到这种文化的影响。通俗是诗之所短，却是词之所长，它强调形式语言要"俗"，内容立意须"雅"，所谓俗中透雅，外俗内雅，雅俗共赏。但是有些流行歌曲，其歌词已不能称为通俗，而是一种低俗、庸俗、恶俗。

第三节　小说

小说是以塑造人物形象为中心，通过故事情节的叙述和环境的描写来反映社会生活的一种叙事性的文学体裁，人物、情节和环境是构成小说的三大要素。它是在生活素材的基础上用虚构的方式来再现生活的，"在旨趣、情境、人物性格和生活关系的各个方面显得丰富多彩，具有整个世界的广大背景"○，因此它所具有的审美视野的广阔性、审美形态的多样性、艺术表现力的丰富性和审美感受的持久性是其他文学体裁所不及的。

一、小说的分类

小说按时代可分为古代小说、近代小说和当代小说；按内容可分为神话小说、历史小说、社会小说、武侠小说、侦探小说、言情小说、科幻小说等；按艺术表现形式可分为文言小说、白话小说、章回小说、书信体小说、自传体小说、意识流小说、黑色幽默小说等；按篇幅长短和容量大小一般可分为长篇小说、中篇小说、短篇小说、微型小说（即小小说）。

长篇小说篇幅长，容量大，情节复杂，人物众多，适于表现广阔的社会生活和人物的成长历程，并能反映某一时代的重大事件和历史面貌。在篇章结构上，一般根据故事情节的发展分成许多章节，篇幅特别长的，还可以分为若干卷、部或集等，如曹雪芹的《红楼梦》、托尔斯泰的《战争与和平》、巴尔扎克的《人间喜剧》等。

中篇小说反映生活的范围虽不像长篇小说那样广阔，但也能反映出一定广度的生活面，通常只是截取主人公一个时期或某一段生活的典型事件塑造形象，反映社会生活的某个方面，故事情节完整，线索比较单一，矛盾斗争不如长篇小说复杂，其人物的多寡、情节的繁简介于长篇小说与短篇小说之间，如沈从文的《边城》、巴尔扎克的《欧叶妮·葛朗台》等。

短篇小说篇幅短小，情节简洁，人物集中，往往选取和描绘富有典型意义的生活片断，着力刻画主要人物的性格特征，反映生活的某一侧面，使读者管中窥豹，但是汇集多篇也能反映较长时期比较广阔的社会生活，表现深刻的思想意义，如蒲松龄的《聊斋志

○　黑格尔，《美学》，商务印书馆，1981 版。

异》、冯梦龙的"三言"、凌蒙初的"二拍"、莫泊桑的《项链》等。微型小说常通过聚集生活的一个小"镜头"来见微知著，具有立意新颖、情节严谨、结局新奇等特点，如欧·亨利的《麦琪的礼物》、马克·吐温的《丈夫支出账本中的一页》等。

二、小说的欣赏

（一）把握故事情节的寓意

作为文学，小说的目的不在于仅仅讲述一个故事，更要通过讲述故事来加深人们对生活的理解和感悟，通过故事的讲述传达一种审美意义。这种审美意义可能存在于故事本身，但更多地需要作家对故事的挖掘和引申，是作家的发现与创造，它与作者对故事、人生的感受、理解和认识有密切的关系。关于故事和情节的关系以及二者的区别，英国小说家福斯特曾举例指出，"国王死了，后来王后也死了"和"国王死了，后来王后由于悲伤也死了"，这两段话存在着很大区别。前者叙述仅仅说明了两件事：国王死了，后来王后也死了。两件事之间除了有时间上的先后关系之外，我们对其他情况一无所知。这正是故事的典型特点：前者叙述只有事实、事件及其发生的时间顺序，没有也不重视表现事件之间的因果关系，我们因此无法知道事件的前因后果。后者叙述就不同了，它不仅说出了两个事件（结果），而且把叙述的重点放在事件之间的关系上（原因）。对于叙事来说，这就有了情节（王后为国王之死而悲伤，最后因为悲伤而死），有了刻画人物的可能（国王与王后之间的感情，两人先后死去的原因等）。这说明，故事的特征是只叙述事件的结果，所以故事的吸引力及其蕴含全在事件本身；而情节的特点则在呈现事件发生的过程和原因，它强调有技巧地叙事，这就为塑造形象和挖掘事件的蕴含留下了广阔的空间。情节的展开使故事有可能呈现更复杂的人际关系和社会矛盾，从而也为小说审美地表现人生提供了某种可能。

随着小说的成熟，随着人们对小说寓意的重视，小说逐渐形成以人物形象的塑造组织故事的观念，写故事首先需要写人。是否有成功的人物形象日益成为评价小说的重要标准，文学的特点也通过人物形象的刻画在小说中得到体现，情节成为人物形象成长、发展和演变的展示，情节描写也越来越多地服从于人物形象的塑造。从情节本身来说，它是充实故事、丰富故事、使故事具有可读性的要素。虽然当代小说有倡导非情节和无情节的创作倾向，出现了意识流小说这样的样式，但是所能做到的也只是情节的淡化，无法从根本上取消或否定小说的情节因素。

（二）分析人物形象的性格特点

小说相对于其他文学样式而言，其核心就是塑造典型性的人物形象，这些典型性的人物形象具有鲜明的个性和独特的命运，同时他们身上又有着深刻的社会和时代的烙印，是个性化、本质化与审美化三者有机交融、高度统一的人物形象。中外优秀的小说艺术之所以百读不厌、魅力无穷，大都是因为作家把握并刻画出了典型形象的典型性格。我国著名的小说评点家金圣叹曾经指出，《水浒传》之所以"看不厌，无非为他把一百零八个人物性格，都写出来。"⊖以梁山好汉中的朝廷军官为例，林冲、鲁达、杨志各自的身份、经历和处境都不一样，因此各人的性格特征也不相同，最后走上梁山的道路也就不会一样。林冲安于现状，回避斗争的隐忍性格中蕴含着"不能忍"的叛逆因素，因此是被逼上梁山的；鲁达酷爱自由、好打抱不平的性格中充满了反抗精神，因此是主动地加入到梁山大军中的；杨志则追求功名利禄，在委曲求全的性格中显示出被动的抗争情绪，因此是在万不得已的情况下被拉上梁山的。正是这些人物身上所体现出来的不同的个性和相通的共性，他们才成为这部小说中成功的典型人物形象。

中外小说名家笔下的众多不同的肖像，不仅反映出人物的性别、年龄、职业的不同，而且也透露出人物的出身、教养、个性、社会地位和生活经历等的不同。例如，列夫·托尔斯泰对《复活》中玛丝洛娃的肖像描写，前后反复修改了 20 次，就是为了寻找最能体现女主人公的身份和性格的肖像："一个小小的、胸脯丰满的年轻女人，贴身穿一套白色的布衣布裙，外面套一件灰色的囚大衣，活泼地走出来，站在看守的旁边。她脚上穿着布袜和囚鞋。她头上扎着头巾，故意让一两绺头发从头巾里溜出来，披在额头。这女人的面色显出长久监禁的人的那种苍白，叫人联想到地窖里储藏着的番薯所发的芽。她那短而宽的手和大衣的宽松领口里露出来丰满的脖子，也是那种颜色。两只眼睛又黑又亮，虽然浮肿，却仍旧放光（其中有一只眼睛稍稍有点斜睨），跟她那惨白的脸儿恰好成了有力的对照。""仍旧放光"的那双眼睛依然保存着她昔日的纯真，而从头巾里故意溜出来的"一两绺头发"和那只"稍稍有点斜睨"的眼睛，却让我们看到了她卖弄风情的痕迹。托尔斯泰这样写，既符合玛丝洛娃过去的经历，又表现了现时的身份，不但使读者如见其人，而且还可以通过她的外表窥见玛丝洛娃的灵魂深处。

行动描写是反映人物思想、性格、心理等的有效手段之一。例如，巴尔扎克的《守财奴》中，老葛朗台临终之时，当"十字架、烛台和银镶的圣水壶一出现"，不仅他"似乎已经死去几小时的眼睛立刻复活了，目不转睛地瞧着那些法器"，就连"他的肉瘤也最后地动了一动"。这些动作方面的细节描写，鞭辟入里地揭示了老葛朗台对金钱的强烈占有欲望至死也没有改变的畸形心态。《红楼梦》第四十回写刘姥姥在吃饭中被凤姐捉弄而大出洋相，逗得大家一场大笑，这各具情态的笑非常微妙地传达出了各个人物的性格和身份。

言为心声。《红楼梦》中金钏死后，王夫人与薛宝钗有一段极为精彩的对话。王夫人点头叹道："你可知道一桩奇事？——金钏儿忽然投井死了！"宝钗见说，道："怎么好好儿的投井？这也奇了。"王夫人道："原是前日他把我一件东西弄坏了，我一时生气，打了他几下，撵了他下去。我只说气他几天，还叫他上来，谁知他这么气性大，就投井死了。岂不是我的罪过！"宝钗笑道："姨娘是慈善人，固然这么想。据我看来，他并不是赌气投井，多半他下去住着，或是在井跟前憨顽，失了脚掉下去的。他在上头拘束惯了，这一出

⊖《中国历代小说论著选》上册，江西人民出版社，1982 年版。

去，自然要到各处去玩玩逛逛，岂有这样大气的理？纵然有这样大气，也不过是个糊涂人，也不为可惜。"王夫人点头叹道："虽然如此，到底我心不安！"宝玉戏弄金钏，王夫人反诬金钏把宝玉教坏了，逼得金钏含羞忍辱投井身亡。这里，王夫人明知其事，却假装不知，身为害人者，却又装出一副菩萨面孔。而薛宝钗熟谙察言观色，为借王夫人的"风力"直上"青云"，不惜对金钏投井下石，向王夫人竭尽逢迎讨好之能事。这段对话，生动地表现了王夫人的虚伪和薛宝钗善于奉承的性格特征。

细腻深刻的心理描写是小说独具的艺术特色，也是在其他艺术种类中难以企及的境界。如阿Q在土谷祠的绝妙的幻觉就是他所追求的目标和内心思想的形象图解。"造反？有趣，……来了一阵白盔白甲的革命党，都拿着板刀、铁鞭、炸弹、洋炮、三尖两刃刀、钩镰枪，走过土谷祠，叫道'阿Q! 同去同去！'于是一同去。"他对革命的理解仅仅停留在"造反"认识上，形式也仅仅只是"结伙"打劫，他设想的革命党的衣饰和兵器等也都反映了他思想意识的落后和对革命理解的荒谬与无知。"这时未庄的一伙鸟男女才好笑哩，跪下叫道，'阿Q饶命！'谁听他！第一个该死的是小D和赵大爷，还有秀才，还有假洋鬼子……留几个么？王胡本来还可留，但也不要了。"他认为革命就是报复欺负过他的人，他根本不知道革命的目的，不明确革命的对象。"赵司晨的妹子真丑。邹七嫂的女儿过几年再说。假洋鬼子的老婆会和没有辫子的男人睡觉，吓，不是好东西！秀才的老婆是眼泡上有疤的。……吴妈长久不见了，不知道在那里，——可惜脚太大。"他的得意之态，他的贪婪之心，他的敌我不分，他的"精神胜利"跃然纸上。

（三）体会环境描写的魅力

对于小说来讲，无论是塑造形象，还是讲述故事、描绘情节，都必须放在一定的社会关系和社会环境中，因为人物的个性特点，他的所作所为，事件的发展变化，情节矛盾的构成，说到底都是社会关系和社会环境的产物。环境揭示了形象、情节的深层寓意，使人们从社会关系和社会背景上理解形象和情节。例如，鲁迅在《孔乙己》中将故事的发生、发展和结局都集中在鲁镇咸亨酒店，这里因"物以类聚，人以群分"而很自然地形成了当时社会的一个缩影。众酒客对孔乙己的歧视与取笑，构成了孔乙己与社会环境的一种特殊关系。正是在这样一种关系中，我们看到了孔乙己悲剧的社会背景——那是一个非常看重"高低贵贱"，等级观念盛行的社会。正是那样的社会环境使人们不顾一切地追求功名，看重等级、歧视、欺压弱者。身为弱者的孔乙己，在那样的社会环境里已经失去了"人"的价值。而自然环境的描写则主要用来渲染故事气氛，烘托人物形象，推动情节发展，暗示社会环境，从而深化作品主题。例如，施耐庵的《水浒传》"林教头风雪山神庙"一段，"风大雪紧"的景物描写渲染了一种凄冷、悲凉的气氛，既很好地烘托了人物沉郁的心情，也暗示出林冲的处境越来越危险，形势越来越严峻，从而层层推动着情节的发展。正因为风大雪紧，林冲才要喝酒御寒，才会在沽酒途中见到山神庙；正因为风大雪紧，草厅才被摇撼、压倒，林冲才被迫到山神庙安身；正因为风大雪紧，林冲进了山神庙，才用巨石顶住大门……直到暗中听到仇人陆谦等人的谈话，林冲才奋起杀敌复仇，从而在性格上出现了质的飞跃。

此外，优秀的环境描绘本身就具有独特的、优美的审美价值。孙犁笔下的白洋淀水乡风光，屠格涅夫《猎人笔记》中的森林景观，都是极美的风景画，让人读后神思飘然。鲁迅《故乡》《社戏》里的江南农村情景，老舍笔下的旧北京的风俗民情，沈从文《边城》里刻画的湘西山山水水，都是一幅幅动人的风俗画，给人留下难忘的印象。

（四）分清小说的良莠

只要喜欢阅读，很少有不喜欢小说的。但是，部分网络小说内容低俗，根本谈不上语言的艺术性。对于这样的"通俗"文学，我们当代大学生需要甄别、批判，万不可痴迷到废寝忘食的地步。要明白，优秀的小说才是我们的良师益友。

第四节 散文

我国古代的散文泛指韵文以外的经、史、传等各种散体文章，近现代的散文则专指与诗歌、小说、剧本相并列的一种以抒发对人生的审美感受为内容的文学体裁。

一、散文的特点

（一）题材广泛，思想精粹

以抒发人生感受为主的特点决定了散文在题旨上的集中性（抒发对人生的审美感受）和题材上的广泛性（只要能引发审美感受的材料都可以作为散文的题材），即人们常常提及的"形散神不散"。

（二）篇幅短小，形式灵活

散文篇幅短小，多在千字左右，读者在茶余饭后两三分钟就能读完一篇。它多取材于零星见闻，生活感触，内容比较单纯，通常以小见大，由此及彼，由浅入深，由实而虚，融情于景，寄情于事，寓情于物，托物言志，从平凡的事物中发掘出不平凡的哲理，所谓"一粒沙里见世界，半瓣花上说人情"。它可以像诗歌那样直接抒发作者的强烈感情而不必讲究韵律，也可以像小说那样叙述事件、塑造形象、多方面地刻画人物性格而无须结构完整的故事情节，它还可以像戏剧那样表现矛盾冲突而不要求时间、空间的高度集中，它甚至可以像论说文那样说理议论，但不一定用抽象概念来进行推理和论证。因此，散文写人、记事、绘景、状物不拘一格，叙述、描写、抒情、议论兼采并用。

（三）感情真挚，语言优美

散文抒发感受特别强调真性情，要求所表达的切身感受源于生活的启发，发自作者的内心，不虚假，不作秀，不装腔作势，不伪饰。例如，张爱玲的散文《夜营的喇叭》，她不是为表现人生的凄凉而有意去寻找，不是为了表达某种感受硬憋着自己去做，也不是为了表现自我而竭力夸大自己的感觉。她是从每天晚上都会传出的"几个简单的音阶"中偶然发现了人与人之间的心理距离，从这件极平常、极细小的生活琐事里写出了她对凄凉的敏感、恐惧和对理解、同情的企盼。由于感受源于琐碎的生活实际，再加上表现的细腻，作者把不经意中透露的凄凉表现得极为真实，人们不得不惊叹这位女性感受的敏锐、丰富和新颖。张若愚的《故乡与方言》，描述了他既痛恨那些瞧不起乡野人的习俗，又讳言自己是乡野人的微茫的情绪，真诚地袒露了这种虚荣心，使人联想到生活中许多类似的人和感觉。大凡散文佳作无不积淀着作者的经验、智慧和修养，无不以自己的视野去开拓别人的视野，以个体的审美意识去调动群体的审美意识，拓展人们的情感领域。

散文通常具有诗一般的语言，优美而富有形象性，寥寥数语就可以描绘出生动的形象，勾勒出动人的场景，显示出深远的意境。如朱自清的散文，无论是梅雨潭的绿色，还是清华园的月光，都写得逼真如画，使读者仿佛身临其境一般。而秦淮河夜景那六朝脂粉气的遗迹，更是真实而具体，融情入景，极为成功。

二、 散文的分类

散文大体上可以分为三类，即叙事散文、抒情散文和议论散文。

叙事散文侧重于事件、人物和山川风物的叙述和描写，写的虽是真人真事，但我们总能从中感悟到超越真人真事的审美价值，在艺术的真实里品味真实的甚至是没有来得及体验的"自己"的人生。写人记事的散文与人生贴得最紧，它呈现出来的生活就在我们的身边，有些在某种意义上就是我们自己。所以，要认识生活认识自己，一个最简单的办法就是去读那些优秀的写人记事的散文，让世界上第一流的"导游"讲解给自己人生的真谛。游记散文实质上描绘出的是人和大自然的精神交流，是大地上一种生命和另一种生命的和谐共振。从王勃的《滕王阁序》到欧阳修的《醉翁亭记》，从苏轼的《赤壁赋》到徐弘祖的《游黄山记》，直到徐志摩的《翡冷翠山居闲话》、朱自清的《威尼斯》《桨声灯影里的秦淮河》、巴金的《海上日出》、刘白羽的《长江三峡》等，我们总能看到大自然绚丽的色彩并听到它那神圣的至高无上的声音，从而激起我们对世界、对整个人类家园的回归和挚恋之情。要了解宏观和微观的生命真谛，在不可能用实在的双脚走遍世界的时候，可以用心灵来漫游，多读一些游记散文，就会拥有一个永新的生命家园，就会永远感觉生命的活力就在脚下的大地。

抒情散文着重抒发作者的激情和对生活的感受体验，其特点主要是借景抒情、托物言志或在叙述、议论中饱含深情，以情贯之。当然，在作者激情澎湃的时候，也会按捺不住而直抒胸臆，如诸葛亮的《出师表》、李密的《陈情表》、袁枚的《祭妹文》、林觉民的《与妻书》。世人有"读《出师表》不落泪是不知忠臣之义，读《陈情表》不落泪是不识孝子之心，读《祭妹文》不落泪是不懂手足之情，读《与妻书》不落泪是不谙夫妻之分"之说。此四篇，每到感人肺腑之处，直使人柔肠万结，长号难禁，胸间至情，波涛翻卷……诸葛亮那"鞠躬尽瘁，死而后已"的忠臣之义，李密那"茕茕孑立，形影相吊"

"是臣一日不能离祖母，祖母一日不能离臣"的祖孙相依为命的血肉之情，袁枚那"汝死我葬，我死谁埋"的手足深情都写到了血和肉的深处，扣动着读者的灵魂，令人终生难忘。现代、当代散文小品中，不管是酣畅淋漓、大喜大悲尽在其中的抒情散文，还是玲珑美巧、温婉幽怨的写情美文，每每令人击节和心移神驰，也常常使人如登仙界、如归故乡，心有所系，灵有所归。例如，冰心那充满了爱的絮语，郁达夫那抑郁愁闷的散文，以至杨朔、秦牧、刘白羽、徐迟等的散文，只要开卷，那扑面而来的抒情美感，都使人无法释卷；而泰戈尔、纪伯伦、聂鲁达、希梅内斯、加·米斯特拉尔的温馨动人的散文中，那迷人的抒情气氛都能带着人在尘世繁忙的奔波中找得一刻宁静，觅得一片绿荫。抒情散文常读常新，永远给人一颗不老的纯情的心。

议论散文侧重于对社会、人生等问题的独特思考，其思想内涵是深邃的哲理，其表达方式偏重于论说，其思考的方式具有艺术的特征——形象性、真实性、抒情性，最常见的样式是杂文和小品文。春秋战国时期的诸子散文以及韩愈的《杂说》、柳宗元的《捕蛇者说》、刘基的《卖柑者言》、鲁迅的杂文、邓拓的《燕山夜话》等，都是杰出的代表作品。

优秀的散文作者都是敢于直面人生而坦诚地表现自我的思想、感情的，因而人们总能感觉到散文和现实人生的距离最近，读者极易走进作品中去认识作者眼中的世界和心理的世界，洞察作者的人品、性格和爱好等，并从中领悟自身可感却难以言传的情感，从中找到自我。在散文欣赏的过程中，既有理解作者的愉快，也有发现自我的喜悦，获得的是情感的陶冶和思想的启迪以及美的享受，在情感体验中认识世界。

三、 散文的欣赏

（一） 感受散文浓郁的真情实感

优秀的散文作品都具备寄真情、表深情和抒诗情的特点。在阅读和欣赏了一定量的散文佳作后必然会发现，优秀作品大多渗透了作者的真情实感，不但细节具体真实，事物特征鲜明，而且富有情理。正是这发自作家肺腑、出自内心的深情在读者的心灵深处激发起一股情绪的波澜，产生一种感人的艺术力量。巴金的《怀念萧珊》是一篇情真意切、动人心魄的悼念散文。作者对自己爱人的思念积聚得十分深沉浓烈。全文四个部分，既写了萧珊受迫害而死的经过，又写了他们间的相识相处，最后以深切怀念结束全文。随着叙事的大起大落，掀起了一次又一次的感情波澜，激荡回环，使读者产生强烈的共鸣。感情的真挚、细腻、亲切是这篇散文的显著特点。作者用与读者直接谈心的方式，始终把读者当成可以信赖的友人，尽情地、毫不夸饰地倾吐自己的悲哀和愤怒、苦痛与欢乐。尤其是写陪伴妻子度过最后日子的那些情景：手术前后的担忧，手术后五天妻子弥留时的痛苦，"弯下身子把地上那个还有点人形的白布包拍了好几下，一面哭着唤她的名字"时的悲切，没有同老伴诀别的抱憾，葬仪简单冷落引起的凄楚心情，以及对最后一次合影和对妻子遗著的珍惜，"等到我永远闭上眼睛，就让我的骨灰和她的掺和在一起"的愿望等。悲咽饮泣，哀哀哭诉，动人心弦，催人泪下。可以这样说，读过这篇散文的人，心灵上都会受到极大

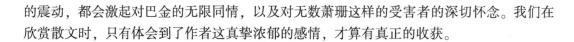

的震动，都会激起对巴金的无限同情，以及对无数萧珊这样的受害者的深切怀念。我们在欣赏散文时，只有体会到了作者这真挚浓郁的感情，才算有真正的收获。

（二） 理解散文独特的结构艺术

优秀的散文家都非常讲究结构艺术，散而不乱，跌宕多姿，详略得当。例如，曾靖华的《小米的回忆》，开始写作者童年在故土上如何种谷子，接着写他20世纪30年代去上海看望鲁迅先生，最后写抗战时期在重庆收到周总理和董必武同志带来的延安小米。这三桩事，地点时间各异，彼此也非因果关系，但都围绕着一个中心，那就是对中华民族坚忍不拔的斗争精神的歌颂，小米成了民族精神和民族性格的象征。这一中心思想构成了这篇名作的骨骼和灵魂，三件互不关联的事浑然一体。刘白羽的《日出》开头写日落，但作者总觉得不如写日出壮观，且又苦于无缘看到日出，这样一开始就形成一个波澜，以激起欣赏者对日出的向往。接着引用名人对日出的描写，形成第二个波澜，激起欣赏者观日出的欲念。以后写在印度看日出的胜地又没见到日出，这是第三个波澜。随后写黄山观日出又成泡影，这是第四个波澜。这时，读者以为无希望了，不料，却在毫无准备的时候，在飞机上看到了雄伟、瑰丽的日出景象，于是精细地描绘了日出奇景。最后，当读到"我在体会着'我们是早上六点钟的太阳'这一句诗那最优美、最深刻的含义"时，兴奋的情绪被推到了一个高峰。这种跌宕顿挫、欲扬先抑的艺术手法有着强烈的艺术魅力，导引着欣赏者欲一口气读完的浓厚兴趣。

（三） 品味散文优美的语言文字

散文素有"美文"之称，其语言美主要表现在以下几个方面。

1. 自然美

自然，是一切艺术的最高法则，是美的最高境界。不只近代的精美散文的语言具备自然之美，只要翻开《论语》《孟子》《老子》等诸子散文，那语言的质朴自然都使人感触到世界和大地的精神，感触到人的存在，感触到一个文明古国的自然魅力。"子在川上曰：'逝者如斯夫，不舍昼夜。'"这样的语言多么质朴、自然，因而它所传达的精神正如这滔滔大河一样，源远流长，取之不竭。现代散文中许地山、老舍、冰心、宗璞、贾平凹等的散文语言都堪称自然的典范。三毛的散文语言是娴熟的自然。她自己一生追求的也正是一个"自然"，如她的散文《简单》：

我只是返璞归真，感到的，也只是早晨醒来时没有那么深的计算和迷茫。

我不吃油腻的东西，我不过饱，这使我的身体清洁。我不做不可及的梦，这使我的睡眠安恬。我不穿高跟鞋折磨我的脚，这使我的步子更加悠闲安稳。我不跟潮流走，这使我的衣服永远长新。我不耻于活动四肢，这使我健康敏捷。

我避开无事时过分热络的友谊，这使我少些负担和承诺。我不多说无谓的闲言，这使我觉得清畅。我尽可能不去缅怀往事，因为来时的路不可能回头。我当心的去爱别人，因此比较不会泛滥。我爱哭的时候便哭，想笑的时候便笑，只要这一切出于自然。

语言多么简单而朴素，非常自然地把自己对生活的态度、理解淳朴地表达了出来。质朴自然到此境界，散文如何不美？

2. 力度美

散文语言的力度美给散文带来了阳刚之气和正义的力量。在《战国策·唐雎不辱使命》中，唐雎在秦王面前的一席慷慨陈词，其语言的力度，直使虎狼成性的秦王心惊胆战。

庄子的《逍遥游》虽是浪漫不羁，想象奇特，但语言能在此想象之中力达千里，亦为奇观：

北冥有鱼，其名为鲲。鲲之大，不知其几千里也。化而为鸟，其名为鹏。鹏之背，不知其几千里也；怒而飞，其翼若垂天之云。

文天祥的《指南录后序》，其语言的力度直指人心，那种情感正义的力度如山崩地裂，真可惊天地泣鬼神：

至京口，得间奔真州，即具以北虚实告东西二阃，约以连兵大举。中兴机会，庶几在此。留二日，维扬帅下逐客之令。不得已，变姓名，诡踪迹，草行露宿，日与北骑相出没于长淮间。穷饿无聊，追购又急，天高地迥，号呼靡及。已而得舟，避渚洲，出北海，然后渡扬子江，入苏州洋，展转四明、天台，以至于永嘉。

呜呼！予之及于死者，不知其几矣！……死生，昼夜事也；死而死矣，而境界危恶，层见错出，非人世所堪。痛定思痛，痛何如哉！

散文发展到今天，一大批散文作者已不满足于传统的语言效果，锐意追求语言的穿透力和语言的张力，让语言的锋芒直指人的灵魂甚至潜意识，把真实或扭曲的世界和心灵揭示出来，使读到的人们在震颤之余找到人的责任、情操和良知。

3. 修辞美

散文语言较之其他文学语言更加讲究修辞，在做到语言准确、简明、得体、连贯的同时，还特别注重巧妙地、画龙点睛般地使用修辞格来使语言增加气势、神韵、表现力、感染力和穿透力。例如，朱自清的《荷塘月色》，在比喻荷花点缀在荷叶间时运用了博喻："正如一粒粒的明珠，又如碧天里的星星，又如刚出浴的美人。"一个形象同时用不同的形象来比喻，十分美妙，使荷花在月下的风姿多侧面地呈现了出来。还有，在形容微风过处送来的缕缕荷花的清香的时候，运用了通感："仿佛远处高楼上渺茫的歌声似的。"那若有若无的缕缕清香实在不好描述，用一个诉诸听觉的美妙感觉来表述嗅觉感觉，实在是高妙的方法。罗曼·罗兰的《论创造》开头第一句话就是："生命是一张弓，那弓弦是梦想。"显然，生命不是弓，弓弦也不是梦想，但是，这个比喻用得又是多么好啊，当一个人用充满美丽梦想的手指拉开一张生命的弓弦时，生命的箭就会向上向前飞去。

4. 色彩绘画的美

散文语言色彩绘画的美使散文具有如诗如画的风光和情思，也使散文具有诗画的意境，给人带来无限的美的愉悦。王勃的《滕王阁序》："落霞与孤鹜齐飞，秋水共长天一色。"落霞虽未明写色彩，但那霞光满天的景色早已映现在读者眼前了；秋水与长天是同一色彩，天映水中，水中有天，水即是天，天即是水，相映成趣。范仲淹《岳阳楼记》那幅"春和景明图"："上下天光，一碧万顷；沙鸥翔集，锦鳞游泳；岸芷汀兰，郁郁青青。而或长烟一空，皓月千里，浮光跃金，静影沉璧"，明写的碧、锦、青、皓、金，暗写的光、沙鸥、芷、兰、烟、影、璧都具有色彩，而所用的语言，浑然不觉，似不着痕迹。仅在 42 字之间把这么一幅流动的画轴舒卷自如地展现在读者面前。

5. 音乐抒情美

散文虽不讲韵律，但优秀的作品都注意节奏感，富有音乐性，使人读之自然流畅、诵之朗朗上口。鲁迅先生的《雪》不仅全文笔笔是景语，景语传情语；字字是珠玑，形象性和抒情性达到高度的和谐统一，还讲究语言的音韵节奏，你听结尾部分："在无边的旷野上，在凛冽的天宇下，闪闪地旋转升腾着的是雨的精魂……是的，那是孤独的雪，是死掉的雨，是雨的精魂。"这种诗一般的旋律与节奏，使主题更鲜明、感情更炽烈，而且给人一种余音不绝的美感。再如朱自清在《桨声灯影里的秦淮河》中对河上夜景的描绘，也是节奏鲜明，犹如珠落玉盘："大中桥外，顿然空阔，和桥内两岸排着密密的人家的景象大异了，一眼望去，疏疏的林，淡淡的月，衬着蔚然的天，颇像荒江野渡光景，那边呢，郁丛丛的，阴森森的，又似乎藏着无边的黑暗；令人几乎不信那是繁华的秦淮河了。但是河中眩晕着的灯光，纵横着的画舫，悠扬着的笛韵，夹着那吱吱的胡琴声，终于使我们认识绿如茵陈酒的秦淮水了。此地天裸露着的多些，故觉夜来的独迟些；从清清的水影里，我们感到的只是薄薄的夜——这正是秦淮河的夜。"叠词的运用和长短不同的句子配合起来，不但描绘的事物色彩更浓、形象更美，而且读起来音韵协调、节奏明朗、柔婉流畅、娓娓动听。

第五节　剧本

这里的剧本主要是指供舞台演出用的戏剧文本，它是戏剧艺术的文学依据，是导演和演员二次创作的出发点。

剧本的语言包括两个方面：台词（唱词）和舞台提示（包括对剧情发生的时间、地点的交代，对剧中人物的形象特征、形体动作、内心活动的描述，对场景、气氛的说明，以及对布景、灯光、音响效果等方面的要求）。剧本作为文学作品，它具备一般叙事性作品共同的要求，具有独立的欣赏价值；作为演出的基础，它又受到演出的制约，必须符合舞台艺术的要求。

一、剧本的基本特征

（一）　凝练的内容和结构

受舞台空间和时间的限制，剧作家在创作文学剧本时必须高度浓缩地反映生活，集中在几个场景中突出刻画主要人物，揭示现实生活的矛盾冲突，因而篇幅不宜过长，人物不宜过多，故事应单纯、生动，场景不宜变换频繁。例如，郭沫若在构思剧本《屈原》时谈道："本打算写屈原一世的，结果只写了屈原一天——由清早到夜半过后，但这一天似乎已把屈原的一世概括了。"⊖由"一天"写"一世"，确实道出了剧本创作时应遵循的重要规律。老舍的《茶馆》反映的时期是从1898年戊戌政变失败到1948年国民党统治临近崩溃的前夕，其时间跨度达半个世纪之久，涉及人物达70多个，但戏剧内容却相当集中，演出时间仅两个多小时，地点只有一个——茶馆。这种集中性要求剧作家在编写剧本时，要突出主要线索、主要人物，而把次要线索、次要人物删除或推到幕后。

（二）　强烈的戏剧冲突

戏剧冲突是形成戏剧性的一个重要因素。由于受舞台及时空的限制，戏剧不可能像小说和叙事诗那样从容不迫地、多方面展示生活中的矛盾冲突，它必须迅速展开尖锐的戏剧冲突，否则就无法引起观众的兴趣。例如，《俄狄浦斯王》中俄狄浦斯无法逃脱杀父娶母的命运，《美狄亚》中美狄亚为了报复丈夫而亲手杀死自己的两个儿子，《罗密欧与朱丽叶》中两个有世仇的青年男女相爱，又双双殉情等，戏剧在情节上都会设置激烈的矛盾冲突。

戏剧冲突主要表现为性格冲突，既包括人物与人物之间的性格冲突，又包括人物各自的内心冲突。例如，莎士比亚的《哈姆雷特》中，哈姆雷特与克劳狄斯之间存在不可调和的性格冲突。哈姆雷特的意志决定他复仇的行动，然而他性格的内在矛盾冲突又决定他在复仇道路上行动的独特性。他灵魂高尚、思想深邃、情感强烈，但意志软弱，因而不能及时地把思想付诸实践。同样，在克劳狄斯身上也体现出了这种深刻的内在矛盾，他弑兄篡位，但内心受着良心的谴责，可又无法抛弃犯罪所获得的一切。人物的内心斗争构成性格的内部冲突。

（三）　富于动作性的语言

在剧本中，除了少数的"舞台提示"外，角色的台词是剧本的主要内容，并且是推动情节发展的因素。例如，现代京剧《智取威虎山》中，假扮土匪的杨子荣和土匪头目"座山雕"通过对暗号来确认对方身份：

⊖　郭沫若，《我怎样写五幕史剧〈屈原〉》，《郭沫若选集》，四川人民出版社，1979年版，第274页。

座山雕：（突然地）天王盖地虎！

杨子荣：宝塔镇河妖！

众金刚：么哈？么哈？

杨子荣：正晌午时说话，谁也没有家！

座山雕：脸红什么？

杨子荣：精神焕发！

座山雕：怎么又黄啦？

（众匪持刀枪逼近杨子荣）

杨子荣：（镇静地）哈哈哈哈！防冷涂的蜡！

（座山雕用枪击灭一盏油灯。杨子荣向匪参谋长要过手枪，敏捷地一枪击灭两盏油灯。众小匪哗然："呵，一枪打两个，真好，真好……"被金刚制止。）

座山雕：嗯，照这么说，你是许旅长的人啦？

这一段的语言可谓惊心动魄，每一句话都决定着下一步情节的发展。

二、剧本的分类

按照题材分，有历史剧和现代剧；按照剧本的篇幅容量分，有独幕剧和多幕剧；按照表现形式分，有话剧和歌剧；根据戏剧所反映的矛盾冲突的性质和它对读者的感染能力，又可分为悲剧、喜剧和正剧等。莎士比亚的《奥赛罗》是典型的悲剧，《威尼斯商人》是著名的喜剧。"正剧"交汇了悲剧和喜剧的因素，既可以再现重大的社会历史事件，也能反映人们日常生活中有意思的片段，其主人公既可以是崇高人物，也可以是平凡、卑微的小人物。它超越了悲剧和喜剧所能反映的题材内容，从多方面对观众具有感染力，因此，它发展迅速，已成为现代戏剧的一种主要类型，如易卜生的《玩偶之家》、契诃夫的《樱桃园》、曹禺的《北京人》等。

三、各类剧本的语言差异

话剧台词要求口语化，歌剧的唱词则必须像写诗那样来写人物的语言（对话），在音乐性、抒情性、含蓄性等方面要求很高。戏曲中的唱词主要有两种作用：一是通过唱词展开情节；二是通过唱词抒发感情。一般来说，在人物动作最强的地方宜用"道白"，在人物感情最激动的地方宜用唱。而唱又有不同的情况，在人物争辩对答的地方宜用对唱，在内心激动的地方宜用独唱，在烘托气氛的地方宜用合唱，而大段唱词又往往放在人物感情的爆发点上。例如，《洪湖赤卫队》里韩英就义前对母亲的抒情唱词就很感人："娘啊！儿死后，你要把儿埋在（那）洪湖畔，将儿的坟墓向东方，让儿常听那洪湖的浪，常见家乡红太阳。娘啊！儿死后，你要把儿埋在大路旁，将儿的坟墓向东方，让儿看红军凯旋归，听见乡亲再歌唱。娘啊！儿死后，你要把儿埋在高坡上，让儿的坟墓向东方，儿要看白匪消灭光，儿要看天下劳动人民都解放！"这段唱词在修辞上用了呼告、反复、比喻、象征等手法，慷慨激昂，如洪湖激浪，充分表现了韩英的英雄气概和剧本的主题思想。

影视剧本是制作、演播的基础，因此其画面（镜头）的"描写语言"必须注意形象性、可视性，突出语言的画面感，使读者在阅读剧本时能"看见"或联想出未来影片中一幅幅运动的画面，"听到"这些画面中的声音。同时，影视剧本的语言修辞必须适应电影蒙太奇的特点。所谓"蒙太奇"就是电影艺术中镜头与镜头、画面与画面的组接技巧。一般来说，"对比式蒙太奇"宜用对比（对照）修辞法，"相似式蒙太奇"宜用比喻修辞法或象征修辞法，"平行式蒙太奇"宜用排偶修辞法、迭现修辞法，"交叉式蒙太奇"或"叠印式蒙太奇"宜用迭现修辞法、排比修辞法，"复现式蒙太奇"宜用反复修辞法等。例如，电影剧本《一江春水向东流》第七章三十六节写抗战胜利后素芬和孩子、婆母饥寒交迫的情景，三十七节写忠良在温公馆和丽珍花天酒地的情景。夫妻二人鲜明对比，中间穿插"月儿弯弯照九州，几家欢乐几家愁"的歌曲，更增强了艺术感染力。又如《窃国大盗》中的这段描写——冯国璋："大人，武昌革命党不识抬举，差点把您派去的秘密使者斩首！"袁世凯猛然回首，命令冯国璋："标掌的，给他点厉害尝尝。"袁世凯用桌上洋火，划了一根火柴。黄鹤楼笼罩于浓烟之中，民房被大火吞没。市民们惨叫着倒在火海之中，尸横街市。以上"划火柴"和挑起战争，燃起"大火"造成一片"火海"有相似联系，两个场面是用比喻法连接起来的。正是这种画面感及蒙太奇结构使电影剧本的语言区别于其他文学语言，给读者特殊的审美享受并成为银幕形象的基础。

四、剧本的欣赏

这里的欣赏是通过阅读剧本来完成的，而不是在剧院通过看戏来感受的。

（一）戏剧冲突与情节发展

戏剧冲突是剧本展开故事情节、展现人物性格的基本手段。常言说，没有冲突就没有戏剧。一系列的戏剧冲突能让情节发展高潮迭起，不断吸引观众的注意力。例如，取材于神话传说的古希腊悲剧《俄狄浦斯王》：太阳神曾谕示忒拜王拉伊俄斯必死于儿子之手，因此国王命令牧羊人将自己刚出生的儿子弃置荒山，但牧羊人将婴儿送给了科林索斯国王的仆人，仆人抱回的孩子由其国王养大成人，取名俄狄浦斯。太阳神谕示俄狄浦斯将来要杀父娶母。俄狄浦斯以为科林索斯国王是自己的父亲，故逃亡以逃避太阳神的预言。但他却在逃亡途中偶杀生父拉伊俄斯。在忒拜城郊他猜中斯芬克司之谜后被拥立为王，便娶王后（他不知道王后正是自己的生母）为妻并生儿育女。当城中瘟疫来临，他求太阳神神示，得到的回答是：必须严惩杀死前国王的凶手，才能消除瘟疫。俄狄浦斯王于是认真查处，最后发现追查的对象正是自己。他就以戳瞎双眼和自行流放作为自我惩罚。这部悲剧从忒拜父老请求俄狄浦斯王设法消除瘟疫开始，一步步揭示出俄狄浦斯的命运，描写了人的意志和命运的矛盾冲突。它的每一个完整情节的背后都存在一个尖锐的矛盾冲突。在冲突的不断转换之中，剧情被迅速地推向高潮，人物性格得以完整地展示，而"命运"这样一个巨大的魔影最终被揭示在观众面前。成功的戏剧艺术在情节安排上总是善于运用蓄势与突转的技巧，它是最能产生戏剧性、使观众发生兴趣的重要手段。戏剧冲突可以分成外在冲突与内在冲突。外在冲突推动情节进展，内在冲突挖掘人物内心世界，两者相互配合，从而使剧本更具有艺术的感染力。

（二） 戏剧冲突与人物语言

欣赏剧本必须通过对人物语言的理解和深入品味才能把阅读和欣赏活动落到实处。戏剧语言分为两种：一是人物的台词，二是戏剧中人物的独白。台词在塑造人物性格、交代时代背景、转换演出场景、激化矛盾冲突等方面起着至关重要的作用。独白常常用于揭示人物的内心世界，交代剧本的背景或人物，还能推动情节的发展。例如，在曹禺的话剧《北京人》中，大少奶奶曾思懿的语言显示出她自命知书达理，精明干练，整天满脸堆着笑容，心里却藏着刀，虚伪而自私的性格；而她的丈夫曾文清有着诗人气质，让人一望而知他的淳厚，但举止谈话又带着几分懒散；他们的儿子曾霆本性天真，但在父母面前胆小、孱弱，曹禺同样给了这个人物以富有特色的语言，让观众和读者对他的家庭教育、家庭关系了如指掌。又如老舍的剧本《茶馆》中庞太监和秦仲义斗嘴的一段对话，几乎双方的每一句话都同时包含着用语和行为两种功能。秦仲义作为实业救国的代表性人物，上场就雄心勃勃地说："把本钱拢在一块儿，开工厂！""顶大顶大的工厂！那才救得了穷人，那才能抵制外货！那才能救国！"作为新兴阶级的代表，他对未来充满信心。然而封建遗老庞太监则与之对立，两人一见面便争斗起来。秦仲义说："这两天你心里安顿了吧？"话中有话，带有明显的挑衅行为，他指的是康有为与梁启超变法维新被慈禧镇压的事件。庞太监的回答更具有明显的威胁性："那还用说吗？天下太平了，圣旨下来，谭嗣同问斩！告诉你，谁敢改变祖宗的章程，谁就掉脑袋！"言外之意是你秦某要改变祖宗章法也得脑袋搬家。这两个人物的对话中充满了强烈的行为冲突性。因此，在欣赏剧本的时候，要善于通过人物台词，去理解剧本的人物关系，理解人物感情变化导致的剧情发展；要分析和体会台词传达出来的人物性格特点，去领悟艺术形象的魅力；要领会人物对话的心理依据，主动想象伴随台词所可能具有的人物动作；还要细心揣摩台词的"言外之意"，领悟人物对话表层语义之下的"潜台词"，深入理解人物的精神内核。

另一种语言是人物的态势语言。在有些剧本中，经常能看到括号中作家所写的剧本提示，这是给演员的表演提示，也是剧作家所认为的对于戏剧演出较为重要的东西。这些提示往往就像是小说中的细节描写，对于掌握人物性格、情节的微妙发展具有引导作用。例如，《雷雨》第二幕中，作者用说明人物对话中表情态度不断变化的提示语言描写周朴园的性格。当侍萍谈到梅姑娘跳河时，他表示（苦痛）"哦"；当侍萍谈到"她是个下等人，……在年三十夜里投河死的"时，他（汗涔涔地）"哦"；当侍萍谈到"她不是小姐……她叫侍萍"时，他（抬起头来）问："你姓什么？"当侍萍说"我姓鲁"时，他（喘一口气）沉思地……；当侍萍说："这个人现在还活着"时，他（惊愕）"什么？"；当侍萍说"那个小孩也活着"时，他（忽然立起）"你是谁？"；当侍萍说出那件绸衣"在右袖襟上有个烧破的窟窿，后来用丝线绣成一朵梅花补上的"时，他（惊愕）"梅花？"；当侍萍说："我是从前伺候过老爷的下人"时，他（低声）"是你？"；他（不觉地望望柜上的相片，又望望侍萍。半晌。）（忽然严厉地）"你来干什么？"……剧作家就是这样通过人物台词结合说明表情态度，有力地揭穿了周朴园残酷、自私、虚伪的思想本质和性格特点，其表情动作的变化反映了内心的激烈矛盾，推动了情节向前发展。

（三）戏剧冲突与戏剧巧合

"无巧不成书"，有巧合，才会集中更多的矛盾冲突，人物的形象、个性才能在短时间内得到展示，剧作的主题也才能被更好地凸显出来。在《雷雨》中，鲁侍萍当年遭受周朴园及其家人的侮辱离开周家，却不曾想到自己的女儿竟然也来到周家，并遭受到类似自己当年的被"始乱终弃"的命运。更令人想不到的巧合是，女儿四凤爱上的竟然是鲁侍萍当年在周家生下的儿子周萍，这酿下了乱伦的恶果。第三重巧合是，周朴园手下的工人罢工，带头者是周朴园和鲁侍萍的儿子鲁大海，当年因为他先天不足，被周家抛弃，这是父子互相对抗、势不两立的巧合。此外，周冲爱上四凤，四凤怀孕，繁漪和周萍乱伦，四凤雷雨之夜被电击而死等情节更是巧合中的巧合。从中可以看到，《雷雨》反映的社会现实不可谓不多：旧家庭的秩序、狠心少爷的始乱终弃、工人的罢工斗争；《雷雨》反映的人性不可谓不深刻：繁漪如暴风雨般的爱憎、周朴园的无情、周萍的挣扎等。这部思想上的"巨作"，在戏剧人物和情节方面却非常简单，它们通过一连串的巧合被大大精简了。两个家庭八个人物在短短一天之内发生的故事，却牵扯了过去的恩恩怨怨。狭小的舞台不仅出现了伦常的矛盾、阶级的矛盾，还有个体和环境、时代强烈不谐调的矛盾，就在这种种激烈的冲突中完成了人物的塑造。巧合将无关的人物删减掉，将戏剧冲突集中到一起展示，同时使《雷雨》成为一部紧凑而又意蕴深长的话剧。由于巧合集中，所有的剧情几乎一气呵成，悲剧早已潜伏在每一句台词、每一个伏笔中，只是到最后时分才终于爆发出来，在感情上冲击了观众，也使《雷雨》在形式上更符合"情感的爆发"。可以说，巧合使戏剧成为一个精致巧妙的艺术品。但是，戏剧里的巧合必须使读者、观众觉得可信。怎样做到可信呢？一是人物言行的可信，人物说某一句话，做某一桩事，都要符合他的身份、符合他的性格；二是情节进展的可信，一件事情引发另一件事情，要合乎日常情理；三是具体情境下的可信，要揭示出普遍性，符合社会历史环境中基本规律，从巧合的偶然中反映出必然。在曹禺的《雷雨》中，鲁侍萍对于这些巧合有个感叹："天底下地方大得很，怎么熬过这几十年偏偏又把我这个可怜的孩子，放回到他——他的家里？哦，好不公平的天哪！"但在剧本里，曹禺把它写得可信，这个剧本所引起的共鸣，它所包含的丰富内涵，让读者感动的同时，也在心理上接受了这些巧合。

活动与思考

1. 以具体作品为例，谈谈语言艺术的审美特征。
2. 诗歌有何特点？以一首你喜欢的诗歌为例，谈谈对诗歌的欣赏。
3. 结合具体作品谈谈散文给你的审美感受。
4. 就你喜欢的一部小说谈谈它给你的影响。
5. 在诗歌、散文、小说、剧本四种文学体裁中，你最喜欢哪种？为什么？试举例说明。

第十章
综合艺术与美育

第一节 戏剧与戏曲美
第二节 影视美

学习目标

1. 了解综合艺术的审美特征，认识综合艺术的美育功能。
2. 把握戏剧、戏曲、影视的审美因素，掌握其欣赏方法。

综合艺术是戏剧、戏曲、电影、电视等艺术的总称。它吸取了时间艺术与空间艺术、视觉艺术与听觉艺术、再现艺术与表现艺术、造型艺术与表演艺术等多种艺术元素，将视与听、动与静、时间与空间、再现与表现集于一身，其独特的艺术表现力和感染力极大地扩展和丰富了观众的审美感受，从而使其成为最受人们喜爱的艺术门类。

综合艺术具有如下的审美特性。

第一，综合性。戏剧舞台艺术就是将造型艺术与抒情艺术、时间艺术与空间艺术、视觉艺术与听觉艺术广泛而深刻地融入于诗的美、音乐的美、舞蹈与雕塑的美、绘画与工艺的美之中。戏曲艺术是依靠戏曲表演程式将"诗""歌""舞""剧"有机地整合于一体。而影视艺术从诗中学到了语言和韵律，从小说中学到了故事和描写，从戏剧中学到了角色和表演，从摄影中学到了光线和色彩，从音乐中学到了音响流动，从绘画中学到了构图，从建筑里临摹到了结构。同时，影视又是科技与艺术的结晶，是科学技术使电影从无声到有声，从单声道到立体声，从黑白到彩色，从普通银幕到宽银幕，从平面电影发展到立体电影、全景电影，从实景拍摄到计算机三维图像动画制作等。科技手段的运用使影视艺术拥有了绘画、雕塑所不具备的运动形态，拥有了音乐所没有的造型因素，突破了戏剧、舞蹈时间和空间的局限性，把文学的语言符号转化为诉诸视觉和听觉的直观形象。

第二，情境性。综合艺术基本上都属于叙事性艺术，都需要由人物的行动、人物与人物之间的关系来形成一个有完整过程的生活事件，因而它们一般都具有故事情节，并且以矛盾冲突作为情节发展的主要线索，在紧张而激烈的矛盾冲突中塑造出具有典型意义的人物形象。戏剧性的情节构成戏剧性情境，如曹禺的话剧《原野》写的是民国初年农民仇虎向恶霸复仇之后因强烈的内心冲突而自杀的悲剧，矛盾冲突激烈，人物关系复杂，故事情节曲折离奇，具有典型的戏剧性情节。相比之下，影视作品不仅仅采用戏剧性情境，而且越来越重视采用非戏剧性情境，更多地采用心理结构、情绪结构的方式，注重发掘人物的内心情感冲突，使故事情境更接近于生活事件本身，以一种真实、自然的内在情绪或情感震撼观众的心灵。例如，《城南旧事》全片没有一个贯穿到底的故事情节，也没有尖锐的矛盾冲突，而是以一个小女孩英子为视点来选择和构建剧情。全片弥漫着"淡淡的哀愁，沉沉的相思"，长镜头下的老北京，那衰草、古道、秋阳、枫林，那狭窄的胡同、破旧的四合院，那贯穿全剧的哀婉旋律等，都烘托出离情别绪的惆怅，从一个小女孩的眼中侧面反映了那个时代的历史面貌和普通人的生活状态。《城南旧事》以非戏剧性情节营造出了充满诗情画意的散文诗风格。

第三，表演性。综合艺术都是表演性艺术，它的中心环节是演员的表演，即演员按照剧本规定的具体情境和角色的思想感情，在导演的指导下进行二度创作，运用语言和动作塑造人物形象。西方的话剧重写实，是建立在体验基础上的舞台表演艺术，要求塑造出真实生动的人物形象。中国戏曲重写意，是一种侧重表现性的舞台艺术，要求演员结合剧中人物的思想感情和行动逻辑，并加以变形和夸张，借助戏曲程式化、歌舞化的特点进行创造性的表演，塑造出形神兼备的舞台形象。戏剧演员的创作过程采取整体的、顺序的、一气呵成的表演形式；影视演员的创作过程采取零散的、非顺序的、随时变换幅度的表演形式。戏剧表演的现场性需要演员表演有一定程度的语言和动作的夸张；影视表演的逼真性要求演员做不露痕迹的生活化表演。戏剧创作的中心是演员，演员可以在创作中发挥最大的能动性去塑造舞台形象；影视创作的中心是导演，演员在表演中要根据导演的意图，结合自身的条件去塑造银幕形象。不管是戏剧表演还是影视表演，都要求在表演中达到演员与角色的统一、生活与艺术的统一、体验与表现的统一。综合艺术表演的核心是处理好演员与角色之间的关系，解决好"体验角色"和"表现角色"的矛盾，既能设身处地地生活在角色的规定情境之中，像角色那样去喜、怒、哀、乐，去思维，去行动，使自己和角色融为一体，又能以自身的言谈举止、体态行为和内心世界的变化把对角色的体验结果逼真地外化出来。

综合艺术作为最具广泛性、群众性的艺术，它的美育功能是巨大的。

第一，培养综合审美感受力。综合艺术完美地融合了各艺术门类的多种艺术元素，因而它塑造的艺术形象具有丰富的审美信息，并同时作用于人的视听感官，使欣赏者耳目并用，各种审美感知能力全面活跃起来，不断培养起观众敏锐的艺术"通感"。

第二，戏剧的交流感染。戏剧、戏曲表演的舞台性和剧场性造成一种特殊的精神交流的审美氛围，在这个氛围中，演员的感情与观众直接交流，观众之间也会互相感染，而观众强烈的情绪反应又会进一步激起演员的表演激情。这种"三角反馈"的交流效果会大大激活观众的审美感受力，观众在充满矛盾冲突的戏剧情境中，在真善美与假恶丑的激烈抗争中，受到强烈的情感震撼和理性启迪，从而有利于形成健康的精神指向和行为准则。

第三，影视的视野拓展。影视艺术作为当代社会的大众艺术，其渗透力、包容性和覆盖面都是其他艺术所不及的。电影、电视剧可以通过直观可视、造型逼真的银幕、屏幕形象将早已逝去的古代生活或难以见到的异国风光展示在观众面前，大大拓展了人们的视野，激发了人们的想象力，使其对古今中外的社会历史生活有了更加全面而直观的了解，增长多方面的人文和科技知识，丰富现代人特别是青少年的知识结构，领略自然美的奇观与人类悠久的文化，启迪青少年投身艺术和科学活动，激发起人们探索和创造的热情。影视艺术在给予人们视听享受、生理心理快感和知识满足的同时，也潜移默化地通过美育充实、提高了人们的精神境界。

第一节 戏剧与戏曲美

一、戏剧

戏剧是以演员的形体表演为媒介，以对话和动作为基本表现手段，按照剧本规定的情境在舞台上当众表演故事、塑造人物形象、反映矛盾冲突的艺术。从广义上讲，戏剧包括话剧、戏曲、歌剧、舞剧以及音乐剧。古希腊的悲剧和喜剧、印度梵剧和中国戏曲是世界上三大古老的戏剧文化形态。从狭义角度而言，戏剧专指话剧。我们这里所要欣赏的主要是话剧。

（一）戏剧的审美特征

戏剧除了具有综合艺术共同的特点外，还有自己独特的审美特征。

1. 剧场性

戏剧是由演员在剧场的舞台上当众表演的，演员创造形象的过程也是观众欣赏的过程，因而演员与观众的感情可以面对面地直接交流，情绪上相互感应，在剧场这一特定的空间中共同对戏剧中展开的生活事件和人物行为进行体验、思考和评价，这也正是戏剧与影视的区别。看过老舍的话剧《茶馆》的人，谁能忘记"撒纸钱"的场面。常四爷、秦仲义、王利发三位怀着不同"雄心"艰苦奋斗的好友，经历坎坷，最终都走入绝境。白首聚会，互吐心曲，回忆往昔，愤懑填膺，伤痛之余，忍不住发出撕心裂肺的惨笑。他们身劳力瘁，死期将近，只好借捡来的纸钱"祭奠祭奠自己"。于是，三人迈着缓慢的步子，按"老年间出殡的规矩"，沉重地在台上撒起纸钱来。这时，台上的人物自悼自吊，台下观众心头涌着同情，整个剧场里笼罩着浓厚的悲凉气氛。表演者和欣赏者同时进入一种戏剧情境里面，似乎陷身那黑暗年代，心底里油然产生了对清王朝、北洋军阀、国民党等反动统治者的控诉和诅咒，观众好像就是事件发生时的目击者。

2. 戏剧性

戏剧性一般包括三个方面的内容：戏剧动作、戏剧冲突、戏剧情境，其核心是在舞台上展现出的戏剧冲突，即人与人之间、人与自然以及人物内心中多种观念、愿望、情感的冲突。没有冲突就没有戏剧，冲突越尖锐，矛盾越深刻，戏剧性就越强烈，戏剧情节就越能激动人心，戏剧效果就越强。如曹禺的话剧《雷雨》，以周朴园一家与侍萍一家错综复杂的人物关系和人物之间的矛盾来展开戏剧冲突，周朴园对侍萍始乱终弃的故事，繁漪与周萍恋爱的故事，四凤与周萍、周冲的情感纠葛，周朴园与大海的冲突等，剧中几乎每个人物都被卷入一场复杂的矛盾纠葛之中。从表面看来，这些矛盾冲突源于30年来两个家庭之间的恩恩怨怨以及复杂的血缘关系，且大都在夫妻、父子及恋人之间展开，其实质上却承载着丰富的历史文化内涵——繁漪与周朴园的矛盾折射出新旧思想观念之间的冲突，周朴园同侍萍之间的矛盾反映了阶级对立的实质，繁漪与周萍的矛盾展现了人的自然情欲与伦理道德之间的矛盾。第一幕的大幕刚拉开，四凤同繁漪关于周萍的对话就构成了紧张激烈的戏剧情势，随着剧情的进展，各种矛盾冲突相互交织，互相推动，整个过程都具有很强的戏剧性。

3. 假定性

任何艺术都有假定性，但戏剧的假定性更为突出。因为戏剧是舞台演出的，人物活动的环境是用布景创造的假定的现实空间。演出的时间固定，表演者在两三个小时内要演几天、几月甚至几年、几十年的事情，所以时间也是假定的现实时间。为了让观众能看得清，化妆也用浓墨重彩，形体动作也比日常生活里的动作夸张，同样充满了假定性。戏剧的这种假定性就要求演员的表演既像真实的角色，又总让观众意识到他（她）们是在"演戏"，并不是真正的剧中人物。这样才会让观众同角色之间保持一定的审美距离，而不会采取以假乱真的过激行动。王晓鹰导演的话剧《伏生》中有一处假定性运用：秦王下令焚书后，李斯来到伏生家中烧掉了伏生珍存的一整车孔子真迹，舞台上垂下一幅巨大的红绸，如同火焰在书车上燃烧，配合演员强有力的韵律台词以及戏曲的身段，把伏生焚书的悲怆无奈表现得淋漓尽致。

（二）戏剧《推销员之死》欣赏

美国剧作家阿瑟·密勒的代表作《推销员之死》自1949年在纽约首演大受好评后，连演742场，被认为是美国战后的戏剧经典，剧中主人公威利·洛曼成为失落的"美国梦"的代表。

《推销员之死》的主人公威利·洛曼是一个逐渐在现实生活中失去事业能力的旅行推销员，他常常幻想自己变成某位名人，这种梦想一直不断欺骗着他，终其一生。在追逐理想与美梦的同时，屈辱、劳累与工作的不得志不停地困扰着他，成为威利成功的障碍。直到儿子长大，他又幻想着由他的儿子来完成他的梦想，出人头地。但一切总是漂浮在渐入佳境的梦幻和真实的窘境之中，大儿子比夫年过30，连一份正式工作都没有，二儿子哈皮只会寻花问柳，也是个废物。最后，父子一起拟订的发财计划也化为泡影。威利大失所望，气得神志昏迷，对自己、对儿子、对整个生活不再抱任何希望，出门故意撞车而死，用他的生命"换来"两万美元人寿保险，使他的家庭获得经济独立。该剧揭示出美国的社会生活法则是"失败者没有活下去的权利"，威利没有取得成功，因此只能走向毁灭。威利一向认为他应当有所成就，渴望得到人生欢乐，但他对社会和自身都不了解，因此只能眼看着希望破灭。他还将自己未能实现的梦转交给下一代，却徒然给他们增加精神负担，因为他不但不能指出成功的途径，而且给他们一系列误导和坏影响，结果儿子们成了无用的花花公子，下一代也没救了。作品通过这两代人的失败否定了人人都能成功的"美国神话"。

《推销员之死》同时是一部实验性戏剧，采用时空交错式结构，使用了意识流的手法。威利不断被对他死去的哥哥本的回忆所纠缠，本在早年前往非洲时说过："只要我能够走到外头，我就能变得有钱！"威利失落的梦想因他取得成功的哥哥本在想象中出现（本的幻象也不时在舞台上出现）而被凸显出来。威利在他的客厅和虚幻的过去中，以及在想象里与本的对话中来回移动。密勒使用的倒叙和想象中的对话颇为新颖，当威利陷入对儿子少年时代和自己崇拜的哥哥本的回忆时，现实时空和心理时空就交错在一起。密勒通过将过去与现在、幻想与现实糅合起来，更细腻、完整地刻画了威利的形象并展现了人物的梦境以及在现实人生中的困境。

《推销员之死》这部立足于现实主义的戏剧，通过主人公的回忆、幻想以及戏剧舞台效果的展现，使整部剧构成了一幅真实与幻想交织、现实与回忆融合、直叙与插叙交替的整体画面，充分展现了悲剧主人公威利·洛曼矛盾的内心、缺陷的性格以及虚幻的梦境，堪称现实主义和表现主义相结合的经典剧目，是一部颇具影响力的20世纪现代戏剧。

二、戏曲

戏曲是中国传统戏剧形式的总称，它深深植根于中华民族的传统文化，以唱、念、做、打为基本表现手段，将表现审美意境作为最高的艺术追求，具有鲜明的民族特色。西方话剧侧重于再现写实，注重叙事，中国戏曲偏重于表现写意，注重抒情；西方话剧倾向于崇高，更具近代特色，中国戏曲是优美的典范，纯是古典风味。

我国戏曲历史悠久，是世界上戏曲种类最丰富的国家。据不完全统计，我国各民族地区地方戏曲剧种有360多种，几乎每个省都有乡土气息浓厚的地方戏，其中影响最大的剧种是昆曲、京剧、评剧、豫剧、越剧、黄梅戏等。

昆曲是我国最古老的戏曲剧种之一，是中国戏曲文化的活化石，它发源于江苏昆山，曲调徐舒婉转，对许多地方剧种都产生过影响。2004年，一部青春版《牡丹亭》横空出世，由著名作家白先勇先生改编，根据现代审美观，重新编排，保留了昆曲的基本元素：优美的水磨腔、悠扬的笛声、富有韵味的唱腔、四功五法的表演……演出的各个环节比传统的舞台戏剧更讲究、更精致、更充满诗意。

京剧是全国最流行的大剧种，有"国剧"之称。它广泛吸收了其他剧种的长处，剧目丰富，唱词优美通俗，唱腔以西皮、二黄为主，是多种腔调的和谐统一，是近代中国戏曲的代表。京剧的代表人物是四大名旦，其艺术风格各具特色：梅兰芳的平和大气，程砚秋的细腻典雅，荀慧生的柔美婉转，尚小云的婀娜刚劲。

豫剧又称河南梆子，流行于河南及其周边地区，唱腔铿锵大气、吐字清晰，表演生动活泼，是梆子声腔系统中影响最大的剧种。豫剧的表演艺术家有常香玉、崔兰田、马金凤等，代表性的作品有《穆桂英挂帅》《朝阳沟》等。

越剧流行于江浙、上海一带，以才子佳人题材为主，长于抒情，以唱为主，原以女子演出为主，曲调清丽婉转，表演细腻真切，极具江南灵秀之气，代表性的作品有《梁山伯与祝英台》《西厢记》等。

黄梅戏是在皖、鄂、赣三省毗邻地区以黄梅采茶调为主的民间歌舞基础上发展而成的，唱腔淳朴流畅，表演质朴细致，富于民间风味，代表性的作品有《天仙配》《女驸马》《玉堂春》等，现已成为受全国观众欢迎的剧种之一。

此外，广东的粤剧、上海的沪剧、京津的曲剧、西北高原的秦腔、中南地区的汉剧、西南地区的川剧、华北地区的河北梆子、山东地区的吕剧等许多地方剧种，也都拥有大量的观众。

（一）戏曲的审美特征

1. 表情性

中国戏曲是一种载歌载舞、说唱表演并重的戏剧形式，它将剧中人物的语言和动作变形为诗歌化、音乐化、舞蹈化的唱、念、做、打，在表现手法上相对于话剧而言更显夸张，从而在舞台上营造出的是富有诗情画意的戏剧氛围，其唱腔美、道白美、形体美与动作美是话剧、歌剧、舞剧等戏剧所不能媲美的。

2. 虚拟性

中国戏曲借鉴了诗歌"比兴"和绘画"写意"的传统，特别强调"意象"的感染作用，通过"以虚代实""以形写神"的方式使演员在有限的舞台时空内更加广阔地表现出对现实生活的体验和思想情感。例如，《梁山伯与祝英台》"十八相送""过小桥"一段戏，当梁山伯挽着祝英台过桥时，祝英台唱"独木小桥在动荡，头昏眼花心内慌，梁兄快走莫阻挡。"梁山伯说："不忙，不忙。"祝英台又唱"人家着忙你不忙"。显然，这是通过过桥的动作来表现祝英台渴望得到梁山伯的爱情，但又无法表达自己的心情，所以借景抒情，一语双关地埋怨梁山伯"人家着忙你不忙"。因为观众不是要看桥，而是要看祝英台对真正爱情的向往，只要能借景抒情，其实观众并不注意"桥"如何。

戏曲的虚拟性表现在以下几方面。

（1）道具的虚拟性

戏曲舞台大多不用布景，常常只用很少的几件道具，往往只设简单的一桌二椅。就桌子而言，在《玉堂春》中放置在公堂上就是公案；在《三岔口》中放在店房里，坐就是桌椅，卧就是床；在《红娘》中剧中人用作跳墙时就是粉墙。剧中人手拿马鞭便是以鞭代马，手拿船桨便是以桨代船，手执"车旗"象征着推车而行，挥舞"水旗"则象征波浪滔天、激流滚滚，挥舞"火旗"则象征大火熊熊、烈焰奔腾。话剧是"从布景里面出表演"，而戏曲是"从表演里面出布景"，也就是说，戏曲是通过演员的剧情、表演、服装、所规定的情景和音乐的渲染来制造周围环境而取代真实的布景和实物的，也可以说，我们是通过主观意念来说明我们要表现的意境的。不过，这种想象不是凭空而来的，而是建立

在我们对日常生活的体验和感受的基础上，再通过演员和观众的相互启发和想象共同完成的。

（2）时空的虚拟性

戏曲舞台的时空往往不是真实世界中的客观时空，而是根据剧情需要，在时间上可以把几天、几月、几年的时间压缩为几分钟，也可以把几秒钟的思想变化延伸到几十分钟，在空间上可以通过表演在七尺舞台中展现千军万马的战争，也可以通过表演在瞬息之间跨越万水千山。所谓"半个圆场，云月山川千万里；一曲高歌，悲欢离合几多年"正是戏曲舞台时空虚实相生的形象概括。如越剧《梁山伯与祝英台》的"十八相送"，从书房到长亭走了十八里，一路上穿村庄，过小桥，傍井台，进庙堂，眨眼之间场景数变。京剧《三岔口》更是综合利用了戏曲的虚拟性特点，同一舞台既是郊外又是客店，两位主人公一夜的格斗在舞台上只有几十分钟，空间转换和时间的表现全凭演员的虚拟表演。尽管舞台上灯火通明，但通过演员的虚拟动作却使观众仿佛看到了在伸手不见五指的黑夜中的一场恶斗。虚拟化的表演还可以把生活中不可见闻的事情尤其是梦幻或心理活动，清清楚楚地"摆"在观众面前。例如，昆曲《牡丹亭》"惊梦"一场，小姐杜丽娘梦中见花园梅树下有一个手拿柳枝的书生，于是舞台上便有一翩翩小生，手持柳枝与杜丽娘"梦"中相会。

（3）动作的虚拟性

戏曲表演讲究"虚中见实、假戏真做"，这种特定的虚拟动作暗示出舞台并不存在的某些实物和情境。例如，开门的动作，左手一按，就是门板，右手一拨，就是门闩。拨开后，双手拉门，闪身，表示门的存在。关门也是如此，只是顺序相反。应该说动作是很简单的，但是为了让观众接受并承认这是房门，开门与关门的地方不能变动，门板的大小不能变动。还要注意身段的优美和人物的身份，如小姐和大汉的动作就不能一样。当然，最重要的就是用这个虚拟的"门"来表现人物的感情，如京剧《拾玉镯》中情窦初开的小姑娘把玉镯拾起来那一段表演。此外，如登堂入室、穿街过巷、走马行船、翻山越岭、渡河涉江、攻城略地、写字作画、穿针引线、呼鸡赶犬等，都是凭借演员的动作将它们"虚拟"出来。也就是说，在中国戏曲舞台上，除演员之外，可以不需要任何东西，又可以存在任何东西。

3. 程式性

中国戏曲的程式性是指戏曲演员的角色行当、表演动作和音乐唱腔等方面都有一套完整的、相对固定的表现方式。它通过精选、提炼和装饰，使日常生活的自然形态音乐化、舞蹈化、规范化，因此，它比生活的自然形态更富表现力，更具有形式美。

（1）角色行当的程式性

戏曲舞台上的角色根据其性别、年龄、身份、性格等特点一般分为"生、旦、净、丑"四种基本类型，每种类型又可派生出更细致的行当。

1）生（男性角色）。老生又称须生，用于扮演重唱工的中老年男子，戴胡须（京剧中叫髯口），诸葛亮、刘备等为文老生，黄忠、王平等为武老生。小生用于扮演青年男子，唱念用小嗓，表示文雅和带稚气，梁山伯、贾宝玉等书生为文小生，吕布、周瑜等青年将领为武小生。武生又分长靠武生（用于扮演英勇善战的武将，如赵云、马超等）和短打武生（用于扮演武艺高强的绿林好汉，如武松、任堂惠等）。

2）旦（女性角色）。正旦也称青衣，用于扮演重唱功的中青年女子，多为悲剧角色（如秦香莲、苏三等）。花旦用于扮演重做工的中青年女子，多为喜剧角色（如孙玉娇、金玉奴等）。武旦用于扮演重武功的女子，又分刀马旦和武旦，前者是指英勇善战的女将或女英雄（如穆桂英、杨排风等），后者多为神话中的女精灵（如碧波仙子等）。老旦用于扮演重唱功的老年女子（如佘太君等）。彩旦又称丑旦，扮演喜剧或闹剧人物（如程雪艳、刘妈妈等）。

3）净（俗称花脸）。大花脸也称铜锤或黑头，以唱功为主，声音洪亮宽阔，多为朝廷重臣（如徐彦昭、包拯等）。二花脸也称架子花脸，以做工为主，动作大开大阖、顿挫鲜明，多为豪爽之士（如张飞、焦赞等）。武花脸也称武净，重武功，专攻武打翻摔。

4）丑（又称小花脸）。多用于扮演滑稽人物，一般不重唱工而以念白的口齿清楚、清脆流利为主，屈膝、蹲裆、踮脚、耸肩等都是丑的基本动作，有文丑（如崇公道等）和武丑（如时迁等）之分。

（2）脸谱的程式性

中国戏曲中的脸谱带有象征意义，凡美貌的"生""旦"都俊扮，略施脂粉以达到美化的效果；凡貌丑的或恶人都勾花脸，如"净""丑"。红脸象征赤胆、忠心、威武、庄严，多用于富有血性的人物（如关羽、姜维、孟良等）；黑脸象征刚直、勇敢、公正、无私，多用于富有正气的人物（如包拯、李逵、项羽等）；白脸象征阴险、毒辣、强权、专横，多用于奸诈险恶的人物（如曹操、司马懿、秦桧等）；蓝脸象征勇猛刚强；黄脸象征残暴凶猛；紫脸象征刚正稳练；绿脸象征顽强急躁；粉红脸用于暮年老人；金银脸用于神佛精灵等。窦尔墩的脸谱是红、黄、蓝、白、黑五色俱全，表现了他刚强勇猛的性格。鲁智深的脸谱上画有一对螳螂眉，这两支争臂相向的螳螂图案，既象征鲁智深的怒眉，又寓意这个梁山好汉豪爽、好斗的精神与路见不平、拔刀相助的性格。君王赵匡胤的脸谱是一半红色一半白色，这是人们评价他大半生忠良正直，但晚节败落。

（3）动作的程式性

中国戏曲在表演方式上讲究四功（唱、做、念、打）五法（手法、眼法、身法、发法、步法），戏曲演员在舞台上的那些虚拟的动作如骑马、射箭、走路、奔跑、开门、进门、划船、上楼、下坡等都有相对固定的模式，就连怎样表现人物的喜、怒、忧、思、悲、恐、惊等感情的动作也全部都提炼美化成一套完整程式。例如，老生为年长稳重者，动作要苍劲而舒缓；旦角为女性，动作多轻柔妩媚；花脸为性格豪放粗犷者，动作幅度要又大又开；小生年轻气盛，要劲透纸背，武生则比老生刚劲，比花脸中和，因此前人归纳为："老生要弓；花脸要撑；小生要紧；旦角要松；武生在当中。"同是走路，四种行当也有四种不同的脚步。老生要走四方步（也称八字步），抬腿亮靴底，腰为中枢，四肢配合。中年要快抬慢落，老年要慢抬快落。旦角走碎步、"花梆子步"，花脸走大八字步和醉步，丑角走小四方步和矮子步以及跑圆场的压步等。武将出场整盔系甲的"起霸"，文官上场整饬仪容的"整冠"，表现沿路边夜间潜行的"走边"，表现悲愤痛心的"顿足""捶胸"，表示羞愧的"遮面"，表现焦急的"搓手"，表现生死关头激动万分的"跪步""甩发"，表现行军、追逐的"跑龙套"等都是在对生活的提炼中形成的固定的美化动作。就连举袖拂尘、掩面啼哭、振袖惊骇、相爱时联袂同行、生气时拂袖而去的"水袖"动作也是程式化的。

（4）唱腔和伴奏的程式性

戏曲的唱腔和器乐伴奏有固定的曲牌和板式。例如，京剧中皇帝出场大都用"朝天子"曲牌伴奏，主帅出场大多用唢呐吹奏"水龙吟"曲牌伴奏等。各种器乐曲牌都有特定的用途，分别用于不同场合，彼此不能混同和替换。就连戏曲中的锣鼓点子也有一整套固定的规则，仅京剧常用的锣鼓点子就有 50 多种，分为开场锣鼓、身段锣鼓等。京剧的唱腔主要是西皮、二黄。一般而言，西皮的旋律起伏较大，节奏紧凑，唱腔较为流畅、轻快、明朗、活泼，适于表现欢快、坚毅、愤懑的情绪；二黄的旋律平稳，节奏舒缓，唱腔较为凝重、浑厚、稳健，适于表现沉郁、肃穆、悲愤、激昂的情绪。西皮和二黄根据旋律、节奏、速度不同又划分成若干板式，有原板、慢板、快板、摇板、散板等。京剧的伴奏分文场和武场两大类。文场中有弦乐器胡琴（也称京胡）、京二胡；弹拨乐器弦子（小三弦）、琵琶、阮琴、扬琴；吹管乐器笛子、唢呐、海笛和笙，文场乐器以胡琴为主乐器。武场中以鼓板为主，大锣、小锣次之，另有铙钹、堂鼓等。与昆曲相比，京剧节奏明快，较为刚劲有力。戏曲唱腔和伴奏中的这些程式使戏曲表现出具有强烈的舞台节奏和鲜明的艺术表现力，也使戏曲具有了一种独特的形式美。

戏曲程式不等于模式，正如戏曲谚语所说："一套程式，万千性格"。同一程式在不同情境、不同角色、不同演员的具体运用方面又会显出千差万别。中国戏曲这种独特的程式美，培养了观众对于戏曲特殊的审美习惯，体现出戏曲特殊的艺术魅力。

（二）京剧《三打陶三春》欣赏

这出戏是唱念做打舞并重，也是综合性最为典型的剧目。例如，陶三春骑着毛驴进京的一场戏，不但有一段轻快俏皮的西皮唱腔，使观众可以通过那唱腔旋律窥见人物喜气洋洋的心理；那骑驴的轻盈舞步和欢快的音乐也能使观众感受到主人公就要与意中人完成花烛之夜的喜庆心情；尤其是唱腔在结束前有一个最能表现欢快心情的"十三咳"给观众深刻的欢快印象。这样观众就可以从陶三春的唱词、唱腔、舞蹈、伴奏、面部表情等诸多方面了解和体会陶三春。所以有人说，看京剧，演员浑身都是戏，满台都是戏。在开打中，陶三春姐弟二人以少胜多，以明对暗，因为假扮强盗的一方又化妆蒙面，观众自然给陶三春更多的同情。在武打的关键时刻，给陶三春安排了一段"耍锤"的特技表演，一连串的惊险动作和英姿飒爽的亮相非常形象地表露出陶三春的武艺高强和从容不迫的心理。当观众为陶三春那高超的耍锤绝技喝彩时，陶三春那艺高胆大的鲜明形象也就已经深入人心了。应该说，这时的语言已经是多余的了。在"金殿"一场，陶三春一怒之下撞钟击鼓，迫使皇帝在"急急风"的锣经中匆忙临朝理事，已经十分狼狈；当陶三春怒不可遏的时候，一举双锤，皇帝和侍卫都慌忙后退。眼看陶三春逼迫皇帝"推磨"，也就是绕场一周，陶三春又坐到皇帝的龙书案上，皇帝一方都是身经百战的男子汉，人多势众却唯唯诺诺，作揖求饶；陶三春一方，孤身一个女人，却理直气壮，大义凛然。这种夸张而又简明的反差处理，观众从视觉中看到的极其自由的舞台调度和音乐，锣经的烘托，尤其是演员那手眼身步法的表演就把剧情交代得一清二楚。在洞房一场，男方是粗犷豪放的大花脸，动作大，嗓门大，身材大，再加上气势汹汹的花脸脸谱，可谓强大无比；女方是娇小玲珑的小花旦，动作婀娜多娇，声音轻柔圆润，再加上那清秀华丽的外表，可谓瘦弱可欺。然而恰恰相反，强者被弱者制服，气势汹汹的男子汉被娇小玲珑的小花旦打得心服口服。这段剧情通过武打语汇、舞蹈语汇、音乐语汇以及外形刻画，眉目传情的表演，达到淋漓尽致的程度，这就是京剧艺术的综合性魅力。一个京剧演员以其四功五法，做到能说会唱，能歌善舞，能打会翻，能哭会笑，既是歌剧演员，又是话剧演员，既是舞蹈演员，又是武术能手，从而使观众为之震惊、倾倒。正是京剧的综合性，在英国伦敦皇家剧院没有任何语言翻译字幕说明的情况下演出《三打陶三春》，获得了意想不到的成功。

第二节 影视美

影视是电影和电视的简称，是艺术与科技相结合的产物。它们以银（屏）幕画面和声音为媒介、以镜头和蒙太奇为主要表现手段，在运动的时间和空间中创造感性、直观的艺术形象。

一、影视艺术的分类

影视艺术依据内容可分为纪实类（如纪录片、新闻片、专题片）和虚构类（如故事片、电视剧）；依据结构和播出方式可分为普通故事片（如电影《悬崖之上》）、系列片（如《叶问》四部曲、《唐人街探案》系列电影）、电视连续剧（如《山海情》）、系列剧（如《理想照耀中国》）；依据不同的造型来源，可分为普通片（如《送你一朵小红花》）、卡通片（如《哪吒之魔童降世》）、真人与虚拟合成片（如《阿凡达》）和数字虚拟片（如《秦时明月》）等。

二、影视艺术的审美特征

影视艺术除了具有综合艺术共同的审美特性之外，还有自身的独立特性。

（一）视象的逼真性

视觉形象的逼真性是影视艺术的优势所在，它能最大限度地酷似生活原貌和自然形态，使人产生如临其境的真实感。

影视的逼真感主要表现在三个方面：一是细节上的逼真感。例如，警匪片中撞车的场面、汽车爆炸的场面，或者角色中弹和死亡的情形。二是心理呈现上的逼真感。例如，运用特写镜头真实地凸现人物最细微的情态变化，眼睛的闪动、睫毛的颤抖、嘴唇的微微抖动等都能细致入微地显现出复杂的情感变化和潜在的心理活动。又如用假定性的色彩造型，把整个天地变成红色，显示人物壮烈的心理真实（如《红高粱》）；用假定的声音造型，隐去茶室的嘈杂声，表现女主人公与心爱的情人忍痛分开后充满内心痛苦的独白（如《相见恨晚》）。此外，像梦境、幻觉、错觉等也都能被影视艺术图像化，从而创造出任何其他的平面描述难以企及的直观而真实的艺术效果。三是虚拟情境的真实性。当代数字技术所具有的功能及能够实现的效果已经大大拓展了影视艺术的内涵和表现力。例如，《黑客帝国》对子弹在异度空间中的"飞行"状态所做的视觉剖析以及对黑衣女人与对手搏击时衣服的飘动状态所做的视觉剖析，虽然都很夸张，甚至不真实，但是由于数字技术使原本看不见的子弹的运行被看见，原本不被注意的衣服的飘动被强烈地关注。而灾难片《龙卷风》《唐山大地震》，动作片《功夫》《白金龙》等，无不由于高科技的运用极大地增加了影片的表现力和可看性。

总之，声音和色彩的渗入丰富了电影的逼真性，而运用最新技术手段的立体声电影、立体电影、动感电影和全景电影的产生，计算机技术的介入，更把观众带入广阔的立体境界之中，给人以高度直觉的逼真感和视觉冲击力。

（二）时空的自由性

影视艺术在逼真、直观、多方位地体现时空关系方面具有更大的自由度和丰富性，这是同为时空艺术的舞蹈、戏剧所无法企及的。影视作品根据内容的需要，空间可以随时变换，可以从沙漠到大海，从天空到地面，从摩天大楼、喧哗的现代都市一下子就转移到僻静的小巷、边远的村落。影视作品中的时间不仅可以被镜头压缩，如《简·爱》中简·爱的成长只用了由短发变为长发的两个镜头，这两个镜头的转换浓缩了十年的时间；也可以将时间拉长或使时光"倒流"，如一对相爱的情侣久别重逢，本来只需几秒钟即可走到一起，导演却故意用慢镜头让两人热情、急切地飞奔过去，一步步慢慢跳起又落下，仿佛是一段跑不完的路程，以此表现重逢的喜悦、兴奋和来之不易，这里时间被延伸，被拉长了。电影的时空自由性既表现于无限自由地再现真实时空，又表现于自由地创造现实中难以存在或难以表现的时空。

（三）情节的丰富性

影视中讲述的故事向来是吸引观众注意力、引发观赏兴趣的直接因素。一部影视片如果能讲出一个好故事，就等于具备了基本的可看性。所以说情节对影视作品来说具有重要的意义，像至今都处于国内票房排行榜前列的《流浪地球》《红海行动》《我和我的祖国》，除去明星荟萃的制作班底外，它们所拥有的精彩的情节以及始终扣人心弦的故事线索才是它们票房得以大卖的真正保证。评价一部影视情节的好坏，除了具有鲜明的故事性和显著的"情节核"之外，它还得时刻在基本情节上探索并保持着区别于其他作品的新鲜构思与奇巧创意。例如，电影《战狼2》剧情是主人公冷锋遭遇人生滑铁卢，被开除军籍，本想漂泊一生的他，突然被卷入了一场非洲国家叛乱，本可以安全撤离，却因无法忘记曾经身为军人的使命，孤身犯险冲回沦陷区，带领身陷屠杀中的同胞和难民，展开生死逃亡，最终孤身闯入战乱区域，为同胞而战斗，故事情节引人入胜。这部影片，从情节角度来看，摆脱了构思过于平面化和单纯化的窠臼，故事的节奏加快，人物性格的矛盾交错也很丰富。

三、 影视艺术的审美差异

电视与电影作为姊妹艺术，在审美特性、表现手法上虽有许多相同或相似之处，但还是有许多区别的。

（一） 技术手段不同

电影利用摄影机、胶片等工具经过拍摄、洗印，以及一些加工程序才能制作完成，导演要等样片洗印出来之后才能看到拍摄效果，制作成本高而且周期较长。

电视的拍摄则比较简单，只需要录制在磁带上便可，导演可以在监视器上同步看到电视拍摄的质量和效果，而且花费较少，相对电影而言，电视制作成本低、周期短。

（二） 观赏方式不同

电影是通过大屏幕、3D眼镜和立体环绕声等方式观看的，同时将室内灯光关闭，因为一个漆黑的环境有助于将观众的注意力集中在影片上，3D立体效果和立体环绕声设备可以带给观众最直观的视觉冲击和立体感受，IMAX技术能给观众带来更多的互动，体验效果震撼人心，带给观众的沉浸感十分强烈。而电视的观赏方式更加日常化，缺少仪式感，通常具有随意性，有时也是家庭式观看。

（三） 传播方式不同

电影和电视的载体不同，这使得他们的传播形式也存在巨大差异。电影的载体是胶片，因此在播放时需要特殊的设备和环境，也需要专门的播放空间的场所，这就决定了电影需要在电影院播放。

电视是以电视机为终端播放器，通过接收电视信号便可播放，播放方式简单，地点随意，因此适合家庭使用。

数字技术和互联网技术的发展使得电影与电视的播放形式发生了转变，二者的播放形式有统一化的发展趋势。数字化的电影和电视可以通过互联网快速传播，因此电影和电视作品的播放方式在保留了传统形式的情况下正逐渐向着多元化方向发展。

（四） 视听效果不同

电影艺术因其大银幕的优势可以表现出宏大的场景和精美的画面，营造出非同一般的气氛。例如，《赤壁》里战舰遮江、火烧千里，《卧虎藏龙》中摇曳的竹海，《英雄》里明镜一般的湖面等，拍摄得令人赏心悦目，展现了令人沉醉的、旖旎的自然风光。电视由于屏幕小，电视艺术难以表现规模宏伟的场面，难以同时展现众多的人物，视觉冲击力和音响效果远远不及电影。然而，电视剧欣赏已经成为人们日常生活中不可缺少的一种休闲娱乐方式，其原因在于电视剧的题材平民化、剧情精彩化。例如，电视剧《父母爱情》《乔家的儿女》就把眼光投向了平民的日常生活和世俗情感。电视剧《闯关东》讲述的是从清末到"九一八"事变爆发前一户山东人家为生活所迫离乡背井闯关东的故事。以主人公朱开山的复杂、坎坷的一生为线索，其中穿插了朱开山的三个性格、命运不同的儿子在关东路上遇到的种种磨难和考验，故事情节引人入胜。

四、影视艺术的欣赏

对于影视作品的观赏，实际上存在着观看与欣赏两个层次。例如，一个人看了电影《老井》后说："这部片子是说一个村子里的人费了九牛二虎之力，还搭进了好几条人命，才救出了一口井"，至多算是看过，即看懂了一部影片中表述得最直白的部分。如果他这样说："这部电影讲述的是老井村几代人，尤其是旺泉的故事，其实它是通过一个村子、一个人的命运，表现了中华民族为了争取生存而顽强抗争的精神"，这才称得上是"欣赏"。因此要提高对影视艺术的欣赏能力，需注意以下几点。

（一） 掌握影视艺术独特的视听语言

1. 画面

影视艺术与其他艺术的最大区别在于影视作品是由连续的画面组成的，画面是影视艺术语言的基本形式，是影视艺术形象的外在表现形态，是熔铸了影视艺术各种造型因素的整体表现。特别对于电影艺术而言，人物的形体动作多于人物的对话，即使是对话的独白或者展现内心世界，也常通过动态的表情和动作尽量呈示于外在形态，成为可视的画面。例如，《早春二月》中萧涧秋听说文嫂自杀后，手中的毛笔颤抖着对不准笔套，可视地揭示出内心的强烈震惊和痛苦。

影视艺术的画面构图中主体、陪体和背景的合理安排，对表现创作意图和特定的情感体验具有十分重要的意义。

例如，张艺谋导演的《菊豆》，杨家大院内热气腾腾的大锅，上下蹿动的火苗，飞舞着的大红、大绿、大黄染布，染布机械的各个细部在特写镜头中详尽地展示给观众；而全景镜头则是显示出各个部件的严丝合缝和机器运作的按部就班，周而复始；在染坊里，人和牲畜同在一架机器下劳作，巨大笨重的机械占据着整个前景；人显得非常渺小，人必须让自己的活动适应机器的运作。在这一画面中，菊豆和天青是主体，机器和拉磨的驴是陪体。但是人们通过画面却强烈地感受到主体完全受制于客体（机器），因为前景中巨大的机器给人一种无法摆脱的压抑感。同时，由于主体完全置于后景之中，与不停歇地干活的驴处于同一位置，因此菊豆和天青在杨家的地位就清晰地由画面构图表现了出来。这也为影片中他们二人日后的遭遇做了充分的铺垫。构图是画面的基础，画面是构图的表现形式。构图本身也通过人物与环境的关系来传递思想、表达情感。

2. 声音

电影从一开始就与声音有着密切的关联。卢米埃尔兄弟的电影首次放映时，就由乐队现场伴奏。增强影视艺术表现力和感染力的声音有三种形态：人声、音乐和音响。

人声是主要形态，包括对话、独白、旁白（画外音），用来交流思想、表达感情。电视剧《平凡的世界》中，"1975 年二、三月间，一个平平常常的日子……"这一段旁白告诉观众，这就是一个平凡的故事，就是每一个平凡人的世界。这个世界上平凡人最多，但是也正因为有这些平凡人存在，这个世界才变得更好。仅仅是一段话并不能吸引人，但是在背景音乐渲染下，加上旁白更能深入人心，引人深思。电影《手机》中葛优挂着狡黠的笑，眯着眼说出的那句"做人要厚道"，使观众一下了解了这个人物，这句话也一时间流行于大江南北。

音乐主要是指画面配乐、主题歌、插曲等，是影视重要的抒情元素，可以起渲染气氛、推进剧情、升华主题等作用。例如《我的父亲母亲》主题音乐是三宝创作的，运用多种乐器演奏的优美动人的旋律，交响乐和笛子的呼应，中间插入清澈的女生哼唱，使一段初恋情愫显得凄美动人。不管是现实还是回忆，每一次音乐响起，都恰到好处地迎合了当时的场景，抒发了人物的内心情感。

音响是指影视除了人声和音乐之外的所有声音，一般有动作音响（如人的走路声、打斗声、动物的奔跑、吼叫声等）、自然音响（如山崩海啸、鸟虫鸣叫声等）、背景音响（如集市的叫卖声、竞技场上观众的喊叫声、战场上的喊杀声等）、机械音响（如汽车、轮船、飞机发出的声音，电话铃声等）等种类。

影视作品中声音与画面的配合并不是二者的简单叠加，而是一种新的审美创造。声画同步给人以真实感，声画分离则造成听觉形象和视觉形象之间的矛盾对立，从而产生某种寓意性及别样的艺术效应。例如，影片《苦恼人的笑》中，傅彬为了教育打破花瓶而不承认的女儿，为她讲述"狼来了"的寓言故事，而与这个声音形象组合的画面却是一张张扯谎的报纸从印刷机飞出来，堆在报亭中无人购买，秋风席卷着被撕碎的报纸……画面和声音没有直接关系，但组接在一起就具有了新意，深化了影片的主题。

（二）理解影视镜头和蒙太奇所表达的情绪和思想

1. 镜头

在影视艺术中，镜头是从开机到关机过程中拍摄下来的一段连续的画面，是构成影视片的最基本的单元。依据物理时间，镜头可分为长镜头和短镜头；根据视距变化，景别可分为远景、全景、中景、近景和特写；依据视角的不同，可分为平视、俯视和仰视镜头；依据焦距的不同，可分为标准、长焦、短焦和变焦镜头；依据速度，可分为快、慢镜头；依据运动方式的不同，可分为推、拉、摇、移、跟等镜头。

影视的镜头不仅是在为描写而为之，一般都具有明确的心理暗示效果和强烈的艺术感染力。例如，《西游降魔篇》影片结尾处，师徒四人走向前方，留下背景，景别越大，人物所占比例越小，观众参与程度也越小，后拉撤回的远景有剧情终了之意。《辛德勒名单》中德国军官在阳台上像狩猎一样地枪杀集中营里无辜的犹太人时，用的是俯拍镜头，使人物显得更为渺小，有力地表现出集中营里的犹太人的处境的无助与命运的悲惨。《公民凯恩》中为了突出凯恩以自我为中心、烦躁不安的形象，不惜在地面上挖了一个洞，以90度直角向上仰拍。《有话好好说》中，影片开始就把摄像机扛在肩上"跟拍"，晃动的镜头表现了都市人的浮躁不安。

长镜头（指用等于实际时间和空间的镜头来拍摄对象全过程的电影手法，是一个画面不经剪辑的独立片段）强调记录客观的真实，给人一种真实感，使影视的整体叙述具有连贯性、流畅性。例如，影片《北方的纳努克》就采用长镜头真实地记录了因纽特人猎取海豹的搏斗场面，把猎人、冰窟窿、海豹放置于同一镜头内，详尽地展现了因纽特人捕猎海豹的全过程，具有强烈的真实感。

2. 蒙太奇

蒙太奇原是法语montage的译音，是建筑学上的一个专业术语，意为构成、装配，借用到电影艺术中是指镜头的剪辑与组接，它是电影艺术独特的表现手段和结构方式。就像在建筑方面，若干块砖头砌起来，便不是砖，而是墙了。四堵墙加上其他材料组接配合起来，便成为房子，房子的作用与性质又不同于墙。就画面来说，一个镜头说明一种含义；两个镜头接起来，会产生另外一种效果；许多镜头连接起来，成为一"组合"或"系列"，又产生一种新的效果，从而让观众感受到更深层次的含义。孤立地看，一个摄取了春冰解冻的情景的镜头，如果说具有某种含义，那就是表示"春天来了"。但当这个镜头在普多夫金的故事片《母亲》里同开始觉醒的工人第一次在大街上举行革命示威游行的镜头反复交叉组合在一起时，就产生了一种隐喻，我们感受到的是一种深刻的思想：无产阶级革命运动是一股不可阻挡的历史潮流，就像那在阳光下闪闪发光的溶溶春水一样，充满了光明和希望。这就是蒙太奇在电影艺术中独特而强烈的艺术效果。正是因为有了蒙太奇，电影才从机械的记录（包括影像、声音和色彩）转变为创造性的艺术，它能使我们感受到镜头里看不到的东西，它能把联想的线索暗示给观众。蒙太奇的手法大大丰富了电影的艺术表现力，增强了电影的艺术感染力。

依据蒙太奇的叙事和表意功能，可以将其分为叙事蒙太奇和表现蒙太奇两种类型。叙事蒙太奇是影视艺术中最常用的叙事方法，它以交代情节、展示事件为宗旨，按照情节发展的时间进程、因果关系来分切、组合镜头、场面和段落，从而引导观众理解剧情。叙事蒙太奇中又可细分为平行蒙太奇、交叉蒙太奇、复现蒙太奇、连续蒙太奇等。表现蒙太奇以镜头对列为基础，使相连镜头在形式或内容上相互对照，产生单个镜头本身所不具有的丰富含义。表现蒙太奇包括抒情蒙太奇、心理蒙太奇、隐喻蒙太奇和对比蒙太奇等。

电影《无间道》中，青年时期的刘建明与阿仁读警校的穿插叙述，对比两人的生活状态，这既是平行蒙太奇，也是对比蒙太奇，导演运用了一种很快的节奏展现了两人在那段时期的成长过程。刘建明在警队表现优异各种立功，阿仁在黑社会打砸抢烧，后面有一个交集，就是刘警官抓住了阿仁。

国产影片《疯狂的石头》较多地运用了交叉蒙太奇的手法，尤其在黑皮被困于井下、麦克被困通风道、谢小盟被困旅馆中，几条线索交替进行，表现出了强烈的喜剧色彩。

在剧情发展的关键时刻，同一镜头反复出现，造成强烈的对比、呼应和渲染的剪辑技巧就是复现蒙太奇。《菊豆》中搭晾在粗木杆上的红布、黄布，伸出在错落、拥挤的灰黑色房檐下，时而伴着天青和菊豆的欢快笑声，时而伴着天青和菊豆的欢快歌声，在影片中重复出现三次，这不仅在色彩上形成了鲜明的对比，也向世人表达了他们二人的真爱。那一匹匹整齐悬挂的染布，也是结构与秩序的象征，预示着天青与菊豆之间的爱情不可能实现的悲剧性。

《泰坦尼克号》中广泛使用了对比蒙太奇，如刘易斯轻薄得意地解说泰坦尼克号的沉没与灾难的恐怖极不相称，他绘声绘色、兴致勃勃的脸与罗丝屏住大气、似乎痛苦地痉挛的脸构成对比。三等舱的热烈、真诚、和谐与头等舱的机械、虚伪、冲突，锅炉房工人们辛勤火热的劳动与头等舱的奢华享乐，海难中逃生的人们或高贵或卑下等也都表现出对比。此外，蒙太奇中的隐喻和象征也在该片中被巧妙运用。如鲁思警告兼哀求罗丝不要再与杰克往来，说妇人不能爱怎样就怎样，然后狠狠地给罗丝系上胸带，紧紧地捆缚起来：女人就应该这样绑起来以恪守妇道。杰克和罗丝慌忙逃跑到锅炉房，那里热火熊熊，工人们汗流浃背，正如他们心中燃烧的激情，罗丝飞动的白色长裙和他们青春欢乐的笑脸，正是其中两团最热烈的火焰。

蒙太奇的含义不仅表现在镜头的剪接上，还表现在画面与声音、声音与声音的组合上，即音响蒙太奇。例如，一位姑娘到火车站送爱人出征，尽管火车站上闹哄哄地响着各种声音，但是一言不发的姑娘深情地凝视着爱人，她什么也没有听见。这时，画面上几乎没有声音，那些噪声被降低到只剩一片模糊的嗡嗡声；而当火车开走时，在追着火车跑的姑娘耳朵里，车轮的响声却越来越大。当模糊的泪眼已看不见远去的火车时，姑娘仍呆呆地站在空荡荡的站台上，而车轮的响声不但没有随火车的远去消失，反而越来越强烈以致掩盖了一切。随着音响的加强，镜头推近姑娘的脸，直至饱含着伤别泪水的眼睛……这种音响处理虽然与现实生活的音响效果不符，却符合人物的心理状态，逼真地表现出姑娘此时此刻的感受。

此外，色彩蒙太奇也是电影蒙太奇的重要手段之一。例如，影片《大红灯笼高高挂》中，颂莲结婚的情节表现出她不满意这门婚事，但仍走进了陈家。她遭遇的一系列冷落使她明白小妾的地位多么不重要，当颂莲进入洞房之后一连两个大院的俯拍镜头以蓝色调为主，蓝色比喻的是沼泽，预示当晚的颂莲犹如一颗明珠，遗失在沼泽里失去光泽。洞房内用的都是红色调，象征的不是幸福，而是象征命运已经编织成网，束缚了本来自由的女人。这两种色彩的对比，形成视觉与心理上的落差，暗示颂莲的一生要被锁在这深宅大院。

（三） 感受影视的节奏、韵律感

影视作为运动的艺术需要节奏感，其运动的画面带给人的韵律感或舒缓，或凝滞，或百转千回，或一泻如注，给观众以心理上的冲击力。例如，《黄土地》中的人物角色性格都比较内向，沉默寡言，行为单一，神态木然，镜头多用固定机位的长镜头，光影色调趋于写实，突出静态对比效果，造型很少变化，加之蒙太奇的缓慢凝重，整部影片充溢着沉重的历史感，带给人的是一种苦涩的沉思。

（四） 懂得光影与色彩在影视艺术中的作用

光影和色彩是影视艺术造型的两个重要因素，影视作品通过布光和用色以创造出相应的艺术氛围，强调创作者的意图。电影色彩与形体、光影、构图、景别、角度、运动、声音相互作用于人物情绪、情感以及主题，在激发电影影像的审美体验的同时，又使人物散发出个性魅力，深化了主旨。在影片《阳光灿烂的日子》中，通过灯光所投射的人工光来塑造人物形象，让观者看到了主角的生活状态。《金陵十三钗》中运用逆光拍摄的冲进教堂的日本士兵——张开的獠牙、麻木的表情占据着整幅画面的一半，更是由此表达出日本士兵人性恶的一面，从而营造出一种恐怖效果。

色彩在影视艺术中和光影一样具有一种语言、思想、情绪、情感等方面的审美属性。例如，《城南旧事》的基调是灰色、淡蓝的，我们从中可以感觉到其表现出一种淡淡的愁绪。《红高粱》的色彩以红色为基调，将黄褐色的土地、绿油油的高粱和大红、雪白的衣裤放在一起，造成了鲜明的原色对比，粗犷而强烈，很有视觉冲击力和中国西部农村景色美感，奏出了灿烂热烈、生机勃然的红色交响曲。红高粱、十八里红、颠轿中的红轿子及最后天、地、高粱、人全部沐浴在血与太阳的色彩空间中，创造了符合影片生命主题的粗犷、浓郁、骚动不安的生存环境，贯穿于其中的红色基调体现出影片"豁豁亮亮，张张扬扬"的气质和自由奔放如烈马奔腾的情绪。

影视中的色彩还常用来表现人物的心理和命运。例如，《花样年华》运用服装颜色来表达女主人公丰富多彩的内心世界，《雷雨》中繁漪服装颜色的越来越深正与她心灵中越来越多的绝望相吻合。

（五） 了解导演的不同风格

影视欣赏的最终目的在于竭尽全力地去理解影片的深层次内容，这就需要我们不仅要了解作品产生的文化背景及结构方式，还要了解导演的美学追求及创作风格。

张艺谋的风格虽然不断追求多变，但总体上是侧重色彩运用的。特别是他的《英雄》，与其说是一部电影，不如说是一部美丽的工笔画卷。片中胡杨树下飞雪与如月飞快地旋转，金黄的树叶与红艳的轻纱相互辉映，其中体现出的"意念化"的"决斗"和色彩的鲜明对比，诠释着中国传统文化所崇尚的高、古、清、雅、逸的最高境界。可见张艺谋一系列电影作品中的色彩运用与中国传统文化熏陶、自身的艺术积淀和"求诸中国文化底蕴，追求世界雅俗共赏"的定位息息相关。

王家卫的电影是"支离破碎"的风格。这里所谓的"支离破碎"一部分是指画面的不完整性（如《堕落天使》中飞速流动的画面与《东邪西毒》里的一些场景），另一部分则是指情节的不连贯性（如《花样年华》《春光乍泄》中的场景）。他的电影常出现一些"支离破碎"的画面，而这些支离破碎的画面却与人物内心的意识的涌动是极为相衬的。所以看王家卫的电影，不单是观赏他独特的画面处理方式，还得透过支离破碎的画面去把握其中深蕴的主题，如《东邪西毒》，无论情节怎么晦涩，其人物爱恨缠绵的感情却是灵动的，好像一面镜子，它的镜面被震成了数块，照镜子时我们见到一个完全陌生的自己，而那个影子实实在在的就是你，不是别人。

李安的作品擅长表现东西方文化冲突，既有儒家文化的内涵，又有好莱坞剧情片的通俗情节，体现出在文化多元、认同分歧的现实中努力寻求一种和而不同的出路的创新精神，如《推手》《饮食男女》《喜宴》坚持用戏剧冲突来表现传统文化，《卧虎藏龙》中十分注意次要人物在影片中的分量。李安电影不只是表面上的传统文化，而是完全透彻的传统思维方式，这种思维方式不排斥其他文化，具有强大的包容性。他一如既往地以平实的叙事风格和熟练的电影技巧——朴素、流畅的摄影，干净利落的剪辑和场面调度，沉静、平和的叙事笔触，理性而睿智地演绎着独具东方情调的伦理人情，追寻永恒的文化命题。

活动与思考

1. 综合艺术的综合性主要体现在哪些方面？
2. 结合你观看过的话剧和戏曲谈谈戏剧美和戏曲美有何异同。
3. 学唱歌曲《说唱脸谱》，并谈谈你对京剧艺术的感想。
4. 选择一部自己最喜欢的电影，分析其艺术特色及社会意义。
5. 谈谈你对电视剧中的历史剧或古装剧的看法。

第十一章
科技美与美育

> **学习目标**
>
> 1. 了解科学技术对人类发展的影响。
> 2. 掌握科学美和技术美的联系和区别。
> 3. 懂得鉴赏科技美，提高对科学技术的热爱，启发创造性思维。

第一节　科技美的特征与功能

人们习惯将科学与技术简称为科技，但是严格地说，科学和技术是两个不同的概念。科学是指人类对自然规律和社会规律的认识，属于知识形态，是一种潜在的生产力；技术是指自然科学在生产实践中的具体应用，最终成为物化形态，是直接的生产力。科学是发现，技术是发明；科学是创造知识的，技术是根据社会发展需要利用知识的；科学回答的是"是什么""为什么"，技术回答的是"做什么""怎样做"。随着人类文明的演进和现代科技的进步，人类社会实践和审美活动的领域不断扩大，自然科学、工程技术工作同艺术一样存在着大量的美和审美的问题，科技与美之间的关系越来越密切，甚至互相融为一体。

科学技术与艺术的统一构成了科技美。在古代，作为制作者的工匠既是手工技术高超的技师，又是审美经验超群的艺术家，他们把积淀在头脑中的科技经验和审美经验一起倾注在产品上，从理论上来说，就是技术与艺术的统一。在近代，随着科学技术的发展，一方面使艺术（特别是像电影和电子音乐）兴盛起来，另一方面科学技术产品又在技术要求的范围内发挥艺术创造的自由性，使艺术和科学技术相互接近，相互统一。爱因斯坦就被认为"是科学家，更是科学的艺术家"。

一、科学美与技术美的区别

（一）科学美

科学美主要研究自然科学中的美学问题，包括自然科学研究中科学家对美的追求、对科学理论的美学评价和科学研究中的形象思维等，它偏重于人类的理智美，是一种较高和较深层次的规律美，一般表现为理论形态，具有抽象性和稳定性。科学家从事科学研究活动的目的就是要揭示自然对象的本质、特征、发展规律及其相互间的内在关系。他们之所以能在十分艰苦的条件下孜孜不倦地从事科学研究，探索自然界的奥秘，除了科学家世界观的决定性作用以外，在多数情况下，一个十分重要的原因就是由于科学家对美的追求，就是因为科学家在科学探索中能获得一种精神上的满足和美的享受。波兰天文学家哥白尼从美学观点出发，批判了古希腊天文学家的"地心说"，大胆提出了"日心说"，并用观测到的数据验证了"宇宙里有一种奇妙的对称，轨道的大小与运动都有一定的和谐关系。"[一]后来，德国天文学家开普勒深切地感受到了哥白尼"日心说"的美，毅然摒弃了从他的老师那儿接受的"地心说"观点。他说："我从灵魂的最深处证明它是真实的，我以难于相信的心情去欣赏它的美。"[二]20世纪美国物理学家盖尔曼在为基本粒子命名时，从艺术作品中发现了"夸克"一词，其寓意是不同的颜色和味道，后经发现其物理属性恰与其艺术寓意相合。苏联科学家巴甫洛夫也说："浏览大自然的巨著会给智力以深深的满足，并能发现特别多的美好的事物，而感知这种美的事物有赖于敏锐的艺术感觉和学者的深刻观察，了解美并不限于观察自然景象和发掘其意义。就是在实验室的研究成果里，在数学公式的严整性里，在哲学推理的辩证唯物主义的逻辑里，也都可以感觉到，并且真正感觉到美。"[三]

科学美是一种客观存在，它以科学抽象的形式反映和谐统一的自然图景，因此，要感受和领悟它，必须具备较深厚的科学修养。随着科学技术的社会化和科学文化教育事业更快的发展，人们的文化水平和科学素养会不断提高，能够欣赏科学美的人将越来越多。

（二）　技术美

技术美主要研究人类生产劳动以及与此相关的一切技术领域里的美学问题，包括生产环境和生产过程的美化及物质产品的艺术设计等，它偏重于功能美，一般表现为物化形态，具有可感性和历史变异性。横跨在黄浦江上的三座"彩虹"——杨浦、南浦、徐浦大桥，不同的审美设计就是变异美的生动例证。西班牙阿拉米罗大桥（见图11-1）的设

图11-1　阿拉米罗大桥

计创造了一种新型的斜拉桥，用倾斜桥塔的自重来代替以往的后部钢索，在桥塔和桥面之间建立起一种平衡的对话关系。桥的造型独特浪漫，有创意，就像一个动感的雕塑作品。

科学美和技术美看似不同，其实二者都是以理性为基础的物质实践活动，都服务于人

○　丹皮尔，《科学史》，商务印书馆，1975年版，第172页。

○　丹皮尔，《科学史》，商务印书馆，1975年版，第193页。

○　于森龙，马驰，《美学教程新编》，百家出版社，1993年版，第282页。

类认识世界、改造世界的共同目的，因此统称为"科技美"也是十分合理的。

二、 科技美的基本特征

（一） 以简洁为标志

简洁是科技美的基本属性，科学的本质特征之一就在于能用简洁的语言或符号表达出深刻广泛的内容。欧几里得用为数不多的几条公理与定义，演绎出了整个几何学体系。最标准、最精密、最美的圆是 $C = 2\pi R$，这是纯数学的圆，揭示了圆的周长与半径之间本来就存在着的简洁、和谐、科学的关系；牛顿用空间、时间、物质和力四个简洁的概念，五个字母（$F = G\frac{m_1 m_2}{r^2}$）就准确地概括了天上和地上所有的力学运动现象；爱因斯坦的质能关系式 $E = mc^2$、普朗克的能量和频率的关系式 $E = hv$ 等，都是用极简明的公式表达了复杂的自然规律。科学研究总是追求一种最简洁的结论，简洁就是美的一种体现。

作为现实美、应用美的技术美也要求简洁、明快。因为技术要推广、应用，要让许多人掌握，就要力求简明扼要；尤其是功能多、科技含量高的产品，更要力求使用方便简单，易于被大众所掌握。即使是产品的造型、色彩、线条的设计，一般也是以"明快、单纯、简洁"为好。例如，苹果、宜家这些品牌之所以受年轻人喜爱，很大原因是其简洁的外观。复杂的科技设备由于简洁的外观让人感觉亲切。简洁是一种追求，是科技美的重要标志。

（二） 以效用为目的

实用性是科技美的前提，没有效用的科技美就没有存在的价值。一般来说，科学美的效用是潜在的、滞后的、非直接的，但又有着普遍性的、基础性的、规律性的意义，因而富有深广、深远的价值。科学有基础科学与应用科学之分。应用科学的发展离不开基础科学所取得的成就，如纯数学研究，看似没有多少效用，实际上许多应用科学须臾都离不开它。现代社会生活中发挥着巨大作用的计算机科学和管理科学等，都与数学研究息息相关。即使有些科研成果很难取得实用价值，也不能说没有效用、没有价值。陈景润研究哥德巴赫猜想，霍金研究宇宙大爆炸理论，是科学研究领域的重大突破，体现了人类挑战自然所达到的智慧的最新高度，犹如奥林匹克运动金牌获得者体现了人的体能与技能所达到的高度一样，因而衡量科学美的"效用"不能用直接的、物质的尺度。

此外，有些科学研究的成果，暂时不能为人类创造效用和价值，并不等于它没有效用或不能发挥效用。摩尔根的基因学说问世时，遭到许多人的抨击与讥笑，更被一些"唯物论"者当作"唯心论"的"活靶子"。但后来基因学说却不仅被科学实验所反复证明，而且不断地丰富发展，成了现代高科技的领头羊之一，带来了巨大的经济效益，它的开发前景将会越来越灿烂、辉煌。

至于技术美的效用是有目共睹，尽人皆知的。科学的某项发现或发明一旦被开发，应用于现代生活，就会给人类带来巨大的福祉。就我国而言，人们生活的现代化，在二十世纪五六十年代的标志是缝纫机、自行车、电风扇；在二十世纪七八十年代的标志是电视机、洗衣机、电冰箱；在二十世纪九十年代之后，则是汽车、别墅、计算机；在二十一世纪的标志是无线网络、5G 信号、无人驾驶和人工智能。这些家庭现代化的标志都是高科技在日常生活中的应用。据统计，现代人生活的改善与提高，主要不是靠体力的付出，而是科学技术赋予人类的福祉。有无潜在的或现实的应用价值是衡量科技美的基础。

（三） 以新奇为特点

不论是科学美还是技术美，都要求新颖、奇特，要为当今世界提供对于客观世界的新认识和新产品，否则陈陈相因，人类的认识就只能永远停留在原有水平上，不可能有新的长进与提高。科学技术活动的共同使命便是从纷繁复杂、瞬息万变的自然现象中努力寻找规律，做到有所发现、有所发明、有所创造，提供为人类世界还未曾有过的"新"的认识和"新"的东西。所以好"新"好"奇"是科学家的一种重要素质。华裔实验物理学家、诺贝尔奖获得者朱棣文在接受文汇报记者采访时说："一个优秀的物理学家要具备多种素质，但首先必须要有好奇心，对于自然的好奇，对于普遍事物的好奇。据我所知的优秀物理学家，他们对于所有事物都非常好奇。他们想探知事物的规律，他们具有看到事物本质的本领。"[一]科学源于人类与生俱来的对未知事物的好奇心。因为好奇，人们就要寻根究底，就要探索追问，就会对新奇现象、新鲜事物特别敏感、亲和，从而产生追求、探索其奥秘的强烈愿望。所以科学是什么？苏联物理学家、诺贝尔奖获得者卡皮查说："科学就是人对自然规律的认识。"这话虽然不错，却没有丝毫新意。而英国物理学家、诺贝尔奖获得者布莱克特给科学的定义却很新奇："所谓科学，就是国家出钱，来满足科学家的好奇心。"这定义显然有偏颇，却抓住了科学研究的一个极为重要的特征——好奇心。确实，好奇心是科学之母。物理学家 W. 泡利的好奇心，使他发现了原子物理世界中一个极为隐蔽的规律——每个量子轨道最多只能容纳两个电子，如果这两个空位被填满，其他的电子就必须填在其他轨道上——这就是"不相容原理"。这项发现使泡利获得了 1954 年度的诺贝尔奖。W. 海森伯发现了"测不准关系"——微观粒子的坐标和动量不能同时具有确定值，粒子坐标的值越确定，粒子动量的值便越不确定。要在微观世界中同时确定粒子的坐标和动量是不可能的，这是由微观粒子的波粒二象性所决定的。这就揭示了微观世界中精确性与模糊性的关系。数以亿计的生命信息由 64 个密码构成，而这 64 个密码竟又是由四部分通过三联体组成的。四个核酸竟构成了地球上绚丽多彩的生命世界，真难以想象，怎能不让人感到新奇！

科学要求新求奇，技术也不例外。尤其作为技术产品，其造型设计更是与美息息相关，所以更要讲究新颖、别致，以满足人们不断提高的审美需求。

（四） 以和谐为旨归

和谐之美不仅体现在日常的社会生活中，而且也鲜明地反映在科学技术活动中。科学

㊀ 《科学家应具备哪些素质》，《文汇报》，1998 年 8 月 28 日，第 10 版。

家们坚信，他们探究的对象，从人体到物体，从山川到宇宙，无一不是和谐的整体。古希腊的毕达哥拉斯学派认为，宇宙天体在本质上是数的和谐。从那以后，和谐就成了科学研究所要寻求的母题。开普勒反复计算有关行星近点、远点的运动速度和各种比例关系，力图证明行星运动是有节奏的和遵循规律的，最终寻到行星运动中的音乐和谐性。爱因斯坦认为，我们生活于其中的自然界有一种神秘的和谐，他的探索就在于"为一个和谐的宇宙找到自觉而统一的动力学"。门捷列夫化学元素周期表是科学和谐秩序之美的范例。在门捷列夫之前已经发现60余种化学元素，但这些元素之间究竟呈何种关系，当时的化学界认识模糊。门捷列夫认为，在已知的化学元素之间必定存在着某种秩序和规律，化学研究的目的就是要揭示这个隐匿在复杂现象背后的统一性。因此，他首先对各种元素的化学性质进行分析比较，将相似或相同性质的元素组合成元素的族类，进而再对各个不同的元素族加以考虑，从中发现了元素的化学性质与元素原子量之间的内在规律：即在同一族类的元素中，随着原子量的增加，金属性递增，而非金属性递减。按照这一规律，门捷列夫将已知的63种元素排列成一个完整的元素周期表。这个周期表不仅具有极大的包容性，而且不论从内容上看还是从形式上看都是对称协调的，它的各行各列、上下左右联系十分巧妙，显示出惊人的和谐和秩序的美。

三、科技美的主要功能

早在19世纪，法国作家福楼拜就有这样的预言："越往前进，艺术就越要科学化，同时科学也要艺术化。它们从底基分手，回头又在塔尖结合。"[一] 这个所谓的"结合"，就是科技与艺术交互融合的趋势，它不仅拓展了美学研究的领域，而且还能在实用功能的基础上发挥与强化科技美的多维度的综合作用。

（一）导向功能

科技要求"真"，而美能导向"真"，成为寻求真理的向导。法国物理学家、诺贝尔奖获得者W.海森伯谈到发现量子力学的感觉时说，最初一瞬间，他简直感到惊慌，因为通过分子现象的表面，他正在窥探一个异常美丽的内部世界。正是对这个美的内部世界的探寻，成为他不懈追求的强大动力。美国发明家富兰克林在1752年发明了避雷针，10年后避雷针传入英国。英王乔治三世对电学一窍不通，但他依据球形最完美的观念，断言避雷针的顶端不应该是尖头的，而应该是圆球状的。究竟谁是谁非？后来美国物理学家查理·摩尔经过16年的研究才得出结论：尖端为球状的避雷针比尖头状的避雷针效果要高出1倍，并揭示了它的科学原因。在科学发明史上，许多杰出的科学家都把美感作为向导，由此而求真，最终做出了重大的科学贡献。

〇 吴良镛，《广义建筑学》，清华大学出版社，1989年版，第163页。

（二）　鉴别功能

美不仅能吸引科学家去研究"真"、发现"真"，而且能帮助科学家去鉴别真伪，判别是非，洞察实质。德国数学家哥德巴赫凭借对美的直觉，在 1747 年致友人的信中提出了"哥德巴赫猜想"，即每一个大于 2 的偶数是否等于两个素数的和的问题。友人怀疑其正确性，但要通过逻辑验证却极其烦琐、复杂、困难。陈景润把一生的主要精力贡献给了对"猜想"的研究，而且取得了举世瞩目的成就。黄金分割律是人们早就从实践中总结出来的一条"审美法则"，并用数学公式可概括为长与宽的审美比例是 1:0.618。但在相当长时期内，人们只能用实践经验去感受、验证。直到二十世纪六十年代，苏联的一位建筑心理学家用实验法揭示了个中奥秘：原来黄金分割律最符合人的视觉活动规律，此时人的眼睛的积极休息区域最大，最能节省视觉能量。可见，美能协助人们鉴别"真"，凡是美的东西，往往是与真联袂而来的。

（三）　启迪功能

科技美的启迪功能在于从美的启示中追索还未认识到的"真"，从而发现"真"，获得"真"。当代英国理论物理学家、诺贝尔奖获得者狄拉克宣称："方程中所具有的优美要比它们符合实验更为重要。""如果一个人从寻求他的方程式的优美这种观点出发，而且如果他确实具有深刻的洞察力，那么，他必然就是在一条可靠的发展路线上。"[一]现代西方杰出的理论物理学家爱因斯坦、P. 狄拉克、M. 玻恩、W. 海森伯和 E. 薛定锷等人，往往正是从审美的角度获得启迪，并由此取得了巨大成就。

（四）　愉悦功能

美能引起情感愉悦，科技美也不例外。如果科学美（可谓之"精英美"）是少数科学家才能观赏、体验到的美，那么技术美（可谓之"大众美"）尤其是产品造型美则因广泛地体现于社会生活实践中而成为人人都能感受和欣赏的美。科学家殚精竭虑、孜孜以求地探索，重要动因在于寻求美的愉悦。奠基于科学的技术美，审美愉悦功能更为鲜明、突出。几乎所有的建筑设计和产品设计都不能不讲完美的形式，产品造型设计美不美，往往成为市场竞争的重要砝码。众所周知，微软公司与苹果公司之间的斗智斗法可谓惊心动魄。乔布斯曾几次败北，但他又搞出 iMac 计算机，使苹果公司重获生机。乔布斯成功的原因，除了他的计算机技术精湛之外，还得益于他的审美能力。他设计的新一代苹果计算机具有简洁、现代和回归自然的审美特点，与现代青年的审美趣味合拍。现代白领青年追求最佳、最美的心理趋向，使价格不菲的新一代苹果机能保持畅销不竭的态势，成为计算机世界的一支劲族。可见，美与技术的交融有巨大的价值与意义。

㊀　赵鑫珊，《科学·技术·哲学断想》，生活·读书·新知三联书店，1985 年版，第 58 页。

第二节 科学技术与美的创造

一、 现代科技的发展开拓了审美活动的新领域

随着科学技术日新月异的发展，各种新技术、新材料、新工艺、新能源广泛应用于各个生产领域，人类的创造才能得到更充分的发挥，人类控制和改造自然取得更大自由，同时人们的审美对象日益丰富，审美范围也日益扩大，越来越多的客体或客体的某些方面逐渐进入了我们的视野，成为新的审美对象。

我们借助于高倍数的天文望远镜，看到巨大的星云呈现着奇美的螺旋形，看到瑰丽的双星那迷人的、协调统一的色彩组合，看到卫星绕着行星运转、行星绕着太阳运转、太阳系绕着银河系运转，一层一层井然有序、和谐壮美的景象，还看到了遥远的银河系具有十分美丽的旋涡状轮廓等。而随着宇航事业的发展，太空景象更真切地进入人类的审美视野。正如法国宇航员帕特里克·博德里所描绘的："从太空望去，地球戴着深蓝色的王冠，美丽无比。我至少分辨出九种不同颜色，其中有蓝赭石色、橘黄色、浅红色，以及地球表面的淡蓝色。……云缝中射出第一丝红色光芒，突然又出现道道闪光！这光芒比雪还白，比想象的还要亮。太阳就要露面了，蓝天依旧，白光却更加强烈，这真是天上奇观。……突然，太阳在 2s 内喷薄而出，照得一切闪闪发亮，令人不敢仰视。"[一]浩瀚无际的宇宙原来是如此丰富多彩，美不胜收。这种从太空俯瞰地球和观看日出的审美体验，是只有创造了高科技的现代人才能享受到的。随着科学技术的发展，幽深的海底与各种奇异的景物也必将逐步纳入人类的审美范围，从而使人类的审美视野更加开阔，审美对象也更加丰富。电子显微镜为人们展现了极富魅力的微观世界，先进的激光刀对人类做不流血的手术，计算机控制的探测仪在人类无法到达的地区进行探索等，为人类创造了难以想象的神话般的美，让我们能更加深刻地感受到科技这个第一生产力带来的强烈的美感。人类许多古老的神话，荒诞的幻想，转眼之间都变成了活生生的现实。

二、 现代科技为美的创造提供了新的手段

现代科技作为人类智慧的尖端体现，给人们生活带来无尽便捷与享受。同时，经过了漫长的发展之后，科技也为艺术的发展提供了新的手段。

远古时代只有石凿技术以红土为颜料，所以绘制的岩画壁画粗犷豪放；新石器时代的制陶技术的产生，彩陶上面才能留下漂亮的几何图案和动物形花纹；冶炼技术的发明，人们才可以浇铸出后母戊鼎，有了金属质地的凿子才能雕出《大卫》等杰作；榨油技术的产生使凡·爱克兄弟发明了油画颜料，达·芬奇才可能留下蒙娜丽莎永恒的微笑；电子动

㊀ 陶伯华，《美学前言》，中国人民大学出版社，2003 年版，第 297～298 页。

画、计算机图形、音响合成技术、模型技术、爆破效果等先进技术的运用，使那些成本高、费时长、难度和危险性大的摄制任务和现实生活中并不存在的被摄对象和现象有了完成的可能，这也就使我们看到了一个又一个震撼的电影画面，如《星河战队》《侏罗纪公园》《指环王》和《唐山大地震》等。

纺织术、造纸术、印刷术的发展，从最初画在岩石上发展到画在布上、纸上或板上；计算机技术与功能的逐渐完善，使绘画从最初的写生临摹发展到计算机绘画以及全息美术作品的生动逼真、声光电并用。3D 打印技术在珠宝、工业设计、医疗产业、教育领域的应用，使我们实现了低成本、高质量、高效率的产品定制和服务的生产方式；AR、VR 虚拟仿真技术使我们实现了云观赏、云购物甚至云旅游，带来视觉上的美感享受。

当计算机和各种科技成为你我生活中不可缺少的工具，一些视觉艺术工作者开始以计算机和数码科技取代纸和笔，一种被广泛称为新媒体艺术的形式应运而生。

2008 奥运会的"鸟巢"和"水立方"也充分展现了中国传统文化与现代建筑技术融合的创意。2021 年河南电视台制作的舞蹈《祈》利用现代技术，采用水下飞天的形式展现了大才子曹植的《洛神赋》，舞者化身洛神，在水中演绎飞天姿态，娉婷袅娜，拂袖起舞，衣袂轻扬，翩若惊鸿，婉若游龙。

随着集成电路越做越小，产品的功能越来越多，操作越来越方便，产品的外形设计的自由发挥余地也越来越大，这也使科技产品的设计越来越显示出无比的魅力。如图 11 - 2 所示的洗衣机，童趣设计，精巧可爱，一按一选，操作简单，宝宝衣物随着动人的音乐在灯笼椒中翩翩起舞。立体循环水流，轻柔搓洗，贴心呵护宝宝衣物。彻底清除衣物上残留的清洗剂，呵护宝宝肌肤。精致容量，省水省电。

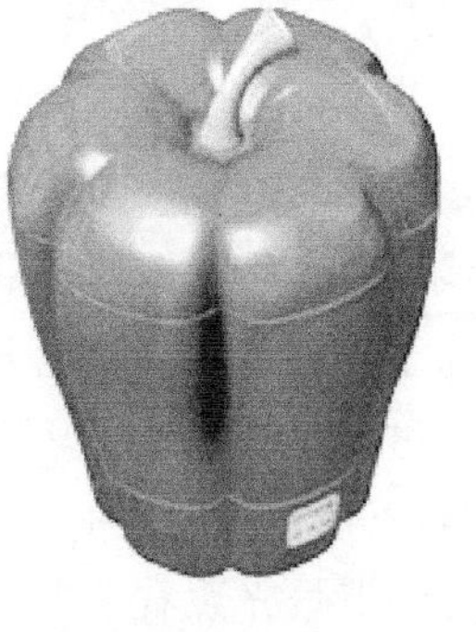

凡此种种，无一不是现代科技为美的创造提供的新手段。高科技正在迅猛地改变世界，使世界变得越来越美好，使广大民众获得前所未有的提高审美水平的机会，使人们享受到越来越多的美。

图 11 - 2　洗衣机

三、现代科技的发展为自然美增添了新的内容

我国在长江三峡修建的三峡水电站使本来就风光绮丽的长江三峡的自然景色更加壮丽。内蒙古腾格里沙漠大面积飞播牧草获得成功，使这片原来"天上飞鸟绝，地上无人烟"的不毛之地奇迹般地成为绿草如茵的牧场。现代科学技术的发展使人类改造自然的能力大为增强，自然界的面貌将发生更大、更快的变化。科学技术为自然美增添了新的内容，使绚丽多彩的自然界变得更美了。

■■■■■ 第三节　职业教育中的科技美 ■■■■■

职业技术教育院校担负着培养各类职业技术人才的重任，各类职业技术人才肩负着操作、管理、设计等具体工作，与各类技术和生产有着直接的关系。因此，职业技术教育院校的学生应该加强科学技术美学意识的培养，树立技术美观念，提高自己的职业能力与职业素质。技术工作中审美问题的实质就是要研究如何以科技美的基本特征为依据，创造舒适和谐的、有利于激发人的积极性和创造力的工作环境以及实用美观的产品。

一、树立生产环境美意识

美的生产环境能激起劳动者愉快高昂的情绪，消除不必要的紧张和疲劳，提高劳动者的积极性，因此，它也对产品的质量产生直接或间接的影响。对于工作环境的优化和美化，要通过科学技术的运用做好如下几个方面的工作。

（一）色彩和照明的运用

一般情况下，燥热嘈杂的工作场所宜选用蓝色、紫色等冷色，而阴冷潮湿的地方宜选用橙色、红色、黄色等暖色。机器与工件的色彩应有较大差异。例如，将机床的机身漆成浅绿色，将机床的移动部分漆成淡黄色，以便与铁灰色的工件形成色差对比，使操作工人易于辨别。危险的地方和部件宜漆成有警示作用的红色。此外还要注意色彩的搭配，既不要过分单一呆板，又要避免花哨烦琐，以免强化操作者的疲劳和烦躁感。照明要尽量利用自然光线，机床的操作台面要尽量朝向临窗的一面，机床上供操作的照明灯亮度要适宜，并与背景光源有一定对比，对耀眼光源要加上灯罩，避免直射操作者的眼睛。总之，根据工作场所的具体情况科学地配置色彩和照明，是创造优美舒适的工作环境的重要条件。

（二）控制声音

控制声音就是要尽量控制、消除噪声的影响，而利用乐音发挥其积极的愉情作用。控制噪声的途径一是减少噪声的产生，二是降低噪声的影响，如在建筑上采用吸声材料和吸音结构，让操作者佩戴耳塞，通过绿化吸附周围的噪声等。利用乐音的积极作用，一般是在工作场所播放优美流畅的轻音乐，这不但能减少噪声对人的危害，而且还能使人精神振奋，动作协调。当然，必须根据工作的性质、环境和工人的具体情况来选择和确定播放的内容、频度和音量，这样才能起到调节心情的作用。

（三）工作场景的布置与美化

工作空间和设备必须根据工艺流程、操作动作、使用频率和通风采光的需要，以方便、实用、有序、美观的原则来设置，辅助设施和装饰（如图表标志、花卉盆景、厂训厂徽等）颜色和情调要与其他设施及整体布置相协调，做到和谐有序、简洁美观。厂区的水池、绿化带不仅可以美化环境，还能降低尘埃密度、净化空气、调节气温、吸收部分噪声，加上喷泉、雕塑的设置和建筑格调的展现，对塑造企业形象，维护工人身心健康，激发工人对企业和工作的热爱，都具有不可低估的作用。

二、 探索科技美在减轻劳动强度方面的应用

将科技美用于各种具体的工作环节的研究还没有引起人们的普遍关注，对于善于思考的年轻朋友可以从自己的身边小事做起，发现、发明旨在减轻劳动强度、提高劳动效率的方法或措施。例如，工效专家吉尔伯瑞斯通过对劳动者工作时间和动作特点的研究与分析，提出了著名的砌砖法。他发现建筑工人在砌砖时，总得先伏身拿起砖来，这样每砌一块砖都要做许多无用功。后来他发明了自由升降的脚手架，把砖始终放在与工作面平齐的水平面上，结果减少了每次弯腰取砖的动作，既节省了时间，还减轻了劳动强度。接着他又仔细分析，改变了砌砖时手与臂的各种动作，将每砌一块砖的动作由原来的 18 个减为 4~5 个，砌砖的速度由原来的每小时 120 块增加到每小时 350 块，大大提高了劳动效率。他还对外科手术的动作进行分析，外科医生开刀时，护士将所需的器械适时地送到医生手中，比医生自己寻找并拿取手术器械可减少约 2/3 的手术时间。当然，对劳动者工作时间和动作的分析，既应着眼于提高工作效率，又应注意减轻工人的劳动强度，增加工作的愉悦感。

三、 利用科技美的思路进行产品的设计、完善与更新

现代设计要求把技术设计和审美追求结合起来，不仅要考虑产品的功能，还要通过工艺技术手段体现出一定的社会审美观念，这样既满足人们物质上的需要，又满足人们精神上的需要。通过赋予高科技产品以艺术化与形象化的美的外观，使枯燥乏味的工艺技术过程及其产品转变为令人陶醉的艺术创造过程和审美对象，改变了高科技产品在消费者心目中的纯技术性、功能性物品的冷冰冰的传统形象，契合了当今社会消费者时尚化、个性化、审美化的消费观念。第二次世界大战后的日本因为引进了技术美学，极其讲究设计创新，结果二十世纪五十年代物美价廉的日本汽车成功打入美国市场。

随着社会的发展，生产力和生产技术不断提高，人们的审美境界也相应提高，人们对产品的选择不只注重其使用价值，而且越来越看重其审美价值，不仅考虑其材料、结构、性状、功能等内质量，还讲究其式样、色泽、手感、装饰性乃至包装等外质量。同时，产品还需要不断更新换代，不断提高产品的技术含量，以保持产品的生命力。这就为生产者和设计者提出了更高的要求。苏联美学家鲍列夫指出："最理想的是艺术家和设计师合并为一人，即工业产品艺术设计师，新专业的代表，具有审美修养的工程设计师。"[一]

㈠ 唐孝祥，《美学基础》，华南理工大学出版社，2006 年版，第 211 页。

活动与思考

1. 以自己掌握的历史知识，论述科学技术美是怎样拓宽人类审美视野的。

2. 收集资料，以"科学技术改变我们未来的生活"为题，组织一个展览会。

3. 参观规模较大的博物馆，留意人类生产工具与生活用品的演变过程，思考科学与技术给人类带来了什么。

4. 对于日常生活与工作中的基本操作及其使用工具、设备、工作环境等，采用"加一加，减一减，改一改"的思路，对其进行改造，使之更趋于合理和完美。

5. 依据自己的特长和兴趣，动手搞一项"小改革"，对某一学习用品进行改造，使之适应学习要求，并以"新产品介绍"的形式向同学们介绍。

6. 试写一篇科学幻想小品，描述你想象中的未来人类社会和生活。

参 考 文 献

[1] 仇春霖. 大学美育 [M]. 2 版. 北京：高等教育出版社，2006.

[2] 梅宝树. 面向新世纪的美育与素质教育 [M]. 北京：人民出版社，2004.

[3] 王杰. 美学 [M]. 北京：北京师范大学出版社，2018.

[4] 曹诗图. 旅游文化与审美 [M]. 武汉：武汉大学出版社，2017.

[5] 丁永祥，李新生. 生态美育 [M]. 郑州：河南美术出版社，2004.

[6] 李泽厚. 美学三书 [M]. 天津：天津社会科学院出版社，2003.

[7] 成远镜，朱晶. 生活美学 [M]. 长沙：湖南大学出版社，2007.

[8] 姚军. 大学美育 [M]. 北京：国防工业出版社，2010.

[9] 孟唐琳，窦俊霞. 美学基础 [M]. 2 版. 北京：化学工业出版社，2015.

[10] 范川凤. 大学美育 [M]. 重庆：西南师范大学出版社，2005.

[11] 曾繁仁. 现代美育理论 [M]. 郑州：河南人民出版社，2006.

[12] 曹明海，吕家乡. 中外文学作品鉴赏 [M]. 济南：山东教育出版社，2001.

[13] 杨辛，甘霖. 美学原理 [M]. 3 版. 北京：北京大学出版社，2004.

[14] 王一川. 美学与美育 [M]. 2 版. 北京：中央广播电视大学出版社，2007.

[15] 周宪. 美学是什么 [M]. 北京：北京大学出版社，2008.

[16] 王振华. 不可不知的影视 [M]. 延吉：延边大学出版社，2005.

[17] 程裕祯. 中国文化要略 [M]. 4 版. 北京：外语教学与研究出版社，2017.

[18] 赵道飞，陆阳秋. 美育与艺术鉴赏 [M]. 南京：东南大学出版社，2007.

[19] 谭霈生. 电影美学基础 [M]. 北京：中国戏剧出版社，2005.

[20] 李尔葳. 张艺谋说 [M]. 沈阳：春风文艺出版社，1998.

[21] 李益. 大学生审美修养 [M]. 北京：中国传媒大学出版社，2006.

[22] 唐子峰. 美育训练教程 [M]. 北京：机械工业出版社，2003.